中国经济哲学评论

Chinese Economic Philosophy Review

2022·数字化生存世界与中国发展专辑

● 主编 / 张雄　鲁品越

社会科学文献出版社

SOCIAL SCIENCES ACADEMIC PRESS (CHINA)

编　委　会

目　录

数字化生存存在论追问

数字化生存与政治经济学批判

数字化生存与中国发展战略

重要学术会议综述

数字化生存存在论追问

"数字化生存"的存在论追问

张　雄

千百年来，哲学存在论的追问，是人类精神自觉的内省，也是人类为了追求自由和解放所持有的深刻反思素养。它本质地反映了"寻求命运打击不到的领域"是人类永恒的生存主题。

中国古代哲学思想的存在论追问，是从《易经》开始的。"易"代表圣贤对原始混沌世界的存在论思考。对"易"的追问，衍生出知变、应变、策变的人文规则意识。从自然规则追问到人的规则追问，生成了先秦文化的"礼乐"讨论。在西方，古希腊哲人巴门尼德关于存在范畴的思考，圣哲亚里士多德作为存在的存在（Being as Being）[①] 命题的提出，开启了西方哲学存在论追问的历史，从古代本体论追问到近代认识论追问，从笛卡尔式的思中之物追问，到当代西方哲学的思中无物的追问。今天，人类正经历由本能时代向智能化时代的跨越，哲学有了新的追问：随着 21 世纪数字化生存世界的到来，人类将如何生存在"真实世界"和"虚拟世界"的双重境遇中？数字化生存将会给人类带来何种命运？

一　改变人类生存世界：原子和比特

"数字化生存"范畴最早出现在美国麻省理工学院教授、被誉为当代

---

① 也译作"作为是的是"，参见汪子嵩、王太庆《关于"存在"和"是"》，《复旦学报》（社会科学版）2000 年第 1 期，第 31 页。

"数字教父"的尼古拉·尼葛洛庞帝撰写的《数字化生存》一书中，① 意指基于互联网、计算机和数字通信技术发展的人类特有的生存方式，它包括数字化生产、数字化生活、数字化审美等。书中指出，"要了解'数字化生存'的价值和影响，最好的办法就是思考'比特'和'原子'的差异"②。

古希腊自然哲学的原子论，对西方人宇宙观的影响足足持续了两千多年。罗素在《西方哲学史》中指出："原子论者非常幸运地想出了一种假说，两千多年以后人们为这种假说发现了一些证据，然而他们的信念在当时却是缺乏任何稳固的基础的。"③ 一批朴素的唯物主义"原子论"哲学家开启了科学理性主义的存在论追问。他们认为，世界的本原是原子，原子是宇宙万物存在的基本单位。原子的特征有三："不可分""不可入""不可变"。世界由它而充盈，由它而变化，由它而解释。古希腊的原子论在近代自然科学物理学和化学的影响下，尤其是在牛顿力学的解读下，真正形成了以自然哲学为底版的人类认识世界、改造世界的宇宙观。

令人感兴趣的是，在古希腊诸多原子论中，唯有德谟克里特的"原子与虚空"理论预设，穿越了时空，引发了 20 世纪科幻小说家、科学家们的联想：存在两重世界，即"真实世界"与"虚拟世界"。④ 德谟克利特认为，世界的本原是原子与虚空。原子是不可分割的物质微粒，它的基本属性是客观性，不以人的意志为转移。虚空的性质是非存在，非存在也是一种存在。虚空被今天的人类指认为"虚拟世界"。虚拟世界不是原子世界运动的场所，而是独立于现实世界、与现实世界有联系的另一个世界，即体感世界，是运用电脑技术、互联网技术、卫星技术和人类的意识潜能构建的世界。1968 年，伊凡·苏泽兰提供了一套虚拟现实和增强现实头戴式显示理论系统，因而被世人誉为"虚拟现实之父"。1984 年，VPL 公司的杰伦·拉尼尔首次提出"虚拟现实"的概念，使用现代科技以沉浸式的方式为我们带来视觉和听觉的享受。虚拟现实技术（Virtual Reality，VR）提供一个虚拟环境，并通过感知设备与人体器官的互动，使人们的大脑去相信这些场景是真实存在的。

---

① 尼古拉·尼葛洛庞帝：《数字化生存》，胡泳、范海燕译，电子工业出版社，2017。
② 尼古拉·尼葛洛庞帝：《数字化生存》，胡泳、范海燕译，电子工业出版社，2017，第 2 页。
③ 罗素：《西方哲学史》（上卷），何兆武、李约瑟译，商务印书馆，2009，第 85 页。
④ 在讨论原始思维的文献中，列维-布留尔、克洛德·列维-斯特劳斯等学者较早提出了早期人类思维的两重世界说：看得见的世界与看不见的世界；肉体的世界与灵魂的世界；真实世界与影子世界；等等。

毫无疑问，虽然虚拟与虚空概念迥异，但在现代传媒通信和计算机拟真技术下，虚空并不空，不是牛顿式的箱体，而是虚拟世界的基本粒子——"比特"运动所构成的体感世界。"比特"被理解为数字信息存在（being）的最小单位，正如人体的 DNA 一样，是数字化生存（being digital）的存在状态。"比特"没有颜色、尺寸和重量，但正是这种以"比特"为基因的数字化运动，正在改变着当下人类整个生存世界。

笔者以为，原子与比特的差异主要体现在三个方面。

其一，它们代表着两种不同的哲学宇宙观。一种是传统的西方科学哲学的"原子"宇宙观。万物始基论、原子创构论、物性实体论、机械运动论等是理解原子宇宙观的抽象教条。物质是由原子组成的，原子是物质的最小单位，它以实体形式而存在。因而原子是宇宙之砖，是构成真实世界的始基。应当说，由原子构造的世界，受限于物理的三维空间。有了它，我们就可以解释过去、今天和未来所发生的一切。另一种是 20 世纪的"比特"构造的宇宙观。虚拟、精神意象、信息流变是该宇宙观的抽象形式。比特作为衡量与负载信息量的最小单位，是数字化计算中的基本粒子。它所构造的虚拟世界，其信息空间完全不受三维物理空间的限制，而是多维空间的叠加，或时间与空间的相互转换，如多媒体。数字到数字化生存，是通过智能造物和万物互联等原理内化为人类的世界观和价值观来实现的。在虚拟与现实的双重世界中，人类有着不一样的个人身份认定和关系识别。两重世界之间既相互区别又相互联系、相互渗透、相互定义。值得重视的是，比特的传播与复制超越了物理时空，构造了第二"灵与肉交互感应"的生存空间，充分体现人的生命之流的冲力。这里不仅是存在决定思维，思维也在建构新的存在。

应当指出，在原子世界人的认识能力无法把握物自体的完整信息，哲学家康德对此深信不疑。理性有着致命的主观性缺陷。可是在比特世界，理性由判断到计算，人的认识可以最大限度接近物自体本身，并且可以通过数据计算，把原始粗糙的物自体修饰得更加完美。因此，康德的认识论忧虑不见了。范畴的主观性，并不导致我们的认识愈来愈远离物自体，而是相反。人类的理性可以像阿里阿德涅①的线团一样，带你回到最初的起点。比特不仅

① 阿里阿德涅（Ariadne），希腊神话中米诺斯（Minos）国王的女儿，曾给情人忒修斯（Theseus）一个线团，帮助他走出迷宫。参见尼古拉·尼葛洛庞帝《数字化生存》，胡泳、范海燕译，电子工业出版社，2017，第 61 页。

具有很强的再现"世界1"的能力，而且还具有创构"世界2、世界3"的信息爆炸能力（此处3个世界的划分可参见波普尔的有关理论）。人类在互动式计算机制图构想的"画板"作用下，仅凭"光笔"就可以通过动态图形、视觉模拟、有限分辨率、光笔追踪以及无限可用协调系统等，创造出精彩纷呈的对象化世界。这在一定程度上深刻而有力地鞭挞了机械唯物主义的客体式思维陋习。意识能动性、精神反作用原理值得在21世纪马克思主义哲学中获得新解。

其二，原子构造了牛顿式的物理世界，原子是逻各斯中心世界的原点。机械性、实体性、被动性是理解该世界存在的关键词。所有知识都围绕着关于形相、体积和运动的考察而结晶。由原子构成的世界的"存在论"原理主要是现实物质世界存在与运动的原理。大量的知识关涉到经典物理学和化学等。原子构成的质料因向形式因转换，在动力因和目的因的驱动下，物我世界达到生成和互动，存在方可成为实体意义的、可感的、灵动的真实世界。比特是虚拟世界架构的原点，高度的抽象性、思辨性、意象性以及缜密的逻辑推理，是诠释其哲学存在论的关键词。从形式上看，比特生成的世界是黑格尔式的绝对理性、绝对逻辑推理演绎的世界，在实质上它仍然是真实世界的创构与遐想，是由一趋向多、有限趋向无限而生成的。比特生成的世界的"存在论"原理主要是虚拟世界存在与运动的原理。最初的知识原理与人类工程学相关。① VR主要集计算机、电子信息仿真技术于一体，其基本实现方式是计算机模拟虚拟环境，从而给人以环境沉浸感。随着计算机计算速度的提升，人们获得了足够的计算能力，可以随心所欲地将其用来改进人与计算机的双向交流关系。"思中之物"通过想象、创意、意识的驱动，形成自觉的设计图形，有选择的信息变成有方向的运动，在比特信息包的承载下，在互联网信息传递系统中，以各种不同路径传递并精算。不可否认，比特有着自我扩延、自我抽引、自我运算、自我认知的能力。在这个数字逻辑网络世界里，手机和电脑不停地运作，联结"接口"意味着"第一推动"，虚拟世界神奇地进入了"善与恶"发展的无限状态。从数字压缩到解压、从数字编码到解码，从虚拟图像到真实景观，通过制造业和数字智能化结合，电脑

---

① Human-factors engineering，意为"人类工程学"，是一门把人类行为学知识应用于机械和设备的设计的学科，它把使用者看作人机系统中的重要组成部分，以使机械和人都能发挥最佳作用。参见尼古拉·尼葛洛庞帝《数字化生存》，胡泳、范海燕译，电子工业出版社，2017，第87页。

中的图像即可变成现实实体存在，如数字化 3D 打印，可以把视频中的图形直接打印出来，使之成为物理世界的真实存在，甚至实现人体器官的打印与替代，"不怕做不到，就怕想不到"。

数字化生存有四个强有力的特质："分散权力、全球化、追求和谐和赋予权力。"① 比特的活力和自我颠覆能力特别强大，刚刚确立的权力集中控制系统很快就会被新的比特技术和组合所颠覆，接踵而至的是权力分散的"连接机器"。数字化重点加速了三个全球化趋势：一个是信息的全球化，一个是人类交往的全球化，再一个是经济发展的全球化。原子世界有深度、广度的追问，而比特世界更倾向于一般性概述或特定细节查审。系统中"一与多"的整体与局部关系，更多体现在非线性超复杂的流量关系中；在视窗的分页下，不同时空坐标所反映的事件，均可显现在整体视频中，它为人类读写事件历史内在逻辑和动态发展真实密码提供了方便。流量和痕迹是精准控制与管理数字化生存世界的根据。

其三，在原子世界，人的行为发生主要依赖于经验、习俗和惯例等；比特世界中的行为发生，主要受直觉、想象、创意等因素的驱动。一是，自身主体与"被动"主体的结合，实现了"个人的社会化"和"社会的个性化"。在数字平台上，人性中的社会化倾向与私向化倾向之间的矛盾冲突更显激烈。一方面，比特的光速运动直接带来了信息量的放大，使个人主体对社会空间的好奇和体验越来越广泛，使人的交往的社会化兴趣愈来愈浓厚，想象力也越来越丰富；另一方面，手机、笔记本电脑所带来的生活方式又带来人的高度私密化，人的内在主体自我封闭性加重，不安全感加重，面对各种网上网下扰乱心绪、堆积如山的商品景观，人进入萨特式的恶心、厌倦、焦灼、恐惧的心理境遇中。这也说明了：虚拟世界加速了"真正的个人化"的进程，个体内在追求的世界越来越丰富，但同时也带来了虚拟与现实、身体与心灵、娱乐与工作、私人空间与公共空间、自由与纪律等的冲突和脱节。二是，数字化生存给人带来认识的精确性，但计算机的数码编程内在的自我更新本能，又使得人的原有认识趋向模糊。启蒙与再启蒙随时发生。困惑、存疑、批判在信息读秒中接踵而至。一种新形态的比特诞生了——这种比特会告诉你关于其他比特的事情。经验、复制与观念不断创新，这印证了哈姆雷特的名言：存在还是不存在，是个问题。（To be or not to be, that is a

---

① 尼古拉·尼葛洛庞帝：《数字化生存》，胡泳、范海燕译，电子工业出版社，2017，第 229 页。

question.）三是，在数字化的虚拟世界中，人性善的一面，似乎有了新的形式与内容。"过去，地理位置相近是友谊、合作、游戏和邻里关系等一切的基础，而现在的孩子们则完全不受地理的束缚。数字科技可以变成一股把人们吸引到一个更和谐的世界之中的自然动力。"① 在中国，通过网络开展的慈善活动、提供志愿服务等集体主义或利他行为比比皆是。但我们也十分清醒地看到，在互联网上，人性中的自私、疯狂占有欲、破坏欲、贪婪等丑陋的一面也暴露无遗。虽然人在符号、图像的遮蔽下显得温柔、憨态可掬，但"利己的狡计"却处处可见。在数字化消费中，电子游戏使人沉迷，对人类的身体健康、思维心理活动都造成一定的危害；金融行业数字化也带来一些问题——信用失守、金融诈骗、金融犯罪等；数字化便捷了人类的沟通，但是实体空间中面对面的交流正在逐渐消减。显然，数字化对人类实体世界的冲击是十分明显的。人们越来越依赖于、习惯于隔屏想象、隔屏聊天、隔屏判断、隔屏决策，屏幕似乎已成为舞台，充分展示着人的各种性格面具。显然，数字化生存并没有给人类带来彻底祥和安宁的世界。正如《数字化生存》的作者在中文版专序中指出："25年前，我深信互联网将创造一个更加和谐的世界。我相信互联网将促进全球共识，乃至提升世界和平。但是它没有，至少尚未发生。"② 其原因有三。一是虽然工具理性的进步与人的道德进步有一定的关联，但人的道德力的提升，更多与人的自我道德意识修养及自觉检讨相关联。老子最早看到文明异化的本质：技术的使用，对人的心智完善往往产生一定的负面影响。卢梭对现代文明持有的忧患意识，也说明了这一点。二是物的世界与人的世界善的尺度不同。物的世界服从于自然法的规律，它的善表现为节奏、自然和谐、精准、协同；人的世界服从于历史发展的客观规律，它的善表现为平等、正义和进步。三是互联网提供了遮蔽人性弱点，激活人的私欲、贪婪、野心、破坏欲等不良行为发生的各种机会，使犯罪行为经常通过无意识装扮躲避网络警察的监控而实施出来。

二 数字化生存：需要—自由—交往—"量的无限性"

马克思对西方存在论哲学传统做了很好的继承和转换，继承了决定论追

---

① 尼古拉·尼葛洛庞帝：《数字化生存》，胡泳、范海燕译，电子工业出版社，2017，第231页。
② 尼古拉·尼葛洛庞帝：《数字化生存》，胡泳、范海燕译，电子工业出版社，2017，中文版专序第5~6页。

问的思维向度，转换了单纯知识论反思的逻辑思辨程式。在他看来，新、旧哲学的根本区别在于，新哲学不是从观念论出发，而是从实践论出发。因而，哲学的存在论追问，不是概念的自我抽引和演绎，而是唯物史观的社会存在论追问：关注需要、生产、交换和交往的四大社会存在原理，深究人类历史实践活动的前提的一致性。因而主张正义、消除异化、追求历史进步是它的永恒主题。今天，从唯物史观视域追问数字化生存的哲学问题，显得尤为必要。

（一）破除数字化生存世界所带来的数字幻象

数字化生存是指由于对数字过于迷恋和崇拜，从而产生的一种以"数字"作为唯一标准的生存方式，其表现形式有数字决定论、数字的主体性认同、数字的基督性等，它认为数字化可以取代人的一切行为。实际上，数字化问题不是一个单纯的数字技术问题，它首先是哲学问题。人机对话、人机互动、人机互联以及智能化生存的一切，都涉及哲学的基本问题：思维与存在的关系问题。从本质上说，比特的存在和运动，是思维与存在、主观与客观交互作用的产物。首先，比特是信息的基因，信息是客观的，信息是事物存在的方式和运动状态的表现形式。它具有普遍性和客观性。信息是系统（如字母表、语音、二进制数位、DNA 碱基或任何其他组合在一起的单元）诸多可能的排序或状态中的一种有序的模式。其次，比特的"信息包"构成，离不开人的知觉。它是关于环境信息选择性传输的必备要素，"规划者"通常通过人工智能编程语言来操纵比特信息包的传输过程，其中，人的主观因素有着重要作用。所以，比特的存在和运动，与人的主体意识的意向性相关，但绝不是说它来自人脑的纯粹虚构，它是人的意识、客观数据信息微小单位和计算逻辑指认相叠加的产物。数字原本是对客观实在的抽象表达，然而，这种抽象是人脑的特有功能。因此，准确地说，数字是人脑对客观实在"格律"的精准表达。虽然数字化生存在高度抽象、高度虚拟、高度逻辑化的数据运算秩序中，但无论其表现形式多么神秘、多么令人痴迷，人始终是机器的主人，这是永恒的真理。正如约翰·马尔科夫指出："这造成了一种错觉，那就是，技术的进步是自发的，而且这一过程已经超出了人类的控制范围。可事实远非如此。无论是机器设备，还是让它们运转的软件，都是由人类设计的。马歇尔·麦克卢汉对这一过程的描述最为清晰：'我们塑造了工具，而之后，这些工具又塑造了我们。'"① 数字化使人的思维更加开阔,原子地球村与比特地球村的叠加令人的世界观大大延展,生活内容更加丰富。物理世界和虚拟世界双重存在,构成了创新意识和想象力的提升,人类艺术、审美更加诗性智慧,人类再次进入文明创造高峰期。未来人类必将成为混合式机器人,人的主体性表现在以下方面:机器的智能化来自人的设计和操控,数字逻辑与人的非理性情感相平衡,人的伦理尺度决定了机器人的发展方向和标准。

(二) 新的 "需要" 仍然是第一个历史活动

数字化时代是继工业化时代之后的一个新时代。数字化生存的动力是什么?马克思恩格斯指出:"如果没有工业和商业,哪里会有自然科学呢?甚至这个'纯粹的'自然科学也只是由于商业和工业,由于人们的感性活动才达到自己的目的和获得自己的材料的。这种活动、这种连续不断的感性劳动和创造、这种生产,正是整个现存的感性世界的基础。"② 现存感性世界的基础,不断产生新的需要,反映在人类不断追求生产工具更新和生活方式便捷的欲望中。唯物史观认为,需要是历史存在与发展的驱动力。"已经得到满足的第一个需要本身、满足需要的活动和已经获得的为满足需要而用的工具又引起新的需要,而这种新的需要的产生是第一个历史活动。"③ 可见,"需要"是人类吃、穿、住、行的本能需求;新的需要不仅包括人类亘古不变的刚性生活需求欲望,还包括"追求历史不断完善"(卢梭)的科技创新人类禀赋。人类正是在认识世界、改造世界的历史实践中,不断涌现出新需要,这是我们历史发展的第一个活动。它包含着两层意思:其一,历史的存在与发展受人类的欲望、利益和需要所驱动;其二,历史文明的演化与创新受科学技术(第一生产力)成果转换和运用的社会需要驱动。恩格斯指出:"社会一旦有技术上的需要,这种需要就会比十所大学更能把科学推向前进。"④ 因为社会技术上的需要,既是生产力发展和社会实践活动的产物,又是技术本身经过长时间积累与沉淀而爆发出的具有创新意义的发展趋势和需求,好奇心和市场欲望是它的直接动力。由此推论,比特的出现,主要来

---

① 约翰·马尔科夫:《人工智能简史》,郭雪译,浙江人民出版社,2017,第Ⅵ~Ⅶ页。
② 《马克思恩格斯选集》(第1卷),人民出版社,1995,第77页。
③ 《马克思恩格斯选集》(第1卷),人民出版社,1995,第79页。
④ 《马克思恩格斯文集》(第10卷),人民出版社,2009,第668页。

自人类智能化生存的四种社会需要。如何实现真实场景通过数据转化变成可相互传递和留痕存放的信息载体？如何营造群体生产与群体共享的在线环境？如何在视频中实现人与人之间的互动？正是由于强大的智能化科技发展的需求和数字科技成果向商业新产品的转换，数字化生存才成为我们今天可感的历史直觉。值得一提的是，新的社会需要，本质上反映了人类追求进步观念的意志，"需要"与"创新"构成了历史进步的哲学公理。近代工业革命以来，培根提出了"进展观"的学说，激活了人类追求现代经济不断增长的技术需求心理，一种需要的满足，引发了另一种需要的出现，人类进入"需要—满足—新的需要"文明发展的格律中。数字化时代新的"需要"反映了如下哲学特征：电脑与人脑（存在与思维）的互动；信息的私向化与社会化（个人与社会）兼容；物的发展与人的进步（马克思哲学人本主义向度）相一致。总之，人的创新需要和对科学技术变革的好奇心永远是数字化智能发展的动力。

（三）比特的本质：人类追求自由意志的定在

虚拟世界的比特运动，本质上反映了人类不断追求自由精神的定在。从这个意义上说，比特最有价值之处是它可以从不同向度或频道，永不停歇地做偏斜运动，有的受意识指派，有的则来自比特自身的抽引。这种追求偏斜运动的"自由精神"的哲学经典阐释，可追溯至马克思的博士学位论文《德谟克利特的自然哲学和伊壁鸠鲁的自然哲学的差别》。众所周知，近代德国现代性发育初期，一批德国青年学者（主张自我意识哲学的青年黑格尔派）推崇德国革命的自由精神，作为该派成员的马克思，从对古希腊原子论哲学的深度解读中，发现了"自由精神"的支援意识。在他看来，德谟克利特的"原子—虚空"玄想，意味着一种追求科学必然性的决定论哲学，而伊壁鸠鲁的关于原子偏斜运动的描述，被马克思高度评价为追求自由精神的哲学表述。今天，我们有可能从更高的高度来解读青年马克思的博士学位论文的意义。我们生活在移动计算、全球网络和多媒体应用时代，实际上，比特的存在，是追求偏斜运动的"自由精神"、追求自由的计算机表达。自由意味着叙事、互动、复制与粘贴、存盘与删除等个体的心随意动，它代表了意志的流动、意志的交换、意志的联想、意志的创新。数字化给人类生活带来了自由交往、自由游戏、自由交友、自由表达的可能性。正如约翰·马尔科夫在《人工智能简史》中指出的，"当 AI 和 IA 圈引领的技术继续重塑世界时，未来其他的可能性就淡出了人们的视野：在那个世界中，人类和人类创造的机器共同存在，一起繁荣——机器人照顾老年人，汽车自动行驶，重复劳动和辛苦工作都消失了，新的雅典诞生了，人们研究科学，创作艺术，享受生活"①。显然，在智能化时代，更多的是机器与人脑的互动。机器对人脑的模拟，加速了"机器是人"的智能化过程。可是，在第一次工业革命背景下，启蒙学者提出了"人是机器"的哲学命题，期盼机器劳动能部分替代人的繁重体力劳动。不可否认，当时人的意志创新，深深受到来自客体自身的机械原理、力学原理、能量守恒原理等客观条件限制。如今，比特为人类打开了一个崭新的生存空间——虚拟世界的任意创造的空间。

值得一提的是，在互联网上，追求自由的无限性与追求自由的合法性的矛盾，是我们今天无法回避的尖锐问题。比特没有国界，存储和运用都完全不受地缘地理的限制，如可以每时每刻不停顿地在全世界接力开发软件，这体现了比特运动的自由无限性特征。而现实世界中自由的有限性，决定了数字化生存世界中存在着人的种种任性行为，有必要为自由设置"红绿灯"。如约翰·马尔科夫所指出的，"这些强大、高效的技术更有可能促进财富的进一步集中，催生大批新型技术性失业，在全球范围内布下一张无法逃脱的监视网，同时也会带来新一代的自动化超级武器"②。应当说，当今地球上最大的任性是资本的任性。资本逐利的秉性诉求，决定了相当一部分比特开发的内容和方向，资本已经掌握了外购比特商品的购买权，通过掌握资本的力量，可以在全球范围内配置生产比特产品的人力资源和研发资源。数字化劳动变得更加不稳定：其一，白领劳动就业岗位竞争更为激烈；其二，剩余劳动、剩余时间、剩余价值的量度变得更加模糊；其三，软件盗版、数据窃取、知识产权被滥用、隐私权受到侵犯。诸如网络上黑客攻击、密码盗窃或任意修改等，所有这一切，都说明了对数字化生存进行政治经济学批判的必要性，也说明了网络立法、网络执法的必要性。自由任性与自由合法性的冲突，是人类务必解决的痛点问题。任性表达的是，欲望的"本我"排除社会性约束而出现的某种意志膨胀行为，是人的"本我"未被"超我"约束，出现"自我"调节失控的非理性行为。自由的合法性，本质上是对自由的最大

---

① 约翰·马尔科夫：《人工智能简史》，郭雪译，浙江人民出版社，2017，第165页。

② 约翰·马尔科夫：《人工智能简史》，郭雪译，浙江人民出版社，2017，第165~166页。

化趋近，把可能的自由变为现实的自由，具有合法性的自由就是合乎理性规制的自由，"规定即自由"显示了人类摆脱野蛮愚昧走向文明进步的哲学内涵。

（四）"互联性"与世界历史交往

众所周知，史莱登、施旺的细胞学说，把有机界植物与动物互联起来；而达尔文的进化论，把无机界与有机界生命体联结起来。整个原子世界是相互联系的统一体。在21世纪数字化生存世界里，由于人工智能和机器人技术飞速发展，人机互动、人机互联使得物理世界和虚拟世界相互联系，完整意义上的万物互联由梦想变为现实。比特的作用在于，不仅使物理世界万物互联，而且使人的社会关系、生产关系、思想关系、宗教关系乃至不同文化关系之间都得到充分交流。这种交流，有的大大超越地球物理的时空界限。比特可以把地球变为一个地球村来加以运作，互联网数据系统的联结是多向度的，也是无限的。今天，我们可以随心所欲地通过手机、计算机的数字化工作原理，实现语音及图像、文字传递，与千里迢迢之外的亲友联系与交流，数字技术的发展还使地理相隔甚远的国家和地区之间能随时联系，甚至各国元首可以在虚拟空间就刚刚发生的国际重大事件进行即时网络外交磋商。总之，世界已处在以比特为信息基因的相互联结系统中。

但是，互联性也带来了人类新的生存安全问题。数字化使人类交往达到了前所未有的高度和深度。经济共同体、政治共同体、文化共同体机构和团体组织等在真实世界和虚拟世界纷纷刷出自己的存在感，似乎正如马克思恩格斯在《德意志意识形态》中所说的，"地域性的个人为世界历史性的、经验上普遍的个人所代替"[1]。但是世界历史性的普遍交往，并没有使世界走向大同。民族主义、单边主义、霸凌主义甚嚣尘上，贫富鸿沟不断扩大，竞争使"我们"与"他们"的概念变得更加不幸。[2] 深层原因在于，数字化存在并没有根除西方现代性所带来的社会固有矛盾：虚幻的国家普遍利益与被剥削的无产阶级的特殊利益之间的对抗和冲突依旧激烈。在马克思恩格斯看来，世界历史性的普遍交往中的个人存在，与生产力的普遍发展，是以消除人与人之间的异化为首要前提的。

---

[1]　《马克思恩格斯选集》（第1卷），人民出版社，1995，第86页。
[2]　尼古拉·尼葛洛庞帝：《数字化生存》，胡泳、范海燕译，电子工业出版社，2017，第6页。

（五）辩证法"量的无限性"原理

对宇宙任何"量的无限性"的自然法认知，也是宇宙的理性化、真理化的哲学反思过程，更是人类追求自由和历史进步的实践过程。

中国古代哲学家老子用神奇的数字密码解读了宇宙无限生成理念，首次将量的无限性辩证原理贯通到形而上学的文本中。《老子》第四十二章说："道生一，一生二，二生三，三生万物。"事物演变过程明明白白，初始与归结朦胧泛泛。道是宇宙的质向判断，它是最高的抽象，道至万物是"划质为量"的过程，也是事物从无形到有形、从混沌到完美所见的纷繁世界的进化过程。"道生一"，从混沌中生出一个有形实体，即为"原"；"一生二"，由一个实体生出两个互补的实体即为阴阳，阴阳可理解为天地、日月、男女和世上一切共生互补的事物；"二生三"，阴阳结合并衍生一种新的存在，即天地生人间，雌雄生幼子；"三生万物"，子又生子，孙又生孙，事物生生不息。老子"划质为量"的辩证法给了我们如下启发。其一，老子的数字推演不是数学意义上的实证演算，而是形而上学的道说，它有着三个特征：从混沌中寻求一种规定，是对宇宙的一种本体论追问，从一与多的生成秩序中展示宇宙内在矛盾动力因。其二，老子的数字符号代表了错落有致的宇宙生成论追问。道生天地、天地生万物或者道为天地之母、天地为万物之母。每一个符号都包含着感性存在的丰富内容。符号之间有哲学生成范畴的过渡，同时是对感性确定性的指认。从这个意义上讲，老子的数字序列设定不是数学的演算，而是哲学意义上的概念思辨。

在西方古代文献中，哲学与数学属高度抽象的智慧树上的并蒂之花。古希腊哲学学派如毕达哥拉斯学派和原子论学派的学说，与古希腊数学几何学（欧氏《几何原本》），构成了希腊理智最完美的瑰宝。毫不夸张地说，自古至今，数学对于哲学的影响和哲学对于数学的影响，"既深刻而又不幸"（罗素语）。深刻之处在于，哲学使数学不断打开有限与无限序列的逻辑世界，数学使哲学进入了更为广阔的数字化虚拟世界中；不幸之处在于，哲学使数学更加宗教化、神秘化，数学使哲学更加实证化、可通约化。这说明，哲学关于存在论的追问，其无限性与有限性的统一命题，必然关涉到量的无限性问题。

哲学家洛克提出哲学无限性观念，涉及的是一个量的无限性问题。他在《人类理解论》中指出，"在我看来，所谓有限与无限，人心只当它做数量的两种情状"①。邹化政先生在《〈人类理解论〉研究——人类理智再探》中指出，洛克认为，无限性作为量的无限，概括地说就是：①任何一个量，无论是有关空间的、时间的，还是有关数目的，它作为这三者之一的简单情状，都可以无限地增或减；②这种量的无限性，不是指涉现实的量，而只是量的一种可能性、一种本性；因此，③我们可以清楚明白地具有关于量的无限性的观念，但不能有任何一种有关一个现实的无限量的观念；④空间和时间只能被设想为无限的，因为我们在宇宙的边缘总可以再向空虚的空间无限伸展下去。② 可见，数字化生存世界为我们深刻展示了哲学无限性观念中的量的无限性原理：异质多样的比特，构成了数字化的虚拟世界，在时间、空间中，发生着数据信息包的传递运动，表现为比特数量不断地增加或减少。比特的无限性表现为，比特是一种规定性向另一种规定性的本能移动，虚拟世界和数字的关系，体现为一与多的关系。比特可以是无限的，数据信息对数据信息的无穷追问，是一个无限出新的过程，量的无限增大的方式可以是：① 2，3，4，5，6，…N；② 2，4，8，16，32，…N；③ 2，6，10，12，20，…N。上述①和②是有序的无限性，③是无序的无限性。如果把极限考虑进去，量的变化又可分为有穷的增大或减小及无穷的增大或减小。③在唯物辩证法看来，哲学无限性观念，之所以包含着量的无限性原理，关键在于一与多的相互分享特性。一不是空洞的一，一分享着多，一只有在多中才能证明它是充满活力和丰富内容的存在。多也不是完全僵死的、被动的质料，而是趋向形式因的存在，一赋予多灵魂和意义。因此，数字化生存世界，从哲学意义上说，其发展是无限的，人的思维的无限性决定了虚拟世界的无限性，数字化秉性的自我抽引、自我颠覆、自我修复能力决定了我们正在迎来的数字化生存世界既属于人类可认识的世界，又属于人类不断存疑的世界。人类认识能力的批判，将是永恒的主题。

三　数字化生存：人类走向未来的忧患

　　哲学存在论的追问，关联着对现实人类生存境遇和未来命运的思考。计

---

① 洛克：《人类理解论》，关文运译，商务印书馆，1959，第178页。
② 参见邹化政《〈人类理解论〉研究——人类理智再探》，人民出版社，1987，第408页。
③ 参见邹化政《〈人类理解论〉研究——人类理智再探》，人民出版社，1987，第409~410页。

算机硬件和软件组合逐渐取代人类，阿尔法狗打败围棋冠军，未来世界主体是数字智联还是人？人类会成为机器人的质料吗？从近代哲学家提出"人是机器"命题，到今天"机器是人"的呼声不绝于耳，数字化实存具有如此深刻的"二律背反"：人类技术进步（形式化的人类）与人类的生存异化（人类的形式化）同在。

所谓"形式化的人类"，是指人类有着追求文明不断完善的禀赋，笃信工具理性对人类生存格律具有进化意义改变的理念。简言之，科学技术是第一生产力，表现为知识、公理、范畴、原理等形式对人类生存范式内容的定义，既定义了物性世界，又定义了意义世界。它使人类生存形式愈来愈自由开放，生存内容愈来愈丰富饱满。

卢梭说，从自然人向文明人过渡，离不开历史化过程。笔者以为，卢梭的历史化就是理性的形式化。古希腊哲学家普罗泰戈拉最早提出"人是万物的尺度"命题，这标志着人类开始站在主体的位置，审视人与自然之间的关系。但这仅是一个未加反思的命题，"尺度"只是说明人比事物本身更重要，但重要在何处？我们从亚里士多德对科学本性的定义发现，人的思维的重要性来自思维形式对物质质料的主导作用，人对自然法认知而形成知识，在认识与认识对象之间的一般关系的明确观念中，人的思维的重要性才能显现出来。从知觉中获得特殊，从观念中获得一般，而根据一般才能解释特殊。亚里士多德最早揭示了人的思维逻辑为自然立法的本质——形式因赋予质料因以意义。从亚里士多德的四因说，到柏拉图月印万川的理念本体论，再到康德的主观范畴论、马克思的唯物史观意识能动性学说，这些理论都说明人类追求形式化工具的理性反思是人类摆脱荒蛮愚昧、走向人本质全面发展的定海神针。今天，随着人类的本能向智能化迈进，数字化、网络化、云计算构造了"数字化生存"的人类社会，数字、符码、图像、仿真等理性工具，使得人类自身产生巨大变化——愈来愈趋于生命的高度自觉。正是从这个意义上可以预言，形式化的人类所创构的数字化实存世界，将是"滋养心灵抵御无明；分享繁荣昌盛；以合作取代竞争"① 的命运共同体。

可是，现实历史总是在充满异化、背反、祛魅和辩证否定性运动中发展。数字化正能量的发挥同时也遮蔽了人性有弱点、盲点的事实，"人类的

---

① 尼古拉·尼葛洛庞帝：《数字化生存》，胡泳、范海燕译，电子工业出版社，2017，第 7 页。

形式化"现象在所难免。

所谓"人类的形式化",主要指人类对工具理性的心理依赖及崇拜。康德指出,人是目的,而且是一种无法用任何其他目的来取代的目的,别的东西都应当仅仅作为手段来为之服务。"人类的形式化"表现在:在现代性的规制下,数字资本逻辑对人类生存逻辑的宰制更加快捷、更加精准、更加隐蔽、更加肆无忌惮。如帝国"星链"对全球金融战争和军事战争的太空操控。灵性的人类被锻造成数字资本利益追逐的"钢铁侠",如疯狂炒作比特币掀起的金融狂飙。人性在虚拟经济的侵蚀下,变得更加扭曲、更加媚俗和更加怪诞,如电商虚拟市场时常出现的现代金融诈骗的犯罪行为等。现代性之后的数字商品拜物教、数字货币拜物教、数字资本拜物教比比皆是。"人类的形式化"还表现在,范畴主体化和人的客体化心理原始意象滋生,如卢梭所言,人的自由是戴镣铐的自由。理性工具的使用,使人类陷入名缰利锁的窠臼。名牌符号在社交媒体的运作下,成为人们顶礼膜拜的心中圣物;范畴的凝固和僵化,使得部分人"天天收看世界新闻,但仍然过着因循守旧、墨守成规的日子"。计算机的发明与应用,导致如此幻觉:机器由实体性存在变成主体性存在,比特世界已变为精神现象学的数理逻辑结构,人类存在论的追问,越来越远离物质、实体和原子,从而进入主观精神心理层面的直觉、灵感和想象。毫不夸张地说,人类已走向"脱实向虚"的生存境地。形式化定义了人类,人类却软弱无能。

"人类的形式化"反映了人类历史化进程的异化属性。从古希腊柏拉图的"理念即灵魂"学说,到中世纪最高"形式因"的神性化,反映出人类第一次陷入极端形式化存在的窠臼中:形式即基督。形式转换成人类的整体性思维,通过这一思维我们就可以发现世界历史发展的普遍性原则。但通过这一思维,人性堕落为基督精神的产物。巨大的形式为人类铸造了神性生存的底版。近代以来,培根的"知识就是力量"加剧了人类对工具理性的依赖,尤其是随着近代观念论哲学的兴起,形式化变成了概念的绝对化。黑格尔哲学的问世,意味着人类第二次陷入极端形式化存在的窠臼中:形式即绝对。牛顿的绝对物质变成黑格尔的绝对精神,人是它的玩偶。绝对就是最大的概念,最顶尖的形式,代表了思辨理性的逻辑化形式统摄了一切。形式化使人类生存格式化、递进化、理性化。在后现代主义哲学家看来,现代文明意味着人类不断用新知识、新发现去解构外部世界的生存意义,其间符号化、叙事化的成功,使人类形式化存在进入新的境遇:拟像和虚拟将战胜所有的价值。如鲍德里亚（博德里亚尔）所言，"事物本身并不真在。这些事物有其形而无其实，一切都在自己的表象后面隐退，因此，从来不与自身一致，这就是世界上具体的幻觉"①。"人类的形式化"哲学本质便如鲍德里亚所说的：存在即虚无。一切存在都进入"虚无"境地，物自体的实体意义消失了，一切都归咎于主观精神的意向性"冷记忆"，主观幻觉统治一切，从而构成了当下"完美的罪行"。

中国现代化道路的顶层设计，为人类走出极端形式化迷宫提供了新的方案。特别值得指出的是，中华民族优秀传统文化有着深厚的人性论哲学反思底蕴，如关爱生命意识、超越物我精神、天人合一境界、共同体意识等，这对于"人类的形式化"生存遭遇或许能够起到化解之妙用。在数字化战略实施过程中，中国将会为世界作出更新更大的贡献。

（作者单位：上海财经大学）

原文《"数字化生存"的存在论追问》，

原载《江海学刊》2022 年第 4 期，收入本书时有改动

---

① 让·博德里亚尔：《完美的罪行》，王为民译，商务印书馆，2014，第 7 页。

数字劳动和数字经济的哲学反思

段　钢

人们的生产方式、生活方式、交往方式、行为方式、思维方式等面临一个全新的改变，这个改变就是人类世界被数字化渗透和重构，从本质上看，数字经济为资本打开了一个新的增殖空间，如同16世纪的全球大航海，如今数字经济可以以更小的成本进行全球扩张。所以说，寻找资本发展的空间远远没结束，人类受资本控制的命运还是一个长久的过程。

人的数字化生存越来越走向深化，这是不争的事实。以2021年以来"元宇宙"概念越来越热为例，据说上海的元宇宙产业已在布局，到2025年"元宇宙"相关产业规模将达到3500亿元。毋庸置疑，数字化生存带来许多的改变，本文从哲学和文化批评角度谈点认识。

一　数字劳动强化了劳动的"形而上学"特征

数字劳动使得供求之间的关系重构，信息和通信技术（ICT）资本使得劳动生产率、经济效率、人力资本回报率等大幅度提升。同时，也可能加剧集体生产和个人占有的矛盾。我们已经看到，苹果、谷歌、脸书、微软、亚马逊等5个高科技企业改变了由传统的石油、汽车、金融类的经济主导的世界经济格局。

数字劳动者是以脑力为基础的知识型劳动者，数字化必然知识化，知识型数字型员工成为数字经济的主流，他们将成为数字经济的创新者、推动者。新一轮的生产力变革指日可待。于是，我们将看到：伴随数字经济而来的规模经济，边际交易成本的大降，将诞生新的经济融合体，以及不断被拓展的经济发展新边界。

全球价值链网罗了世界资本市场，有了新的数字劳动分工。数字劳动的国际分工使跨国企业成为数字经济的主宰者。于是，社会劳动阶层有了新的劳动划分，具备数字知识技能的劳动者成为社会新的劳动大军和主流，而不具备数字劳动技能的劳动者会成为新的社会底层。数字劳动能力将成为新的竞争能力。数字经济时代的形而上学就是数字劳动成为新的上帝。

海德格尔于 1947 年在《关于人道主义的书信》中指出，这种不可避免的资本主义特征，也就是劳动的秘密："劳动的新时代的形而上学的本质在黑格尔的《精神现象学》中已预先被思为无条件的制造之自己安排自己的过程，这就是通过作为主体性来体会的人来把现实的东西对象化的过程。"①

这个形而上学本质就是劳动必须服从资本运动。现在，数字经济时代让这种特征愈加明显。数字劳动成为新时代的形而上学，这种新的形而上学，必将引导人们重新设置意义、价值以及游戏规则。这种新的联合、重组，远非马克思所言的真正的全体自由人的联合。

二　数字劳动致使异化加深

只有分析数字劳动中的生产、消费、分配和流通，分析数字劳动在资本循环和全球资源配置中的地位，才能发现剩余价值及其剥削和压迫机制的秘密。

一个不可回避的趋势就是，为了弥补数字经济产生的不断扩大的数字鸿沟，人的数字劳动的领域不断扩张，数字劳动支配下的人的异化也必然加剧和进一步加深。数字技术和数字劳动逐步成为强大的外在异己力量支配人、奴役人，人只不过是数据链条上的一个个环节。人与人关系的逐渐疏离不可避免，因为人与人正常的关系更多被量化、虚拟化、数字化、货币化的关系取代。人的本性逐渐消失在网络中，面对大数据，普通民众只是客体而非主体，同样，在数字经济扩张的全球化过程中，数字劳动者必然成为马尔库塞所说的单面人。这种个体的单面性也表现在个体无法接触到全面的数据生成上。

在数字经济的未来世界，异化是人主动接受的现实，人在异化状态下不

① 《海德格尔选集》（上），孙周兴选编，上海三联书店，1996，第 383~384 页。

仅是不由自主的，也是欢欣鼓舞的。比如，国人对元宇宙感到兴奋。元宇宙让人沉迷于数字虚拟空间，忘记人的本性（人与人之间应该彼此创造、彼此肯定，也即是人道的自然的和谐关系），意义的丧失成为必然。有些学者以为元宇宙是"游戏与人性自由前所未有之契合"，回答了"我是谁、从哪来、到哪去"的哲学难题，期望由此带来人类社会状态新的变革；不少人以为，虚拟的元宇宙就是马克思说的自由人的联合体，把虚拟的生命体验当真，幻想以此获得人的全面发展，实现人在时间和空间上的不朽；等等。如哈贝马斯所言，这其实就是现代科技制造出的意识形态幻觉。

数字劳动必然带来人对虚拟世界的依赖，这成为社会主流，以致假作真时真亦假。异化成为常态，非异化则成为病态。我们都明白，资本不能被超越，就永远终结不了这种状态。马克思对扬弃了私有制的未来描述较多，在此不必重述，重要的是思考在当下我们如何与数字经济的异化共存，如何在本真和被遮蔽的人生之间寻求一个平衡。

三　资本逻辑与精神殖民

在数字经济驱动下，资本的逻辑指向更为清楚，资本增殖的目的更为直接。这个马克思早就指出的资本逻辑，世界的运转依赖它得以持续。只不过在数字经济时代资本逻辑穿上了数字劳动的华丽外衣，资本增殖的目的更易于达成。未来的世界将由数字经济主宰，这亦是不争的预期。数字经济注定逃不开资本逻辑的支配，并且资本逻辑有可能进一步加强，因为数字经济的扩张成本远远小于资本主义初期、中期阶段的扩张成本，在资本逻辑支配下数字经济的殖民时代即将到来。

有些学者看到数字经济消极的一面，于是简单地批判它，盲目自信，似乎只有自己的学问能超越资本，摆脱资本逻辑。这样的学问经不起实践的检验。要反省数字经济的目的，提醒知识分子不要轻易陷入数字经济发展的狂欢，要保持对资本逻辑的清醒认识，保持反思，拒绝被奴役。在肯定数字经济发展积极的一面的同时，不要沦为资本主义造梦的工具，更不要成为资本主义负面发展的帮凶，如何和资本共舞才是当下需要花大力研究的。

（作者单位：上海社会科学院）

数字治理与肯定性的生命政治

蓝 江　周亦垚

这是一个充满悖论的时代，也是一个天翻地覆的时代。

的确，在充满着大数据、数字技术和智能算法的时代里，似乎一切都脱节了。我们眼前熟悉的一切似乎在倏忽间便烟消云散，而统治着这片大地的是一个脱节的法则。我们看到，骑着电动车的外卖员，格子间的白领员工，驾驶着自己车辆的滴滴司机，似乎都被困在算法里，日益陷入一个数字监控的囚笼。美国社会学家肖莎娜·祖博夫（Shoshana Zuboff）更是将这个时代称为"监控资本主义时代"，她宣称在这个时代里"人类经验能转化为行为数据的免费原物料……他们将这些资料投入到下阶段的生产过程，也就是所谓的'机器智慧'，将资料制造成'预测产品'，对你当下，下一秒以及未来的行为进行预测"①。在这种叙事下，仿佛数字技术和智能算法带来的新技术革命不仅没有将人们从旧生产关系的樊篱下解放出来；相反，却让人类陷入了一个更糟糕的境地，即不仅使人们面对数字痕迹采集下的监控，而且连人的生命似乎也被彻底锁死在由数据代码构成的空间中。然而，这个新技术时代的叙事还有另一种可能，如在新冠疫情防控下，通过大数据技术和数字追踪、智能算法扫描等，能够有效追溯感染源头、阻断传染路径，并建立一个疫情下相对安全的生活和生产环境。一方面，新型的数字技术在传统批判思维下背负着监控技术的恶名，人们认为数字技术的出现意味着对人性的抹杀；另一方面，我们不能忽视的是，数字技术和智能算法正在构成新的基

---

① 肖莎娜·祖博夫：《监控资本主义时代：基础与演进》（上卷），温泽元等译，台湾时报文化出版公司，2020，第38页。

础设施（infrastructure），它代表的不一定是传统知识分子对逝去时代的哀悼，而也可能是技术加速论者所看到的未来数字治理形成的美好蓝图。无论如何，数字监控和智能算法有着一个时代的两个不可分割的侧面：一个是否定性的侧面，它构成了对启蒙以来的人性论的挑战；一个是肯定性的侧面，这种肯定性的侧面正在实现一种前所未有的数据控制和传播的巨大装置。

或许，这是我们这个时代人文研究面对的最突出的问题，如果对数字技术的治理问题仅仅从否定性的视角来研究，势必会形成一种悖论，即为了批判而批判，或者说某些批判理论完全拒绝了大数据技术在日常范围内的应用，这真的符合历史发展的潮流吗？回到一个完全没有数字治理的时代，是否比现代的状况更好？所以，针对数字监控，在保持批判态度的基础上，也需要一种多元的视角，即我们不仅需要批判，也需要从肯定性角度重新看待数字治理术下的生命政治的问题。

一　从个体到人口：生命政治的嬗变

1976 年，福柯在法兰西学院讲座中谈到了生命权力（biopouvoir）的问题。生命权力不同于死亡权力，因为它关心的问题不再是个体的死亡。在封建时代，因为国家的基础是专制君主的无上权威，所以任何威胁到这种象征性的无上权威的个体必须被处死。这是一种基于神圣法的牧领权力，它治理的对象就是个人的肉体，通过惩戒人的肉体，从而让个体能够服从于权威的统治。然而，福柯发现，这种状况在 18~19 世纪发生了根本性的转变，因为权力不再作用于个体肉身的死亡，而是转向了生命。福柯指出："然而现在，权力越来越没有权利使人死，而为了使人活，就越来越有权利干预生活的方式，干预怎样生活，权力特别在这个层面上进行干预，为了提高生命的价值，为了控制事故、偶然、缺陷，从这时起，死亡作为生命的结束，明显是权力的结束、界限和终止。它处于权力的外部：它落入权力的范围之外，对于它，权力智能普遍地从总体上、统计上进行控制。权力控制的不是死亡，而是死亡率。"[1] 福柯在这里重点强调了之前的君主权力在于使人死（laisser mort），而在 18~19 世纪开始的新的政治权力的主要目的变成了使人

---

① 米歇尔·福柯：《必须保卫社会》，钱翰译，上海人民出版社，2018，第 271 页。

活（laisser vivre）。这个变化，不仅仅是修辞上的，而且是福柯所关注的一个时代的变革，其根本原因在于权力实施方式的改变。

不过，如果仔细来读福柯的这段文字，不难发现，福柯的着力点并不在于死与生的关联，而是在于从个体到总体的转变。福柯强调了权力不再看重个体的死亡，而是看重从统计学和总体上的"控制"。因为权力的大小与某种统计学的总体是成正比的，而这个总体就是人口。面对统计学上的人口，权力追求的是某种生活方式下个体的总体，即生命权力。福柯的说法是："而现在，由于针对人口、针对活着的人的生命权力，由于这种权力的新技术，出现了一种连续的科学性的权力，它是'使人活'的权力。"① 对于这种"使人活"的权力，我们不能简单地从字面上来解释，因为它并不是让人们活下来，而是提供一种生存方式，或者说按照某种规范，让人们变成这种规范下的个体的生命。也就是说，"使人活"的真正含义在于创造出适宜于现代社会治理的大量的被规训的个体，让他们按照固定的模式生活、学习和生产，他们的行为模式在"使人活"的框架下是可以预测的。由于每一个体都是规训个体，由他们组成的新的总体就称为"人口"。可见，"人口"实际上是一种监控下的被规训个体的集合，这些个体在行为和意志上得到了现代规训体制的矫正和培育，从而保持了行为和道德上的规范性。在这个意义上，个体仍然存在，但是那些行为出格、异轨、极度偏激的个体被隔离了，整个社会之中只剩下正常的人，即被规训的人。这就是福柯所说的 18~19 世纪西方社会中的生命政治的诞生。可见，生命政治从一开始就不是作为保障个体的生命的政治制度出现的，它提供的不是个体的生命的自由生成；恰恰相反，它一开始就为生命套上了缧绁，让生命按照现代社会的规训方式来运作。

由此，我们可以理解福柯人口概念带来的第二个关键性变革。人口不是一个个体概念，而是政治治理的概念。在 1977 年的法兰西学院的讲座中，福柯进一步深化了这个主题。福柯说，政治治理"最终的目标是人口。人口是适合作为目标的，而个人、一系列的个人、成群的个人、杂多的个人，是不适合作为目标的。而仅仅作为用来在人口层面获得某种东西的工具、替代或者条件来说才是适合的"②。在这段话中，形成了一个对比，即个体和

---

① 米歇尔·福柯：《必须保卫社会》，钱翰译，上海人民出版社，2018，第 270 页。
② 米歇尔·福柯：《安全、领土与人口》，钱翰、陈晓径译，上海人民出版社，2010，第 33 页。

人口的对比：个体，甚至说一系列的个体、成群的个体、杂多的个体都是不适合治理的。这代表着人口绝对不是个体的简单相加。因为散漫和具有多样性的个体对于治理的权力来说是难以控制的，因此无法从"科学"的角度给出具体的治理方式。而人口存在着一个与个体不同的层面，正是这个层面让人口变得可以治理。

　　为了进一步理解这个问题，福柯解释说："人口覆盖着古老的人民（peuple）的概念，但是其方式是，这些现象都以它为参照加以划分，有一些要关照的层次，而另一些层次相反就不用管了，或者以另一种方式进行关照。"① 一旦福柯以古代政治哲学的经典概念"人民"为参照，那么人口就获得了另一层含义。阿甘本在对古罗马政治的研究中就曾注意到，人民不同于庶众（multitude），因为"人民被有意识的同质性概念所界定，不分其种类如何（不分其种族、宗教信仰、经济地位等），这样，人民总是已经展现出自身。另一方面，作为一个政治统一体，它只能通过那些代表它的人来展现"②。简单来说，阿甘本看到，在古罗马政治中，只有那些能纳入罗马政治体制中的人才能成为人民，成为具有罗马资格的公民（demos）；相反，那些没有资格的人（the inauthentic）只能沦为庶民（plethos）。当然，虽然福柯讨论人口概念并不是为了恢复古代罗马政治中的公民和庶民之分，但是他强调了人口概念与人民概念的一致性，其实暗示了一点：人口是一个治理的框架，只有那些能按照规范纳入框架下的个体才是人口，而其他的人都是不正常的生命，或者沦为阿甘本意义上的赤裸生命。所以，人口从一开始就不是个体的总和。人口或生命政治治理的对象并不是诸多个体的总和，所谓的人口统计学实际上在统计时设定了一个规范的标准，只有符合规范的个体才能被统计为人口，成为可以预期和治理的对象。这样，所谓的人口就是在这个规范的模板下面被集置起来的个体。正如有学者指出："权力技术是构成社会关系的各种机制，它们创造了个人和人口的具体形式，使其得到不同程度的解放、授权和恢复，等等。对福柯来说，治理技术是制度和特定规划的具体内容，它们试图理解社会的某些方面——人口，并以某种方式重塑个人。正是这种不可避免的政治理性和技术的结合，定义了治理

---

① 米歇尔·福柯：《安全、领土与人口》，钱翰、陈晓径译，上海人民出版社，2010，第33页。
② Giorgio Agamben, *Stasis: Civil War as a Political Paradigm*, trans. Nicholas Heron, Edinburgh: Edinburgh University Press, 2015, p. 40.

技术的具体项目。"①

所以，在福柯以人口为中心的生命政治治理概念中，重点在于规训的生命形式，或者说如何将杂多的个体纳入可以统计的人口模式之下进行有效治理。进入现代社会之后，与其说实现了个体的自由和权利，不如说现代社会实现的是在生命政治治理下的自由和权利。这种自由从一开始就不是放任的自由，而是一定规训框架下的自由。也正是这种被规训的自由，让人成为现代的人，规训人的模型成为现代工厂、学校、军队、医院等日常管理机构。在现代社会的治理之中，重要的是让整个机构（工厂、学校、军队、医院等）呈现为有序的生命政治治理组织，这样的组织呈现了巨大的生产力和执行力，从而带来了现代治理方式的飞跃。因此，在福柯谈到现代人被剪除了生命自在性的翅膀之后，都变成了人口模式下的个体时，我们看到的不仅仅是个人生命的忧郁，也看到在这种治理体制下的巨大潜能。因此，生命政治必然带有两个面向：一方面它将传统的生命变成了可以治理的现代生命，意味着现代性的铁笼和单向度的人的维度，这是生命政治批判的否定性维度；另一方面，从治理的潜能角度来看，生命政治的确存在着一个正面的维度，即肯定性的生命政治，这个维度恰恰是今天在数字化社会中必须重新面对的维度。

二　生命形式与数字治理：一种虚假的二分法

对于科学技术的发展，尤其对于 21 世纪以来的数字技术的发展，那些西方国家的批判理论家仍然抱有一丝丝疑虑。对于这种技术在资本主义社会中的广泛使用，他们更多的是批判，将其纳入资本主义的控制体系之下，认为技术充当了资本主义统治的帮凶。法兰克福学派的批判就体现了西方马克思主义对技术发展的焦虑，而这种焦虑在马尔库塞《单向度的人——发达工业社会意识形态研究》中达到了巅峰。譬如，马尔库塞指出，随着技术的进步，"一种舒舒服服、平平稳稳、合理而又民主的不自由在发达的工业文明中流行"②。这种现象最大的特征在于合理中的不合理、自由下的不自

---

① Alan Mackinlay，Philip Taylor，*Foucault，Governmentality and Organization：Inside the Factory of the Future*，New York：Routeledge，2014，p. 5.

② 赫伯特·马尔库塞：《单向度的人——发达工业社会意识形态研究》，刘继译，上海译文出版社，2006，第 3 页。

由。人在工业文明的齿轮下，变成了一个个机械零件，被一套规范所束缚着，安身立命于机械化的洪流中，压抑着个性、丧失着自我。不仅如此，人们还会逐渐接受这一表面合理的状态，一步一步甘于沦陷，丧失了批判意识，封闭了话语体系，成为工业意识形态的奴隶，为效率和收益乐此不疲。技术的发展不仅为人类的生产生活带来了巨大改变，也对人的生命形式产生了巨大影响，人的生命不再是自由地流淌，而是在很大程度上被一套社会规范所塑造。而德国当代批判理论家韩炳哲看到了，随着数字时代的来临，这种被约束、被规训、被沉沦的生命形式在数字治理手段之下，以一种更加高效的方式变得愈来愈普遍化，让人们逐渐生活在一个倦怠的透明社会里。韩炳哲说道："透明社会是一个不信任的、怀疑的社会，由于信任日渐消失，社会便开始依赖监控。对透明的大声呼求恰恰表明，社会的道德基础已然脆弱不堪，真诚、正直等道德价值越来越失去其意义。作为一项新的社会命令，透明正在取代日渐式微的道德审查机构。"① 在这些批判理论家看来，技术不仅剥夺了人的自由，让人异化，更重要的是，它导致一种让人以单向度和透明的方式附庸于技术的统治，这让批判理论家们感到了忧虑。然而，事情真的是这样吗？我们只能将个人的生存与技术的发展置于二律背反的基础上来思考吗？为了解释这个问题，我们需要回到20世纪的生命政治传统中来看看这种二律背反的逻辑是如何形成的。

生物性生命的政治化，在进入数字化时代之后，越来越变成一个无法阻挡的过程。这样，福柯所描述的塑造生命形式的生命政治，逐渐转化成以数字技术、智能算法介入生命治理的过程。

数字时代的数字治理技术为生物性生命的政治化提供了更大的便捷，人口数据库的建立能帮助国家更好地监测到每一个具体公民的真实情况。在疫情管理中，正是依附于数据库的管理，才能准确而及时地监测到哪一个个体暂未接种疫苗，才能检测到病毒密切接触者的行动轨迹，这在很大程度上避免了疫情的进一步扩散。但是，在全球疫情暴发之后，一些理论家对疫情例外状态下的数字治理模式进行了纯粹观念上的批判。比如阿甘本在2021年的新书《我们在何方？》（*Where are We Now？：The Epidemic as Politics*）中对意大利政府采取的疫情管控手段进行了批判。首先，他认为疫情出现之后对个体自由的限制是对个体权利的侵犯，人们不再像从前那样自由出行，

① 韩炳哲：《透明社会》，吴琼译，中信出版集团，2019，第81~82页。

而是待在家中，甚至连普通的日常出行如超市购物、学校上课等都被严格禁止，这是对政治性生命的权利剥夺，是政治性生命的生物性还原，人如同被圈养起来的动物，不再具有参与社会活动的权利。其次，他认为疫情导致了人际关系的恶化，因为每一个个体在社会中都要遵循"保持一米距离"的规范，在禁止接近或触碰的规则下，人与人的关系会变得不如之前亲密。阿甘本说道，"学校被永远关闭，只在网上授课；政治或文化的集会和对话也被停止；只以数字的方式来交换信息，以便尽可能使用机器来替代人与人之间的接触来避免传染"①，所有这些行为都对人与人之间的直接交流产生了阻碍。然后，阿甘本认为数字技术的发展，让人们开始使用网络空间来交流互动，而且在疫情防控时期关闭了很多公共场所，这在一定程度上是对公共空间的废除。最后，阿甘本批判道，在疫情管理下，身体存在的感官体验和凝视都会消失。他认为："我们正在经历技术野蛮的一个方面是每一次感官体验的抹杀和凝视的丧失，而凝视现在一直被禁锢在一个光谱屏幕中。"②

在数字治理的过程中，生物性生命的政治化和政治性生命的生物化是同时发生的，而且也是两个无法阻挡的过程。个体的生命只有被统计为人口，被赋予社会身份，才能被有效管理。但是阿甘本认为生物性生命向政治性生命的转换一定伴随着一种规训，伴随着一种生命形式的塑造。在《至高的清贫》（*The Highest Poverty：Monastic Rules and Form-of-Life*）一书中，阿甘本谈到了圣方济各会修道的生活形式，在修道院中，若想要形成一个共同体，需要满足三个条件：首先是要在一起衣食住行；其次是要有统一的服饰穿着；最后就是要做到时间上的统一。僧侣在身体意义上进入修道院不足以说明他是这个共同体的一部分，而想要成为共同体的成员，就要获得一种象征，比如穿上僧衣，按照规定的时间来作息，遵守清规戒律，等等。这些规定都类似于一种封印，这些僧侣一旦被打上封印，就意味着进入了确定性的体系中，阿甘本称这种确定性为"装置"（apparatus），即对人的一种规训。在数字治理的过程中，也是将人置于一个装置中，让人服从于一些条条框框，人的自由生命会被一道符码或者一条禁令所贯穿，从而丧失权利和自

---

① Giorgio Agamben, *Where are We Now?：The Epidemic as Politics*, trans. Valeria Dani, London：Eris, 2021, p. 24.

② Giorgio Agamben, *Where are We Now?：The Epidemic as Politics*, trans. Valeria Dani, London：Eris, 2021, pp. 112-113.

由。一旦出现例外状态，人甚至会退回到生物性生命的状态。阿甘本认为生物性生命和政治性生命相互分离会导致赤裸生命，所以他提出了"生命-形式"（form-of-life）来抵御生命政治化。他说道："这并不是一个把某种形式（或规范）应用于生命的问题，而是按照那种形式去生活的问题，这就是生命的形式，接下来，让生命本身成为形式，并与之相一致。"① 简言之，将规范应用在生命之中是生命形式，而将生命应用在规范之中就是阿甘本所谓的"生命-形式"。

　　但是，阿甘本的"生命-形式"能在多大程度上实现生命的自由流淌，还是存疑的。而且，当社会治理将人置于一种架构中时，也并不一定就意味着权利的完全丧失。人沦为赤裸生命的前提是生物性生命和政治性生命的二分，而这种二分实际上也是虚构的。社会治理的对象既包含生命的层面也包含生活的层面，人为地制造分裂来批判生物性生命的政治化或政治性生命的生物化是不可取的。阿甘本虽然深刻地指出了生命政治中否定性的一面，即对生命形式的塑造与规训以及在例外状态下生命的赤裸化，这是对政治现实的一种批判，但是他并没有关注到生命政治中肯定性的一面，尤其是在发生疫情的时代，我们发现数字技术的出现使对人口的塑造、对社会的管理逐渐变得更加容易也更加高效。

三　走向肯定性的生命政治

　　从前文可以得知，生命政治的范式并非单纯的一种逻辑，事实上，它包含两个维度：一个是否定的，一个是肯定的；一个是消极的，一个是积极的；一个是毁灭性的，一个是建设性的。而阿甘本作为否定性生命政治理论的代表，也提出了他自己的理想，即希望在一种例外状态下，在普通法律都被悬搁的情况下，能够形成一种潜能，从而实现对现实中那种固定的、封印的机制的超越。但是当疫情这一例外事件来临后，我们发现潜能并不能发挥其理想作用，而那种固定的机制或权威却在一定程度上可以产生积极作用。由此，生命政治中的潜能维度被进一步激发出来，在疫情管控过程中，通过将人纳入数字化和算法技术的控制下，

① Giorgio Agamben, *The Highest Poverty*：*Monastic Rules and Form-of-Life*, trans. Adam Kotsko, California：Stanford University Press, 2013, p. 99.

能够让总体的人口治理展现出潜能。在新冠疫情的考验之下，数字化和算法技术在推进疫情防控的过程中发挥了巨大的作用，进一步彰显了生命政治中肯定性的一面。

在《生命：生命政治与哲学》（Bios：Biopolitics and Philosophy）一书中，意大利当代思想家罗伯托·埃斯波西托（Roberto Esposito）在反思与"共同体"（communitas）对应的"免疫"（immunitas）概念的基础上，提出了肯定性的生命政治（affirmative biopolitics）。免疫和共同体有着共同的拉丁语词根"munus"，其基本含义是"债"或"缺乏"，由于这种共同的缺乏，大家构成了共同体。它并不是通过直接与入侵者相对抗的方式来达到防御的目的，而是将之包含进来后将其净化，从而实现共同体的进化。这一思路在疫情暴发之后的一段时间里，曾被一些西方国家用来解决问题，这些国家认为仅仅恪守共同体的边界是保守的，只有不断地向外部开放，让他者以无害的方式进入共同体之中，才能实现生命的进化。但是，事实表明，让新冠病毒作为一个他者肆意进入共同体内部会带来巨大风险，不仅人类无法有效实现免疫，反而会触动人类共同体的共存根基，这时就需要权力的介入。埃斯波西托对此也有深刻认识并说道："权力要么否定生命，要么促进生命的发展；要么侵犯生命并排斥生命，要么保护生命和繁殖生命。"[1] 所以说，这体现了生命政治范式中的两种分歧，"一个是肯定的和富有成效的，另一个是消极的和致命的"[2]。疫情管控就是一个典型的富有成效的例子。个体不能实现疫情治理，但是当权力介入后，可以通过数字算法从人口总体上进行治理。在这一过程中，正是由于数字算法的介入，权力管控才能如此高效而精准。此外，数字治理术在行程管控中也发挥了巨大作用，每一个个体的行动轨迹都是可以被监测的，当新冠病例出现后，马上就可以监测到其行动轨迹，从而锁定密接人群，进一步控制疫情的扩散。由此可见，数字治理术的应用进一步激发了肯定性生命政治的潜能，人口的治理在数字技术的辅助作用下实现了优化。

至此，我们已经注意到了数字治理与肯定性生命政治的结合点，想要最大化地发挥数字技术的效能，必须有一个权威的介入，即治理权力将数字技

① Roberto Esposito, Bios：Biopolitics and Philosophy, trans. Timothy Campbell, London：University of Minnesota Press, 2008, p. 46.

② Roberto Esposito, Bios：Biopolitics and Philosophy, trans. Timothy Campbell, London：University of Minnesota Press, 2008, p. 46.

术作为一项控制和管理的工具。本雅明·布拉顿（Benjamin H. Bratton）在
《真实的复仇》（*The Revenge of the Real：Politics for a Post-pandemic World*）
中说道："尤其是人们认为缺少权威时更是如此，令人痛苦不堪。"① 这一表
述深刻揭露了疫情状态下普通民众的心理状态。作为个体的民众在例外状态
下很难有组织地保护自身，而且数字技术只有上升到治理术的层面，即被管
理层当作一种治理手段，才可以真正发挥其效力。而个体掌握的数字技术是
有限的，这就需要一个权力机构介入来对生命实现有效治理。正如布拉顿所
说："因此，必须要使用更公平、更有效、更理性、更具有现实意义的治理
方式，来取代目前地缘政治下的无政府式的治理状态。"② 这一治理形式就
是"使人活、让人死"的民主政治，让一套权力机制充分发挥作用来塑造
生命。这里对政治权力的认可与阿甘本对政治权力操纵生命的批判已经截
然相反。"对于新冠病毒来说，肯定性的生命政治学一方面与民粹主义对
主权权力的回归竞争，另一方面与否定性的生命政治学产生大规模竞争。
简单地说，这种否定性的生命政治学将现代流行病学干预生命权力的历史
解读为一种压迫性的等级制度和正常化的话语技术机器，应该被无情地批
判而不是从肯定性方面加以处置。"③ 由此可见，像阿甘本那样单纯把生命
政治理解为否定性的，理解为对自由生命的压迫与操控，或许在疫情防控中
显得有些不妥。在疫情状态下，我们应该呼吁权力的回归，因为只有权力才
能更有效地塑造和保护生命。或许还是会有人提出质疑，当权力与数字技术
相结合时，这不是实现了更大范围的监控吗？因为每一个独立的个体被充分
展示在每一条数据流中，他的行踪可以被轻而易举地掌握，个体不再有隐私
可言。布拉顿反驳道："为了让肯定性的生命政治成为可能，我们必须认识
到，我们的问题在于，过于重视一些无关紧要的东西，而没有掌控政治主要
的东西……我们需要消除这样的认识，即认为'社会控制'是不利的，为
了达到这个目的，我们必须明白，社会控制还有另一个名称，它也是社会的
共情（empathic）的理性，任何复杂且具有高度适应能力的社会系统，都会

① Benjamin H. Bratton, *The Revenge of the Real：Politics for a Post-pandemic World*, London：Verso, 2021, p. 2.
② Benjamin H. Bratton, *The Revenge of the Real：Politics for a Post-pandemic World*, London：Verso, 2021, p. 9.
③ Benjamin H. Bratton, *The Revenge of the Real：Politics for a Post-pandemic World*, London：Verso, 2021, p. 37.

拥有这种共情理性的自我组合的方式。"① 所以说，"控制"这一概念并非绝对是否定性意义的，也可能是指社会以一种理性的方式对自身的重新塑造和对社会个体的一种更优化的管理。

针对社会的自主治理问题，布拉顿提出了"感知层"的概念，感知层"指一个社会能够在细微和整体层面上感知正在发生的事情的所有方式，以便做出一个模型，它可以用来反作用于自己，从而治理自己"②。如何能够更好地感知正在发生的事情？这里就引入了数字治理术的问题。通过数字技术，可以对社会现状形成更加清晰而直观的认识，比如在疫情防控时期，可以通过行程码来对人员流动进行管控，测试和追踪成为管理流行病学模型"感知层"的一个关键方面。布拉顿说："测试和感知是同一件事。有了更广泛的测试，就有了更准确的感知，这意味着更好的模型，这意味着更好的公共卫生反应。"③ 通过技术手段的介入，"感知层"获取了更加多元和有效的信息，从而做出了更加现实的决策，来达到治理自己的目的。

在发生疫情的时候，我们广泛地看到了数字技术与政治权力的交织：一方面，数字技术想要更好地发挥其效用，离不开政治权力的保障和启用，即将数字技术上升到治理术的层面，才能对人口和社会实行有效治理；而另一方面，数字技术的介入，使生命政治肯定性的一面被充分激发出来，数字治理不再仅仅是对自由生命的管控与压迫，而是以一种有效的手段让生命更加优化。我们应该充分肯定生命政治中积极性的一面，看到数字治理在人口管理过程中的潜能作用。尤其是要接纳数字技术，而不是单方面地看到数字对人生命的渗透与贯穿。因为一旦出现例外状态，这种有效的数字治理反而会成为"诺亚方舟"。

总之，如何看待数字治理成为我们在数字时代里必须面对的问题。传统左翼知识分子从批判的维度，认为数字技术会对人性有所压制和抹杀，所形成的数字监控会对人的自由产生亵渎。但是仅仅站在批判的视角去评论数字治理显然是不全面的，一味地否定数字技术势必会形成一种悖论，因为在疫

① Benjamin H. Bratton, *The Revenge of the Real: Politics for a Post-pandemic World*, London: Verso, 2021, p. 146.
② Benjamin H. Bratton, *The Revenge of the Real: Politics for a Post-pandemic World*, London: Verso, 2021, p. 42.
③ Benjamin H. Bratton, *The Revenge of the Real: Politics for a Post-pandemic World*, London: Verso, 2021, p. 42.

情状态下，我们着实享受到了数字治理所带来的高效与快捷。数字技术和智能算法正在形成一个新的基础设施，为优化社会治理提供一条路径，在这个面向未来的智能环境中，我们看到了一个更高效、更安全社会的美好蓝图。可以说，数字监控和智能算法的肯定性的一面在数字时代的背景下正在逐渐被挖掘出来，在巨大的数据收集、控制和传播网链中，之前很多隐藏的潜能迸发了出来。西方左翼知识分子对资本主义的批判，并不是简单地通过将数字治理技术为我们生活带来的正面价值无情抛弃来实现的。倘若数字治理技术和生命政治可以用来增强和维护我们的生命价值和秩序，我们又为什么要反对呢？我们应当反对的不是数字治理及其技术本身，我们也不能将数字治理简化为一种权力的监控，而是需要从谁在使用技术的角度来完成数字时代的批判理论的建构。也就是说，关键问题不在于数字治理和生命政治本身，而是在于谁在使用技术。我们批判的不是数字治理和肯定性的生命政治，而是资本主义和某些权力对数字技术和生命政治的滥用。

（作者单位：南京大学）

原文《数字治理与肯定性的生命政治》，

原载《苏州大学学报》（哲学社会科学版）2022年第2期，

收入本书时有改动

元宇宙与数字化未来的哲学追问

段伟文

"元宇宙"是什么？尽管对其技术实现方式尚在探索之中，但它大致体现了当前人们所能构想出的数字化未来的总体愿景。在乐观的倡导者看来，随着元宇宙的发展，人们未来将在 3D 虚拟世界中体验大多数的生活方式，社交、购物、工作、学习、旅游等日常活动的方式和空间将随之嬗变。在由此所构想的情境中，虚拟现实、增强现实、混合现实、人工智能与脑机接口等具有未来主义色彩的技术将为人们的体验和互动提供全新的基础，元宇宙中的互动将全面模拟物理世界中的视觉、听觉、触觉等感知活动。

当前，元宇宙倡导者对元宇宙未来的预见大多为技术与经济叙事，往往会对技术的先进性与可靠性以及创新发展的必然性作出辩护。在他们看来，元宇宙将建立在基于区块链技术的 Web3.0 等下一代互联网技术之上，它们可使平台和个人随时随地沉浸在互联网中，去中心化的存储和移动方式将确保信息或数据的安全。进一步，从技术与经济的宏观态势来讲，在持续创新和充足资金的双重刺激下，人类总会有动力去突破边界和探索新的体验，去推进和改善日常生活，去追求利润和权力。

不难看出，这些技术与经济叙事的基本论述框架是：下一代的技术将带来更多的创新并解决现有技术存在的问题，通过创新与投入的相互激励将会实现可持续创新。但与其他局限于技术与经济的新技术叙事和论述类似，存在两个通常被忽视的问题。一是自我兑现，它们通常会根据现实情况的变化而对主要概念的内涵作出调整，在很大程度上是可以自圆其说的自我兑现的承诺。二是坚持技术解决主义，即假定或暗示技术发展中的问题一般可以通过技术找到解决方案。从当代技术哲学的维度来看，要对元宇宙的本质及其未来影响有更全面深刻的认知，不能将元宇宙简单地视为技术系统或技术经济系统，而应该从技术社会系统、技术与人的关系和面向科技未来的"行星智慧"等视角出发，对元宇宙的发生学、本体论、认识论和价值论等问题展开更深入的探讨和追问。

一　超真实：基于虚拟性的人工拟像

在知名调研机构皮尤研究中心（Pew Research Center）最近发布的报告《元宇宙 2040》（*The Metaverse in 2040*）中，受访者对于元宇宙的"元"趋势的认知被概括为两点。一是增强现实和混合现实的应用将比虚拟现实的发展更有优势，特别是在人工智能系统的支持下，人们在现实世界的经验将大为扩展；二是下一代网络知识生态系统的建设方式可以比目前的网络更好地为人服务，但在放大人类活动的同时，元宇宙的沉浸性等特征也会对人的活动与权利造成重大威胁，因此要避免元宇宙由单一平台运作。这表明，人们已经从常识层面认识到，元宇宙不等于虚拟现实等数字技术所呈现的现实。而人们所看好的增强现实与混合现实等可能路径则揭示了元宇宙所构建的其实是"超真实"，其发生与演进乃是基于人的认知与感知的虚拟性以及人工"拟像"（simulacrum）。

不论怎样界定元宇宙，其谈论者都假定它并非一个给定的或自在的世界，而是为满足人的需要所营造的世界。而人所构造的世界最大的特点是其在意识、认知和精神层面的创造性想象及其向事物、行为和事件的意义投射，我们可以大致称其为"虚拟性"（virtuality）。实际上，虚拟性是人类不可或缺甚至是不可分割的一部分，一直伴随着我们这些智人数千年之久。在人类历史上，虚拟性至少在逃生（在捕食者面前伪装）、免于无聊（以想象力超越生活的平淡无奇）、提升效率（创造性思考）、形成同理心、未来规划和缓解生存恐惧等方面对我们大有裨益，对于人类的宗教、哲学、科学、数学、文学、艺术等智力活动的贡献更是不言而喻。此外，在隐喻的意义上，作为沟通之神和语言发明者的赫尔墨斯主导着虚拟性，同时他也是谎言的制造者，常常在应该给予引导的时候故意误导人们，使各种形式的虚拟世界一直涌动着虚假与欺骗的暗流。

我们固然可从本质主义的维度将虚拟性视为人类心灵与精神的本质特

征，以凸显其对人类认知与感知的渗透作用，也可以在不那么严格的意义上借用拉康的实在界、想象界、象征界分析虚拟性的内涵。但为了使我们对元宇宙的虚拟性的讨论不过于抽象，应更进一步从发生学和历史主义的视角，使虚拟性与具体技术的结合及其在特定技术社会系统中的意义得以呈现。正是虚拟性与技术的历史性结合产生了人工拟像（媒介研究中心"技术图像"）及其谱系，这既可以赋予这一谱系中的新来者——元宇宙某种类型性，反过来元宇宙的未来发展又会赋予人工拟像及其谱系以新的意涵。

论及人工拟像的谱系，可以列出很长的一串名单，从镜子、棱镜和透镜所成的虚像与实像到全息激光成像和人工智能合成影像，从面具、脸谱、神像、机器玩偶到陪伴机器人和数字化身，它们被不同时代的人当作某种真实甚至神圣的存在。如果要对拟像的谱系做一个简单而不尽完备的分类的话，除了"现实"拟像（如虚拟现实、增强现实、混合现实等）之外，还有模拟拟像（如蜡像，以及鲍德里亚曾经讨论过的博尔赫斯笔下的与帝国领土大小分毫不差、详尽一切的地图）、镜像拟像（如光学镜像、影视影像等）与合成拟像（如人工智能造假或合成影像、数字化身等）。

在模拟技术和数字技术不太发达的时代，人的认知和感知的虚拟性与人工拟像本身的似真度之间尚有一种相互协同的互补关系，这使神像等拟像对人来说处于某种既非真也不假的可认知状态。在模拟技术和数字技术日趋高度精细化的当下，越来越多的拟像虽属绝对虚构，却以真实存在的方式呈现——也就是艾柯（U. Eco）所说的"超真实"。由此，值得关注的并不是应该如何界定拟像和超真实，而是元宇宙发展中出现的新拟像形式所带来的具体的超真实及其真假悖论。

值得注意的是，缺乏反思和批判以及技术的加速发展，导致了人们对数字技术力量的普遍屈从，这必然使得代表假象与赝品的赫尔墨斯暗流在数字时代更加汹涌。例如，人工智能深度造假所生成的影像带来的挑战与其说是以假乱真，毋宁说是对真假界限的抹平。但耐人寻味的是，在数字治理层面，技术上的"深度造假"一词却被重新命名为"深度合成"，其用意在于避免对这一新技术的污名化。类似地，作为深度合成数据来源的生物特征识别技术虽备受争议，却依然在不同场景中被运用。而随着技术的发展，深度合成已能根据基因绘制具有种族与家族特征的人脸图像，将来不仅可以用来还原古人的面貌，甚至能用来预测任意两人可能的后代的模样。问题是，这是不是我们想要的超真实？

二　作为"人类机器"的元宇宙

2022 年初，查尔默斯（D. Chalmers）在其新书《实在+：虚拟世界和哲学问题》中指出，在未来的一百年内，人们将拥有无法与非虚拟世界区分开的虚拟世界。他花了很多篇幅论证虚拟现实是真正的现实——我们无法知道我们不是处于模拟之中，但人们在其中同样可以过上有意义的生活。查尔默斯的旨趣是展开"技术化哲学"（technophilosophy）探究，即借助技术及其所带来的场景探讨哲学中的实在观、对外部世界的怀疑之类的问题，其认识论基础依然是人类主体的感知。①

而技术哲学对元宇宙这一技术化对象的追问则不能不基于一种后人类的本体论—认识论立场——因为技术全方位和深度地干预了人对世界和自身的理解与构造。事实上，不是查尔默斯的技术化哲学论证，而是技术的发展尤其是数字化迫使我们承认，虚拟已经成为现实的一部分，甚至已经获得了它自己独立的现实形式，即"虚拟现实"。而之所以会产生这一激进的转变，关键在于技术与人的融合推动了本体论—认识论层面的后人类转向。具体而言，技术与人在世界的认知和制造活动中的相互融合，形成了波斯特（M. Poster）所说的"人类机器"（humachine），从而在主客二元之外生成了技术界面，特别是版本不断升级的信息机器界面。② 由此，人的智能活动成为人类机器组合在技术界面上的一般性智能活动，认知与行动主体从人类拓展为一般的智能体（agents，又称"代理""行为体"等）。经过这一拓展，人们所说的虚拟现实，对于一个处理数据的人工智能体来说是唯一的现实，而我们也开始承认虚拟为部分真实，真实为部分虚拟。这实际上意味着，一旦人类不再是唯一的认知主体，对于实在或现实的更自洽的界定更多地基于关系、交互乃至制造等功能性的关联。

人类机器及其后人类本体论—认识论立场为元宇宙的技术哲学和媒介哲学分析开启了方向。一方面，我们可将元宇宙视为以数据为认知和操作对象的信息机器，并以此作为元宇宙研究的工作假设。对此，海勒（N. K. Hayles）

---

① D. Chalmers, *Reality+: Virtual Worlds and the Problems of Philosophy*, New York: W. W. Norton & Company, 2022.

② M. Poster, "The Information Empire", *Comparative Literature Studies*, 2004, Vol. 3, No. 41.

将虚拟性定义为"物质对象被纳入信息模式并与之相互渗透的文化感知"①，这意味着信息机器或与之相关的媒体机器相对于物质机器或机械机器更为重要。对此，在为巴西媒介思想家弗卢塞尔（V. Flusser）的《进入技术图像宇宙》一书所作的英文版序言中，波斯特强调，信息机器比机械机器更接近人类，可能与人类建立更深刻的关系。他希望以此寻求对人类与机器关系的更适切的理解，特别是借此超越人的自由与技术决定论的二元对立。②

另一方面，应聚焦信息权力和认知权力的限度，探讨作为信息机器的元宇宙的发展边界。不论是从人类机器还是信息机器出发，都可从关系本体论维度探究元宇宙发展的边界。换言之，元宇宙作为一种技术社会系统或技术权力系统，必然涉及各种复杂的边界制造实践。在元宇宙中，数据是最基本的资源和一般性的实在或现实，也是所有认知和行动的依据。而这意味着人，在其不再是唯一认知主体的同时，也时时刻刻作为认知客体而存在；采集其信息或数据并进行分析和认知将成为影响人的行动之可能性的边界制造实践。可以想见，在我们可能会完全等同于我们的数据的元宇宙时代，对人的数据作出分析、评判、推理和决策的信息权力和认知权力将成为统摄生命权、行政权等一切权力的中枢权力。为此，必须结合特定的人与数字技术互动的模式，对信息权力和认知权力的边界作出必要的校勘，进而探讨元宇宙时代技术与人的自由等基本权利问题的前提，为深度智能化未来新的社会契约的订立奠定基础。

三　面向元宇宙未来的人文审度

如何走向元宇宙或其所代表的数字化和深度智能化未来，需要我们从行星性事件的维度对其展开更为全面的科技人文思考和审度。首先，鉴于我们对世界的审视本身已经为数字技术文化所渗透，应认真反省其在观念层面的影响。在《文学机器》中，卡尔维诺就曾指出，当我们说世界是断续的而非连续的时候，实际上，"断续"的内涵来自数学和控制系统中的脉冲，而

---

① N. K. Hayles, "Embodied Virtuality: Or How to Put Bodies Back into the Picture", in M. A. Moser and D. MacLeod, eds., *Immersed in Technology*: *Art and Virtual Environments*, Cambridge, MA: The MIT Press, 1996.

② V. Flusser, *Into the Universe of Technical Images*, "Introduction" by Mark Poster, Minneapolis: University of Minnesota Press, 2011.

信息、控制、计算和机器思维等思想已经彻底改变了我们思维过程的画面；以前文学家试图描写的那些无法触摸的心灵和灵魂中的内在风景已经消散，取而代之的是连接在人的头盖骨下的那些类似继电器、二极管、晶体管组成的复杂线路上飞逝而过的信号。① 由此，面对元宇宙及其代表的数字化未来，我们应该认真探寻其中所蕴含的技术观念与文化对我们可能带来的根本性影响。在《眼与心》中，梅洛-庞蒂就曾对基于现代科学受控实验和控制论的操作思想与绝对人工主义提出了质疑："在这里人类的创造来自于信息的自然过程，而这一过程本身又是依据某些人类机器的模子构思出来的。如果这样一种思想担负着人类和历史的使命，如果它假装不了解我们通过保持接触和采取立场而形成的对人类和历史的认识，从某些抽象的标记出发着手建构它们，……那么，我们将进入到某种就涉及人和历史而言既不再有真也不再有假的文化体制当中，进入到不会有任何东西把我们唤醒的睡梦或噩梦当中。"② 其中，梅洛-庞蒂对操作思想和绝对人工主义的追问不无深刻，而这些问题在元宇宙时代无疑将变得更加严重，数据及其驱动的智能的无与伦比的力量不能没有深刻反思性的哲学叙事与之抗衡。

其次，在地理性、时空性被挤压为单纯的时间性的元宇宙时代，必须从更根本的层面追问元宇宙及其数字化未来应该为人构建怎样的栖居之地。对此，最为重要的是如何为人的能动性与自主性保留必要的空间。在对认知主义和计算主义对人心灵之影响的讨论中，柯普洁（J. Copjec）指出，在 19 世纪之前，心灵被定义为"意志"，人被理解为"由一堆器官所效力的智慧体"；在现代认知主义和计算主义观念流行的 19 世纪，人开始被理解为"由智慧所效力的生命组织"，心灵变成了一种功能性的工具，愈发与一台机器无异；这一变化使得"精神的自动性"及其歧义性成为 20 世纪前半叶法国精神病理论的首要议题："精神的自动性"究竟意味着"在创造或发明的行动中自发地依照自己的意志而运作"还是"一种全无意识或意志的、机械而不可遏制的展开"；进而，一旦认为能够通过了解人的目标或者动机来调节和操控人，接受人本质上可被无限管理的信念，就会让功利主义成为机器的工程师和设计师的主流观念，而建筑师据此设计出的所谓合乎人的需要的"居住机器"

① 伊塔诺·卡尔维诺：《文学机器》，魏怡译，译林出版社，2018。
② 莫里斯·梅洛-庞蒂：《眼与心》，杨大春译，商务印书馆，2007，第 1 页。

（machines for living），必然也意味着人本身对建筑的自觉与不自觉的配合。①而展望元宇宙及其数字化未来，自主性、能动性和栖居等问题虽然抽象，但它们关系到每一个人如何构想他们想要的科技未来，因此，可以沿着这些思考所开启的话题推动更广泛的跨学科乃至全社会的深入讨论。

最后，要对元宇宙及其数字化未来发展中无限度的技术优化保持高度的警惕。纵观整个信息与数字技术发展过程中的技术迭代和版本升级文化，可以预见元宇宙必然会沿着技术优化的路径不断演进。在此，除了应该认识到技术解决主义的局限性，还应关注"一切设计诉诸自动化"的自动化主义弊端。对此，早在 20 世纪 60 年代，鲍德里亚在《物体系》一书中就指出，技术的自动化改进已经发展为自动化主义，但其实是以技术系统的复杂化和抽象化为代价的；盲目的自动化往往是虚假的功能改进，实际上很可能导致技术的停顿；而一味地追求自动化，有时纯粹是为了满足人们对自动化的偏好与欲望。②

这些思考的启示在于，在元宇宙的发展过程中，对技术的优化要诉诸更多实践的智慧。其中，有两个非常重要的问题值得高度关注。一是要在人的虚拟性和技术虚拟性之间找到合理的平衡点，应该认识到过于追求清晰度等技术虚拟性的提升不仅在效果与成本比上不一定最优，而且技术虚拟性的过度优化会使人的虚拟性和感知能力受到压制甚至弱化，最终不利于元宇宙的长期发展。二是要时刻考虑到元宇宙是建立在人的心灵这一小宇宙和地球生态环境这一大宇宙之上的，应尽可能避免对自然资源的过度耗费和对人的无度剥夺，努力走向有利于人、技术和地球总体可持续演进的"行星智慧"。

（作者单位：中国社会科学院）
原文《元宇宙与数字化未来的哲学追问》，
原载《哲学动态》2022 年第 9 期，收入本书时有改动

---

① 参见琼·柯普洁《读我的欲望！拉康与历史主义者的对抗》，王若千译，上海文艺出版社，2022。
② 参见让·鲍德里亚《物体系》，林志明译，上海人民出版社，2019。

马克思主义总体性视域中的
日常生活数字化批判

康　翟

随着互联网、大数据、云计算、人工智能等数字技术体系的发展，人类社会正在经历新一轮产业革命。面对产业革命已经或可能引发的多重后果，研究者们借助共享经济、数字资本、数字劳动等术语，从不同角度展开了相关研究。值得注意的是，已有研究多聚焦于数字资本的剥削性、数字平台对劳动的重组性、数据生产的社会后果及数字拜物教等议题，而较少就数字技术条件下人类日常生活境况的变化进行专题研究。为了深化对数字技术及其经济社会效应的认识，我们有必要从日常生活与社会生产和再生产的总过程之间的关系入手，阐明日常生活数字化的表征、生成及本质。这一研究将立足马克思主义辩证法的总体性视域，将日常生活领域视作资本积累和流通的总体秩序的必要环节。正如马克思所言："我们得到的结论并不是说，生产、分配、交换、消费是同一的东西，而是说，它们构成一个总体的各个环节，一个统一体内部的差别。"① 本文的分析表明，日常生活的数字化在顺应资本积累需要、缓解资本积累既有矛盾的同时，也在新的层面衍生出新的矛盾。数字资本不仅对传统商业资本构成极大的冲击，也凭借对数据的垄断权力支配了大量产业资本，更不用说数字资本与金融资本运作之间所具有的既依存又对抗的关系。总体而言，数字资本的兴起不仅未能一劳永逸地解决当代资本主义的困境，反倒使当代资本主义的矛盾呈现出更为复杂、更为微妙的局面。

---

① 《马克思恩格斯全集》（第30卷），人民出版社，1995，第40页。

一　日常生活数字化的现实表达

我们的研究对象是日常生活。依照阿格妮丝·赫勒（A. Heller）的定义，日常生活首先是一个劳动再生产的领域，它意味着"使社会再生产成为可能的个体再生产要素的集合"①。在现代世界中，日常生活遭遇了技术理性、市场交换、符号秩序等多重因素的渗透。面对科学技术愈益深度"侵入"日常生活的现实，列斐伏尔指出，尽管技术进步给人们带来了更多的便利和自由时间，却无法消除日常生活的平庸和琐碎，更不能以创造性活动取代日常生活的异化状况。② 与之类似，数字技术也以一种"悖论性"面目出现在现代日常生活中：依靠在信息收集、处理、传输等方面的革命性进展，数字技术极大地提升了社会生产力，为人们的社会交往提供了便利，却是以更为深重的异化和剥削等负面效应的产生为代价的。随着数字化产品及名目繁多的应用程序软件向日常生活领域全面渗透，日常生活的数字化正在成为现实。具体来说，表现在以下三个方面。

第一，需求满足的数字化。随着数字平台和互联网经济的发展，人们一切需求的满足几乎都离不开数字平台这一中介，甚至满足过程本身也在经历从线下到线上的转变。人们可以通过网上购物平台获取满足生活所需的各类商品，也可以通过外卖平台解决最为迫切的用餐需求。如果人们有出行计划，只需借助在线叫车平台输入出发地和目的地并发送用车需求即可。不仅衣、食、住、行等基本需求的满足经历了数字化的转变，发展需求乃至情感需求的满足也在经历数字化的洗礼。数字平台极大地促进了商品和服务的流通，通过缩短流通时间使商品和服务交易更为便捷，资本周转速度大为提升，从而助推了整个社会的"加速"趋势。"加速"意味着人与外在世界更高的流动性，由此带来的后果是，"建立有共鸣的关系太花时间了，而且一旦分开又会太痛苦了"③。

在互联网技术迅猛发展、智能终端日益普及的背景下，情感需求的满足

---

① 阿格妮丝·赫勒：《日常生活》，衣俊卿译，黑龙江大学出版社，2010，第3页。
② 亨利·列斐伏尔：《日常生活批判》（第2卷），叶齐茂、倪晓晖译，社会科学文献出版社，2018，第236页。
③ 哈特穆特·罗萨：《新异化的诞生——社会加速批判理论大纲》，郑作彧译，上海人民出版社，2018，第141页。

也将呈现出新的特征。数字化时代引发了社会的急剧转型，传统的社群单元及人际纽带不断趋于松散或被瓦解，城市化进程也在塑造着陌生人社会并带来人际交往的原子化。"虚拟恋人"服务迎合了由此产生的情感需求，这一服务的实质是"通过在服务时间内提供清晨叫起床、夜间道晚安、陪打游戏、倾听烦恼、排解压力等个性化服务为消费者创造亲密体验，与他们在网络空间中建构亲密关系，获得相应的物质报酬"。① 作为一种有偿服务，数字化情感服务的优势在于，消费者可以只享受这种服务带来的有限满足感，而不用承担现实中亲密关系所带来的束缚以及维系这种关系的成本。"虚拟恋人"服务是更大范围内的情感劳动的一种呈现方式，后者反映了20世纪晚期后工业社会到来之际，"服务业占据主导"这一新的时代特征。网络空间的情感劳动打破了传统情感劳动的"身体在场"特性，情感的互动与建构摆脱了时空的限制，仅仅依靠在数字平台上传递文字、图片、音频及视频等来实现。除了"虚拟恋人"服务，网络直播也是当前情感劳动的主要呈现方式。通过塑造迎合大众审美的符号化身体，以及构建足以调动和满足观众情感需求的人设，网络主播在满足观众情感需要的同时，也在尽可能获得更多的"打赏"以实现自身利益最大化。

　　第二，休闲时间转化为劳动时间。严格来说，从属于劳动力再生产过程的休闲时间向劳动时间的转化，并不是数字化时代才有的新现象。早在20世纪70年代，达拉斯·斯麦兹（D. W. Smythe）在《传播：西方马克思主义的盲点》一文中就提出了著名的受众商品理论。按照这一理论，观看电视广告的时间即是为广告商服务的劳动时间："广告商购买受众商品，并将其用于产品的营销。受众为其买主——广告商所从事的工作就是学会购买特定'品牌'的消费品，并相应地花费其收入。简而言之，受众的这种劳动创造了对广告商品的需求，这正是垄断资本主义广告商的目的。"② 通过将大众传媒及广告置于历史唯物主义视域加以考察，斯麦兹探讨了广告商、媒介以及受众之间所隐藏的经济关系，澄清了大众传媒在资本主义生产和再生产过程中所扮演的角色。

　　尽管大众传媒的技术基础发生了巨大变迁，数字化时代的媒体形式也不

---

① 姚建华：《数字劳动：理论前沿与在地经验》，江苏人民出版社，2021，第167页。

② 达拉斯·斯麦兹：《传播：西方马克思主义的盲点》，载姚建华编著《传播政治经济学经典文献选读》，商务印书馆，2019，第24页。

同于以电视、广播为主要代表的传统媒体形式，但是，数字技术的应用并没有改变大众传媒、受众与广告商之间的经济关系。换言之，大众传媒在资本主义生产和再生产体系中的角色并没有发生质的变化。数字技术带来的改变主要体现在获取受众的方式、广告投放的方式等多个方面。首先，传统大众媒体必须生产出丰富的内容才能吸引受众，并由此获取受众的观看时间。今天，在社交媒体时代，平台媒体甚至不需要承担内容生成的任务，旧用户所生成的内容本身遂成为吸引新用户的筹码。其次，通过转发产品信息、晒"美食"等方式，用户也直接参与了为企业营销的服务活动之中。"粉丝劳动"可谓是将用户生成内容直接纳入营销过程的典型案例。① 最后，社交媒体改变了过去的广告投放方式："在传统的电视形式下，所有的观众同时看到的都是相同的广告。但在网络定向广告的条件下，广告公司可以在同一时间发送不同的广告。……这些广告产生的利润部分来自广告公司的雇佣劳动者，部分来自互联网用户，这是因为用户生成的数据和交易数据已被利用。"②

想尽办法吸引受众的注意力，尽可能榨取更多的受众劳动时间，这是大众传媒始终孜孜以求的。以社交媒体为代表的数字媒介的出现并没有改变这一点，反而借助数字技术创造了新的获取注意力的形式。抖音、快手等短视频平台的出现，迎合了现代生活快节奏、碎片化的特点，将人们的工作间隙、上下班通勤乃至就餐等零散时间都作为潜在的吸纳对象。正因为刷短视频耗时较短，所以它成为一种高效、廉价的休闲娱乐方式。与此同时，这种高效、廉价的娱乐方式也对需要长时间投入精力并保持专注的学习、工作等构成挑战。换言之，学习、工作本身因短视频的介入而碎片化了。

第三，意识形态建构的数字化。作为日常生活的核心内容，劳动力再生产不仅要求对劳动者肉体生命的再生产，而且要求从意识形态层面再生产出对于资本积累和流通的总体秩序的认同。这事关资本是否能够实现对劳动的有效控制。事实上，家庭劳动的变化、女性在家庭中的角色、家庭生活的结构、阶级意识的状况等日常生活过程所涉及的诸方面，都与资本对劳动的控制紧密相关。马克思在对古典政治经济学进行批判的时候，深刻揭示了

① 黄炎宁：《中国社交媒体企业营销中的用户劳动和消费主义主体建构：以新浪微博上的杜蕾斯官方帐号为例》，《传播与社会学刊》（中国香港）总第 37 期，2016，第 114 页。

② 克里斯蒂安·福克斯：《数字劳动与卡尔·马克思》，周延云译，人民出版社，2020，第 134 页。

"意识形态对现实的遮蔽"如何影响了劳动者对待资本主义制度的态度。古典政治经济学为了将资本主义生产关系视为自然的、永恒的，人为地割裂了生产与分配，生产"被描写成局限在与历史无关的永恒自然规律之内的事情"①，分配则被视为可以随心所欲的领域。不难发现，意识形态机制如今已经成为资本控制劳动的最重要的武器之一。正如卢卡奇所言："对资产阶级来说，按永远有效的范畴来理解它自己的生产制度是生死存亡问题：它必须一方面把资本主义看成是由自然界和理性的永恒规律注定永远存在的东西，另一方面必须把无法忽视的矛盾看做与这种生产方式的本质无关而只是纯粹表面的现象。"②

　　一方面，生活基础的数字化构筑了与其相适应的独特意识形态。人们将社交媒体等数字平台提供的网络空间，更多视作一个民主参与的空间。也就是说，相比于传统媒体对内容发布者与接受者的严格区分，数字媒介使得人人都可以发声，人人都能够成为内容的生产者。从表面看，世界正在因此变得更加平等、更加民主。但仔细考察便会发现，这种想法忽视了塑造互联网的权力结构。"'Web2.0'并不是一个平等参与者的民主空间，而是一个大公司、名人和娱乐占据主导地位的空间。"③ 事实上，只要平台掌握着流量的分配权，用户作为参与者的分量和地位就取决于平台的意志。不仅如此，在用户作为"产消合一者"的数字劳动过程中，剥削关系往往被游戏、娱乐等意识形态范畴所掩盖。总之，数字化的生活世界与其说是一个民主的、平等的世界，不如说是一个权力及剥削更为隐蔽的世界。另一方面，在计算机软硬件与云计算技术相结合的基础上，数字化媒介及算法正在演变成一种精巧的意识形态操控工具。基于算法的推荐功能无疑可以提升市场营销的效率，但同时也使个体日益陷入信息茧房。简言之，数字技术并没有改变媒介作为社会控制工具的本质属性，那些控制媒介的人最终决定了哪些新闻和信息将被传播，哪些社会规范将被强调和重视，以及哪些有说服力的信息可以被传输。通过对网络用户进行大数据画像，数字平台能够有效地掌握个体的消费能力、消费偏好、兴趣爱好乃至政治倾向等信息。大数据时代的独特现实在于，数据往往能做到比我们

---

① 《马克思恩格斯全集》（第30卷），人民出版社，1995，第28页。
② 卢卡奇：《历史与阶级意识——关于马克思主义辩证法的研究》，杜章智、任立、燕宏远译，商务印书馆，1999，第59页。
③ 克里斯蒂安·福克斯：《数字劳动与卡尔·马克思》，周延云译，人民出版社，2020，第167~168页。

自己更了解我们。充分的、彻底的了解为有效的介入和干预铺平了道路，这意味着，数字平台在控制劳动及意识形态建构方面具备远超传统媒介的巨大潜力。

二　日常生活数字化的生成机制

日常生活的数字化意味着数字资本的积累逻辑向日常生活领域的渗透，正是推动数字资本兴起的同一力量造就了当今时代日常生活数字化的现实。数字资本的出现无疑离不开云计算、大数据、物联网等核心技术的支撑，但其兴起的根本动力在于垄断资本的过剩积累困境以及由此产生的"需求管理"需要。在这一过程中，以风投资本为代表的金融资本也起到推波助澜的作用。列宁曾对希法亭的金融资本概念提出如下批评："这个定义不完全的地方，就在于它没有指出最重要的因素之一，即生产和资本的集中发展到了会导致而且已经导致垄断的高度。"① 面对当今时代的数字资本，同样值得我们思考的问题是，如果抛弃了"生产领域的垄断"这一必要出发点，我们是否也将错失正确理解数字资本之经济意义的可能性。从社会生产和再生产的总体性视域来看，数字资本与产业资本、金融资本、商业资本等处在复杂的互动关系之中，只有把数字资本置于以产业资本为核心的资本积累的总体秩序中，才能深刻把握数字资本的经济意义及其发展演变的内在动力。

第一，广告与垄断资本主义的需求管理。资本主义自诞生以来始终面临着双重挑战：一方面是如何有效地控制劳动者，消解其可能出现的反抗；另一方面是如何应对表现为周期性生产过剩的经济危机。随着资本主义从自由竞争走向垄断，上述双重挑战在一定程度上得到了克服。不过，垄断也带来了新的困境。尽管通过控制供给和价格能够缓解生产过剩问题，但越来越多的经济剩余却成为威胁资本主义运行的现实难题。保罗·巴兰（P. Baran）、保罗·斯威齐（P. M. Sweezy）基于对美国垄断资本主义基本情况和运行规律的分析，指出垄断资本主义存在经济剩余增长的趋势："如果我们暂时使利润总额同社会的经济剩余相等，我们就可以把剩余随着这个制度的发展而

---

① 《列宁专题文集：论资本主义》，人民出版社，2009，第 136 页。

在绝对数上和相对数上增长的倾向表述为垄断资本主义的一个规律。"① 这里的经济剩余突出表现为过剩资本的积累，换言之，垄断资本主义条件下的首要问题不再是产品的过剩，而是存在着大量找不到盈利性投资渠道的过剩资本。马克思指出："所谓的资本过剩，实质上总是指利润率的下降不能由利润量的增加来抵消的那种资本——新形成的资本嫩芽总是这样——的过剩，或者是指那种自己不能独立行动而以信用形式交给大经营部门的指挥者去支配的资本的过剩。"② 面对资本过剩这一难题，垄断资本主义锻造出诸如政府民用支出、帝国主义、广告等手段，以求摆脱上述困境。相比于其他方式，通过广告营销来刺激消费进而消化过剩资本是一种"副作用"较小的方式，因此，广告在垄断资本条件下显现出十分重要的意义。

在巴兰和斯威齐看来，广告代表着垄断资本条件下一种特有的竞争手段。由于无法像自由竞争状态下通过打价格战的方式获取更多市场，垄断资本的竞争方式转向了利用广告、商标等确立差异。"产品差异化的努力越加有效，差异化产品的出售人就越加接近于垄断者的地位。公众对他的特殊牌号的依恋越强烈，他所须考虑的需求就越少弹性，而他也就越能提高价格，而不致遭受收益的相应减少。"③ 这一分析表明，只有将广告置于垄断资本所代表的生产方式基础之上，才能真正理解广告的经济意义，进而阐明社交媒体这类数字平台的经济意义。

第二，定向广告与数字资本积累。数字技术革命催生了种种形式的新媒介，但是，无论一种媒介如何声称自己的独特性和新颖性，甚至宣称如何改变和颠覆了社会交往方式及传播形式，它依然是以广告作为其经济基础的。在这一点上，脸书、推特及其他数字媒介与传统大众传媒几无差异。相比于传统媒体，以数字技术为基础的社交媒体的优势在于，它可以通过对用户活动和用户内容的长期监视，精确定位具有特定兴趣的目标消费群体。换言之，社交媒体可以用定向广告取代传统媒体的非定向广告。于此，问题的关键点和聚焦点就是用户在数字平台上进行浏览、创建社会关系、交易等活动所生成的数据。通过对用户数据进行识别、分类和评估，

---

① 保罗·巴兰、保罗·斯威齐：《垄断资本：论美国的经济和社会秩序》，杨敬年译，商务印书馆，2021，第 82 页。
② 《马克思恩格斯选集》（第 2 卷），人民出版社，2012，第 509 页。
③ 保罗·巴兰、保罗·斯威齐：《垄断资本：论美国的经济和社会秩序》，杨敬年译，商务印书馆，2021，第 128~129 页。

社交媒体可以向用户投放基于用户兴趣和使用特征的定向广告。福克斯指出，"定向广告使得互联网公司可以在同一时间向用户呈现不止一则广告（而是大量的广告），因此向用户介绍商品的总广告时间就增多了"。① 在提供一种更高效的广告投放方式的意义上，社交媒体平台很好地顺应了垄断竞争条件下消化过剩资本的需要。需要指出的是，尽管以淘宝、京东等为代表的线上商品交易平台和以滴滴等为代表的线下服务交易平台主要是依靠分割商品和服务交易带来收入流的方式实现盈利，但是广告收入也构成它们总体收入的有益补充。譬如，淘宝针对商家需求开通了竞价搜索功能，京东、美团等则内嵌了对于商家的推荐功能，这些功能都为平台企业带来了大量的广告收入。

随着垄断企业对广告的依赖性不断增强，其在广告方面的支出必然随之增加，而企业的广告支出属于流通费用，这种支出只会进一步为企业的利润率施加向下的压力。由此带来的结果是，在垄断竞争的条件下，必然存在着降低流通费用、缩减流通时间的迫切要求。从这一视角出发，我们可以进一步考察社交媒体之外的另两类数字平台：线上商品交易平台和线下服务交易平台。它们的共同特点在于，通过提供虚拟的在线交易场所，商品和服务的供需双方能够被迅速协调和组织起来，实现跨越时间和空间的大规模、高效率的供需匹配。相比于传统的商业资本，数字平台之所以能够有效地降低流通费用，原因在于它能够借助强大的数据收集、传输及处理能力，对生产、交换、分配、消费等实现更大的集中。"数字技术体系使得不同地域和部门中具有相似逻辑的经济活动，都集成到同一数字平台上进行。这意味着，同一套硬件、软件和管理组织取代了原来分散的经济组织，用户的增加意味着初始投入成本的直接摊薄，即具有供给方的规模效应。"② 换言之，数字平台的规模效应使得单位商品和服务流通的费用显著下降，从而降低了整体资本积累的流通费用。不仅如此，由于突破了时间和空间的限制，商品和服务流通的便利性大大增强，从而加快了流通速度以及整体资本周转速度——这种"加快"将对提高利润率起到促进作用。

第三，风投资本的金融运作与数字资本的诞生。数字平台要占据有利市

---

① 克里斯蒂安·福克斯：《数字劳动与卡尔·马克思》，周延云译，人民出版社，2020，第135页。

② 谢富胜、吴越、王生升：《平台经济全球化的政治经济学分析》，《中国社会科学》2019年第12期。

场地位，必须以圈定一定规模的用户为前提，而这一步的完成离不开风险资本的积极介入。可以说，风险资本的金融运作是数字资本诞生的直接前提。综观各类数字平台，其初始阶段的主要任务都是以向消费者及商家让利的方式吸引用户、获取流量，这一阶段往往需要大量"烧钱"，如果没有一轮又一轮的风险投资，这种"烧钱"模式必定是无法持续的。当平台积累了一定的用户，在行业中占据较为有利的地位之后，平台企业的估值就能够迅速提升，此时就进入了风险资本的"收获期"。通过在一级市场首次公开募股，风险资本将实现自身的资本循环并获得巨大利润。"随着全球金融资本主义浪潮席卷全球，越来越多的公司难以抗拒首次公开募股的诱惑和压力。私募基金和风险投资就像老鹰寻找猎物那样，它们锐利的眼睛时刻搜寻着下一个可能的首次公开募股公司目标，搜寻着下一个微软、雅虎、苹果、谷歌、亚马逊、脸谱、腾讯、百度和阿里巴巴。"[1] 在风险资本金融运作的主导之下，平台企业将提升用户数量、流量等视作最为重要的战略目标，而一旦达到了一定的用户规模，数字平台将借助网络效应，展现出向垄断演进的内在倾向。

总体来看，以上论及的三类数字平台都在流通领域发挥了重要作用，无论是通过广告刺激消费者的购买冲动，还是通过数字技术便利商品和服务交易并降低流通费用，最终都指向了在价值实现环节完成"惊险的一跃"。然而，正如马克思所指出的，价值实现的根本困境在于资本主导的生产方式的狭隘性："以广大生产者群众的被剥夺和贫穷化为基础的资本价值的保存和增殖，只能在一定的限制以内运动，这些限制不断与资本为它自身的目的而必须使用的并旨在无限制地增加生产，为生产而生产，无条件地发展劳动社会生产力的生产方法相矛盾。"[2] 这意味着，即便借助数字技术的兴起，仍不可能从根本上摆脱上述困境。

三　日常生活数字化的本质

日常生活的数字化顺应了垄断资本积累的需要，在一定程度上摆脱了垄断竞争条件下社会生产和再生产所遭遇的困境。就其本质而言，日常生活数

---

① 向松祚：《新资本论：全球金融资本主义的兴起、危机和救赎》，中信出版社，2015，第53页。
② 《马克思恩格斯选集》（第2卷），人民出版社，2012，第509页。

字化首先意味着一种新的异化，数据所有权的丧失不仅使数字劳工与其所创造的产品相异化，而且也为算法褫夺人的主体性提供了可能。借助数字技术，资本对劳动的剥削突破了既有的时空界限，工作对生活的不断挤压使得整个社会变为所谓的"社会工厂"。随着"社会工厂"边界的扩展，原本存在于工厂内部的对劳动的监控，逐渐延伸至日常生活领域，几乎演变为数字化全景式监控。各类数字平台获取并维持高额利润的秘诀在于，独享数据所有权并不断加强行业内部的垄断地位。由于具备强大的规模效应和网络效应，数字平台倾向于确立并巩固自身的垄断地位。面对处于垄断地位的数字平台，个体无论是作为数字劳工还是消费者，都处于权力极度不对等的地位。在平台企业依靠算法"大数据杀熟"、捆绑销售等现实面前，个体往往显得十分无力，只能被动接受平台强加的规则。

第一，新形式的异化与主体性的丧失。日常生活数字化首先意味着一种新形式的异化，其核心在于用户创造的数据被平台企业所独占，并转而成为算法控制人的权力根源。马克思在分析机器大工业时代的异化劳动时曾指出，"工人在劳动中耗费的力量越多，他亲手创造出来反对自身的、异己的对象世界的力量就越强大，他自身、他的内部世界就越贫乏，归他所有的东西就越少"。① 数字化时代的异化现象表现出同样的逻辑。随着数据库规模越来越大、统计数字的准确性不断提高以及算法的持续优化，算法对人类的控制和操纵能力将越来越强。社交媒体平台可以基于用户对网页、图片、影片浏览、点赞等数据，预测和判断用户的想法、期望乃至政治倾向。手机上的导航软件依靠数百万用户的不断更新，能够得知各种堵车、事故和道路监控的信息，从而能为用户规划最佳行驶路线。在导航软件算法与人类个体选择的"角逐"中，个体最终意识到算法比自己的直觉更可靠，从而建立起对算法的信任。如果算法对某个人的了解超过其自身，如果算法总是能作出正确的决定，人们就会将更多的权力转交给它。正是在貌似无害的面向日常生活的渗透过程中，算法一步步从工具性地位上升到主体性地位。由于算法决策的正确性及预测的准确率都有赖于数据的体量，因此，对数据的获取和独占成为高科技平台企业赢利及建构自身权力的秘密之所在。在数字化时代，个体数据或许是大多数人拥有的最宝贵资源，但人们正"拱手"将这些数据交给平台企业，以便享受"免费"的电子邮箱服务或足以娱乐自身

---

① 《马克思恩格斯全集》（第 3 卷），人民出版社，2002，第 268 页。

的短视频。

日常生活的数字化不仅带来新形式的异化劳动，而且加剧了消费异化并使其展现出新的样态。消费异化意味着虚假需要主宰人们的消费活动，消费对象转而变成控制和操纵人的异己力量。按照鲍德里亚的分析，消费异化的核心机制是符号操纵，这意味着人们在消费过程中所瞄准的不再是商品的使用价值，而是其象征性的符号意义和价值。符号本身并不是孤立存在的，而是构成一个有秩序的体系。在这一体系中，消费者陷入"你追我赶"的竞争性购买游戏，由此彻底丧失自身的主体性。正如鲍德里亚所言："消费的主体，是符号的秩序。"① 数字技术的发展拓宽了符号消费的边界，数字产品由此成为消费异化的重要领域。每当苹果系列最新产品上市之时，连夜排队等消费狂热即是这方面的明证。通过消费最新款的苹果手机等产品，消费者试图以此炫示自身的社会地位并获得身份认同。除此之外，数字技术作为一种刺激消费欲望的有效手段，也展现出远超传统手段的强大能力。譬如，亚马逊的 kindle 等电子书能够知道用户在哪些部分读得快、哪些部分读得慢。如果 kindle 升级，加装了面部辨识和生物计量传感器，就能够掌握用户在阅读不同段落时的心跳、血压等生理数据。依靠用户提供的大量数据，亚马逊等高科技企业不仅可以更好地进行图书营销，而且可以有意识地培植用户的兴趣和关注点。

第二，剥削的极端化与全景式监控。日常生活的数字化同时意味着资本对劳动的剥削超越了传统的时空界限，劳动者由此被置于全景式监控之境况。在数字资本的积累过程中，当互联网产消者在互联网平台上的活动被转化为数据，并以定向广告的形式出售之后，也就实现了包含在这种商品中的剩余价值，平台企业由此实现了赢利。平台企业获取剩余价值的来源包括两个部分，一是社交媒体企业有薪酬员工的无酬劳动时间，二是用户花费在互联网上的所有时间。在数字技术的支撑下，平台资本对用户的剥削突破了传统的工作场所和工作时间的时空限制，将剥削延展至下班后的休闲时间和居住空间。不仅如此，当在线办公、远程办公的技术障碍被克服之后，回到家并不意味着一天工作的结束，可能恰恰意味着新的工作阶段的开始。"客厅是当今的工厂之一：工厂是雇佣劳动的场所，但它也在客厅里。在雇佣劳动之外的空间，工厂不仅仅在家里，而且到处都是。互联网是无处不在的生产

---

① 让·鲍德里亚：《消费社会》，刘成富、全志钢译，南京大学出版社，2014，第 198 页。

受众商品的工厂和领域。"① 随着移动互联网时代的到来，诸如坐地铁、坐飞机、排队等位时的这些零碎时间如今都可以转化为工作时间，资本对劳动的剥削正在趋近时空上的极限。

剥削的既有时空界限甫一被打破，个体的工作过程及隐私遂被置于全景式监控之下。既然工作和生活的过程愈发离不开电脑、手机等数字化产品，那么，与个体工作及生活相关的全部细节和痕迹都有可能第一时间被监控软件所捕获。不仅如此，随着可穿戴设备的普及，个体的生物特征、身体状况等也被纳入监控范围。"可穿戴设备不仅使监控的范围和规模扩大，而且也意味着监控场所在时空维度得以延伸。具体而言，在时间维度上，可穿戴设备将劳动监控延伸至劳动者工作场所之外的个人日常生活中，从而形成一种'永远在场'的工作文化。……在空间维度上，可穿戴设备的应用将监控范围扩展至劳动者的身体。"② 福柯曾在《规训与惩罚》一书中将"全景敞视主义"视作一种独特的规训机制，认为若使这一机制发挥作用，需以空间上的特定配置为前提。"这里需要的是能够解析空间分配、间隔、差距、序列、组合的机制。这些机制使用的是能够揭示、记录、区分和比较的手段。这是一种关于复杂的关系权力（relational power）的物理学。"③ 今天，随着数字技术对人类生存的全面渗透，规训机制已获得了发挥作用的全新基础，并突破了既定的时空界限。

第三，平台走向垄断与权力的不对称。随着平台企业日益走向垄断，平台企业与用户及商家之间的权力不对称进一步加剧，消费者合法权益被侵害的情况时有发生。网络效应是平台走向垄断的内在基础，其基本机制在于：当平台的用户增多，平台的使用价值就会提升，平台的吸引力进一步增强，从而为平台带来更多的用户。无论是社交媒体类平台，还是商品和服务交易平台，都存在着上述正反馈机制。借助此一机制，少数平台的用户规模、商家规模包括服务功能得以不断扩张，行业垄断地位由此确立并得到巩固。由于商品和服务交易平台企业的收入取决于其所中介的商品

---

① 克里斯蒂安·福克斯：《数字劳动与卡尔·马克思》，周延云译，人民出版社，2020，第150页。

② 罗毕·瓦林、邓肯·麦肯：《数字经济中的权力和责任：数据、算法与劳动监控》，姚建华、路珏、覃琳嫣编译，《国外社会科学前沿》2021年第9期。

③ 米歇尔·福柯：《规训与惩罚》，刘北成、杨远婴译，生活·读书·新知三联书店，2012，第234页。

和服务交易量，因此，用户规模及商家规模就成为决定这类平台企业收入能力的关键因素。只有不断强化自身的垄断地位，才能维持并扩大现有的用户及商家规模。

为了强化垄断地位，有的平台不仅持续投入资金以保持技术上的领先地位，而且使用了诸如"二选一"等竞争手段限制市场要素流动。以上措施尽管有力地锁定了平台上的商家，却削弱了平台的创新动力和发展活力，从长远来看，对消费者获取性价比更高的优质服务具有明显的负面效应。除此之外，为了提高自身赢利能力，诸如"大数据杀熟""超前点播"等伤害消费者合法权益的做法也被平台企业广泛采用。"大数据杀熟"本质上是基于用户数据对不同消费者实行差异化交易价格的侵权行为。视频平台的"超前点播"服务则意味着原有会员权益的贬值，本质上是平台企业利用技术手段单方面变更服务条款以实现自身利益最大化的行为。总之，随着数字平台在技术上的不断创新以及垄断地位的巩固，市场支配地位及技术手段都能成为平台侵害消费者权益的倚仗，如果缺乏有效监管，消费者将无力抵抗平台对自身或隐或显的宰制。

四　结语

在数字化时代，数字技术的发展及数字经济的兴起促成了资本对日常生活的全面渗透。人类几乎一切活动都被整合或纳入了资本运行的逻辑之中，未被资本剥削的空间和自由的时间越来越难觅踪迹。与此同时，世界市场的规模展现出前所未有的扩张态势，资本周转全面提速，社会化大生产遍及生活的各个方面，数字技术显示出推动社会经济发展的惊人能量。通过对交换及消费数据进行收集和分析，生产企业如今能够更主动地响应市场需要，通过改良生产过程创造出更好的商品和服务。不仅如此，凭借在信息收集、传递及处理等方面的强大能力，数字技术在一定程度上消解了"生产和消费的普遍联系和全面依赖随着消费者和生产者的相互独立和漠不关心而一同增长"[1]的悖论。换言之，植根于生产资料私人占有制的资本主义生产方式的盲目性和整体非理性在资本主义范围内得到一定程度的克服。马克思曾谈及行情表、汇率、通信和电报联系等对于消除上述盲目性的积极意义，认为

---

[1]　《马克思恩格斯全集》（第30卷），人民出版社，1995，第110~111页。

"虽然这一切在现有基地上并不会消除异己性,但会带来一些关系和联系,这些关系和联系本身包含着消除旧基地的可能性"。① 在此意义上,这场远未完成的数字技术变革正在为人类社会迈向更高级的经济形态进一步创造条件。

在马克思主义辩证法的总体性视域中,生产、流通、分配、意识形态及日常生活的再生产等构成相互作用的整体。作为一种考察社会现实的研究方法,总体性原则既强调事物的历史性,又强调社会形态的各个方面处于彼此依存、相互作用的关系之中。资产阶级的意识形态正是因为坚持孤立事实的直接性,才看不到事物的历史性,才把资本主义生产方式看作自然的、永恒的秩序。马克思强调,"物质生活的生产方式制约着整个社会生活、政治生活和精神生活的过程"②。日常生活之所以在不同历史时期表现出不同的特征,归根结底是由物质生产方式所决定的。当前,数字技术及数字经济的发展深刻改变了现代日常生活,使得日常生活展现出新的结构性特征及转型趋势。与此相应,日常生活的数字化也构成平台企业的资本积累及更大范围内的社会生产和再生产的必要环节。从日常生活的角度入手阐明数字经济的发展演变,不仅有助于全面把握数字资本的运行规律,而且对于创新和发展中国马克思主义政治经济学具有重要的理论意义。

当前,数字经济已经成为大国竞争的战略制高点。数字经济的发展不仅对畅通国内国际经济循环、构建新发展格局具有重要意义,而且是赋能传统产业转型升级、建设现代化经济体系的有力支撑。推动中国数字经济健康发展,既仰赖推进关键技术攻关、新型基础设施建设等战略举措,也离不开对数字资本的规范和引导。习近平总书记指出,"推动数字经济健康发展,要坚持促进发展和监管规范两手抓、两手都要硬,在发展中规范、在规范中发展"③。一方面,由于数据构成了数字平台生存和发展的关键要素,数字平台必然力图占有越来越多个人数据和隐私信息。在这一过程中,数字平台的侵权行为时有发生,用户签订各种隐私、授权协议往往是以隐性强制的方式完成的,虽然表面上获得了用户同意,但背后隐藏的可能是以剥夺数字化社会交往方式为要挟的强迫。为了构建以数据共享为核心的数字文明和数字正

① 《马克思恩格斯全集》(第30卷),人民出版社,1995,第111页。
② 《马克思恩格斯选集》(第2卷),人民出版社,2012,第2页。
③ 习近平:《不断做强做优做大我国数字经济》,《求是》2022年第2期。

义，有必要创新数据产权制度，限制数字资本对用户数据的滥用。另一方面，由于数字资本存在着垄断的内在倾向，必须加强反垄断监管，遏制平台企业滥用市场地位的不正当竞争行为。作为市场配置资源的重要纽带，资本虽是促进生产力发展的有效工具，但如果放任资本无限度的逐利行为，必将给经济社会发展带来不可估量的损失。只有坚持规范和引导包括数字资本在内的各类资本，既依赖和利用资本，又为资本设置"红绿灯"，才能让资本发挥创造社会财富、增进人民福祉的作用，才能将"以人民为中心"的发展理念落到实处。

（作者单位：上海财经大学）

原文《马克思主义总体性视域中的日常生活数字化批判》，

原载《哲学动态》2022年第9期，收入本书时有改动

数字化生存中人类交往的哲学思考

——基于阿多诺的"星丛"理论

董 方

　　随着数字技术的大发展和数字经济的整体勃兴，其所衍生出的数字化生存已成为现代人类须臾无法脱离的生存方式之一。作为人类通往自由与解放的重要环节，数字化生存将将人的主体性发展延伸到更加广阔的空间，给人的存在方式和活动方式赋予了新的内涵，为人的自由全面发展创造出更好的条件。人类交往是人所特有的存在方式和活动方式，本应服务于人的主体性发展，而在数字化生存中，人类交往却因受制于工具理性在虚拟现实条件下更加凸显的束缚而日渐走向虚空化，滋生出虚假的人的主体性，成功地瓦解了人的批判能力，使人性倒退到一种"新的野蛮状态",① 引致新形式的交往异化现象。追寻真实的人的主体性，不能脱离客体性而抽象论及。主体性和客体性是一起由主体和客体派生出来的一对辩证法范畴，只存在于正在进行的主体和客体相互作用的活动之中。因此，从主客体关系的视角出发，在对数字化生存中人类交往的悖谬式发展困境进行分析的基础上，探究人如何扬弃新形式的交往异化现象，发展人的主体性的问题具有现实意义。

一 数字化生存中人类交往的"星丛"式样态

　　"星丛"（Constellations）是阿多诺（也译作阿多尔诺）从本雅明《德

---

① 马克斯·霍克海默、特奥多·阿多尔诺：《启蒙辩证法》，洪佩郁、蔺月峰译，重庆出版社，1990，"导言"第 1 页。

国悲剧的起源》中借引的一个天文学术语。在本雅明的文本中，"星丛"是一种在有意被建构的废墟中重新安顿客体的认识形式，强调主客体之间非同一性的平等关系，即"理念之于客体正如星座之于群星"①，旨趣在于打破传统理性哲学认识论中的同一性思维范式。本雅明认为，人类在工具理性占统治地位的条件下把握真理仍然可能，但不能通过主客体之间的概念认识获致真理，而需取消主体对客体的强制性，在客体通过概念中介后所形成的功能结构中呈现真理。为反对主体对客体的强制性，本雅明借用 17 世纪德国巴洛克悲剧里寓言形式中的废墟和残片陈列加以阐述，即面对破碎的客体，寓言可以揭示一种指向过去、当下和未来的释义。可见，作为一种历史的替代构型，本雅明哲学中的"星丛"将过去事件与过去事件、过去事件与现在事件联系起来，反映了从寓言到真实历史观念的变迁。问题在于，历史性的客体直接消解为寓言的内在因素，脱离了商品物质性的纠缠后回归历史，原则上是排除了主体在释义过程中的批判能力，允许了虚假的主体性的存在，这实质上是一种乌托邦式的批判。

阿多诺对本雅明哲学中的"星丛"进行了修改，他认为能够揭示过去、当下和未来释义的不是寓言而是历史，应把"星丛"置放到历史现实之中，在主客体互为中介的辩证过程中把握历史过程。与"主客二分"思维相较，阿多诺没有抽象地设定主体和客体何者更为重要，而是重视两者互为中介的辩证逻辑以及获取中介过程中的历史性意义，目的在于弥补同一性思维所造成的主体强制客体的缺陷。在阿多诺看来，"自在之物"不可认识这个康德命题具有强烈的伦理意义，它意味着主体本身的某种欠缺，即主体无法充分理解作为他者的客体和其他主体。因此，主体应该努力去认识客体和其他主体所遭到认识的扭曲和侵犯的历史过程，进而实现主客体的和平共处。事实上，主体在对客体的支配过程中自身也是不断受制的，因而主体能否解放在很大程度上取决于主体能否解放客体。在这个意义上，阿多诺提出了"客体的首要性"原则。"客体的首要性"坚持主体和客体之间的辩证关系，尤其是坚持主体本身所具有的客体性。阿多诺认为"主体也是一种客体"②，但非附属于客体。主体不是先验主体，而是

---

① 瓦尔特·本雅明：《德国悲剧的起源》，陈永国译，文化艺术出版社，2001，第 7 页。
② 特奥多尔·阿多诺：《主体与客体》，载上海社会科学院哲学研究所外国哲学研究室编《法兰克福学派论著选辑》（上卷），商务印书馆，1998，第 219 页。

"现实的有生命的个人"①，这与马克思意义上的主体具有一致性。因此，主体是反思性地接受客体的信息，重视客体的历史性和差异性。主体的主体性对于客体而言具有校正作用，既使客体向主体转变，还使主体渗入客体而成为客体的"客观性的一个要素"②。在这个意义上，阿多诺又提出了"主体的首要性"原则。

处在"星丛"中的主体和客体互为"首要性"，意指主体和客体互相中介、渗透、转化的辩证关系。因此，作为安顿客体的新形式，"星丛"在根本上重建了主客体关系。一方面，无论主体的主体性意识发挥了怎样的建构作用，它都是由客体要素所构造的现象，呈现的仍是客体自身的历史性和差异性。"星丛"强调"客体的首要性"，强调的是从客体出发的"唯物主义"。这里的"唯物主义"强调的不是与唯心主义相对的本体论意义，而是非同一性对同一性的认识论批判。另一方面，"星丛"在重建主客体关系的同时，更加强调"主体的首要性"，使认识论统一到本体论中去。既不简单地强调客体的自在性，也不狂热地偏向主体，这是一种在本体意义上平等的相互构成关系。可见，主客体的这种辩证的"首要性"原则最终成就的是一种主客体之间的非奴役、非中心和非等级的"相安无事状态"③，即主客体相互尊重、相互承认，实现在差异中求共识的"交往自由"。阿多诺没有直接使用"交往自由"这一黑格尔的哲学术语，但这一术语很好地凝练了阿多诺"星丛"哲学所隐喻的价值诉求：主客体经由辩证的"首要性"原则走向主客体的交往自由，进而实现主客体之间的和平。它承认了主客体的非同一性，这种非同一性不是一种外在性地说"不"，而是对内在于同一性逻辑之中的异质性的把握。

由于主体本身内在具有的客体性，且客体通过主体性抵达主体，主体的客体性和客体的主体性因而就构成了主客体的中介因素。主体不再是纯粹的主体而是呈现出客体化的主体，客体也不再是纯粹的客体而是呈现出主体化的客体，互为中介后的主客体衍生出了两个维度的关系：主体与客体、主体

---

① 特奥多尔·阿多诺：《主体与客体》，载上海社会科学院哲学研究所外国哲学研究室编《法兰克福学派论著选辑》（上卷），商务印书馆，1998，第 211 页。

② 特奥多尔·阿多诺：《主体与客体》，载上海社会科学院哲学研究所外国哲学研究室编《法兰克福学派论著选辑》（上卷），商务印书馆，1998，第 214 页。

③ 特奥多尔·阿多诺：《主体与客体》，载上海社会科学院哲学研究所外国哲学研究室编《法兰克福学派论著选辑》（上卷），商务印书馆，1998，第 210 页。

与主体。这样一来，阿多诺哲学中的"星丛"指向了"主客体间的交往自由"①。这不仅关涉主体与客体之间的和平，还指涉主体与主体之间的和平。阿多诺虽对主体进行了"现实的有生命的个人"和"先验主体"的概念式厘清，但把主体和客体的关系简化为人类与自在自然的关系，造成了对人化自然的简单理解，因而偏离了物质生产领域对人类自由问题的解决维度。在唯物史观层面，客体是正在被主体认识和实践的客观存在，是由自在自然和人化自然共同构成的自然客体、社会客体或精神客体，而不局限于自在自然这一客体。因此，在主客体互为中介后的主客体间关系之中，主体与客体的关系表现为人与自然、人与社会的关系，主体与主体的关系表现为人与人（包含自我与他人、自我与对象自我）的关系。从这个角度看，阿多诺"星丛"哲学中所意指的"主客体间的交往自由"的价值理想，就指向对人与自然、人与社会、人与人之间的非同一性的肯定。那么，阿多诺"星丛"哲学所隐喻的价值理想在工具理性盛行的现代社会中是否具有现实性？

　　相较于本雅明的"星丛"，历史维度在阿多诺"星丛"哲学中占有重要地位。阿多诺把历史过程看作主客体间的一种辩证过程，这具有重要的意义指向，即我们所面对的客观世界并不是唯心主义同一性哲学所称的铁板一块，具有批判意识的历史主体在具体的历史条件下可以使这个世界更趋于人性化和合理化。这样一来，作为中介因素的主体性和客体性的共同彰显可用以补偿在工具理性盛行的现代社会中被客体化了的主体性损失和被主体强制的客体性损失，因而在科学技术快速发展的境况下实现人与自然、人与社会、人与人之间的交往自由具有现实性。科学技术是一种强大的物质力量，人与自然、人与社会、人与人的交往自由在它强有力的推动下走向了普遍。作为推动人类交往进步的重要场域力量，数字化生存通过日益人性化的技术发展路径为现代人类打造了多元的、扁平的、共享的主体与客体、主体与主体的交往之维，成为主客体在互为中介的过程中实现新的历史建构的内在价值基础，为实现主客体间的交往自由创造出更好的条件。人类交往空间在数字化生存中表现为虚拟空间和现实空间两个部分，虚拟性和现实性成为数字化生存中人类交往的双重维度。主客体在虚拟现实的条件下可表达为由数字0或1排列组合而构成的二进制数字符号，形塑出基于现实主客体的虚拟主

①　凌海衡：《从客体优先性走向主客体间的交往自由——重估阿多诺哲学中的主客体关系》，《国外理论动态》2015年第8期。

客体。虚拟主客体具有及时生成并且间接在场的特征，虚拟主体无法直接感知符号所指向的现实主体或作为"原型"的自在客体，推动了卡西尔"把人定义为符号的动物"① 的实践形态。这不仅符合工具理性且具有价值理性，消融了主客体在时空和性质上的隔离状态，从而"去中心化主体"② 和"为我客体"③ 可以实际构建，这是非奴役、非中心和非等级的"星丛"式的主客体间交往的历史性兴起。

如果说在工业时代，主客体关系会在主体与客体的框架中走向单向主体论，即建构性主体会发展成为在庞大的社会体系下虚弱无力的客体化主体，那么，在数字化生存中，主客体关系在双重的人类交往维度中就可得到充分发展。一方面，与传统的交往形式不同，数字化生存中的人类交往打破了"主体—客体"或"主体—主体"单向交流结构形式，形成了相互对话的网际关系形式。其一，主客体可以超越现实交往的限制性，在虚拟现实的交往条件中实现高度的统一，从而形成虚拟交往共同体，这在一定程度上形成了哈贝马斯所描述的理想交往环境，即在原则上向所有公民开放的"公共领域"④。在这里，主体对客体的强制和霸权、客体对主体的奴役可被消解，互为中介的主客体可以推动一种思维中的合理性想象与可能性不断外化成现实，促使交往空间的多元化、扁平化、共享化，其衍生出来的多元、平等、共享、自由等精神，又构成了新的交往伦理。其二，主客体可跨越国界、种族、地区、性别、年龄、社会地位等区隔实现自由平等交往，在交往过程中对不适应或不喜欢的人或事物可以表达冷漠态度，这种冷漠表现出一种在虚拟生活的公共情境中交往所形成的隐性契约，即包含着主体与客体、主体与主体对彼此差异的相互认可。另一方面，虚拟交往对现实交往具有建构性，促推主客体走向交往自由。虚拟交往是基于现实交往的一种技术物化产物，"其根本特色是指向现实性中的不可能性"⑤。在德里达的语境中，这一技术物化产物是"非在场总是在在场的形式中"⑥。这里的"非在场"指的是身

---

① 恩斯特·卡西尔：《人论》，甘阳译，上海译文出版社，2003，第 43 页。

② 马克·波斯特：《第二媒介时代》，范静哗译，南京大学出版社，2001，第 47 页。

③ 孙显元：《马克思主义中国化的逻辑基础》，中国科学技术大学出版社，2017，第 57 页。

④ 哈贝马斯的"公共领域"是一个理想建构领域，意指一个在人们之间所产生的自由、开放的公众话语舆论虚拟空间。参见哈贝马斯《公共领域》，载汪晖、陈燕谷主编《文化与公共性》，生活·读书·新知三联书店，2005，第 125 页。

⑤ 陈志良：《虚拟：人类中介系统的革命》，《中国人民大学学报》2000 年第 4 期。

⑥ 雅克·德里达：《解构与思想的未来》（下），杜小真等译，吉林人民出版社，2011，第 175 页。

体实体的"非在场",即主客体抹去了现实世界的确定性身份,可以打破现实社会的限制而体验自由的意境,主体围绕着"我是谁""我能做什么""我要寻找什么"等问题进行自我意识建构,这为人类交往赋予了假设的"无知之幕"① 这一理性场景。去除了肉体性后的"非在场"符号是隐藏在"无知之幕"背后的"后身体",这个"后"不仅是空间上的"另一"和时间上的"之后",更是对现实中受物理限制的主客体的一种超越。基于"后身体"和"无知之幕",主客体走向交往自由成为可能。

　　然而,确定性的主体性消失在后现代的时空和语义中,数字化生存中主客体间的交往自由将面临主体困境:一是"我"和"我们"的交往问题,即"我"作为主体的存在如何对作为"他者"的所有人都成为有效的现实;二是"我"和"我"的交往问题,即对象主体"我"作为新的主体是否能够认识"我"本身。前者关涉人类主体与社会客体、自我主体与他者主体的交往,后者关乎自我主体和对象主体的交往。

二　"星丛"式交往中关于主体"我"的辩证法之窗

　　吉登斯在分析现代性视域下自我认同的问题时指出:"身体之外表体征(appearance)涉及身体表面所有特征(包括衣着和装饰的形式等),个体看得见,他者也看得见。"② 然而,"在'正常'心理发育进程中,身体绝不仅仅是承载对他者感觉的一个装置。完整的自我再也无法体现在身体表面特征或其姿势中"。③ 也就是说,由于主体"我"是处在身体的表面或者体态之中,因而不能发现完整的自我。然而,在数字化生存中,主体"我"却可以获致发现完整自我的可能。一方面,主体"我"可以跳出现实限制,借由虚拟自我建构来达到一种新的自我,即对象主体"我",这是达成自我实现的重要条件;另一方面,主体"我"在交往中可跨越国家、民族、地区等区隔,与世界范围内的主体"我们"或他者主体共同促进人类主体与

---

① 约翰·罗尔斯:《正义论》,何怀宏、何包钢、廖申白译,中国社会科学出版社,1988,第131页。

② 安东尼·吉登斯:《现代性与自我认同:晚期现代中的自我与社会》,夏璐译,中国人民大学出版社,2016,第92页。

③ 安东尼·吉登斯:《现代性与自我认同:晚期现代中的自我与社会》,夏璐译,中国人民大学出版社,2016,第56页。

社会客体、自我主体与他者主体的自由平等，这是达成自我解放的重要条件。在发现完整自我的过程中，数字化生存中的人类交往，一方面将全世界连为"星丛"式的交往共同体，促使主体"我"的现代性彰显；另一方面打破了公共领域和私人领域的边界，导致主体"我"面临着现代性危机。因此，主体"我"在数字化生存的人类交往中就不可避免地彰显出独特的张力与矛盾。这是科学技术发展的辩证法，也是在科学技术快速发展的境遇中重塑自我的辩证法。

（一）主体"我"失去"社会性"，促进了主体"我"的现代性进程

现代性发轫于对人的主体性的发掘。"主观理性"取代"客观理性"这一理性形态的转换，标志着现代性精神的确立。如果说，近代哲学意味着人的主体性的觉醒，那么，笛卡尔哲学中的"形而上学第一原理"就为主体性原则的确立奠定基础，"我思"成为确定人的主体性的重要根据。继笛卡尔后，康德哲学确立了以理性为基础的主体性原则，这实际上是一种先验的"自我意识"。在一定意义上，主体性原则构成了现代性形而上学的基本原则，其核心内容是"把主观意识的'自我'实体化为'主体'，强调自我意识的同一性是保证其他一切存在者存在的最终根据"①。从这个角度看，现代性形而上学实质是主体形而上学。然而，笛卡尔以来的这种理性主体是一种非历史的"想象的主体"，忽略了人的社会性，因而人的能动性只能是得到抽象的发展。到了现代社会，这种从先验主体出发的主体形而上学面临着现代性危机，"社会性"思想因之备受青睐。

"社会性"思想是以亚里士多德主义为代表的客体形而上学的理论观点，其核心内容是把实体化的共同体作为绝对的主体，强调实体共同体是一切人存在的根据。在亚里士多德主义的理论框架中，实体共同体意指城邦，强调城邦是一种最高的存在，认为人脱离了城邦就不能称为人。这种实体共同体被绝对化为人之外至高无上的东西，其结果是人的主体性的泯灭，人因而被迫沦为共同体实现目的的工具。可以说，亚里士多德主义的实体共同体具有狭隘性和虚假性，真正的实体共同体不应仅指向城邦这一客体，还应囊括自然、社会、家庭等客体，是人的社会实践的产物。前者是政治国家，后者是人的集合体，强调对政治控制的弱化和对自由的凸显。在数字化生存

---

① 贺来：《论马克思实践哲学的政治意蕴》，《哲学研究》2007 年第 1 期。

中，实体共同体不完全性地走向虚拟化和普遍化，形成由虚拟共同体和实体共同体共同形塑的新的共同体，这一新的共同体呈现出非奴役、非中心和非等级的"星丛"式的架构状态，充盈着高度自由的机缘，成为主体和客体、主体和主体自由交往的重要场域。在新的共同体中，主体和客体、主体和主体互为中介，互具"首要性"。从这个角度看，真正的实体共同体在数字化生存的人类交往中得到了充分实现。

主体"我"同客体、主体共同形成新的共同体，既不是出于以自我为中心并且将他者主体对象化的理性主体欲望，也不是出于对亚里士多德主义的实体共同体所滋生的被动依赖，而是出于主体和客体、主体和主体相互的、自由的联合。新的共同体的形成有力地凸显出"个体"与"类"关系的辩证统一，有效地克服现代性形而上学和客体形而上学所造成的"个体"与"类"之间的对抗。对于主体"我"而言，新的共同体不是消解和抹煞人的主体性的抽象普遍性，而是充分发展人的主体性。主体性是确立人与社会生活价值的规范性源泉，是"真善美"得以获致的重要根据，是人的现代性实现的重要命题。人通过主体性的确立和主体能力的发挥，可以克服愚昧和野蛮，进而实现自身的解放。因此，主体"我"在新的共同体中可以以本能化和创造性的方式存在，并且反思和批判地接受客体和他者主体。这样一来，人的主体性的充分发展将助推主体"我"的生存状态从"以物的依赖关系为基础的人的独立性"向"人的自由和全面的发展"转变，进而使进入马克思所说的人的"自由个性"的阶段成为可能。新的共同体立足于人的自由个性全面发展这一旨趣，实际上是对科学技术存在和发展的合理性的一种表达，即科学技术在现代性的发展过程中发挥了重要作用，使人的自由全面发展在技术上成为可能。因此，在数字化生存中，当实体共同体走向新的共同体的时候，主体"我"就会失去具有狭隘性和虚假性特征指向的"社会性"，进而获致更大的自由去发展主体性，促进主体"我"的现代性进程。

（二）主体"我"找回"个体性"，却付诸以新形式的交往异化

主体"我"的主体性在数字化生存的人类交往中获得了极大提升，这会使主体"我"能够意识到和重视自身、他者主客体的特殊性和差异性，进而推进人的"个体性"进程。个体性由主体的共性和个体的种差共同构成，是人所特有的一种能够使自身保持独立存在并实现同一的类特性。不仅

意指人的主体性、自由意志的彰显，还意指对客体、他者主体之间所存差异性、特殊性的肯定，强调特殊性和普遍性的辩证统一。这和阿多诺所言的通向个体自由的非同一性的思想是相通的。可以说，主体的非同一性的实现过程，其实是主体找回个体性的过程。

相较于传统社会，现代社会中的个体与社会的关系发生了重大转换，个体成为现代社会生活的重点，人的个体性承载着人的独立存在和自由解放这一价值意蕴。按照马克思关于人的解放的学说，具有现实生命的个体摆脱种种具有狭隘性、虚假性的共同体的操纵，冲破各种人身依附关系的束缚，这是实现自由个性的必要环节。值得注意的是，人的个体性与共在性并非处于对立的关系，个体真正实现自由全面发展并不等于与客体、他者主体隔断交往关系，而应在更高层次上、更广泛范围内升华交往关系。人类交往在数字化生存中呈现出"星丛"式样态，这为主体与客体、主体与主体之间的非同一性的实现在技术上提供了可能。从这个意义上说，主体"我"在数字化生存的人类交往中实现非同一性，实际上是主体找回了被客体、他者主体强制所损失的个体性。然而，这个实现过程并不是绝对的，它受到客观现实的规约。

可以说，在数字化生存中，主体"我"的主体性和个体性的自觉与挺立，是现代性发展进程中不可否认的重大成果，但需反思的是，主体"我"的"主观理性"的膨胀、个体性的高扬等所引起的新形式的交往异化，客观上使主体"我"遭遇严重的现代性危机。吉登斯认为："在现代性的后传统秩序中，同时伴随着靠媒体所传递新型经验，自我认同遂成为一种具备反身性特征的、有组织的活动……传统的控制力愈发丧失，同时，人们的日常生活愈发被本土与全球的交互辩证所重构，个体就愈发会在多样性的选择中被迫对生活方式的选择进行讨价还价。"① 在当下世界范围内数字化生存的影响下，新的同一性由于其主体自我认同的机制化和反思性的体制化而变得更加难以被打破，主体的非同一性一旦未经过客体中介而得到确认，就会成为一种文化无意识的意识形态。实际上，泯灭主体同客体、他者主体之间的差别就意味着抹煞人的批判意识和反思能力，其中尤以隐私透明问题为典型案例。数字化生存这一场域力量降低了交往主体由公共领域进入私人领域的

---

① 安东尼·吉登斯：《现代性与自我认同：晚期现代中的自我与社会》，夏璐译，中国人民大学出版社，2016，第5页。

门槛，当与市场相结合，其所滋生的消费主义逻辑必然带来共享的虚假繁荣，自我有了更多偷窥他者或透明自我的现实可能性。这看似是主体性的提升和个体性的张扬，背后却是主体的个体性在公共领域被消解，而不是在更高的形式中被扬弃，其后果将是一种倒退：不仅是人性倒退到野蛮状态，而且还是一种意识形态的倒退。

　　有趣的是，公私领域的交叠状态为主体"我"实现独立以及同客体、他者主体互动这两者需要的同时满足提供了可能，但也带来了主体"我"的交往困境。一是现实的社会环境和伦理规范对主体"我"的制约效用减弱，主体的生存和发展将面临技术意识形态霸权。在现代社会中，人在公共领域和私人领域设有各自具体的社会管理体系，以最大可能实现人类主体与自然客体、人类主体与社会客体、人类主体与他者主体之间的交往自由。然而，在数字化生存中，私人领域的公共化，使得原本的社会管理体系变得难以实施，进而导致社会控制的弱化，这必然驱使处于人类交往之中的一切主体探讨社会管理体系的重建问题。那么，谁来重建？怎么重建？这些问题就摆在了人类面前。数字化生存中的人类交往是基于科学技术发展而衍生出的一种新的交往，因而重建社会管理体系的关键就在于掌握数字化技术。为了不打破平等自由的规则，掌握数字化技术的交往主体以一种看似合理化的话语控制形式在全世界范围内取得了对资源占有和分配的主动权，以形式上的平等交往掩盖着实质上的不平等。可以说，这种掩盖下的平等实际上是掌握数字技术的主体利用"知识—权力"结构排斥平等交往的一种意识形态霸权的渗透。二是主体价值的符号中介化造成主体"我"新形式的异化。重建社会控制体系时，必然涉及主体间的价值分配问题。主体 A 与主体 B 之间的主体价值并不是直接产生的，而是需要一个主体 C 作为中介。在由虚拟性和现实性共同形塑的共同体中，数字符号 0 和 1 成为主体间发生价值的中介。然而，通过多级符号中介化后，高度的虚拟将损坏价值的真实性，自我相信所谓的真实性价值因而具有了虚假性。主体"我"可以获得真实价值，也可以掩盖或篡改真实价值，其结果是主体"我"对他者主体或自身原本的行为态度发生负向转变，从而引起道德失范，减少了可能的自我实现和自由个性，进而引起新形式的交往异化现象。

　　在现代文明进程中，主客体间的交往自由是人的个性解放和全面发展的重要条件，现代科学技术的快速发展为主客体间的交往自由提供了现实的可能性。然而，数字化生存中的人类交往处于现代性的矛盾与张力之中，主体

"我"就不可避免地面临新形式的交往异化问题。在这个过程中，我们要沉思且追问：数字化生存中人类交往所遭遇的新形式异化的真实境况是什么？又如何扬弃新形式的交往异化？

三　走出新形式的人类交往异化困境

交往异化思想是哲学理论体系中不可或缺的一条主线，是哲学家们对现代性问题进行反思和批判的重要思想武器。在马克思那里，交往异化是从劳动异化中延伸出的概念。马克思在《1844年经济学哲学手稿》中指出了劳动异化的四重规定，即人同自己的劳动产品相异化、人同自己的劳动活动相异化、人同自己的类本质相异化、人同人相异化，认为第四种异化是前三种异化的结果，是对人与物的关系背后所指的人与人的关系的揭露，即资本家与雇佣工人之间一种不对等的隶属关系，这触及了人与人之间的交往异化问题。马克思因而得出交往异化是劳动异化的结果这一结论，但对"何为交往异化"这一问题并没有给予解答，这一遗憾马克思在《詹姆斯·穆勒〈政治经济学原理〉一书摘要》（以下称《穆勒评注》）里进行了相当程度的弥补。在《穆勒评注》中，马克思看到了私有制条件下劳动和交往成了人自由全面发展的异己力量。他指出，在以资本主义私有制为基础的商品经济条件下，社会整体能力越全面或社会关系越丰富，构成社会关系的个体就越残缺不全，主客体在交往实践中就越受到物的控制和奴役。基于此，马克思认为产生交往异化的根本原因在于私有财产的出现，因而扬弃交往异化的关键在于对私有财产的扬弃。这不只是人对物质财产的普遍占有，还是人对自身本质力量的全面占有。可以看出，马克思是通过对交往异化的揭示，为人类理想社会指明了方向。这一逻辑表达出，在人类发展历程中，人类交往异化同其他异化现象一样，是一种具有合理性的历史存在，人的自由全面发展将是在这一异化的形成、发展和扬弃的过程中实现的。

数字化生存作为理性支配下的"启蒙"产物，在给主客体间的交往自由带来了自由行动空间和社会便利的同时，也改变了整个社会生活的精神状态，增强了主体与客体、主体与主体之间的疏离感，引发了新形式的人类交往异化现象。相较于马克思哲学意义上的交往异化，数字化生存中主客体间新形式的交往异化在本质上没有发生改变，而是被赋予了新的形式，表现为虚拟交往异化。这是一种精神意义上的异化而非劳动意义上的异化，这恰是由数字化生存中人类交往的虚拟性特征所决定的，但这两种意义上的交往异化都反映出了共同的情形：原本属于人类实践活动的对象结果，现在取得了独立性并反过来成为制约人的力量。具体而言，虚拟交往异化表现在以下三个方面。

交往主体的抽象化。这是以科学技术的快速发展作为直接背景。在传统的交往语境中，身体实体的在场是人类交往的重要依托，身份是交往主体进行自我认知和反思的一种文本符号。有交往主体的身体实体的在场就会有身份的在场，二者的同时在场是交往主体存在和发展的重要背景，也是对人类主体的一种规范力量。良好的身体实体和身份对人的自由全面发展至关重要，是个体融入社会的桥梁。然而，数字化生存中的人类交往在原有的身体实体在场这一交往方式的基础上增加了身体实体的不在场的交往，交往主体的身份被抽象为数字符号，引致身体实体和身份暂被悬隔。这样一来，一切交往主体进行重塑自我就具有随意性和不确定性，主体和主体的交往就会沦为"角色—角色"之间的符号式交往。这里的角色分为两种。一是主体的自我角色化。对象主体"我"的强烈角色意识压倒了原本的主体"我"，使主体"我"狂迷于虚假的创造性活动，在虚拟中孤独地狂欢而放弃对真实的反省与深究，从而失去自我的主体性。二是他者主体的角色化。他者主体以设定角色而不是作为特定主体的规定性同主体"我"进行交往，主体间的交往关系则被虚假地建立起来，消解了交往中具有的属人的本质和自由。这样一来，主体越是坚持自己作为主体的权利，就越不能认识自己，进而丧失现实生活世界中真正的自由平等的意识。

交往主体的工具化。从理论上说，人类交往的"星丛"式样态隐喻了主客体间的和平关系，数字化生存为这一和平关系的实现提供了技术上的支撑。然而，实际上，数字化生存中的人类交往却遭遇了主体困境。"个人被仅仅当作是一种被实现了的功能，他在无限空洞的形式中丧失了自己的真确性。人们开始害怕用自己的语言说话，害怕自己的愿望和情感。除了技术上的问题以外，其他一切均不再留存。"[①] 换言之，当他者主体为了实现更多的价值以满足自己的某种需求时，他者主体会在理论上和实践上将主体"我"不再看作与自己同等的部分，而是视为抽象的实体，使之作为自我实现或者完成某种神圣事业的工具，由此必然导致新的共同体的分裂和交往伦

---

① 卡尔·雅斯贝斯：《时代的精神状况》，王德峰译，上海译文出版社，2019，第 182 页。

理的瓦解。然而，一旦主体的这种霸主式征服和幻想以科学技术知识为载体呈现出来，人将在另一个意义域中无意识地堕落回自己统治的对象之中，人对物的控制关系进而转向人本身，其结果是人对人的关系演变成工具对工具的关系，这将影响人类文明的传承与阻碍人类命运共同体的合理建构。

交往主体批判性思维的式微。健全的自我主体有赖于更高层次的主体间性的建立，而健全的主体间性关系是基于未被工具理性所束缚的交往模式。然而，由于"交往主体的工具化"与"交往主体的抽象化"的共同作用，数字化生存中的交往主体出现批判性思维式微的趋向。"交往主体的工具化"表达出主体"我"成为他者主体"自我实现"的重要依托这一意义，而"交往主体的抽象化"却表达出他者主体对主体"我"的消解，这一悖论反映出了交往主体的思维批判性的减弱，即主体并不能发觉主体间所存在的消解性或虚假性。哈贝马斯认为，这是一种病态的社会交往，是主体间的一种无效交往。在这种病态的交往中，日常语言受到扭曲并由对话走向独白，脱离了主体间的交往结构。语言不再是中立的，而是具有意识形态性，因而表达主体诉求的语言不能反映主体间的相互理解，而只能是抽象的自我理解。语言是主体进行身份认同的要素之一，然而，在具有意识形态性的语言中，当主体获得自己"抽象"的新身份时，主体的身份表达为一种同一性，非同一性在无意识状态下则走向泯灭，从而主体走向不自由的状态。在不自由的状态下，任何主体将都不具有解放的意识，主体的价值判断将失去统一性而陷入价值上的情感主义，进而主体失去基本的价值共识，主体间内在的"共同感"将处于危机之中。

可以说，新形式的人类交往异化是人类交往发展过程中的必经阶段，但新形式的人类交往异化的出现并不意味着我们可以秉承漠视态度，而是应当积极地正视新形式的交往异化现象、重视新形式的交往异化问题、走出新形式的交往异化困境，实现主客体间的交往自由，进而实现人的自由全面发展。

扬弃新形式的交往异化，最直接的任务是消除物对人的统治。阿多诺认为："尽管客体有优先性，但世界的物性还是表象。这种物性诱使主体将社会生产关系归于自在之物。"① 也就是说，人们目前所面对的世界呈现出来的客观性是一种颠倒了的社会关系的物化现象。它不是从人的头脑中产生

---

① 阿多尔诺：《否定辩证法》，王凤才译，商务印书馆，2019，第 215 页。

的，而是社会生产力发展到一定阶段的产物。在这一阶段，主客体在交往实践中受到了物的控制和奴役，使得本来自由自觉的人类交往变成了异己的、被迫的、不受人支配的人类活动，进而呈现出一种不自主、不自由的受制状态，处在交往关系中的主体与客体、主体与主体的关系被迫降格为从属于物的被动关系，主客体间的交往自由变成了交往不自由，衍生出交往异化现象。因此，我们要将消除物对人的统治与社会历史发展联系起来，推动现实物质生产力的极大发展。科学技术是一种生产力。因此，消除数字化生存中新形式的交往异化，可以充分发挥数字化技术在社会生产力发展中的功能。在此基础上，以人的自由自觉的活动为基础，确立合理的主体与客体、主体与主体的关系。让每一个自由自觉的人都能成为主体与客体、主体与主体关系结构中的能动者，消除主客体所受到的物的控制和奴役，进而实现主体与客体、主体与主体有差别的自由平等的交往。

扬弃新形式的交往异化，还需探究人如何在双重维度的人类交往中实现虚实和谐。数字化生存中的人类交往空间是由虚拟空间和现实空间共同形塑的，虚拟性和现实性是数字化生存中人类交往的双重维度，人在这个双重维度的人类交往中实现自由全面的发展，实质上是实现人的虚实和谐。在数字化生存的语境中，人既是一个身体实体在场的现实具体的人，也是一个身体实体缺场的虚拟具体的人。虚拟意义上的人是以现实意义上的人为基础，现实意义上的人又是以虚拟意义上的人为补充，二者互为存在条件。这构成了虚实和谐的逻辑约定，其结果是人的时空关系的进一步拓展，进而衍生出新型的人类发展形态。因此，只有虚和实的和谐结合，人才能够作为"完整的人"在数字化生存中进行人类交往。正如马克思所说，"人不是在某一种规定性上再生产自己，而是生产出他的全面性"①。人的虚实和谐发展，关键在于正确处理好人的现实交往和虚拟交往的关系，打造虚实并存的和合生态，使人在虚拟和现实之间全面占有自己的本质，实现人的自由而全面的发展。在这种环境下，主体与客体、主体与主体是互为中介的和平关系，从而鲜活的个体存在和特殊的生命体验具有了非同一的优先性，主体与客体、主体与主体的关系因而得到了重建并走向交往自由。

扬弃新形式的交往异化，更要注重对交往理性的建构。数字化生存是现代人类须臾无法脱离的生存方式之一，但不是全部的生存方式，属于一种较

---

① 《马克思恩格斯文集》（第8卷），人民出版社，2009，第137页。

低层面的幸福生活维度。追求较高层次的幸福生活维度，需要在人类文化中寻找答案。虚拟交往空间的创造、数字符号的使用、虚拟关系的生成等，这些是人作为一种文化性存在物的表征反映。如何让这些文化性存在物有效地服务于主客体间走向交往自由这一目的，关键在于引入交往行为所固有的主体间性来打破传统现代性理论中主体概念的孤立状态，建立起主体间性基础之上的交往理性，化解"主体理性"和"共同感"的分裂所造成的现代性矛盾，让主体"我"走出数字化生存中人类交往所遭遇的双重主体困境，寻求"建立在人们的现实差别基础上的人与人的统一"①。因此，交往理性建构是扬弃新形式交往异化的重要切口，其目的在于促成主体交往行为的文化养成。它既包含对历史文化积淀中交往思想的汲取，又包含对当下交往理性缺失的思量，还包含对未来美好交往状态的追求。以"网络空间命运共同体"为例，它强调自由、平等、共享和尊重的交往理性，即交往主客体以对话性的话语范式进行平等的多元、双向的互动交流，不同的国家、民族、个人之间保持着"和而不同"、承认差异而不对抗的和平状态，实质是全球化背景下人类主体与自然客体、人类主体与人类主体之间有差别的自由平等交往，这是对主客体间的非同一性的承认和尊重，也是对数字化生存中"星丛"式人类交往的价值诉求的一种回归。

四 结语：走向主客体间的交往自由

在人类文明进程中，人类交往走向主客体间的交往自由，是人的主体性发展和自由全面发展的重要条件。人类不断追求现代科学技术的进步，旨趣之一就在于实现理想的人类交往，进而在主客体间的交往自由中发展人的主体性与实现人的自由全面发展，这一进程将伴随着人类前进的步伐而不断继续。在数字化生存中，日益人性化的数字化技术发展路径为实现主客体间的交往自由创造出了良好条件，推动了人类交往的"星丛"式样态的发展。这是一种对主体与客体、主体与主体之间的非同一性予以承认和尊重的交往状态，从根本上重建了主体和客体、主体与主体的交往关系，并使之获致交往自由的现实可能性。然而，受现代性下的工具理性在虚拟现实条件下更加凸显的束缚的影响，数字化生存中"星丛"式的人类

---

① 《马克思恩格斯文集》（第 10 卷），人民出版社，2009，第 13 页。

交往样态并没有使人的主体性得到充分发展，相反，主客体间的非同一性陷入虚假困境，引致了新形式的交往异化现象，人的主体性及其依存条件产生了双重畸变。

那么，在未来，数字化生存中人类交往的悖谬式发展困境是否会随着数字化技术的成熟和完善而自动消失？答案是否定的。作为数字化技术与人文社会的共同产物，数字化生存之所以为主客体间的交往自由提供了现实的可能性后又引致新形式的交往异化，根本原因在于数字化生存是与现代性相伴而生的，数字化生存中的人类交往在现代性的自反性困境的裹挟下还没有摆脱资本逻辑和工具理性的束缚。因此，规避数字化生存中人类交往的悖谬式发展困境，需要我们在对现代性进行分析、反思和批判的基础上，积极地正视人类交往的"星丛"式样态和新形式的交往异化现象，自觉地把发展人的主体性和实现人的自由全面发展作为数字化技术发展的根本目的，坚守人的主体性地位，推动主体与客体、主体与主体走向交往自由，渐近回归人类交往"星丛"式样态的本真价值，逐渐消解悖谬式发展困境背后的资本逻辑和工具理性，助推人的生存状态从"以物的依赖关系为基础的人的独立性"向"人的自由和全面的发展"转变，使数字化技术真正造福于人类，真正实现在主客体间的交往自由中发展人的主体性和实现人的自由全面发展。

（作者单位：浙江大学）

原文《数字化生存中人类交往的哲学思考——基于阿多诺的"星丛"理论》，原载《学术界》2020 年第 11 期，收入本书时有改动

"数据化生存"：被量化、外化的人与人生

彭 兰

一 从"数字化生存"到"数据化生存"

1995 年，美国学者尼葛洛庞帝出版了《数字化生存》（*Being Digital*）一书，在书中他提到，"计算不再只和计算机有关，它决定我们的生存"[①]，我们会生存在一个由数字"比特"构成的世界里，各种产品和服务都可以转化为数字化形式。

尼葛洛庞帝在这本书里所说的"数字化生存"，更多关注的是人们所享受的产品和服务的数字化，但对人自身如何以数字化形态存在，这种存在又会对人产生什么样的影响，谈及并不多。随着互联网席卷我们的生活，我们对数字化生存有了越来越多的直接体验与领悟，它不仅与数字化产品、服务有关，也与虚拟化存在、符号化互动、跨时空与多道并行的交流等新的生存形态及体验有关。

在早期对数字化生存的研究中，人们更多地关注的是数字空间中人的精神性存在，这样的数字空间被称为赛博空间，研究者认为，人的直觉可以摆脱物质身体的束缚而在赛博空间独立存在和活动。[②] 但互联网的发展让我们意识到，数字空间并非纯粹的赛博空间，而是与现实空间有着千丝万缕的勾连与多种维度的互动。移动互联网的应用进一步加深了这种勾连与互动，而

[①] 尼古拉·尼葛洛庞帝：《数字化生存》，胡泳、范海燕译，海南出版社，1997，第 15 页。
[②] 冉聃：《赛博空间、离身性与具身性》，《哲学动态》2013 年第 6 期，第 85~89 页。

数据（data）是勾连与互动的重要纽带。数据不仅支持着人们的虚拟化生存，也强化了现实空间中的人与虚拟空间中的人的对应关系，甚至反过来影响现实空间中的人。与"数字化"生存相比，"数据化生存"更加强调数据作为人与数字空间进行交互的介质、手段与方法。

数据也体现着人与人、人与内容、人与媒介等各种关系，并将之量化为可以被计算、分析的对象，这些数据也会变成各种服务商算计、利用的资源，甚至成为被管理、操控的对象。数据因而成为影响、干预关系的一种新手段。数据化生存，不仅关乎人们在虚拟空间中的存在，也关乎人们在现实空间里的生存。因此，今天对人的数字化生存的研究，有必要在数据化生存这一方向下深化。

二　正在被"全息"数据化的人

今天，从用户画像、身体、位置、行为到情绪与心理、关系、评价，人的多种维度，都有可能被数据化，甚至思维方式也受到数据化的影响。

（一）"画像"的数据化用户

画像（persona）这一概念最早源于交互设计/产品设计领域。用户画像主要包含三个要素，即用户属性、用户特征、用户标签。[①]

在传统时代，用户画像往往是粗略和模糊的"群像"。而在新技术的支持下，针对个体用户的精准的数据画像已经变得可能。其目标是揭示用户的自然属性、个性特点、兴趣偏好、行为习惯、需求特征等，甚至有些画像还能揭示出个体的政治倾向、态度立场等。

从目前的个性化服务来看，用户的画像常常会以"标签"的方式呈现。个体被赋予的标签越多，就意味着其形象越丰富立体，就越有利于对其进行精准化的推送。当然，用贴标签的方式来描述用户也有局限性，因为用户的行为往往是综合的、变化的、离散的；静态的标签未必能完全反映一个复杂的个体。未来的智能技术、数据分析技术也会改善用户画像的方法，使其更精细、更具综合性与动态性。在不同的目标下，也会产生不同的数据化画像。

---

① 宋美琦、陈烨、张瑞：《用户画像研究述评》，《情报科学》2019 年第 4 期，第 171～177 页。

（二）身体的数据化

随着移动终端、智能传感器等的发展，身体的数据化也开始变得普遍。在数字空间的互动中，数据化的身体是一种普遍的表演手段，例如，人们通过照片或视频对身体进行的记录。数据化的身体表演，也是自我认同实践的一种方式。吉登斯指出，日常生活中的身体参与是维持连贯的自我身份认同感的重要方式。① 为了这种表演，人们会强化某些方面的行为，例如健身。有时为了社交表演，人们也会对手机中的身体形象进行美化。社交平台盛行的身体（包括容貌）的视觉化表演，加深了基于身体的社会比较与竞争，进而导致了身体焦虑与容貌焦虑的产生。数据化表演也会在用户之间相互传染，并影响到人们的线下行为。

人的某个"元件"（如人脸、指纹、声音等）与其身体分离，进入数字空间里，是人的身体数据化的另一种典型方式。数据化的身体元件能够帮助提升服务的便利性，对社会风险的发现与处置有一定意义，但也给个体带来了隐私和安全风险。

在未来，可穿戴设备对身体状态的数据化也将越来越普遍，特别是在健康、医疗领域。可穿戴设备能够对身体状态进行检测，也会成为身体表演与调节的手段或依据。可穿戴设备完成的身体数据化，往往要通过网络传递出去，于是身体与网络之间形成了更紧密的连接。当越来越多的身体联网之后，所谓的"身联网"（Internet of Body）也就会成为现实，影响身体的因素也会变得更为复杂。

（三）位置的数据化

今天的用户是内容网络、关系网络以及服务网络等多种网络上的节点，正如网络上每一台计算机可以用一个地址来表示一样。个体用户画像与其节点位置的结合，可以使用户分析更为精准、深入。

移动用户的物理位置是一个自变量，它的每一个变化，都有可能导致与之关联的内容、社交与服务目标的变化。对位置及运动轨迹的数据记录与分析，也是一些新媒体服务的依据，如在打车类与健身类应用中。另外，运动

---

① 安东尼·吉登斯：《现代性与自我认同：晚期现代中的自我与社会》，夏璐译，中国人民大学出版社，2016，第91~92页。

轨迹在某些时候也能反映人在某些方面的"属性"。2020 年为防范新冠疫情而推出的"健康码"，就是将人的活动轨迹作为判断病毒感染风险的重要依据。今天的物理位置数据，只涉及了地理位置这一变量。但未来可穿戴设备或传感器的普遍应用，还可以"测量"某一地点相关的多种场景变量，如空间特征、自然环境（如空气质量等）、社会情境等。

除了物理位置外，用户位置也可以体现为关系网络中的位置、服务网络中的位置等，这两种维度的位置的数据化，也正在实践中得到应用。

（四）行为的数据化

将用户的内容生产与消费、社交活动、电子商务、劳动甚至日常活动等各方面的行为数据化，在新媒体时代越来越常见。对于服务提供者来说，用户行为的数据化是他们描绘用户画像，理解用户的社会位置、服务位置的重要依据，也是构建与用户相关的算法的基础。

用户在数字空间中自主发布的内容，是行为数据化的重要方式。一方面，这些内容在一定程度上反映着人们的现实行为；另一方面，内容发布本身又是一种在虚拟空间的行为。用户可以选择将现实反映到虚拟行为中，抑或是通过虚拟行为对现实行为进行回避或遮掩，而这种选择又构成了另一种行为。

人们的点赞、转发、评论等，也是典型的可被数据化、可被分析的行为。互动行为数据，外化着人们的个性特征，以及人们之间的关系，未来对这些互动行为数据的研究也必然更多。搜索数据不仅反映了人们对信息的需求，也在一定程度上反映着人们的行为动向与现实状况。它可以辅助研究者进行社会舆情与趋势的分析，也是大数据应用的一种方式。另一种重要的行为数据是支付数据，支付记录不仅与消费相关，也与人们的活动场所、活动性质相关，它成为日常行为轨迹的数据化投射。

今天，人们在手机、电脑中输入的任何信息，拍摄的任何照片、视频，以及不想被记录的谈话和活动，都是行为数据。它们更直接、深层地反映着人们工作、生活中的细节，甚至是个人隐私。这些本来只应该由个人掌握的信息，却有可能被某些应用或平台"偷走"，成为分析数据。

劳动行为的数据化，是行为数据化中的一种特别情形，这一点在平台化的劳动（无论是内容生产这样的精神劳动，还是送外卖、送快递、开网约车这样的物质性劳动）中尤为凸显。一方面，数字平台对劳动者的成果进行了数据化，使其成为可供传播与消费的产品与服务；另一方面，数字平台也实现了劳动过程的数据化，对劳动者的空间位置、运动轨迹、进度、时效、评价进行精准量化与监测。

数据化，也将普通用户的行为转变为数字空间里的劳动，例如用户的阅读行为会被转换成流量数据，成为平台影响力的衡量指标，并进而影响广告投放与平台收益。为了社会竞争的需要，数据劳动也成为一种新的劳动行为。以粉丝群体为例，他们为了让自己的"爱豆"① 获得更好的数据表现，即影响力的外在表现，往往会投入大量的时间与金钱，通过打榜等方式"做数据"。进一步，建立在行为等数据基础上的算法会反过来控制、诱导人们的行为，这意味着行为数据也成了一种控制的基础。

在数字空间之外，现实空间无处不在的摄像头，也将人们的现实活动转译成数据并进行存储和利用。这些数据记录了个体的相貌、身体与行动轨迹，对人们的现实行为进行了更为直接与完整的反映。商家、管理机构等对这些数据的应用以及基于数据的控制，也日益走向深层。

（五）情绪、心理的数据化

在各种对社交媒体的研究中，对用户情绪进行分析是一个重要方向，研究者可以通过人们自主发布的内容来分析其情绪倾向。这既可以是个体的情绪分析，也可以是群体性的情绪分析。眼动仪、脑电仪、皮电传感器等设备，则通过采集与分析人的视线移动、脑电波、汗液等生理信号，将人隐秘的内心活动变成显在的数据，从而精准判断人的注意力指向、大脑兴奋程度等。以这种方式对情绪、心理的揭示，不仅能描述总体状态，也能反映动态变化的过程。

（六）关系的数据化

人是复杂关系的总和，包括人与人、人与内容、人与服务、人与机器、人与环境的关系等，这些关系也被越来越多地以数据的方式描绘、计算。

社会网络分析方法，就是将关系数据化的一种典型方式。它不仅可以反映关系的有无，还可以反映关系的方向，分析在关系基础上形成的权力结构、凝聚子群或社区等。同样以图论为基础，20 世纪末系统科学领域出现

---

① "idol"的音译。

的复杂网络理论则侧重于网络动态学的研究，反映的是网络结构的演化、网络结构与网络行为的互动规律。① 这些研究方法，也广泛应用于虚拟空间的关系描绘与分析。

在利用数据描绘关系的基础上，如今的算法能够揭示、发现潜在的关系。这不仅包括大数据常常强调的各种现象之间的"相关关系"的发现，也包括其他方法对人与内容、人与人等潜在关系的发现。换言之，数据分析也在推动着新关系的建立。例如，当内容与人被贴上同样的标签时，算法会将该内容推荐给对应的人，当不同的人被贴上同样的数据标签时，他们之间也会被标签连接起来。

数据不仅可以显示关系的有无，也可以将关系的亲密程度、依赖程度、重视程度等过去相对模糊的属性用数据方式量化与公开化，如朋友圈与群里的点赞数、评论数。人们基于数据对关系进行判断、权衡，并对关系维护策略进行动态调整。

在一定意义上，数据揭示了一些过去不显在的关系，也建构了一些过去不存在的关系。但同时，数据又抽离了原有关系的丰富属性，使各种关系都变成数据能表现与匹配的关系。如有研究者指出，在资本主义市民社会下赖以维持人与人之间关系的货币，已经逐渐开始弱化，让位于一个更为根本的关系——数据关系。②

（七）评价的数据化

在人被全面数据化的同时，数据化的评价机制——评分也变得普遍。今天数字空间最典型的一类评价，是个体之间的相互评价。从电商卖家与买家、快递员与用户、外卖骑手与用户、网约车司机与乘客，到内容平台的创作者与消费者，相互评价制度越来越普及。

个体间的相互评分，打破了过去单一的组织评价机制，每个个体都拥有了对他人进行评分的权力，每个个体得到的评价也来自多元的主体。评分制也使得评价结果更加明朗，易于判断、比较。相互评分制度的盛行，使得社会互动中人与人的相互监督与约束变得突出。在社会关系与互动日益多元、

① 罗家德：《社会网分析讲义》，社会科学文献出版社，2005，第202页。
② 蓝江：《"智能算法"与当代中国的数字生存》，《中央社会主义学院学报》2021年第2期，第159~163页。

复杂的情况下，个体间的评分机制，可以为人际互动提供信任基础。

另一类评价，是机构对个体的评价，如今这种评价也越来越多地落实为"评分"。管理机构用评分来进行社会治理，用人机构用评分来进行用人选择，投资机构用评分来决定资金的投放。机构对个体的评分结果不仅是对人的状态、信用、能力的评定，也是权利、利益分配的基础。

当无论是对人还是对其他事物的评价都日趋数据化，数字拜物教就此盛行，这也是近年来受到越来越多关注的"内卷"的本质之一。[①] 基于简单的数据统计、比较，对各种工作、业绩进行考核，其结果往往带来数量上的水涨船高，考核指标不断升级，内部竞争也由此升级。另外，出于种种动因，在评分上造假、作弊也就难以避免，而对评分权力的争夺与垄断，也会成为一些机构或平台的目标。

有研究者指出，评分代表了一种规则理性化的趋势，便利了现有法律（以及背后的公共权力）和平台私人权力的扩张和强制执行，同时也是对流动的社会规范进一步确认、固定化和再生产的过程。[②] 评分不仅会成为机构对个体的规训方式，也会成为个体间相互规训甚至自我规训的方式。算法技术的发展可以使人人成为他人数字人格的观察者、执法者、裁判者。[③]

（八）思维方式的数据化

今天人的全面数据化，不仅是由于技术的发展，其背后还有"数据主义"这样一个大背景。在数据主义者看来，数据取代原子、实体、物质，成为世界的新"基质"。一切事物、人、人际关系、文化、价值都可以还原为不同算法模式下的数据。[④] 尽管数据主义受到学者们的普遍批评，但在现实中，数据的应用仍在不断推进，渗透到社会生活的各个方面，人的数据化，是这种渗透的典型写照。

在这样的背景下，数据化思维也弥散在社会环境中，人们或多或少会受

---

① 徐英瑾：《数字拜物教："内卷化"的本质》，《探索与争鸣》2021 年第 3 期，第 57~65、178 页。
② 胡凌：《数字社会权力的来源：评分、算法与规范的再生产》，《交大法学》2019 年第 1 期，第 21~34 页。
③ 虞青松：《算法行政：社会信用体系治理范式及其法治化》，《法学论坛》2020 年第 2 期，第 36~49 页。
④ 林建武：《数据主义与价值重估：数据化的价值判断》，《云南社会科学》2020 年第 3 期，第 45~51 页。

其影响。尽管数据化思维在很多方面具有独特的价值，也是对人的直觉、经验性思维的补充，但那需要足够的数据素养和严格的应用规程作支撑。将数据思维简化为数字思维、流量思维，或者试图以它完全取代人文思维，都会将人带向误区。今天算法思维也正与数据思维结伴而行，在某些方向下，形成对人的思维的限制与固化。

三　数据化如何影响人的生存

人的全息数据化，必将全面影响人的生存。它带来了人的身体存在的新方式，拓展了人（包括其身体）与他人、社会环境之间的关系模式，发展出个人历史的新记录模式，进一步还会改变人与自我的关系，以数据化形式体现的外部控制也变得越来越复杂、强大。

（一）被"虚拟实体"化与"数字元件"化的人

当身体、位置、行为、心理等人的物理实体的各种属性被映射为数据时，人被数据重构为一种"虚拟实体"。这种虚拟实体容易让人联想到"数字孪生"。来自制造业的数字孪生技术是指利用数字技术对物理实体对象的特征、行为、形成过程和性能等进行描述和建模的技术，利用它可以构建一个数字孪生体，即与现实世界中的物理实体完全对应和一致的虚拟模型，实时模拟自身在现实环境中的行为和性能。[1] 这种数字孪生体是唯一的。但制造业所研究的"数字孪生"及"数字孪生体"概念或许不能完全平移到人身上，因为在目前技术条件下，与人的物理实体完全一致的"孪生"还无法生成，且在不同平台、不同情境下，人会产生很多不同维度的"虚拟实体"。不过人的"虚拟实体"与数字孪生有很多相似性。服务商也可以通过对这种虚拟实体的研究，来分析、模拟人的行为与需求，提供新的体验。

人的虚拟实体化，意味着身体在数字空间中的意义得到强化，身体相关的各种变量被引入虚拟的存在中。以往可以"离身"、完全符号化的数字空间的互动，今天与身体的关联越来越多，特别是在 VR、AR 应用中，未来的互联网产品与服务也会越来越强调身体的体验。身体成了连接现实空间与

---

[1]　庄存波等：《产品数字孪生体的内涵、体系结构及其发展趋势》，《计算机集成制造系统》2017 年第 4 期，第 753~768 页。

虚拟空间的直接线索，带来这两种空间的融合。

数据化的身体在一定程度上也会深化我们对具身认知的认识。具身认知的核心，如梅洛-庞蒂所言，就是将身体看作知觉和理解活动的主体。① 以往心理学主要从身体状态与反应模式等方面关注具身认知，也就是基于身体的外在表现，而数据提供了一种理解身体状态与反应模式的新路径。某些时候，这些数据会更深层反映身体与知觉、认知心理活动之间的关系，这些数据也可能进而对知觉、认知活动产生影响。

除了影响认知外，今天人的虚拟实体的某些局部，成了另一个"我"，如正在被普遍推行的人脸识别。但正如研究者指出，一方面，人脸很可能成为证明"我就是我"即验证人的身份同一性的数字人格；另一方面，这些数据却不被自己掌握，人们也不了解更无法控制这些数据被谁采集、被谁处理和使用。② 除了人脸外，指纹、声音等身体数据也被广泛应用。不接受这样一种虚拟实体化，人们也可能会被剥夺某些权利或便利。

人的虚拟实体化的进一步结果，就是被拆分成数字化的元件。这种脱离了人体的数字化元件，有了外部重组的可能性。不同个体的数字化元件的重组，会带来深度伪造。这不仅会侵犯个体的隐私权与名誉权，也可能带来一些社会危害，而当事人可能是完全无辜地被牵扯其中。即使没有造成危害，我们也需要追问，在身体元件越来越多地被数字化的情况下，人们是否应该全面拥有对自己身体各种元件的权利，就像现有的肖像权一样？

进一步来看，当各种生物特质开始以数据的方式脱离人体，被转移到电脑或别人身上时，人的大脑内的思维是否也可能脱离人体而在虚拟空间独立存在？虽然我们现在还无法判断这样的意识与身体分离的未来是否会到来，但脑机互联、意识上传的实验已经开始，相应的担忧和反思也已经开始。

美国学者福山认为，人的意识与情感、情绪紧密相连，脱离了身体，情感、情绪以及与之关联的道德选择等也可能消失，意识也就失去了依存。③ 作为后人类主义研究者代表的美国学者海勒，虽然认为"身体性存在与计

---

① 苏宏斌：《作为存在哲学的现象学——试论梅洛-庞蒂的知觉现象学思想》，《浙江社会科学》2001 年第 3 期，第 88~93 页。

② 段伟文：《人脸识别："裸奔"时代的我们》，《商学院》2021 年第 1 期，第 119~120 页。

③ 弗朗西斯·福山：《我们的后人类未来：生物科技革命的后果》，黄立志译，广西师范大学出版社，2017，第 172 页。

算机仿真之间、人机关系结构与生物组织之间、机器人科技与人类目标之间，并没有本质的不同或者绝对的界限"[1]，但她同时指出，人的生命扎根于复杂多样的物质世界，人的延续离不开物质世界。[2] 将自己的意识下载到计算机中从而通过技术手段获得不朽这样的做法是致命的。[3]

可以预见的是，未来实体的人与虚拟实体的人之间的关系将变得更为复杂，虚拟实体对现实实体不只是复制、映射关系，还会以摆脱实体甚至控制实体等方式来反作用于现实实体。

（二）反身性控制与量化自我实践的增强

传感器等智能化物体，也是一种自我传播的中介，它使人对自身的物质层面（身体状态、运动等）有了更多自我观察、检视的机会，甚至情绪与心理状态等，也可以被可穿戴设备量化。这也可能会促进人对自己的物质化状态的关注，促进"精神自我"与"物质自我"的对话。

海勒在研究控制论对后人类主义的影响时指出："反身性就是一种运动，经由这种运动，曾经被用来生成某个系统的东西，从一个变换的角度，被变成它所激发的那个系统的一部分。"[4] 从控制论的角度看，这意味着"信息从系统流向观察者，但是反馈回路也可能回溯到观察者，将他们变成被观察的系统之一部分"[5]。可穿戴设备等传感器也带来了反身性效果。当个体利用传感器来了解自身的状态时，个体既是被观察者也是观察者。传感器将被监测的个体信息发送给同时作为观察者的个体，作为观察者的个体会对这些信息做出反馈，而这些反馈也会体现在作为被监测对象的个体的身上。

作为观察者与被观察者一体、传者与受者一体的人，其自我传播就是一种反身性运动，是"行动的反身性"，即作为观念动物的主体拥有反过

---

① 凯瑟琳·海勒：《我们何以成为后人类：文学、信息科学和控制论中的虚拟身体》，刘宇清译，北京大学出版社，2017，第4页。

② 凯瑟琳·海勒：《我们何以成为后人类：文学、信息科学和控制论中的虚拟身体》，刘宇清译，北京大学出版社，2017，第7~8页。

③ 凯瑟琳·海勒：《我们何以成为后人类：文学、信息科学和控制论中的虚拟身体》，刘宇清译，北京大学出版社，2017，第388页。

④ 凯瑟琳·海勒：《我们何以成为后人类：文学、信息科学和控制论中的虚拟身体》，刘宇清译，北京大学出版社，2017，第11~12页。

⑤ 凯瑟琳·海勒：《我们何以成为后人类：文学、信息科学和控制论中的虚拟身体》，刘宇清译，北京大学出版社，2017，第12页。

来针对自身并监控自身行动的能力。① 而传感器的作用，是将过去人很难量化的一些状态量化了，这使人对自身的认识达到一个新的层面。这种认识很多时候也不是封闭的，而是基于与外界发生互动，特别是在社交平台上的互动。

这样的自我传播，也是一种基于量化自我的自我管理。量化自我并非一个全新的现象，在可穿戴设备兴起之前，一些人也会对自己的身体数据进行观察与管理，如摄入的热量、体重等。病人对自己身体数据（如体温、血压、血糖等）的监测，也是一种自我的量化管理。但无疑，可穿戴设备增加了人的自我量化维度，也使这种量化变得持续，成为一种长期的自我跟踪（self-tracking）。

健身人群是目前进行自我量化的主要人群之一，不仅为了提高身体机能，也为了提升自我形象。有研究者指出，青年跑步者是量化自我的积极实践者，他们热衷于通过身体数据展示自己的身体资本，也产生了一种自我赋权感。跑步者通过数据进行团体交流，也获得了建构社会资本的一种新途径。② 还有不少研究者认为可穿戴设备实现了自我赋权，提高了人们的自我管理能力。但也需要看到，这种自我管理并非是完全自主的，相关的数据一旦公开，就会受到他人反馈的影响。即使不公开数据，个体对这些数据的解读以及在此基础上进行的自我调节，也会受到社会环境、社会规范的影响。

自我的量化，总是依赖相关的设备和应用，量化的维度也受限于这些软硬件，软硬件本身的质量会直接影响到数据的精确性或可靠性。软硬件的开发者（特别是软件的开发者）所关注的量化维度，也总是带有商业化的考量：哪些数据可能成为资源，甚至带来盈利。看上去自主的自我量化背后，仍有技术及平台的约束。因此，量化的自我，也是市场化的自我。③

在量化自我的过程中，人们会受到各种指标的牵引。但很多指标并不是权威机构提供的，而是在社交平台互动中产生的，一些意见领袖对这些指标

---

① 赵超：《反身性视野下的当代社会科学哲学：知识、社会与行动》，《科学技术哲学研究》2015 年第 2 期，第 21~26 页。

② 宋庆宇、张樹沁：《身体的数据化：可穿戴设备与身体管理》，《中国青年研究》2019 年第 12 期，第 13~20 页。

③ Antonio Maturo, "The Quantified Self or the Marketized Self?", *Balkan Journal of Philosophy*, Vol. 12, No. 1, 2020, pp. 17-24.

的影响尤其明显。例如在体重、身材这样的数据上，虽然健康机构给出了健康的体重指数范围，但实际上人们（特别是年轻女性）所追求的目标，往往超出这些健康指标，有时追求的甚至是"A4腰"等社交平台的自造标准。应用平台在应用中内嵌的指标对人们也会有很大影响，但这些指标的科学性未必经过严格检验。即使用户和平台参考的是科学指标，但对这些科学指标的理解与执行也可能有偏差或误区。

针对量化自我带来的影响，美国学者贝克提出了四个层面的思考：量化自我究竟是让人们对自己的了解更多、更好，还是走向它的反面？量化自我究竟是一种更强的自我控制，还是一种更强的社会控制？量化自我究竟是让人们变得更幸福，还是从来没有让他们得到足够的幸福？量化自我是给人们带来了更多的选择，还是侵蚀了他们的选择？很多时候，结果都有可能是后者。[①]

当然，人们还会用其他方式来利用量化自我。研究者认为，自我跟踪设备具有三重角色："工具"、"玩具"和"私教"。[②]的确，除了国内外研究者普遍关注的可穿戴设备对人的工具性监测和私教性指导、监督外，一些用户面对自我量化的设备，也会有玩具、游戏的心态，这些心态也可能解构应用开发者或平台的预设。

通过对量化自我的不同层面、不同角度的思考，我们可以更深层地理解个体赋权与外界约束两者之间的新张力。这种张力，在其他方向下人的数据化过程中，也时时存在。

（三）个人历史与记忆建构的数据化与外化

在人被全息数据化的同时，个人历史也越来越多地被转化为数据化记录，并通过媒介公开。个体的生活印迹、工作学习轨迹、社会活动行踪投射在数字空间中个体各类账号的时间轴上，也散落在各种类型的虚拟空间、各种平台与终端中。构成个人历史的数据，既有人们自己的记录与"表演"，也有所在"单位"（或其他组织）及他人的记录，还有可能来自媒体的报道。这其中有主动的公开，也有被动的披露，通常也夹杂着私人生活与公共

① Denise A. Baker, "Four Ironies of Self-Quantification: Wearable Technologies and the Quantified Self", *Science and Engineering Ethics*, Vol. 26, No. 3, 2020, pp. 1477–1498.
② Ben Lyall, Brady Robards, "Tool, Toy and Tutor: Subjective Experiences of Digital Self-Tracking", *Journal of Sociology*, Vol. 54, No. 1, 2018, pp. 108–124.

生活的双重色彩。一旦进入公共媒介，这些内容就不再是个体能完全控制的。

构成个人历程的数据常态下是片断或离散的，但只要对它们进行有意挖掘、整合，就能拼贴出相对完整的时间线或相对完整的图景，甚至可能发现一些个人秘密。但更多时候，他人或外界对个体历史的认知，主要是基于从"当下"信息中提取的、被去语境化与再语境化的个人信息。[①] 这些信息对个体的记录与反映又是片面的，甚至是扭曲的，有些信息也可能被人有意曲解。个人历史被数据化、媒介化后出现的以上两种结果，都意味着个体对自己在数字空间中的历史信息的不可控性。

个人历史的数据化，在某些方面也意味着记忆的数据化。这也是记忆的外化与媒介化，这种记忆不仅与个人的记录方式有关，也与社会互动、存储平台等相关。

数据化的轨迹并不能完整反映个体的全部历程，但作为一种记录、记忆方式，数据有些时候比人的大脑记忆更为持久。这些数据的记忆当然也是靠大脑之外的各种"外存"，从个人的终端，到平台的服务器。当数据化的记忆成为常态时，人们的"黑历史"也会在超出预期的时间与空间范围留存。数据记录的载体出现问题，也会导致记录与记忆出现破损，例如，某个手机的丢失、某个存放信息的服务器的损坏。过于依赖外存，也会导致人的个人历史记录和自我记忆的残缺与失真。

从社会的层面看，个人历史的数据化，也意味着个体生命已经进入生命政治的治理装置之中。个人历史的数据化成为治理层面维系社会安全和运作的基本方式，同时也让每一个参与共同体和国家活动的个体，都必须按照这种可治理的方式来重新生产自身。[②] 但在这样的治理装置中的数据化个体，其鲜活的个体面孔、现实的个人境遇可能被移除或简化，他们只是成为一个个被统计的数据，或被计算的对象。

（四）数据塑造的数字自我与数字人格

数据不仅记录个体的生命历程，也建构一种数字化的自我。正如蓝江指

---

① 维克托·迈尔-舍恩伯格：《删除：大数据取舍之道》，袁杰译，浙江人民出版社，2013，第114页。

② 蓝江：《生命档案化、算法治理和流众——数字时代的生命政治》，《探索与争鸣》2020年第9期，第105~114页。

出，我们在网络中形成的数字痕迹，可以让智能算法精准地描绘出另一个自我，一个比我自己还了解我的自我。这个自我并不在我们内部，而是在那个无形的互联网中，它不是由我们的理性的自我意识构成的，而是由无数我们有意或无意的行为留下的数据构成的。[①]

我们还可以从更广泛的层面来理解数字自我，它不仅是被数据描绘与算法分析出的自我，也是人们通过各种数据化行为来主动表达的自我，同时还是在数字互动中被社会关系与社会环境所形塑的自我，这种自我还会受到技术、媒介等影响。数字自我既有主动性，也有被动性，它也会体现在自我呈现、自我建构、自我认同等不同层面，并对现实自我产生影响。

自我呈现的策略（真实还是虚构、积极还是消极）、自我呈现获得的反馈，也与自我认同有着关联。[②] 从自我呈现层面看，数字自我既是现实自我的投射，也有基于虚拟空间特性对自我的修饰甚至再造。因为数字空间角色扮演的自由，表演手段与策略的多样化，人们更容易呈现自我的多面性。

从自我建构层面看，数字自我受到的关键影响来自数字环境中的认知参照体系。自我建构指的是个体在认识自我时，会将自我放在某种参照体系中进行认知的一种倾向。每个个体的自我建构都包含三个组成部分，即从自身独特性定义自我、从自己与亲密他人的关系中定义自我、从自己和所属团体的关系中定义自我，分别称为个体自我（individual-self）、关系自我（relational-self）和集体自我（collective-self），也称为自我的三重建构。[③] 数据化的表演，首先体现的是个体自我，但由于数字空间中社会互动范围的拓展及频率的增加、程度的加深，参照体系也变得多元。因此，个体自我会越来越多地受到关系自我和集体自我的影响，他们会基于数据化表演结果的反馈进行自我建构的调适。三重自我之间的相互观照、博弈也变得频繁。

自我认同指的是在个体的生活实践过程中，通过与他人及社会进行能动互动，以及通过内在参照系统形成自我反思，使行为与思想逐渐形成并自觉

---

① 蓝江：《外主体的诞生——数字时代下主体形态的流变》，《求索》2021 年第 3 期，第 37~45 页。

② 刘庆齐等：《社交网站中的自我呈现对青少年自我认同的影响：线上积极反馈的作用》，《中国临床心理学杂志》2015 年第 6 期，第 1094~1097 页。

③ 刘艳：《自我建构研究的现状与展望》，《心理科学进展》2011 年第 3 期，第 427~439 页。

发展成一致的状况。[①] 自我认同包括自我的同一性的建构、自我归属感的获得、自我意义感的追寻等方面。[②] 如今，人的社会化互动愈加依赖数字空间与数据化的方式，自我反思也在很大程度上受到数字空间的影响。在互联网发展早期，就有研究者担心，网络会带来自我认同危机，例如自我虚拟人格与现实人格的分离、自我与社会关系的分离、自我与人的本质的分离，[③] 或者"信息在场"与"人身在场"、"网我"与"真我"、"自由个性"与"失个性化"的内在紧张。[④] 但除了危机，数字空间是否会给自我认同带来其他可能？这还有待进一步研究。

与此同时，自我意识也面临着数据化的可能。如研究者指出，自我意识——自我的核心内容——的本质无非是一种被记忆的信息或信息的一种特殊存在形式，而信息是可以复制、移植和数字化的（如对过去经历的记忆）。因此，自我意识在信息的数字化越来越普遍的今天，也必然面临被数字化的问题。[⑤] 数字化的自我意识在网络空间中被自我转换、自我掌控、被他者感知，形成了网络空间中可控的自我，呈现为鲜活的数字自我。[⑥]

数据化生存，也会带来数字化的"人格"。有法学研究者认为，数字人格是主体在网络世界所具有的身份和资格，是主体的信息化表现，是个人信息权利的有机结合和主体体现。[⑦] 也有研究者将其界定为以数字符号为载体的、代表虚拟空间的虚拟实践主体人格信息的集合。它来源于现实又不同于现实的人格，是人在虚拟空间的人格代表。[⑧] 在另一些研究者看来，数字人格则是通过个人信息的收集和处理勾画出的一个在网络空间中的个人形象，即凭借数字化信息而建立起来的人格，[⑨] 或基于算法对数据本体的个人先前

---

① 姚上海、罗高峰：《结构化理论视角下的自我认同研究》，《理论月刊》2011 年第 3 期，第 46~49 页。

② 吴玉军：《现代社会与自我认同焦虑》，《天津社会科学》2005 年第 6 期，第 38~43 页。

③ 李辉：《网络虚拟交往中的自我认同危机》，《社会科学》2004 年第 6 期，第 84~88 页。

④ 高兆明：《网络社会中的自我认同问题》，《天津社会科学》2003 年第 2 期，第 49~52 页。

⑤ 肖峰：《论数字自我》，《学术界》2004 年第 2 期，第 86~99 页。

⑥ 谢玉进、胡树祥：《网络自我的本质：数字自我》，《自然辩证法研究》2018 年第 5 期，第 117~122 页。

⑦ 朱程斌：《论个人数字人格》，《学习与探索》2021 年第 8 期，第 82~90 页。

⑧ 刘颖、赵宏：《网络环境下虚拟人格研究进展与热点分析》，《开放学习研究》2018 年第 4 期，第 20~26 页。

⑨ 齐爱民：《私法视野下的信息》，重庆大学出版社，2012，第 62 页。

行为轨迹进行数字化描摹并进行信用评级，由此生成的数字化个人镜像。①
这些定义有些侧重于对数字化空间个体权利的关注，有些侧重于数字化的个
人形象，还有些侧重于借助数据衡量的个人信用。对数字人格的不同界定，
体现了不同学科研究者的不同关注重点。

　　数字自我，也有可能遭遇"社会性死亡"。在不同语境下，"社会性死
亡"的含义不尽相同，包括从出丑、尴尬到被围攻、失去网络名声甚至无
法在数字空间立足。对于后一种情形来说，社会性死亡，是数字人格被否
定、摧毁的一种表现，它也意味着一些权利的丧失，虽然有些权利并非法律
制度所赋予。

　　从法学的角度看，数字人格的提出，也是为了讨论数字自我应该拥有的
权利，无论未来数字人格权利会涵盖哪些范围，个体对自我产生的数据拥有
的权利，一定是核心权利之一。2021 年 11 月 1 日开始实行的《中华人民共
和国个人信息保护法》中的个人信息，指的正是这类数据，这一法律规定
了在收集、存储、使用、加工、传输、提供、公开、删除等各个环节处理个
人信息的原则。

四　结语

　　从虚拟的"数字化生存"到现实与虚拟之间深层互动的"数据化生
存"，我们似乎获得了更多自我认知、自我表达、自我记录的可能。但另一
方面，当人被映射、拆解、外化成各种数据，这些数据又被强制进入各种商
业或社会系统时，人们会在一定程度上失去对自身数据的控制力，并受到来
自外部力量的多重控制。

　　对于个体而言，对外部控制的觉察以及反控制意识与能力的培养是必要
的，但来自个体的反抗总是有限的。即使人们意识到数据化带来的种种风险，
在数据化成为生存常态的情况下，那些试图抗拒数据化生存的人，在某些情
况下会成为"余数生命"② ——被数据化的系统所排除，从而失去某些
权利。

---

① 虞青松：《算法行政：社会信用体系治理范式及其法治化》，《法学论坛》2020 年第 2 期，
　第 36~49 页。
② 吴冠军：《健康码、数字人与余数生命——技术政治学与生命政治学的反思》，《探索与争
　鸣》2020 年第 9 期，第 115~122 页。

虽然人的数据化可以在一定程度上带来服务与管理的高效与精准，但这也意味着很多时候人不再被看作具有独特体验与丰富境遇的生命，而是被看作能够被简单粗暴量化的对象，或者无差异化计算的数字，"以人为本"可能会逐步转向"以数字为本"。人的全面数据化，也会与整个社会系统的"数据主义"趋向相互助推，营造全面数据控制的社会氛围。

因此，今天的人面临着双重的数据化控制：一种是外部力量借助个体数据对其进行的控制，一种是数据主义这一大背景的控制。无论是对哪种控制的"反控制"，最根本的仍然是制度性的反思，以及在这种反思的基础上相关法律与制度的跟进。一方面，是对个体数据权利的赋予与保障，即明晰个体对自身数据拥有的权利及保障机制，同时保障那些在某些情况下不愿意或不便于被数据化的个体的权利；另一方面，则是对数据权力的约束，对那些掌控数据权力、算法权力的商业力量、技术力量进行有效的约束，对那些运用数据进行管理与决策的行政力量也需要有相应的监督与审查机制。

面对人的全面数据化，我们也需要再次从哲学上反思人的本质是什么。与人相关的数据维度的不断丰富，并不意味着数据对人的反映是完整的，也不意味着人的一切都可以由数据塑造，仍然有一些人的本质属性，无法变成数据，或者不应该成为数据。

（作者单位：中国人民大学）

原文《"数据化生存"：被量化、外化的人与人生》，

原载《苏州大学学报》（哲学社会科学版）2022年第2期，

收入本书时有改动

无形经济崛起后的当代资本主义

张　雄

习近平总书记指出："世界格局正处在加快演变的历史进程之中，产生了大量深刻复杂的现实问题，提出了大量亟待回答的理论课题。这就需要我们加强对当代资本主义的研究，分析把握其出现的各种变化及其本质，深化对资本主义和国际政治经济关系深刻复杂变化的规律性认识。"① 无形经济崛起后的当代资本主义，出现了诸多新情况、新问题，值得当代中国马克思主义经济哲学深究。英国经济学家乔纳森·哈斯克尔等人在《没有资本的资本主义——无形经济的崛起》中提出的两个重要范畴"有形经济"和"无形经济"值得我们思考。它对我们精准把握当代资本主义发展的趋势和内涵，有着十分重要的理论意义。

一　何谓"有形经济"和"无形经济"

何谓有形经济？用经济学话语说，资产是指可以触摸的实物，而投资是指建造或购买实物资产。这样的物品经济是工业革命以来，人类积极打造的原子式资本经济时代的总特征。实体性、物质性、物品性是该时代交换经济的哲学内涵。一切经济活动，都围绕着追求可触摸实物多寡的中心议题而竞争。因此，资产、资本、财富等隐喻着一种权力，即对一定数量可触摸到的实物的占有或支配。

---

① 《习近平谈治国理政》（第 2 卷），外文出版社，2017，第 66~67 页。

何谓无形经济？它是经济活动中的暗物质，不是实物，而是由意念、知识和社会关系构成的经济要素。[①] 实物资产一次只能在一个地方使用。相比之下，无形资产通常可以同时在多个地方反复使用。虚拟性、意象性、倍增效应是这种比特式的资本经济时代的哲学内涵。应当说，人类进入互联网时代以来，随着数字要素对生产力的浸入，经济活动的要素变得主要依赖非物质事物，如数据、符号、图像、知识产权、创意、软件等。与有形经济不同，那些你摸不着的无形经济，不论是竞争及风险，还是资产的评估，都使我们对当代资本主义有了全新认识。原子式的传统生产型社会，正在向比特式的消费型社会过渡。马克思恩格斯在《德意志意识形态》中特别强调唯物史观的分析方法：考察资本主义社会发展的现代性过程，工业史、货币史、交换史、交往史的分析方法是十分必要的。对资本主义的分析与批判，是从观念论出发还是从实践论出发，这是马克思当年最关心的问题，这对于我们今天研究当代资本主义的无形经济仍然具有指导意义。

二　无形经济崛起给当代资本主义带来的新变化

首先，有形经济范畴的提出，是否意味着一种历史哲学的考量？有形经济代表着一种经济学认知的传统。其次，是否可以如此大胆求证，亚当·斯密开创的经济学理论教条应属于对有形经济的思考？如果成立，无形经济范畴的提出，是否意味着一种新的经济哲学世界观的到来？人类经济生活的哲学范式，是否已经进入"完全抽象的意象经济学"时代？在高科技的作用下，无形经济变得高度抽象、高度理性、高度智能，从摸得着的传统物品经济流转，到摸不着的智能化数字运动，可以断言，这是后现代主义经济学的一种特有征兆。它的出现，也深层次反映了人类自由自觉创造历史、追求历史进步的秉性。

我们依据这两个范畴可以将资本主义分为两种类型：以有形经济为主的资本主义和以无形经济为主的资本主义。以有形经济为主的资本主义，包括 17 世纪早期的资本主义、18 世纪工业革命时期的资本主义、19

---

① 乔纳森·哈斯克尔、斯蒂安·韦斯莱克：《没有资本的资本主义——无形经济的崛起》，许瑞宋译，（台湾）远见天下文化出版股份有限公司，2019，第 12 页。

世纪自由竞争的资本主义、20 世纪垄断的资本主义。新技术革命为无形经济的出现提供了条件，1971 年美元金本位制度解体（布雷顿森林体系解体）意味着资本的虚拟形式愈来愈多样化，资本的虚拟化程度也愈来愈高，以无形经济为主的金融化资本主义诞生。在 21 世纪，资本主义发展最典型的特征表现为出现了金融化资本主义、科技资本主义、数字化资本主义。它们之间相互渗透、相互作用，共同指认一个总特征：无形经济崛起后的当代资本主义。笔者以为，这是我们当前认知当代资本主义的一个重要提示。

实际上，无形经济的最初表达，与 19 世纪德国青年经济学家李斯特提出的精神生产力范畴相关。20 世纪 60 年代至 70 年代，美国著名未来学家阿尔温·托夫勒用三次浪潮的理论来表述信息文明与工业文明的不同。他指出："一旦我们认识到第二部类可计算的生产（和生产力），和第一部类无法计算的生产（和生产力）这个无形经济之间的强大紧密关系时，我们就被迫重新对这些关系作出解释。早在上世纪六十年代中期，美国经济研究局经济学家维克托·富克斯意识到这个问题。他指出服务行业的兴起，使传统的衡量生产力的方法已经过时。富克斯说：'消费者的知识，经验，诚实和动机，影响着服务行业的生产力。'"[1] 托夫勒已预感到，第三次浪潮的经济学应当关注人的个性结构的性质本身、计算机模式和矩阵等非实物要素的影响。丹尼尔·贝尔在他的《后工业社会的来临》中也已经谈论了无形经济的问题。他认为，后工业社会出现了五种变化：①经济方面——从产品经济转变为服务性经济；②职业分布——专业与技术人员阶层处于主导地位；③中轴原理——理论知识处于中心地位，它是社会革新与制定政策的源泉；④未来的方向——对科技的控制以及技术评估；⑤制定决策——创造新的"智能技术"。[2]

随着互联网时代的到来，非物质事物具有愈来愈重要的经济意义。社会学家热衷于谈论"网络社会"和"后福特主义"经济，经济学家开始思考如何将研发和因此产生的构想纳入他们的经济成长模型中，柯尔《无重量世界》一书的书名非常简洁地概括了这种经济体。李德波特等作家暗示，

① 阿尔温·托夫勒：《第三次浪潮》，朱志焱、潘琪、张焱译，生活·读书·新知三联书店，1983，第 352 页。
② 参见丹尼尔·贝尔《后工业社会的来临》，高铦、王宏周、魏章玲译，江西人民出版社，2018，导论第 11~12 页。

人类将很快进入"靠无形事物过活"的时代。2002 年，在世界经济学一次重要的学术会议上，不少经济学家感兴趣的话题是，如何确切测量各种所谓新经济投资要素等无形经济问题。后来重大的国际财务事件发生了，全球市值最高的公司微软，其资产的认定使众人惊讶：2006 年，微软的股票市值约为 2500 亿美元，若从微软的资产负债表来看，该公司资产账面价值约为 700 亿美元，其中 600 亿美元是现金和各种金融工具，厂房和设备等传统资产的价值为 30 亿元，仅仅占微软总资产的 4% 和公司市值的 1%，显得微不足道。① 以传统的资产会计法衡量，微软是一个现代奇迹，被西方学者称为"没有资本的资本主义"。

无形经济的崛起，带来了当代资本主义发展的新情况、新问题、新原理，资本主义主要呈现出如下变化。

第一，资本主义社会财富总量有了巨大提升。资本主义社会财富包括有形财富和无形财富，除了机器、厂房、设备、土地、矿山、公路、机场等有形资产外，还包括芯片、软件、金融工具及衍生产品、人力资本、知识产权、数字标识、商品和公司品牌等无形资产。财富总量增加，财富存在的形式多元复杂。人们发现，随着美国实体经济的衰落，社会实物财富的贡献率愈来愈小，占比社会财富的总量也愈来愈小，而无形经济带来的虚拟财富占比愈来愈高，无形经济一方面有着财富发展的倍增效应，另一方面却又存在着"财富过山车"的风险效应，客观上使资本主义国家政治、经济始终处在重大波动和风险危机中。

第二，资本的剥削形式和剥削程度变得更加难以量化、难以精准把握。无形经济促使传统的有形实物资本向无形的虚拟资本过渡和运动。一是股权制带来了资本与劳动关系的定位复杂多变，雇佣与被雇佣关系，变成股权分享的关系，由一对一的主客体关系，变成多对多主体间性的关系。委托代理、项目合作、平台挂靠等形式打破了传统的劳动人事制度。合同诚信变成一切关系的前提。剩余价值、剩余时间、剩余劳动因工作时空的弹性变化，变得难以衡量、难以确认。二是无形经济产业的劳动主体是白领阶层，无形资本对他们的剥削最直接、最隐蔽、最深重，因而他们的异化最明显。英国福克斯教授曾依据一系列的全球大型上市公司案例研究，撰写了著作《数

① 参见乔纳森·哈斯克尔、斯蒂安·韦斯莱克《没有资本的资本主义——无形经济的崛起》，许瑞宋译，（台湾）远见天下文化出版股份有限公司，2019，第 13 页。

字劳动与卡尔·马克思》，书中揭示了数字媒体的劳动力成本，考察了资本主义信息通信技术（ICT）公司剥削人类劳动的方式，以及这种剥削对工人的生活、身心健康的影响。这部著作被大家称为 21 世纪媒体版的《资本论》。

不可否认，无形经济的崛起，并没有证伪马克思《资本论》的经济哲学经典判断。当代资本主义社会仍然实存着致命矛盾，那就是资本的内在否定性，个人资本动力学机制与生产社会化的全球发展趋势之间的矛盾对立不可调和。

三　无形经济崛起对经济哲学研究的启示

加强对当代资本主义的研究，分析把握其出现的各种变化及其本质，根本武器应当是马克思主义政治经济学批判学说的在场和出场。应当看到，随着无形经济的崛起，人类越来越通过范畴、符码、数字、图像等理性工具的运用，达到自身存在的高度自觉与自信。但是，这又引来了另一个严重的人的异化问题："形式化人类"和"人类的形式化"。亚里士多德的形式因对质料因的主动性、能动性、统摄性，使人类越来越远离"原始丛林的本能行为"，而与各种形式化的工具理性越来越近，这是人类自身进化的一大进步。但是，对符号、符码、数字、芯片的严重依赖，较大地限制了现代人的自由、自主，为生命价值的实现带来了极大障碍。人对人的伤害更加精准，人对第一自然的摧残愈来愈不可逆。"人类的形式化"表现在：在现代性的规制下，数字资本逻辑对人类生存逻辑的宰制更加快捷、更加精准、更加隐蔽、更加肆无忌惮。如帝国"星链"对全球金融战争和军事战争的太空操控。灵性的人类被锻造成数字资本利益追逐的"钢铁侠"，如疯狂炒作比特币引起金融狂飙等。

中国式现代化道路的顶层设计，为人类走出极端形式化迷宫提供了新的方案。创新、协调、绿色、开放、共享的新发展理念，是我们党在深刻总结国内外发展经验教训的基础上形成的，它集中反映了我们党对经济社会发展规律认识的深化。发展务必以坚持人民至上原则为宗旨，既追求经济效益，也注重社会效益，最终实现经济效益与社会效益的有机统一。这使中国社会与以资本为轴心的资本主义社会区别开来。特别值得指出的是，中华优秀传统文化有着深厚的人性论哲学反思底蕴，如关爱生命意识、超越物我精神、天人合一的境界、共同体意识等，它能够为"人类的形式化"生存遭遇提供开解之道。

（作者单位：上海财经大学）

原文《无形经济崛起后的当代资本主义》，

原载《光明日报》2022 年 7 月 18 日第 15 版，收入本书时有改动

元宇宙：数字化生存的逻辑探究与反思

张蓝姗　史玮珂

人类对于元宇宙的想象早已有之，早在 1981 年出版的小说《真名实姓》中，作者弗诺·文奇就提出这样的设想：人们是否可以通过名为"脑关"的设备进入"另一层面"，获得区别于现实世界的虚拟体验？1990 年，钱学森提出的"灵境"的说法也预言了元宇宙基础模型及其特点——"灵境"就是一种虚拟的"身临其境"。在尼尔·斯蒂芬森于 1992 年创作的科幻小说《雪崩》中，第一次出现了"metaverse"这个词，书中设定了一个与现实世界平行、相互影响、始终在线的虚拟世界，人类可以自由游走于现实与虚拟世界之间。从 20 世纪末《黑客帝国》影片中对于"母体"设定现实世界的构想，到《头号玩家》中供人们避世与享乐的"绿洲"，在许多科幻影视作品中，也曾对虚实相融的元宇宙世界进行过畅想与预测。而自 2021 年以来，元宇宙受到了前所未有的关注，以科技公司为代表的各界力量对于元宇宙的布局与投入，使人类真正开始感受到曾经遥远的设想正在逐渐走向现实。

一　元宇宙概念产生与流行的根源逻辑探究

（一）人类生存空间的开拓与精神世界的延伸

回顾历史，从哥伦布远航美洲大陆，到加加林乘坐"东方 1 号"飞船飞向太空，无不显示着人类对于探索未知事物、开拓生存空间普遍而持久的欲望。然而，可供人类生存发展的现实空间不仅存在地理资源上的稀缺性，即人类经济活动在数量和质量上对空间需求的增长与空间供给的有限性的矛盾，① 而且还面临气候变暖、环境污染、自然资源枯竭等全球性危机。与此同时，网络时代的碎片化传播带来断裂的思维模式，社交媒体加深了人们对现实世界的社交恐惧，人类的精神世界也面临浅层化和群体性孤独的风险。

爱德华·索杰曾在空间"物理—精神"二元性的基础上提出新的空间阐释角度——"第三空间"。他将第一空间总结为可以根据其"外部形态"直接进行把握的物理空间，将第二空间看作用图像和文字表示出来的精神空间，② 而第三空间既包含了第一空间与第二空间，又超越了这两者。第三空间是真实与想象的混合物，是一个开放的创造性的空间。

元宇宙兼具真实性与虚拟性，是一个蕴含着无限希望与可能的生存空间。它既可供人类不受物理世界的束缚进行全新的探索与开拓，也可赋予个体全新的数字身份和互动方式从而扩展人类的精神世界。它不仅能联通现实世界和虚拟世界，而且是人类数字化生存迁移的载体。扎克伯格曾预测，在未来十年内元宇宙空间将达 10 亿人，元宇宙将成为一个可创造"数百万"就业岗位的新生态系统。③ 元宇宙作为一个具有真实—虚拟二重性、开放性与创造性的全新空间，具备第三空间概念的表征，拥有成为人类理想生存空间形态的潜力。

（二）社交媒体迭代与新型社交关系的需求

根据莱文森的人性化趋势理论，技术传播媒介的发展倾向于更多地复制真实世界中人性化的传播环境，④ 从而使人类进行更好的交流。人是社会性动物，沟通与交流的欲望作为一种本能存在于人类最古老的基因中。从莎草纸到互联网，一切社交媒介的发展都是为了消除人与人之间的传播隔阂，使交流更加畅通无阻。元宇宙的产生，同样是出于人类对于无障碍沟通与有效对话的需求，背后体现着社交媒介变革、迭代与升级的规律。

---

① 罗静、曾菊新：《空间稀缺性——公共政策地理研究的一个视角》，《经济地理》2003 年第 6 期。

② 爱德华·索杰：《第三空间——去往洛杉矶和其他真实和想象地方的旅程》，陆扬等译，上海教育出版社，2005，第 95 页。

③ "Founder's Letter, 2021", https：//about. fb. com/news/2021/10/founders-letter/.

④ 保罗·莱文森：《人类历程回放：媒介进化论》，邬建中译，西南师范大学出版社，2017，第 5 页。

互联网以超越时空局限的强大特性将世界变成麦克卢汉口中的地球村，缩短了用户之间的时空距离。然而，现有社交媒体仍无法使人们完全无障碍地接触与沟通。例如，人们发出的弹幕评论无法得到当下的回应与反馈，这似乎让交流成了一种"对空言说"。而诸如音乐 App 的"一起听"、短视频 App 的"一起看"、购物 App 的"一起逛"等功能，都存在着交流手段单一、沉浸程度低、稳固性差等局限性，难以使用户的交流获得真正的"在场感"。

实际上，非语言传播手段在交流中起着不可替代的作用。美国心理学家伯德惠斯特尔发现，非言语传播的目光、手势、身体姿势、面部表情、举止动作以及触觉等占了人际交流的 70%，而言语传播只占 30%。[①] 在元宇宙中，非语言传播的有效性将可能借助数字化身得以实现，数字化身代替了人们在交流中缺席的身体，使个体可以随时随地进行"面对面"的交流，用户与其他在场者能互相对彼此的行动或语言作出应对，传播中的内容讯息和关系讯息相互呼应成为一个整体，因而能在交流的主体之间构成一种交往性的、主体间性的实在关系。[②] 在元宇宙打造的新型社交场域中，人与人之间的距离将再次被拉近，人们的交流将得到拓展与深化，彼此之间的连接也将再次被加强。

（三）商业资本的扩张与虚拟经济的发展

在新冠疫情大流行的背景下，全球经济受到巨大冲击，教育、旅游、医疗、娱乐等各个领域都在纷纷寻找重焕生机的转机，元宇宙的概念正是在这样的背景下走进人们的视野，各行各业掀起一股元宇宙热潮。2021 年 10 月底，扎克伯格正式宣布将"Facebook"更名为"Meta"（元），这成为元宇宙概念备受瞩目的一个关键节点。此举其实是 Facebook 在陷入营收和利润增长的瓶颈时为自身开辟新利润空间的尝试，也是谋求更长久发展的转型战略。此外，苹果、微软、腾讯和阿里等科技巨头纷纷宣布入局元宇宙领域，这也体现出资本和商业需要一个全新的风口和机遇去创新自身的运转方式和盈利手段。

疫情使我们的生活被推向线上化与虚拟化，虚拟经济在这种社会趋势下

---

① 宋昭勋：《非言语传播学》，复旦大学出版社，2008，第 6 页。
② 唐英：《非语言传播缺失下的网络人际传播》，《当代传播》2009 年第 2 期。

显现出前所未有的巨大潜力。《全球大数据发展分析报告（2020）》显示，新冠疫情大流行正加速全球数字化进程，数字经济正在成为当今最活跃的经济形态。2021 年 12 月，虚拟游戏平台 The Sandbox 就以 430 万美元的高价售出一块虚拟土地，创下虚拟地产交易价格的新纪录。不同于传统经济学的以实物商品为核心，元宇宙经济以虚拟商品为核心，其空间衍生出的虚拟社交、虚拟地产、虚拟偶像、虚拟货币等将成为商业资本投资的新蓝海市场，而虚拟数字经济的巨大潜力与广阔前景也将成为助推元宇宙快速发展的重要动力。

二　元宇宙对人类生存方式的颠覆与重塑

（一）重构新的时空观

时空是人类社会的重要尺度，吉登斯认为，时空关系是社会系统的构成性特征，它既深嵌于最为稳定的社会生活中，也包含于最为极端或者最为激进的变化模式中，[①] 元宇宙是与现实世界相互联系、融合的数字世界，它既区别于现实世界，又不完全等同于虚拟空间。在元宇宙中，传统时空观将被颠覆或消解，而全新的时空感知则会以一种革命性的方式得到再建。

在元宇宙中，人们对空间的感知建立在 VR、AR、MR 等技术所生成的实时动态三维图像之上，立体逼真的画面和全景自由的视域范围会带来高度的沉浸感，让人产生身临其境的数字化空间感知。元宇宙创造了一个可无限扩展且流动的数字空间，人们可以借助虚拟现实技术更自由地进行场景切换与空间转移，不再受地域距离和物理条件所限。此外，元宇宙平台所提供的参与机制、交互逻辑与大量基础素材，可以让用户借助空间建模技术进行自由创造。从住所、城市，到各种娱乐、社交及工作场景，都将在很大程度上依赖用户自身的设计与创作，赋予个体运用想象力自主建构空间的权利。

在时间的维度，元宇宙开启的新型数字化生存模式改变了人类对时间的

---

① 安东尼·吉登斯：《历史唯物主义的当代批判：权力、财产与国家》，郭忠华译，上海译文出版社，2010，第 29 页。

认知。虚拟世界不仅打破了昼夜交替、四季更迭这些亘古不变的自然规律，而且消除了人类在现实生产和创造过程中所耗费的时间，人们可以利用 3D 建模技术让一座建筑在瞬间拔地而起，还可以即时穿梭于虚拟世界中的各个场景，不再囿于路途所耗费的时间成本。当生活数字化进程提速，人类的日常活动在虚拟空间中以更少时间、人力与成本完成时，其社会行动也必然会转移至虚拟世界，社会时间也将在重新分配中变换重心，从现实世界偏向虚拟空间。

可见，元宇宙所塑造的是一种将现实和虚拟联结的全新时空体验，为人类提供了更高自由维度的栖居之所。但时空观的变革必然会带来人类在虚拟数字空间中认知形态和生活方式的改变，如果我们过度沉溺于虚拟体验而与现实时空割裂，将会造成个体能力的退化与现实社会的萎缩。因此，人类需要不断寻找和调整虚拟与现实时空之间的平衡与秩序，避免虚拟与现实产生异化和对立。

（二）虚拟身体形态的演变

在元宇宙中，人类身体的形态和功能会受到新的形塑与延伸，使人类经历从"自然人"传统形态向"电子人"虚拟形态的演变。

在场的交流让信息在"编码"与"解码"的过程中不丢失任何其原本的意义，原封不动地得到传达，因此最能接近交流的本质。当人类学会借助载体进行信息传播时，交流从面对面走向了肉身缺席，即便互联网中的无数节点化用户有着虚拟 ID 作为其身份的表征，网络中的交流过程却依然不能再现交流中主体的身体，也无法还原在场的交流。元宇宙中人类的数字化身能有效地复制与再造交流主体的身体，从而使交流获得空前的在场感。数字化身由此将代替现实世界中的真人，成为交流的主体。

在元宇宙中，人体的功能也将得到延伸与强化，伴随着身体的全面数据化，人的感知系统也会随之经历一个数字化的复刻过程。智能设备强大的追踪监测系统与量度能力，使人体的各方面数据都能精准全面地被追踪、采集与上传，依靠这些数据，人的身体能在虚拟空间中进行复制与再现，无数用户都能获得属于自己的"数字化身"，人体将经历前所未有的赛博格化转变。由于人类的所有感觉都依靠感觉神经元接受外界刺激，并以神经脉冲的形式传回中枢神经系统而生成，在元宇宙时代将有可能创造出一系列刺激模拟人类的触觉、味觉或嗅觉，借助数字化身这一载体，用户能置身于环境之中，对环境中的各种要素进行亲身接触与感知。数字化身使得内容与信息直接被受众接收，传播障碍不复存在，传播过程中的噪声也被最大限度地消解，从而使用户获得身临其境的沉浸式体验。

（三）带来传播媒介革命

电报传送短小信息，开启了信息传播的碎片化语境，互联网把世界缩小为地球村，使人们能跨越地理、群体的阻隔，形成"无组织的组织"。元宇宙作为一种宏大的系统性技术与传播媒介的底层架构，也将开启颠覆性的新传播语境，包括主体、内容、手段、受众、效果在内的各个传播环节与要素都将受到冲击，迎来新变革。

在元宇宙中，除了人类自身，虚拟人、赛博格、智能设备也将成为信息传播的重要主体，各种言说的主体交汇、互动所发出来的各种声音的一种集结构成巴赫金所阐述的"复调"，[①] 也即一种"喧哗"的状态，在众声喧哗中，主体之间更能构成一种平等的对话关系而获得内在统一、和谐一致的主体间性。

主体的智能化变革将为元宇宙带来大量的机器生产内容（MGC），同时，在元宇宙传播平台开放性机制的作用下，人在 MGC 的基础上所进行的生产创造也将构成传播内容的重要一环，由此 MGC 与 UGC 的结合和互动将成为一种新型内容生产模式。同时，元宇宙作为一种涉及全人类生存模式变革的庞大架构，其虚拟与现实性将构成一种深度交织的状态，用户作为创造者在虚拟世界中的创造、生产与交互同样会映照于现实世界，对其发生作用。

在元宇宙时代，传播的手段将更加多样，除了文字、图片、音频和视频外，借助全息投影、3D 建模、实时渲染等技术所构建的虚拟成像也会成为信息与内容的重要载体。此外，元宇宙将呈现梅洛-庞蒂所阐释的"身体是在世界上存在的媒介物"[②] 的具身传播特点，元宇宙将会使我们的身体与信息融为一体，我们的数字化身——被技术延伸了的身体由此被卷入传播之中，成为传播信息的重要介质。

而受众也将从"读者"、"听众"与"观众"的角色转变为"体验者"

---

① 《巴赫金全集》（第 5 卷），钱中文译，河北教育出版社，1998，第 27 页。
② 莫里斯·梅洛-庞蒂：《知觉现象学》，姜志辉译，商务印书馆，2001，第 116 页。

与"创造者"。元宇宙将使用户借助数字化身，以第一人称视角亲身体验并创造传播内容及场景，受众将从"观看"升维至"亲历"。这同样也重构了"在场"的意义，我们能真正借助媒介载体，以自身的视角与身体去感受媒介内容，从而最大限度地接近"感同身受"。信息与接收者之间的传播隔阂将最大限度地得到消解，并大大增强媒介内容在社会层面上的影响力，使媒介与社会二者更紧密地联结与互嵌，这是传播与媒介发展史上前所未有的巨大变革。

三　元宇宙发展下的异化问题反思

（一）空间异化减弱情感联结

空间异化强调的是社会关系的亲密性与物理空间的距离感产生脱节，人们之间的相互关系不再以物理距离的远近为主要凭据，空间位置的重要性退居其次。[①] 现代化与城市化进程将基于血缘、亲缘与精神统一性的"共同体"变成彼此独立、原子化的"社会"，由此产生人与空间关系的一种认知断裂，导致人与人之间的疏远与冷漠。元宇宙在空间维度上的革命性在于消解人们之间的物理距离。当个体之间不再存在空间与距离的阻隔，那么我们是否还会记得怎样去触碰现实中近处的人，怎样去思念远方的人？[②] 当空间位置不再成为个体之间关系构建的重要影响维度，个人的身份认同和集体记忆在空间异化中逐渐消解并割裂，这可能会使人与人之间的交往非但没有实现深度连接，反而变得更加浅层化，导致情感联结的减弱。

（二）时间异化消解有效经验

马克思在《经济学手稿（1857—1858 年）》中指出，自由时间是指人"可以自由支配的时间"，是人可用来从事较高级活动、发展自身各种本质力量的时间。[③] 元宇宙一方面能丰富我们工作与娱乐的形式，另一方面又会

---

① 哈特穆特·罗萨：《新异化的诞生——社会加速批判理论大纲》，郑作彧译，上海人民出版社，2018，第 13 页。
② 韩炳哲：《在群中》，程巍译，中信出版集团，2019，第 93 页。
③ 《马克思恩格斯全集》（第 46 卷）（下册），人民出版社，1980，第 226 页。

要求用户花费大量时间学习、掌握相关的技能，争取更多的虚拟资本。作为用户，在非劳动时间内对于平台的接入、交互与活跃都会成为推动资本逻辑的齿轮，使人们不知不觉地困在数字劳动之中。同时，元宇宙为人们提供了一种可在各种场景之中自由穿梭并切换的模式，我们的时间被分割为各个短暂、零散的碎片。人们在碎片化的时间里只能获得弥散化和断裂性的记忆，意义的生成被消解，我们反而会被时间所限制与规训。正如罗萨所说的，我们无法将所体验到的时间变成"我们自己的"时间。①

（三）自我异化加深社会隔阂

在《自主性技术：作为政治思想主题的失控技术》中，温纳提出"反向适应"的概念，以描述这样一种状态：人们出于满足某种目的的需要而生产出技术，然而这种目的却因为符合使用技术手段的要求而受到了技术的改造。② 人们创造出元宇宙，也可能受到工具理性的引导，使自我丧失了主体性，滑向自我异化的深渊。

元宇宙是现实世界的数字化投射，但高度数字化可能带来共同价值和文化认同的削弱。在缺乏政府和法律监管的虚拟世界中，对错难以得到准确判断，在现实世界中违背道德和法律的行为，在元宇宙中也许无法得到惩罚。现实世界中的民族意识、家国情怀、价值认同被不断解构，现实角色所应当承担的社会责任可能在虚拟的自我强化中逐渐消解，而由于摒弃了社会责任的个体之间难以形成统一的社会共识，失去黏性的社会将日渐走向分裂，使得社会群体、个体之间的隔阂再次被加深。

鲍曼指出，共同体是一个温暖而舒适的场所，一个温馨的"家"，在这个家中，我们彼此信任、互相依赖。③ 然而，在元宇宙进一步碎片化的传播情境下，在人们高度私人化的个体体验中，"共同的记忆""共同的观念""共同的利益"难以获得，④ 元宇宙难以具备"公共性"，这些都将会成为共同体这一理想社会形态建构的障碍。

---

① 哈特穆特·罗萨：《新异化的诞生——社会加速批判理论大纲》，郑作彧译，上海人民出版社，2018，第 139 页。

② 兰登·温纳：《自主性技术：作为政治思想主题的失控技术》，杨海燕译，北京大学出版社，2014，第 134 页

③ 转引自本尼迪克特·安德森《想象的共同体》，吴叡人译，上海人民出版社，2005，第 93 页。

④ 王露璐：《共同体：从传统到现代的转变及其伦理意蕴》，《伦理学研究》2014 年第 6 期。

四　结语

技术是这样的结构，它运作的条件要求对其所处环境进行重建。[①] 每种新技术都蕴含着改造环境的力量，在技术律令的作用下，人类的交往模式、社会结构、价值观都会受到影响。元宇宙是在众多人类科技成果的基础上构建的一个庞大体系，也是关于人类社会未来运行模式的畅想，其实现将会使各行各业、人类社会生活的各个方面都被颠覆与重构。与技术发展相伴的必将是人类责任意识的确立与管控措施的实施，这需要我们站在人类命运共同体的角度，以一种全球化的眼光，制定覆盖各个领域的道德法规，建立空间正义[②]的秩序，引导统一的主流价值观的确立与社会共识的达成。

（作者单位：北京邮电大学）

原文《元宇宙：数字化生存的逻辑探究与反思》，

原载《当代传播》2022 年第 2 期，收入本书时有改动

[①]　兰登·温纳：《自主性技术：作为政治思想主题的失控技术》，杨海燕译，北京大学出版社，2014，第 198 页。

[②]　左路平：《迈向全球空间正义：人类命运共同体的空间意蕴》，《中国地质大学学报》（社会科学版）2019 年第 3 期。

数字化生存与政治经济学批判

当代西方数字资本主义下的异化劳动批判

——从《1844年经济学哲学手稿》看当代数字劳动问题

蓝 江

今天，已经不再有人会质疑，数字技术正在改变着我们的生活世界。数字技术让生活更便捷、塑造着我们的生活，而且也改变着当代资本主义的样态，形成了继产业资本主义、金融资本主义之后的全新的资本主义形态，我们可以称之为数字资本主义。在当代主要西方资本主义国家，由于 Meta（Facebook）、谷歌、微软、苹果、亚马逊、Uber 等数字平台的崛起，人们越来越依赖各种智能终端设备，尤其是智能手机日益吸引着我们凝视的目光，我们不难发现，资本主义已经透过一种新的方式，深度渗透到我们的社会生活的每一个毛细血管之中。这些大的数据平台公司在为我们提供便捷的平台服务（如电子商务、打车、订外卖、订机票、订酒店、上传视频照片等）的同时，也通过爬虫等软件不断采集每一个用户的数据，而这些数据经过分析和加工，成为当代资本主义的新资本形态——数字资本。那么，对于今天的马克思主义研究者来说，我们不仅需要坚持马克思提出的历史唯物主义和政治经济学批判的基本原理，对资本主义的基本规律进行分析和批判，也需要紧扣时代脉搏，观察资本主义在数字技术、算法技术、智能技术的发展中形成的新形态，从而与时俱进地理解和分析当代数字资本主义的内在机制和规律，从而帮助我们在日新月异的数字技术和算法蓬勃发展的表象之下，抽丝剥茧地理解当代西方数字资本主义的规律，把握其基本矛盾，从而为思考未来共产主义的可能性奠基。

一　从产业劳动到数字劳动：劳动中的人的抽象化过程

在对当代西方数字资本主义的分析和批判中，我们不仅需要参看一些新的分析文本，如最早提出"数字资本主义"概念的丹·席勒（Dan Schiller）的著作《数字资本主义》，将马克思主义与数字资本主义和数字劳动分析结合起来的克里斯蒂安·福克斯（Christian Fuchs）的著作《数字劳动与卡尔·马克思》，这些著作已经成为数字资本主义研究的经典。不过，我们需要理解的是，马克思主义的经典著作对我们理解当代数字资本主义的新变化仍然具有重要价值。例如，马克思的早期文本《1844 年经济学哲学手稿》就是一个很好的经典文本，通过对《1844 年经济学哲学手稿》的重读，我们或许可以从马克思的原文的字里行间，找到应对当代西方数字资本主义的途径，尽管有不少学者认为《1844 年经济学哲学手稿》中对资本主义的剖析，与马克思成熟时期的《资本论》中的政治经济学批判还有一定的差距。不过，这恰恰彰显了《1844 年经济学哲学手稿》的价值，正是在这部文本中，马克思不再单纯从德国古典哲学的背景，而是转向经济学现实背景，来思考产业资本主义的革命为欧洲和现代社会带来的冲击和变化。尽管整部文本是以手稿的形式呈现的，与后来作为正式出版物的《资本论》（尤其是马克思生前出版的第一卷），在分析的方法和结论的明确性上，还有不小的差距。但是，《1844 年经济学哲学手稿》已经凸显出马克思的问题意识，即马克思不仅仅关注资本主义社会下不平等的生产关系，而且也关注这种不平等的关系究竟是如何以工业技术的方式得到合法化的。正如有学者指出："马克思已经明白，在产业劳动的背景下，任何这样的工业技术的引入，都会带来工人与工人，工人与资本家之间的社会关系的转变。"[①] 事实上，这种被工业技术转变的社会关系，实际上就是《1844 年经济学哲学手稿》中表述的"异化劳动"，而"异化劳动"不仅仅成为马克思描述在工业革命和产业资本主义兴起时的工人的悲惨命运的主要概念，也成为马克思思考产业资本主义用来架构现代社会的基本方式，而正是这种方式，即以异化劳动构成的产业劳动方式，成为产业资本主义塑造整个现代社会的模型。

---

① Donald Mackenzie, "Marx and the Machine", *Technology and Culture*, Vol. 25, No. 3, 1984, p. 473.

　　在 19 世纪，马克思看到了英国和法国工业革命带来的翻天覆地的变化，除了思考人类解放的命题之外，马克思必须思考这场工业革命究竟是在什么层次上带来社会变化。为此，早在巴黎期间，他就大量阅读了亚当·斯密、萨伊、大卫·李嘉图、西斯蒙第等政治经济学家的著作，尽管此时的马克思还没有进入有意识地探索资本主义的政治经济学奥秘的阶段，但是，他已经深刻地意识到，国民经济学和政治经济学是找到资本主义社会变革问题的钥匙。他大量摘抄了亚当·斯密《国民财富的性质和原因研究》中的原话，例如，在"笔记本 I"中，马克思摘抄了这样一段话："因为按照事物的本性，资本的积累是分工的必要的先导，只有资本的积聚越来越多，分工才会越来越细。分工越细，同样数目的人所能加工的材料数量也就增加得越多；因为每个工人的任务在更大程度上逐渐简化，减轻和缩减这些任务的新机器才大量发明出来。因此，随着分工的发展，为了经常雇用同样数目的工人，就必须预先积聚和从前同样多的生活资料，以及比从前分工不太发达时更多的材料、工具和手工业器具。在任何劳动部门，工人人数总是随着这一部门分工的发展而增长，更正确地说，正是工人人数的这种增长才使工人可能实现这种分类和细密分工。"① 这段话的意义在于，分工越细，每个工人所需要从事的工作也就越简单，从而将工人从一整套流程的烦琐工作中解放出来，从而让他们也可以从事单纯的工作，这在一定程度上提高了生产率。也就是说，工业技术的引入，在于将工人还原为更为简单化和一般化的人，而在这个基础上，资本主义的工业生产才能成为可能。

　　问题在于，马克思为什么对这段话感兴趣？作为一位有着德国古典哲学式的思辨能力的学者，马克思十分敏锐地感觉到，在国民经济学的理论框架中出现了一种哲学因素，这种哲学因素恰恰在于，通过某种工业手段，将活生生的具体的人（有能力从事复杂烦琐劳动的人），变成了机器和工业旁边从事简单劳动的工人，这种立足于工业技术，将工人的劳动方式还原为简单劳动方式的前提，正是人在工业资本主义条件下的还原，即工人的抽象化。工人不再作为具体的活生生的人存在，而是作为一种可计量的数量存在，他们对于国民经济学或政治经济学的价值在于，他们被转化为资本主义计算的劳动的量。在亚当·斯密那里，这个量仍然被叫作"劳动"（Arbeit），但在马克思的《资本论》中，这个量已经变成更为抽象

① 马克思：《1844 年经济学哲学手稿》，人民出版社，2014，第 30 页。

的"劳动力"（Arbeiterschäft）。也正因如此，马克思才在后面的"笔记本
Ⅲ"中，对亚当·斯密的政治经济学进行了人本主义式的批判：

> 私有财产的主体本质，私有财产作为自为地存在着的活动、作为主
> 体、作为人，就是劳动。因此，十分明显，只有把劳动视为自己的原
> 则——亚当·斯密——，也就是说，不再认为私有财产仅仅是人之外的
> 一种状态的国民经济学，只有这种国民经济学才应该被看成私有财产的
> 现实能量和现实运动的产物（这种国民经济学是私有财产的在意识中
> 自为地形成的独立运动，是现代工业本身），现代工业的产物；而另一
> 方面，正是这种国民经济学促进并赞美了这种工业的能量和发展，使之
> 变成意识的力量。因此，按照这种在私有制范围内揭示出财富的主体本
> 质的启蒙国民经济学的看法，那些认为私有财产对人来说仅仅是对象性
> 的本质的货币主义体系和重商主义体系的拥护者，是拜物教徒、天主
> 教徒。①

　　显然，在马克思看来，这种产业资本主义条件下的高度精细化的分工的
结果不仅仅是让工人变成抽象化的劳动，而且这也让私有财产占有工人的劳
动成为可能。尽管这个时候马克思尚未提出剩余价值概念，但是，马克思已
经深刻地领悟到，在亚当·斯密等人的政治经济学中，必然包含着一种机
制，将人抽象化和对象化为一种可以在产业劳动过程中计数的量，而这种被
计数的劳动的量成为资产阶级私有财产的根源。而亚当·斯密等人的国民经
济学和政治经济学的进一步的逻辑是，为了遮蔽产业资本主义将活生生的工
人变成产业生产和交换过程中的量，他们需要一系列的经济学概念来将这个
过程加以神秘化。于是，在科学化和理性化的外衣下，以抽象化的劳动概念
为基础建立起了整个产业资本主义的概念大厦，而劳动概念进一步发展出资
本、工资、利润、地租等一系列为人们所熟知的经济学概念。马克思发现，
如果不能从话语上戳破资本主义的国民经济学或政治经济学概念的神话，便
无法真正批判资本主义带来的野蛮，也无法将工人从工业革命形成的新的缧
绁下解放出来。所以马克思在著名的"异化劳动和私有财产"篇的开头，
才如此写道："我们是从国民经济学的各个前提出发的。我们采用了它的语

_____

① 马克思：《1844 年经济学哲学手稿》，人民出版社，2014，第 70 页。

言和它的规律。我们把私有财产，把劳动、资本、土地的互相分离，工资、资本利润、地租的互相分离以及分工、竞争、交换价值概念等等当做前提。我们从国民经济学本身出发，用它自己的话指出，工人降低为商品，而且降低为最贱的商品；工人的贫困同他的生产的影响和规模成反比；竞争的必然结果是资本在少数人手中积累起来，也就是垄断的更惊人的恢复；最后，资本家和地租所得者之间、农民和工人之间的区别消失了，而整个社会必然分化为两个阶级，即有产者阶级和没有财产的工人阶级。"① 在这段文字中，我们可以发现，在《1844年经济学哲学手稿》中，马克思利用国民经济学和政治经济学的概念和话语的前提是：马克思并不支持这种将活生生的工人抽象化为劳动和商品的产业资本主义过程，正是这个过程让工人沦落为受一系列神秘化的经济学概念支配的产物，即异化劳动。与此同时，资本主义的私有财产的奥秘恰恰在于，在把工人抽象为劳动的过程中，即异化劳动过程中，资本主义通过一系列国民经济学和政治经济学话语，将工人变成了没有财产的工人阶级，并将这个过程合理化为经济规律，所以，马克思才继续说道："它把私有财产在现实中所经历的物质过程，放进一般的、抽象的公式，然后把这些公式当做规律。它不理解这些规律，就是说，它没有指明这些规律是怎样从私有财产的本质中产生出来的。"② 换言之，产业资本主义的基础是私有财产，而私有财产的奥秘在于将工人抽象化为劳动，即异化劳动，通过国民经济学的神秘化，让资本主义剥夺异化劳动，并为有产者阶级的私有财产创造了合法性的前提。

　　问题在于，在数字技术和数字产业大量引入社会生活，成为经济活动的不可或缺的组成部分时，我们是否正在经历着马克思在《1844年经济学哲学手稿》中描述的抽象化和神秘化的过程。的确，数字技术的引入，并不能真正与产业革命带来的旧社会的崩溃和近代资本主义社会的崛起相提并论，但是数字技术实际上将原先必须在机器旁和工业厂房里生产的活生生的工人身体，变成抽象化的异化劳动，转移到整个社会的范畴。今天的机器不再是可见的、有限的机器。以往的机器如何巨大，它都有一个有形的实体，只能被安装在工厂里，而只有当工人进入工厂，在机器旁边进行产业劳动时，他们才能被抽象化，沦为异化劳动。但是，今天的数字化让我们第一次

---

①　马克思：《1844年经济学哲学手稿》，人民出版社，2014，第45~46页。
②　马克思：《1844年经济学哲学手稿》，人民出版社，2014，第46页。

面对芒福德口中的"巨型机器"①。它是无形的，也同时以一种新的方式对我们进行抽象化，美国学者理查德·罗格斯（Richard Rogers）以谷歌为例，探索了今天的数字化的"巨型机器"对我们的生命进行抽象化和异化的方式："现在，建立关系，并非通过人与人的面对面的接触，而是在于选择某项技术来收集用户的数据，并随后形成个性化的问候、提醒、广告以及推荐。……谷歌的'直接营销'是一条算法的、关系的设计进路，它将相关信息置于珍贵的空间中。在某种意义上，该软件也促使用户与数据库进行私下交流。在这里，'个人的'不应该在习惯的官方意义上来理解，比如，人们必须在表格中填写出生日期、地点和性别等。更确切地说，数据库也包含了有关人们兴趣和习惯（例如，来自搜索查询）的'标记'内容，被用来在少量采集的零散信息之基础上，收集个人资料。最重要的是，把这些信息拼凑在一起的只是部分地对用户匿名化。"② 罗格斯已经向我们清楚地表明，今天我们虽然不是在大机器旁从事生产的工人，但我们今天一样遭到了抽象化和匿名化，不过，今天将我们抽象化的不再是产业劳动的机器，而是数字平台下的"巨型机器"——一个看不到实体的大数据和算法体系。这个"巨型机器"借助各种设备和终端，最重要的设备就是我们手中的智能手机，完成了对我们的数据采集和分析，将我们变成了大数据系统中的一个数字对象，在那一刻，即使我们仍然认为我们占据着自由主体的地位，但实际上在庞杂巨大的大数据算法背后，我们已经变成了一个数字对象——虚体③（virtual body）。而让我们变成"虚体"的恰恰是我们不停地使用各种智能终端设备的数字劳动，和产业劳动不同的是，数字劳动不需要耗费大量的体力，我们只是在不停地刷 TikTok、Facebook、谷歌、Twitter 等，但在这个过程中，我们也生产了海量级的数据，这些数据被汇入那些巨大的大数据平台之中。如果说马克思在《1844 年经济学哲学手稿》中看到了产业资本主义将活生生的工人通过异化劳动变成了私有财产，从而奠定了国民经济学和政治经济学的合理性基础，那么在手机和电脑屏幕前使用各种 App、看剧、玩游戏的我们，正在经历着新一轮的抽象化，我们不仅生产出巨量的数据，而

① 刘易斯·芒福德：《机器神话》（上卷），宋俊岭译，上海三联书店，2017，第 218 页。
② 理查德·罗格斯：《数字方法》，成素梅、陈鹏、赵彰译，上海译文出版社，2018，第 107～108 页。
③ 对"虚体"概念的更详细的分析，可以参看蓝江《一般数据、虚体与数字资本》，江苏人民出版社，2022，第 106～111 页。

且也将我们自己抽象化为数据，即"虚体"。如果说马克思时代的产业劳动诞生了异化劳动，那么，在数字技术和智能算法逐渐普及的今天，我们也看到了数字异化劳动的诞生。

二　数字异化劳动批判的四个维度

如何利用马克思的《1844 年经济学哲学手稿》中关于异化劳动的分析，来面对当代西方数字资本主义条件下的数字异化劳动问题？我们首先就需要了解产业资本主义和私有财产与异化劳动的关系，正如欧洲当代马克思主义研究者克里斯蒂安·福克斯指出："在《1844 年经济学哲学手稿》中，马克思认为资本主义将人类降低到机器的地位：资本将工人在精神上和身体上压低到机器的状态……马克思在这里采取人本主义的观点，强调资本主义是不人道的，把工人当作无生命的物质，当作可以使用和滥用的东西和劳动力。资本剥夺了工人的人性。然而，这里只简要提及的一个方面是资本主义对机器的使用如何塑造劳动条件。"[1] 在这段话中，福克斯看到了《1844 年经济学哲学手稿》的核心问题并不在于有产者利用工业生产的条件对无产者进行剥削，而是私有财产的拥有者，即资本家"剥夺了工人的人性"，用马克思自己的话来说，即剥夺了工人的"类本质"。"类本质"一词并不是马克思自己的原创，实际上这个词来自费尔巴哈，费尔巴哈在对基督教的批判中使用了这个概念。不过，马克思借用了这个"类本质"概念，将之从宗教王国中解放出来，不再用爱的宗教取代基督教的宗教，而是用人的类本质来思考产业资本主义之下的工人人性的丧失问题，即异化劳动问题。

异化（Entfremdung）一词的词根是"fremd"，在德语中代表着异乡的、他者的、疏远的，那么作为动名词的异化（Entfremdung）的字面意思就是产生了距离，或形成了疏离感。相当于一个与我们很接近的东西，突然远离了我们，产生了疏离。比如在《精神现象学》中，黑格尔就是在这个意义上使用了异化概念，黑格尔指出："只有当自我意识自身发生异化之后，它才是某种东西，才具有实在性。通过自身异化，自我意识把自己设定为一个

---

① Christian Fuchs, *Rereading Marx in the Age of Digital Capitalism*, London: Pluto Press, 2019, p. 33.

普遍者，而它的这种普遍性是它的效准和它的现实性。"① 可见，黑格尔就是在自我疏离、自我外在化的意义上来使用异化概念的。当然，马克思的《1844 年经济学哲学手稿》赋予了异化概念全新的含义：

> 这一事实无非是表明：劳动所生产的对象，即劳动的产品，作为一种异己的存在物，作为不依赖于生产者的力量，同劳动相对立。劳动的产品是固定在某个对象中的、物化的劳动，这就是劳动的对象化。劳动的现实化就是劳动的对象化。在国民经济的实际状况中，劳动的这种现实化表现为工人的非现实化，对象化表现为对象的丧失和被对象奴役，占有表现为异化、外化。②

马克思这段话经常被用来作为异化劳动的说明，如果接受了黑格尔对异化概念的阐释，我们便可以理解，异化劳动是两个维度之间的分离。一个是本然的维度，这个是非异化的维度，在这个维度里，劳动产品没有与其生产者相分离，譬如，我制作的陶罐，我自己在以后的生活中会时时刻刻用到它，它成为我生活的一部分，陶罐成为我的生命的延伸和完善。但是，在另一个维度，即异化的维度上，这个本来作为我生命延伸的陶罐被剥夺了，本来已经外在化为我的现实性的陶罐，成为另一个人（有产者）的所有物，在那一刻，生产者的生命与他的对象化的陶罐产生了分离和疏远，这就是异化。所以，马克思最终强调的是，异化劳动并不是人类有史以来的抽象的普遍的现象，而是隶从于"国民经济的实际状况"，唯有在这个条件下，被剥夺的陶罐才成为工人的非现实化，而此前，陶罐都是作为生产者的对象化的现实性而存在的，一旦非现实化，工人的劳动不再是一般意义上的人类劳动，而是异化劳动。这样，就形成了马克思的异化劳动概念的第一个维度，即生产者与自己的劳动产品的异化，即"工人对自己的劳动的产品的关系就是对一个异己的对象的关系"③。

同样，在这个维度下，我们可以理解，在当代西方数字资本主义的条件下，我们生产的不再是陶罐，而是数据—流量，我在其他地方已经指出：

---

① 黑格尔：《精神现象学》，先刚译，人民出版社，2013，第 303 页。
② 马克思：《1844 年经济学哲学手稿》，人民出版社，2014，第 47 页。
③ 马克思：《1844 年经济学哲学手稿》，人民出版社，2014，第 48 页。

"在数据平台上，任何商品必须先成为数据，才能在数字空间中进行流通和交换，而且这些数据不断地被各大平台提炼和分析，并可以准确地传递给用户。在这个基础上，可以说，数据构成了数字时代社会交往和经济活动的最基本的要素。"① 也就是说，与马克思所在产业资本主义时代不同的是，今天的数字劳动生产的劳动产品，不纯粹是那种可见的物质产品如陶罐、木桌、笔记本电脑，也包括了大量生产数据，并让数据在各大平台之间流动形成数据—流量的劳动。因此，在劳动产品的异化的维度上，当代西方数字资本主义更重要的是另一种分离，即用户与自己生产出来的数据—流量的分离，数据—流量的形成，本身是我们自己的生命活动的痕迹，包括我们喜欢买什么产品、看什么视频、经常打车去哪里、喜欢什么类型的异性等，这些数据直接就是与我们的生命相关的数据，但是在爬虫软件的作用下，这些数据被数据平台公司收集走了，构成有效控制数据—流量和各个用户的大数据库，这实际上就是数字资本主义下的用户与自己生产的数据—流量的分离。

由劳动者与劳动产品相分离的维度产生了异化劳动的第二维度，即劳动者与生产行为和过程的疏离，即生产过程的异化。马克思的原话是："劳动对工人来说是外在的东西，也就是说，不属于他的本质；因此，他在自己的劳动中不是肯定自己，而是否定自己，不是感到幸福，而是感到不幸，不是自由地发挥自己的体力和智力，而是使自己的肉体受折磨、精神遭摧残。因此，工人只有在劳动之外才感到自在，而在劳动中则感到不自在，他在不劳动时觉得舒畅，而在劳动时就觉得不舒畅。"② 马克思的逻辑在于，由于劳动产品作为外在对象化产品被剥夺，所以，劳动过程对于工人来说，不是生命的完善，而是摧残。整个劳动生产过程，不再具有意义，这样工人的生活被人为地分割成两个部分，一个属于他自己的外在于劳动的休闲部分，在这个部分中，马克思认为工人具有完善的人性，但在生产过程中，工人的劳动过程和生产行为是异化的，因为他们在生产劳动中感觉不到一丝丝幸福，于是，一旦可以离开生产岗位，他们就会像逃避瘟疫一样逃离劳动的场所。

当然，马克思在《1844 年经济学哲学手稿》中提出的异化的生产领域和完满的休闲领域的区分已经在二战之后的消费社会的幻境中被打破，资本

---

① 蓝江：《数据—流量、平台与数字生态——当代平台资本主义的政治经济学批判》，《国外理论动态》2022 年第 1 期。
② 马克思：《1844 年经济学哲学手稿》，人民出版社，2014，第 50 页。

已经将榨取利润的触角延伸到了消费领域，在法国马克思主义社会理论家让·鲍德里亚（Jean Baudrillard）那里，消费不再是人类实现自己圆满生命的净土，而是变成了一个新的生产领域，即"因为丰盛和消费并不是已经得到实现的乌托邦。它们是一种新的客观形势，这一形势受到同样的基础程式的支配，但却是由一种新道德过度决定的——这一切都对应着在同一扩大了的系统中进行着有控制的重新整合的一个新的生产力领域"①。也就是说，在鲍德里亚的消费社会分析中，马克思提出来的生产和休闲、异化劳动和完整生命的两个区域之间的分界线不再存在，消费也不再是人们实现自己生命梦想的途径，它已经沦为新意识形态的产物，而整个消费领域，实际上就是一个新的生产领域。那么问题并不在于生产者和劳动过程的异化，因为在马克思的时代，生产者仍然可以逃离生产，但在鲍德里亚这里，由于消费本身也变成了生产，劳动过程不纯粹属于生产领域，也弥漫在整个生产之外的领域。与其说在今天我们从生产劳动领域逃离，不如说，我们今天无处可逃。鲍德里亚的分析对于数字社会来说仍然是有效的，今天的数字资本主义时代，是一个比鲍德里亚描绘的消费社会时代更极端的时代，在今天数字劳动支配我们日常生活的每一个细节，从刷 TikTok 到用 Zoom 开网络会议，实际上，没有工作与休闲之分，只有无穷无尽的数字劳动过程，这是一个高度被数字监控和规训的时代，德勒兹的控制社会和福柯的全景敞视监狱已经在数字时代得到了部分的实现。这样，在与劳动过程的异化的维度上，数字资本主义的表现不是逃离生产过程，而是倦怠和空虚，正如韩炳哲指出："主体没有能力从自身中抽离，无法抵达外在和他者，无法进入世界，只能沉湎于自身之中，却导致了矛盾的结果——自我的瓦解和空虚。"②

马克思的异化劳动的第三个维度是，人与自己类本质的异化。马克思指出："人的类本质，无论是自然界，还是人的精神的类能力，都变成了对人来说是异己的本质，变成了维持他的个人生存的手段。"③ 与动物的活动只能维持自己的生物性生命的存在不同，人类通过劳动实现的是作为类的人类的延续，是人类自身的进化和发展，人类在生产劳动中实现了前所未有的创造，实现人类文明的辉煌璀璨。但是，问题在于，这些劳动必须是在人类自

---

① 让·鲍德里亚：《消费社会》，刘成富、全志钢译，南京大学出版社，2008，第 65 页。
② 韩炳哲：《倦怠社会》，王一力译，中信出版集团，2019，第 74 页。
③ 马克思：《1844 年经济学哲学手稿》，人民出版社，2014，第 54 页。

愿且自主的情况下做出的，一旦变成了异化劳动，劳动就不再是对人类生命的创造，而是沦为了与动物生存无异的状况，即劳动作为一个生命活动，变成了维持生存的手段。这是人的类本质的异化。

当然，在当下的数字资本主义时代中，人类的技术文明已经发展到马克思不曾想象过的水平，但是这种高度发展的技术社会的形成是以人类在数字技术和智能技术中的迷失为代价的。正如美国学者约翰·切尼-利波尔德（John Cheney-Lippold）指出："总体来说，在这些类型的算法调控中，我们看到当前存在着一种近乎偏执的趋势：推动万事万物（比如我们的健身计划、排卵周期、睡眠模式甚至体态标准）朝着数据化方向发展。这种变化并非只是把生活简单地转码成可以被机器认读的信息。数据化构成，也是从物质层面，将这些数据'点'与权力连接在一起的构成。每次，我们采取的每一个步骤都被数据化了，受到权力的监视。……作为主体，我们以一种迂回的方式与调控我们的权力保持动态而持续的接触。每次与之相遇，权力都会及时有效地校订我们身份建构汇总的细节。"① 也就是说，数字技术和智能算法本来应该是让我们的类生活更加便利和完善，但是，我们的生命中的每一个细节都被算法所控制和调节，以致我们的主体在算法面前变成了一个提线木偶，在这个时候，我们仍然是健全的人类主体吗？我们的类本质究竟是依赖于我们自己的劳动，还是由数据算法构成的巨大的智能体系？这个问题实际上就是从马克思的类本质异化维度延伸而来的问题，可以说，马克思通过类本质概念的引入，事实上已经预测了 20 世纪福柯、阿甘本等人的生命政治问题，这个问题已经成为数字资本主义时代最为突出的问题。

马克思的异化劳动的最后一个维度即人与人相异化，是前三个维度的直接结果，成为从产业资本主义到数字资本主义的最基本的社会现象。马克思指出："人同自己的劳动产品、自己的生命活动、自己的类本质相异化的直接结果就是人同人相异化。当人同自身相对立的时候，他也同他人相对立。"② 马克思提出的人与人相异化，实际上就是人与人之间的交往关系的分离，即从前资本主义社会的直接交往，变成了以机器分工、货币交换为中介的间接交往，在这个交往过程中，由于具体的活生生的人被还原为抽象的概

---

① 约翰·切尼-利波尔德：《数据失控：算法时代的个体危机》，张昌宏译，电子工业出版社，2019，第 101 页。
② 马克思：《1844 年经济学哲学手稿》，人民出版社，2014，第 54 页。

念，其至是一个数据，这样，彼此之间的血缘关系、地缘关系等传统的直接交往的结果，也被现代资本主义社会解构，所以，马克思才会在后来的《共产党宣言》里指出："把宗教虔诚、骑士热忱、小市民伤感这些情感的神圣发作，淹没在利己主义打算的冰水之中。它把人的尊严变成了交换价值，用一种没有良心的贸易自由代替了无数特许的和自力挣得的自由。"① 而这种冷冰冰的自由就是马克思的"人与人相异化"的最直接的体现。

在当代西方数字资本主义的条件下，这种人与人相异化的状况不仅没有得到改善，相反，由于数字技术营造一个更为彼此疏离的氛围，我们其至不需要和他人共享一个物理空间，不需要在同一台机器面前操作，我们需要的是用一台笔记本电脑或一个手机，联网形成数据交往。在马克思的时代，人与人相异化还保留着空间上的共享，他们只不过通过机器分工和货币交换实现了个人与个人之间的交换，而在今天，人与人的交往已经被四通八达的数据交往中介，我们其至足不出户就可以完成这种交往，这当然是一种技术上的进步，但这种进步的代价是，我们的身体被数字工业封锁在固定的场所里，在一个数字营造出来的环境中，实现了与"全世界"的交流。这是更深层的人与人相异化。

三 异化的扬弃：走向数字社会主义的愿景

法国马克思主义哲学家巴迪欧在他的讲座集《世纪》中，引用了苏联诗人曼德尔斯塔姆的一首诗歌："为了从奴役中拯救出世纪，为了开创一个崭新的世界，新的岁月的衔接，需要用一根长笛，这是世纪在掀动，人类忧伤的波浪，而蝮蛇在草丛中，享受着世纪的旋律。新蕾再一次茁壮成长，绿色的枝芽迸溅怒绽。"② 的确，无论是在马克思所处的产业资本主义时代，还是在今天西方的数字资本主义时代，无论是被压迫的产业劳动，还是今天的数字劳动，都面临着同一问题，即如何摆脱异化劳动的状态，从而走向新的世界，让人类解放的绿芽"迸溅怒绽"。

马克思一生中对超越资本主义社会的共产主义有过很多次的憧憬，在《共产党宣言》中号召全世界无产者联合起来，以及晚期在对资本主义社会

---

① 《马克思恩格斯选集》（第 1 卷），人民出版社，2012，第 403 页。
② 阿兰·巴迪欧：《世纪》，蓝江译，南京大学出版社，2017，第 20~21 页。

中的政治经济学原理进行分析之后，在《资本论》中提出在生产力与生产关系、经济基础和上层建筑辩证运动规律基础上打破资本主义对生产力的桎梏，最终走向社会主义和共产主义的阶段。不过，除了这两个著名的篇章之外，早在《1844年经济学哲学手稿》中，马克思就对未来共产主义进行了最初的畅想。在"私有财产和异化劳动"一篇中，马克思指出了资本主义社会的核心问题就是工业社会带来的异化劳动问题，那么，共产主义社会必然意味着对异化劳动的克服和扬弃，对此，马克思指出："共产主义是对私有财产即人的自我异化的积极的扬弃，因而是通过人并且为了人而对人的本质的真正占有；因此，它是人向自身、也就是向社会的即合乎人性的人的复归，这种复归是完全的复归，是自觉实现并在以往发展的全部财富的范围内实现的复归。这种共产主义，作为完成了的自然主义，等于人道主义，而作为完成了的人道主义，等于自然主义，它是人和自然界之间、人和人之间的矛盾的真正解决，是存在和本质、对象化和自我确证、自由和必然、个体和类之间的斗争的真正解决。"① 与后期从政治科学和政治经济学角度来界定共产主义不同，在《1844年经济学哲学手稿》中的共产主义界定，是标准的哲学式界定，因为这里涉及的不是对资本主义的具体运行的经济模式的剖析，也不是对资本主义生产关系的桎梏的突破，而是从人的异化及其扬弃的角度来界定的共产主义。

所谓的扬弃（Aufhebung）并不是抛弃，用黑格尔的术语来解释："'扬弃'在语言里具有双重的意义，既意味着保存和保留，也意味着终止和终结。'保存'已经在自身内包含着否定，即某东西为了保留下来，被剥夺了直接性，随之被剥夺了一种向着外在影响敞开的定在。——就此而言，已扬弃的东西同时也是一个保存下来的东西，它仅仅失去了自己的直接性，且并没有因此被消灭。"② 因此，对异化劳动的扬弃并不是彻底消灭了异化劳动，而是在保存了与人的生命性相疏离的部分的基础上，让人的生命在更高的层次上得到升华。由于异化劳动的存在，工人并没有生活在真正的家园里，他的劳动换来的不是自己的富足，而是越来越丧失自己的生命力。与之相反，异化劳动的扬弃也意味着让工人重新获得自己的类本质，从而让这个世界重新变成生产者惬意的家园。也正因如此，克里斯蒂安·福克斯才会强调说：

① 马克思：《1844年经济学哲学手稿》，人民出版社，2014，第77~78页。
② 黑格尔：《逻辑学》（Ⅰ），先刚译，人民出版社，2019，第86页。

"异化意味着在社会中人没有家园的感觉，因为资本主义的阶级、政治和意识形态的权力将社会分割成不平等的区域。因此，异化的扬弃必然意味着让社会重新成为人类的家园。"①

那么，在当代数字资本主义的条件下，我们该如何来扬弃数字异化劳动，重新开启让世界成为家园的计划？在这个方面，我们必须澄清一种错觉，因为有些学者认为在数字资本主义社会里，我们已经享受了技术带来的安逸，所以我们不再能感受到马克思时代的工人阶级的不适和不平等，因为数字技术和智能算法已经为我们解决了异化问题。例如艾兰·费舍（Eran Fisher）也是从异化的德语词根"fremd"来理解异化概念的，即异化就是疏离，她认为资本主义的分工方式造成了人与人之间的交往障碍，从而形成了马克思所谓的疏离感，即人们无法在资本主义工作的场景中充分表达自己的意见，控制生产过程。但是，她的结论却走向了另外的方向，因为费舍认为，像 Facebook 这样的社交软件的出现，已经扬弃了马克思所说的异化劳动，费舍指出："观看自媒体是一种休闲。自媒体消费被描述为是生产主导的异化劳动的对立面，让人们远离了生产时间下的异化劳动时间，是消除异化的机会……为了消除异化，用户必须进行沟通和社交：他们必须建立社交网络，分享信息，与朋友交谈并阅读他们的帖子，关注和被关注。"② 在这段话中，我们可以看出费舍太过乐观，她认为在自媒体和数字社交媒体时代，每一个人都通过数字网络和交往获得了同样的权力，可以和老板、资本家、投资人、政治家等协商，从而摆脱资本控制的异化状态。

情况真的是这样吗？的确，数字社会媒体的使用使我们的生活更加便捷，但是，我们并没有为此感到更惬意和轻松。相反，在数字技术导致的社会加速运动面前，我们需要做的事情不是越来越少了，而是越来越多了，数字技术导致竞争摆脱了地域限制，原先由于空间区隔造成的竞争障碍不存在了，我们越来越陷入内卷的焦虑之中。换言之，在西方数字资本主义条件下，受雇佣的劳动者感受到的不是精英式的平等，而是在算法监控下陷入越来越难以摆脱的泥淖，数字技术带来的异化劳动，并不是对马克思时代的异化劳动的扬弃，而是让工人阶级和雇佣阶层越陷越深。

① Christian Fuchs, *Rereading Marx in the Age of Digital Capitalism*, London: Pluto Press, 2019, p. 33.

② Eran Fisher, "How Less Alienation Creates More Exploitation?", in Christian Fuchs, Vincent Mosco, eds., *Marx in the Age of Digital Capitalism*, Leiden: Brill, 2016, p. 184.

如果马克思提出的共产主义是"对自我异化的积极扬弃"的定义没有错误，那么，数字社会主义和共产主义的希望并不在于构建更为强大的技术系统，因为系统越强大，意味着在数字囚笼中的劳动者身上的枷锁越加沉重，数字精英和处于算法监控下的生产者之间的不平等只会加剧。那么，在今天，提出"对自我异化的积极扬弃"究竟意味着什么？在前文分析中提到，与我们今天的身体产生疏离的不再是劳动产品，而是数据—流量，这些用户生产出来的数据经过分析和处理之后，本应该更好地服务于用户，但是这些数据—流量却被他者从我们身边剥夺走了。而这种数据—流量的剥夺，实际上就是数字异化劳动的根本所在。

在马克思的时代，异化劳动的奥秘在于将活生生的工人变成抽象的劳动力，让这种劳动力作为一种抽象的量生产出产品和财富，而产品和财富却被资本家所占有。而在今天的数字资本主义阶段，问题已经变成，大型的数据平台将各种智能终端设备尤其是智能手机的用户，从活生生的个体异化为可以用来在各个节点上交换的数据—流量，数据—流量被放在不同的平台展示，这使平台获得巨大的关注，而人们的关注则能使平台获得财富。这意味着，我们的生命进一步被抽象化为数据—流量，如果要扬弃数字时代的异化，就必须让这些数据—流量回归到生命本身。换言之，每一个用户使用手机等智能终端设备的行为，作为定在是没有问题的，问题在于这活动生产出的数量—流量被某些数据平台无偿占有了。唯有让这些数据—流量重新回到用户本身，服务于每一个用户，数据—流量才会获得更大的价值，在那一刻，我们被数据平台燔祭的生命，才能走出被炙烤的火架，重新获得生命的力量，用马克思的话来说，人们才重新找到了自己的类本质，只有在这样的社会中，"人的自然的存在对他来说才是人的合乎人性的存在"①。

（作者单位：南京大学）

原文《当代西方数字资本主义下的异化劳动批判

——从〈1844 年经济学哲学手稿〉看当代数字劳动问题》，

原载《广西师范大学学报》（哲学社会科学版）2022 年第 5 期，

收入本书时有改动

---

① 马克思：《1844 年经济学哲学手稿》，人民出版社，2014，第 79 页。

数字劳动、平台租金与双边垄断

——马克思地租理论视阈下的平台资本主义批判

周绍东　戴一帆

数字经济已经成为我国国民经济的重要组成部分。据《中国数字经济发展白皮书（2021年）》，我国数字经济规模在 2020 年已超过 39 万亿元，占全国 GDP 近 40% 的份额。数字经济增速也三倍于 GDP 增速，呈现出迅猛的发展态势。[①] 但同时，由于数字经济尚属新兴领域，在其不断演进的过程中，数字资本无序扩张造成了数字平台的行业垄断地位，引发了诸多结构性矛盾。因此，如何理解数字平台的行业垄断，探析现象后的本质及缘由，构成了数字平台研究的目的，也点明了平台资本主义批判的旨归。作为数字平台谋利的主要形式，平台租金为本文研究提供了切入点。基于马克思主义政治经济学地租理论，本文立足"租金一般"的内涵、特征和形式，溯源"平台"概念，厘清平台租金的生成逻辑，结合数字劳动在"劳动一般"层面突出的新特征，阐明数字平台的租金特征、表现形式及内在关联。同时，本文依托马克思主义政治经济学揭示的地租演进规律，构建了一个数字平台向平台非经营性用户[②]及经营性用户双向索取垄断租金的双边垄断模型，以此对数字平台的行业垄断及可能形成的"生态垄断"加以学理分析，并提出规制双边垄断平台的政策举措。

---

① 中国信息通信研究院：《中国数字经济发展白皮书（2021 年）》，http：//www.caict.ac.cn/kxyj/qwfb/bps/202104/t20210423_ 374626.htm。

② 本文将平台的日常使用者统称作平台非经营性用户，以此区别于出于经济目的使用平台的平台经营性用户。

一　平台租金的生成逻辑

通常认为，"平台资本主义"这一概念是由尼克·斯尔尼赛克（Nick Srnicek）在 2017 年首次提出的，是指一种发达资本主义通过数字技术革命塑造的新型价值攫取模式。[①] 但就平台而言，即作为信息集散场所并促成多方交易的空间，早在数字经济前便已广泛存在，并构成社会生产的重要环节。[②] 在平台中，信息是其得以构建和运行的关键要素，也就成为平台收取各类租金的天然理由。因此，厘清平台经济中信息的角色和特征，进而揭示平台租金的生成逻辑，应作为理解当下平台资本主义及其发展趋向的逻辑起点。此外，马克思主义地租理论是理解平台租金的重要理论依据。马克思主义地租理论主要研究资本主义农业地租的本质、来源、形式等内容，我们可以从其中抽象出"租金一般"概念，这就为分析各个不同领域的租金提供了重要的理论参照系。也正是在这个意义上，对平台租金的学理分析得以借用马克思地租理论框架。实际上，平台在尚未数字化、虚拟化之前，更是必然地建立在作为空间场所的土地之上。平台租金直接地、部分地构成了地租。这为平台租金的研究提供了学理依据，也使得本文的分析得以具备科学的范式参照。

（一）平台中的信息要素及其特征

信息在平台中发挥着举足轻重的作用。一方面，信息是平台生成的基础。各类信息的匹配效率影响了生产、分配、交换、消费等经济环节的运转速度，而生产的社会化趋势必然促成信息沟通平台的出现。因此，服务于物质资料生产活动的平台最初也是自发形成的，并逐步呈现出若干类型，以便各种信息迅速对接，从而减少生产要素的闲置时间。另一方面，信息是平台演化的动力。信息的存在形式是技术变革的即时产物，准确反映了各生产要素的结合方式（生产方式）的转变，由此推进平台的演化发展。自信息得以被记录以来，历次技术革新均伴随着信息获取方式在其深

---

① 王卫华、董逸：《平台资本主义：历史演进、现实逻辑和基本特征——基于政治经济学批判视角》，《理论月刊》2022 年第 3 期。
② 徐晋、张祥建：《平台经济学初探》，《中国工业经济》2006 年第 5 期。

度与广度上的拓展，换言之，信息内容愈加精确、传播愈加广泛。时下兴起的大数据计算就是以碎片化信息捕捉人的内在偏好，并将之长期留储在云端。而由此形成的各类平台，也正是在适应相应信息形式变化的过程中不断演进的。

那么，信息本身是否具有价值？与曾经极大困扰过马克思的"土地是否有价值"类似，[①] 这一问题的解答对于阐明平台租金的价值来源具有十分重要的意义。"使用价值或财物具有价值，只是因为有抽象人类劳动对象化或物化在里面"[②]，而未经处理的原始信息附属于行为主体或行为本身，是一种天然的连带物，而无须由社会劳动另行创造出来，譬如，个人的好恶抑或消费偏向并非是通过现实劳动形成的，而是本身就已内含于特定个体之中；生产的相关信息，如材料供应、产品外销的需要，也是附着于生产活动之中，而无须特意创造的。因此，作为信息集散场所的平台本身，也并不具备凝结劳动的基础。事实上，早期自发形成的平台——如流动集市，并无收受租金及相关费用的必要和可能。平台租金的历史性出场是以土地私有制为前提，并首先以土地租金的形式表现出来的。

区别于其他生产要素，信息要素表现出若干鲜明特征。其一，信息内容的庞杂性。信息是一个笼统概念，它实际上刻画了不同主体之间的复杂关联性。如何从浩渺信息流中遴选出相互契合的信息，并将之投入生产，是一个很大的难题。尤其在信息存储空间有限、信息分析技术落后的状况下，大量信息必然被视作无用信息。其二，信息生成的自发性。原始信息附着于特定个体或行为上，无须另行创造而自发存在。因此，对新信息的挖掘常是隐蔽而难以为人注意到的。其三，信息确权的模糊性。正是因为数量庞杂且用途不定，信息要素的所有权难以确定，加之大量无用信息的存在、信息生成的自发性，使得信息的真正所有者对信息确权问题漠不关心，譬如在街头填写问卷以至私人信息泄露。

（二）平台租金生成的一般逻辑

就租金的生成逻辑而言，平台租金与地租具有共通性。地租是土地所有者凭借其所有权而获得的收入。在资本主义土地私有制的前提下，地租具体

---

① 大卫·哈维：《资本的限度》，张寅译，中信出版社，2017，第511页。
② 《马克思恩格斯选集》（第2卷），人民出版社，2012，第99页。

表现为地主与农业资本家合谋，对农业工人所创造的剩余价值进行剥夺。根据地租生成的不同原因，可将资本主义地租区分为级差地租、绝对地租和垄断地租三种形态。其中，级差地租由优劣等土地的生产效益差额转化而来，绝对地租是使用劣等土地也需要缴纳的费用，垄断地租则基于对土地这一特定稀缺资源的垄断。可以从地租的生成过程中抽象出"租金一般"（不指向任何具体社会制度的租金），并由此为阐明平台租金的生成逻辑提供理论依据。

生产要素的私有产权是租金一般生成的法理前提，租金一般是要素所有权垄断的结果。"这种在这里由垄断价格产生的超额利润，由于土地所有者对这块具有独特性质的土地的所有权而转化为地租，并以这种形式落入土地所有者手中。"① 同理，信息平台中租金一般的生成，归根结底在于信息所有权的垄断。信息从冗余向生产要素的转变是依托于平台这一特定场所的，加之信息确权的模糊性，信息要素的所有权往往直接默许给平台所有者，从而形成平台租金。

租金一般表现为差异化的生产效益。马克思在将资本主义地租类分为绝对地租和级差地租的基础上，进一步探讨了级差地租的Ⅰ和Ⅱ形态。但无论是何种地租，均源自以高于生产价格售卖产品而形成的超额利润。超额利润形成的具体原因是多元的，如部门间的资本有机构成差异（绝对地租）、土地的自然禀赋差异（级差地租Ⅰ）、资本追加投入的回报差异（级差地租Ⅱ）等，但归根结底在于生产效益的差异，这也便构成租金一般的基本特征。而平台租金的出现，也正直观地体现了平台内外生产投入的回报差异：在菜场售卖时蔬，显然比在别处售卖效益高得多；在电商平台售卖商品，相对线下销售具有诸多优势。

维系租金一般的根本原因在于资本的非自由流动。差异化的生产状况之所以能够长期保持，在于资本并不能循着高利润率完全自由流动。其中原因在于要素经营权的垄断。以土地为对象，马克思指明土地所有者历史性地从生产领域退出，演变为"单纯收租人"，由此允许"农业实行资本主义经营方式"②，并由于优质土地资源有限，土地经营权的事实垄断形成，从而固化收益。这一规律适用于任何形式的租金。资本的逐利特性使得各行业收益

---

① 《资本论》（第3卷），人民出版社，2004，第877页。
② 《资本论》（第3卷），人民出版社，2004，第999页。

趋近于平均，而租金一般的长期存续则要求相应生产活动的收益率始终高于平均利润率，这就成为资本积累的阻碍。平台租金亦是如此，由于地理位置、技术状况等条件不同，不同平台之间存在优劣差距，优等平台资源短缺，从而使得经营权的垄断成为现实可能。值得注意的是，早期平台依存于土地，这使得平台租金与地租混为一体。只有在数字技术革命使得各种平台在虚拟的网络空间建立起来，以至彻底摆脱土地的空间束缚后，平台租金的特征及形式才得以充分地表现出来。

二 数字劳动与数字平台租金

在《资本论》第三卷第四十七章"资本主义地租的起源"中，马克思详尽考察了地租在历史进程中呈现出的若干形态，包括劳动地租、产品地租、货币地租等。其中，劳动地租是地租演进的起点。之所以如此，一方面在于，劳动作为剩余价值的唯一源泉，是租金的天然形式，再者，劳动过程中劳动力对土地等要素的依附是地租得以形成的前提；另一方面在于，劳动地租也以最直观的方式体现出地租对剩余劳动的占有关系，即"（劳动）地租的本质就在于，它是剩余价值或剩余劳动的惟一的占统治地位的和正常的形式"①。不同技术条件下的劳动方式对应着不同的地租形式，劳动方式的改进也促进了地租形式变迁。因此，对劳动方式的分析成为"租金一般"的研究起点，本文对数字平台租金的探析也从数字劳动开始。

（一）数字劳动的学理定义

在数字技术革命的大背景下，劳动的组织形式发生了巨变。"数字劳动"这一特定概念的提出，可追溯至意大利学者蒂齐亚纳·泰拉诺瓦（Tiziana Terranova）的《免费劳动：为数字经济生产文化》一文，② 其着重阐明了数字劳动的无偿性和非物质性，并将之纳入"免费劳动"这一总的范畴。尤里安·库克里奇（Julian Kücklich）的"玩劳动"、阿克塞尔·布伦斯（Axel Bruns）的"产用劳动"等概念，大体也遵循这一分析理路。与之相反，克里斯蒂安·福克斯（Christian Fuchs）基于马克思的劳动理论视

---

① 《资本论》（第 3 卷），人民出版社，2004，第 897 页。
② 燕连福、谢芳芳：《福克斯数字劳动概念探析》，《马克思主义与现实》2017 年第 2 期。

域，强调"在物质性世界中提非物质并不确切"①，并对数字劳动作出四个相异层级的结构区分，以此回应其在书中序言提及的"什么是数字劳动"这一总问题。

但是，只从劳动雇佣关系或劳动对象层面探讨数字劳动，并不足以全面阐明数字劳动的基本特征。在简单劳动借助技术进步发展到复杂劳动的历史进程中，简单劳动始终是衡量各类复杂劳动的尺度，即复杂劳动"可以化为复合的简单劳动，高次方的简单劳动"②。因此，对数字劳动的定义，理应回归到抽象的一般劳动过程中，进而探析数字技术革新是否在根本上影响价值创造方式。

马克思将劳动过程的构成要素简述为"有目的的活动或劳动本身""劳动对象""劳动资料"③。信息的数字化及技术革新使得这三个要素均发生一定变化。其一，出现无目的的劳动。一方面，数字技术大范围渗透至个体非劳动时间的活动选择中，使得闲暇时的消遣不自觉地被纳入数据创造和攫取的过程中，塑成"产消者"的身份，如电子游戏、社交等。另一方面，信息互联提供了劳动开展所需的环境条件，使得劳动得以随时随地进行，从而不具有强目的性，如私家车主通过用车平台接顺风车订单。其二，劳动对象出现非物质化状况。部分数字劳动是建立在虚拟空间及其所提供的信息之上的，并以反馈的方式挖掘出新的数据信息。这与莫里奇奥·拉扎拉托（Maurizio Lazzarato）对"非物质劳动"作出的定义相契合，即表现为"生产商品的信息与文化内容的劳动"④。其三，劳动资料出现复杂化趋向。"劳动资料是劳动者置于自己和劳动对象之间、用来把自己的活动传导到劳动对象上去的物或物的综合体。"⑤ 作为传导劳动的媒介，数字技术及平台的研发、应用存在较高门槛。上述数字劳动的三个特征是相互交织的。本文认为，依托数字平台的劳动过程，只要出现上述任意一个特征，便可将之定义为数字劳动。在此意义上，平台用户日常性使用数字平台的过程可被视作数字劳动过程。一方面，用户日常使用平台往往出于非生产性需要，具有无目

①　克里斯蒂安·福克斯：《数字劳动与卡尔·马克思》，周延云译，人民出版社，2021，第362页。

②　《马克思恩格斯全集》（第31卷），人民出版社，1998，第423页。

③　《马克思恩格斯选集》（第2卷），人民出版社，2012，第170页。

④　谢芳芳、燕连福：《"数字劳动"内涵探析——基于与受众劳动、非物质劳动、物质劳动的关系》，《教学与研究》2017年第12期。

⑤　《马克思恩格斯选集》（第2卷），人民出版社，2012，第171页。

的性；另一方面，经由使用平台挖掘出的用户信息，是数字平台进一步加工形成数据产品的主要原料，契合非物质劳动的典型特征。

（二）数字平台的租金特征

数字劳动无疑将信息置于生产活动的核心地位。作为聚合信息、传导劳动的平台，也在技术支持下逐步实现数字化、虚拟化，从而摆脱了土地要素的空间约束。正是在这个条件下，数字平台租金在"地租一般"的基础上，相应地呈现出诸多特殊性。

其一，数字平台租金直接表现为数据租金。数据作为信息新的载体，是数字劳动面向的重要对象。[①] 平台租金的生成根本在于信息所有权的垄断，早期平台的租金是隐匿于地租中的，但平台的数字化使这种信息垄断得以正当化，完全表现为数据租金。这一状况实际表明，数字平台对数据要素的垄断地位愈发牢固。回到数字劳动，社会个体无目的的数字劳动模糊了生产和消费的界限，使得数据总量爆炸式增长，而数字平台借助大数据、云计算等技术对这些数据加以类分、综合，却使得确定各项数据的权属关系（尤其是精确到个人）几乎是不可能达成的。例如平台呈现出的某一个体的消费偏好，是由其自身的消费记录加上某些具有相似特征群体的消费选择信息综合而成的。因此，数据归数字平台所有成了一种具有天然合理性的选择。

其二，数字平台租金呈现出级数积累和两极分化的态势。数据信息的广度和精度是数字平台对外索取租金的主要筹码。在数字劳动过程中，个体几乎所有的时间都转变为了剩余劳动时间，甚至在睡眠状态都可能会被所谓手环等工具收集各项数据。这表明，数据不仅在量上实现了级数增长，而且信息技术可以通过数据分析把各个个体以不同方式关联起来，从而实现数据在质上的突破。由此，数字平台不仅能够精确描摹某一特定用户的画像，更能把握若干有共通点的群体画像。这使得数字平台具备不断抬高数据租金的基础，并使之呈现级数积累的态势。此外，在数据收集和分析能力上的差异也使得不同平台间呈现出明显的优劣级差，并在平台租金的催化下趋向两极分化。

其三，数字平台租金具有技术壁垒和受众惯性。在早期，地租的长期维系有赖于交通等因素所形成的土地资源的稀缺性。而平台一旦虚拟化后，维系其经营权长期垄断的条件和阻碍资本自由流动的壁垒，就转变为技术优势

---

① 中兴通讯学院编著《对话多媒体通信》，人民邮电出版社，2010，第 11 页。

和受众惯性。技术的优势是显著的，数字劳动的复杂程度一方面区分了劳动者的价值创造能力，另一方面也划分了平台处理海量信息、获取数据租金的等级。技术创新需要大量资源的长期投入，这对大部分追逐短期利益的中小资本而言构成了巨大的进入壁垒和风险，从而难以实现所谓的资本自由流动。同时，信息平台的受众具有一定的使用惯性，尤其是在数字平台已成为生活不可或缺的组成部分的情况下，用户往往不会轻易更换平时惯用的平台。这一点类似于早期资本主义"先到先得"的先发优势，同时也构成了数字平台经营权垄断的重要前提。

（三）数字平台的租金形式及其内在关联

由于具备租金一般的基本条件，数字平台租金的静态形式同马克思对地租的类分相近，也表现为绝对租金、级差租金和垄断租金。其中，绝对租金是为使用最劣平台所需交付的费用；级差租金是由信息处理能力较优、受众较多的优等平台较之于中、劣等平台的超额利润转化而来——不过对数字平台的级差租金再作 I 和 II 形态的区分已无必要，因两者的区别终归在于资本要素投入的差异回报率；垄断租金是指数字平台借助其技术壁垒和受众惯性形成的事实垄断地位，设置垄断价格而获得的垄断利润。这些方面是数字平台租金对租金形式的一般性呈现。

数字平台租金的特殊性表现在各租金形式的动态关联中。"级差地租本身的规律和（最坏的土地不支付地租——笔者注）这个前提的正确与否完全无关。"[1] 马克思对绝对地租和级差地租的一般规律的分析是彼此独立的，并不认为两者在逻辑或历史上相联系。[2] 但对于数字平台租金而言，其绝对租金和级差租金之间存在着历史和逻辑顺序。数字平台的绝对租金的出场早于级差租金。数字平台脱胎于实体平台，新技术的发展成熟也必然经历漫长过程。因此，相对于实体平台，数字平台在其初期是处于劣势地位的。在这个时期，数字平台的租金收益主要是绝对租金，即仅为数据所有权的经济收益。数字平台的级差租金则是在数字技术有所突破且广泛应用后才得以逐步生成的。随着数字平台级差租金的级数倍增和分化趋势，一方面绝对租金在量上远低于级差租金，另一方面劣势平台不断退出，导致绝对租金无限趋小，直至可忽略不计，

---

① 《资本论》（第3卷），人民出版社，2004，第846页。
② 王钰编著《重读〈资本论〉》（第3卷），人民出版社，1998。

最终历史性地退场。垄断租金则不同于垄断地租一般只是"资本主义生产关系中的一种特殊现象",而是成为数字平台租金的普遍形式,演变为数字经济生态环境中的常态。

三　数字平台垄断的形成机理:一个双边垄断模型

(一) 数字平台垄断的基本结构

实际上,数字平台渗入社会经济生活的各个领域,使得各行业都出现了垄断寡头。据统计,自 2017 年至 2020 年末,全球市值前十企业中有七家属于平台企业,其总市值在前十企业总市值中的比重长期维持在七成以上,并能在经济下行趋势中保持增长。[①] 就国内数字平台而言,基于近年数据测算,在 B2C 电子商务、外卖配送、信息搜索等行业,头部企业所占市场份额均已超过 50%,其竞争优势显著,呈现出寡头垄断市场的典型特征。[②]

数字平台的垄断,不同于一般要素的垄断,是以同时向平台的非经营性用户及经营性用户双向索取租金为特征,进而形成的双边垄断(见图 1)。在这个双边垄断模型中,一方面,平台非经营性用户通过使用"虚拟空间",不自觉地向数据平台"支付"租金,即由数字劳动挖掘出的所有数据信息。此部分租金以隐性形式存在,并以产品租金的形式天然地被平台所垄断。另一方面,经营性用户出于生产、销售等目的,以货币形式向平台购买数据,形成显性的数据租金。但因技术壁垒和受众惯性,数字平台易形成行业内垄断,从而将显性数据租金转变为垄断租金。同时,头部数字平台会不断寻求产业链和跨产业的扩张,致力于构建产业环境的生态垄断。

(二) 数字平台向非经营性用户收取隐性租金

区别于土地所有者向租地农场主的单向租金索取,数字平台在租赁数据的同时,也向数据要素的主要直接创造者,即平台的非经营性用户索取租金。数字平台以使用所谓"虚拟空间"为由,向平台非经营性用户征收数字劳动挖掘

---

① 余晓晖:《建立健全平台经济治理体系:经验与对策》,《人民论坛》(学术前沿)2021 年第 21 期。

② 林光彬、徐振江:《互联网平台"虚拟空间"地租理论研究》,《中国高校社会科学》2022 年第 1 期。

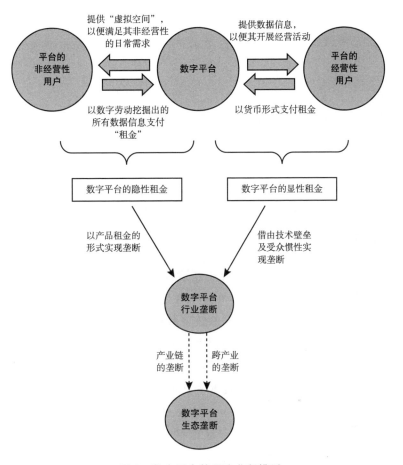

图1 数字平台的双边垄断模型

出的新数据。由于这种租金的隐匿性比较强，因此可以被称为"隐性租金"。

数字平台隐性租金的出现是以"虚拟空间"为前提的。"虚拟空间"是数字平台提供给用户使用的网络场所，用以满足用户的各类日常需求，如购物、社交、游戏、信息检索等。尽管多数"虚拟空间"的使用在形式上是免费的，但实质上，"虚拟空间"通过信息的交互反馈，将个体的非劳动时间最大限度地纳入劳动过程中，从而表现为"虚拟劳动空间"，并从中攫取大量新的数据。因此，"虚拟空间"的使用是隐含有价格的。加之数字劳动存在非目的性和非物质性等特征，平台非经营性用户往往并不能觉察到他们向数字平台支付了以数据为内容的租金，致使此部分租金始终处于"隐性"状态。

　　数字平台的隐性租金契合马克思定义的"产品地租"的特征。一方面，租金并非以"劳动时间的自然形式"，而是"在它借以实现的产品的自然形式上"实现的。① 作为数字劳动的自然产物，用户信息成为数字平台收取的隐性租金的主要构成。另一方面，"直接生产者或多或少可以支配自己的全部劳动时间的使用"②。在数字劳动的非目的性不断挤压个体非劳动时间的同时，劳动者始终不自觉地留存着部分的劳动自主性，也即拥有不使用"虚拟空间"的选择权。在此意义上，本文认为数字平台的隐性租金实质为产品租金的一种形式。

　　在马克思对地租形式演进史的考察中，劳动地租向产品地租的转变并"没有改变地租的本质"，两者均表现为"剩余价值或剩余劳动的惟一的占统治地位的和正常的形式"。③ 对于数字平台而言，更无区分租金的劳动形式和产品形式的必要，因其几近是同时产生的。加之平台非经营性用户数字劳动的无目的性和劳动对象的非物质性，其并不需要数字平台支付相应费用。数字平台由此无偿攫取了平台非经营性用户在使用"虚拟空间"时的全部数字劳动及其成果。这是一种剥夺行为，尽管用户的原始信息本已存在，但这并不意味着将之挖掘出来的数字劳动是无偿的，更不构成数字平台垄断信息所有权、对外租赁数据的理由。正如使用矿产资源而不按其生产贡献支付费用一般，此种行为显然是不正当的。

　　货币地租的出场和发展，为资本主义生产方式在农业中的确立奠定了基础，地租对剩余劳动的全部占有变为对除去平均利润后的剩余价值——超额利润——的索取，由此宣告了产品地租的解体。地租形式的演进规律同样适用于数字平台租金，但是，数字平台的隐性租金并不具备由产品租金向货币租金转化的先决条件。就地租而言，货币地租的形成首先在于直接生产者"对那些和土地不同的劳动条件，即对农具和其他动产的所有权"④，继而是货币化的契约关系，并在资本家通过土地租赁的介入中完成。但由于数字平台向非经营性用户隐性收租，非经营性用户对此种支付行为并不自知，更不必谈对数据所有权的获取和契约关系的诉求，加之这种隐性租金对应的内容主要是原始数据，并不易确定其价值，因此，数字平台的隐性租金并没有实现货币化，从产品租金转变为货币租金的现实可

① 《资本论》（第 3 卷），人民出版社，2004，第 898 页。
② 《资本论》（第 3 卷），人民出版社，2004，第 898 页。
③ 《资本论》（第 3 卷），人民出版社，2004，第 897 页。
④ 《资本论》（第 3 卷），人民出版社，2004，第 901 页。

能性也就不存在了。

与此同时，数字平台还通过两种方式不断深化对非经营性用户的垄断关系。其一，经由数据分析，将作为产品租金的原始信息加工为个性化服务，使得非经营性用户在"虚拟空间"的使用中只接收到其所感兴趣的内容，从而形成"信息茧房"，[①] 不断延长非经营性用户的平台使用时间，形成对数字劳动者更大程度的剥削。近年来，相关研究表明，人们（尤其是青年群体）对智能手机的依赖性越来越强，[②] 这也是服从于数字资本逻辑的典型表现。其二，数字平台也在不断激励着"虚拟空间"中的各种形式的再创作，使得数字劳动不仅限于浏览、检索等简单操作，而是更进一步演化为数字劳动者分享式的主动生产，这也提高了数字劳动效率及其产生的数据质量。当然，在此时，数字平台会给头部创作者以一定的物质奖励，但绝大多数的数字劳动者仍然是在为数字平台无偿劳动。

（三）数字平台向经营性用户收取显性租金

数字平台获取垄断地位的另一种形式是向经营性用户收取显性租金。经营性用户使用数字平台的数据信息是需要支付相应费用的，譬如电商平台向入驻平台的商家收取店铺入驻费、品牌广告投放的推广费等。区别于平台非经营性用户，平台经营性用户与平台形成了实际的租赁关系。数字平台基于其对数据要素的名义所有，公开向平台经营性用户索取数据租金，此部分租金是以货币形式显性地存在的。一方面，数据平台把非经营性用户生产的数据进行确权后，便可通过有偿方式租给经营性用户使用；另一方面，在社会化大生产中，要素只有货币化才能充分流转，从而促进生产。这两方面因素必然导致以数据租赁为内容的契约关系的出现，这与土地要素的资本化进程是类似的。

数字平台凭借着技术壁垒和受众惯性形成行业内的优质数据垄断，从而对平台经营性用户长期征收垄断租金，这是数字平台垄断的另一向度。尽管虚拟的数字空间在名义上是可无限延展的，但优质平台仍是有限的。数据的覆及范围、处理效率及受众的使用习惯，构成了人为划定的标准，使得特定行业内的各平台"级差化"。由于平台租金具有级数累进的特征，行业内平

① 彭兰：《导致信息茧房的多重因素及"破茧"路径》，《新闻界》2020 年第 1 期。
② 王倩、李颖昇：《冲突与和解：关系视阈下流动儿童媒介素养构建研究》，《现代传播》（中国传媒大学学报）2018 年第 1 期。

台的竞争不断加剧、加速，呈现出两极分化的行业格局。如：在 20 世纪初占据国内 C2C 市场份额近 90% 的易趣网，因经营战略失误，其大量用户流失，在极短时间内便将行业垄断地位让渡于淘宝网；① 曾在 2002 年收购易趣网的美国电商巨头 eBay，也在与亚马逊的竞争中迅速衰落，2021 年 eBay 在美国电商市场中的份额不足 5%。在数字行业急速的新陈代谢中，数字平台总体呈现出交替垄断的趋势。

由于缺乏必要的行业竞争，数字平台的头部企业得以通过不正当方式向经营性用户设立高额垄断价格，长期征收垄断租金。而这一垄断租金通常归入生产价格，由经营性用户转嫁到消费者身上。同样以电商为例，部分电商平台把"二选一"等条款强加给入驻商铺，变相提高租金水平和用户成本，而商铺则相应调高售价，甚至以操控价格、强制搭售等方式让消费者承担这一租金成本。因此，数字平台实施的垄断价格与马克思视域下的农产品垄断价格有所不同：后者并不以垄断资本为前提，而是基于稀有土地资源的垄断，而前者则必然伴随着垄断资本的出现。

（四）数字平台实施生态垄断的可能性

数字平台的行业垄断是通过对隐性租金和显性租金的双向垄断实现的。同时，为拓展垄断租金来源，数字平台的头部企业会积极在纵向（产业链）或横向（跨产业）方面扩张，以寻求建立多行业紧密关联的完整生态，实现生态垄断。

产业链生态垄断的动力在于租金减免。在单个行业中，数字平台的上游或下游企业是以平台经营性用户的身份存在的。因此，减少货币形式租金就构成了上、下游企业与数字平台联合的经济动力，这是产业链生态垄断的最初雏形。如阿里巴巴基于淘宝、天猫等交易平台，整合了物流、金融、数据运算等服务；美团也围绕生活需求，将餐饮、出行、信用支付等纳入经营范围。而跨产业的生态垄断产生于信息互通。不同于仅仅作为生产信息集散场所的早期平台，数字平台更多的是以人本身为对象，收集反映消费者偏好的信息。经由筛选处理后的数据往往可运用于不同场景，这不仅为特定数字平台提供了进入其他行业的基础条件，也会因用户的使用惯性而进一步强化数

---

① 李春发、楚明森、解雯倩：《网络外部性下销售—回收电商平台最优收费策略研究》，《软科学》2020 年第 3 期。

字平台的竞争优势。如谷歌主营搜索业务，同时也整合了电子邮件、地图、视频等功能；微信在即时通信的主要功能外，也聚合了公众号、短视频、移动支付等应用。产业链和跨产业的垄断并无本质区别，均为数字平台不断再生产出垄断关系的具体机制。由此，资本已不再满足于仅将工人贬低为机器的附属品，而是力图使劳动过程的智力与工人完全地相异化。①

四　结语

在数字经济中，平台租金具有与地租共通的生成逻辑，同样可以从经营者向所有者交纳产权使用费用这个角度来进行分析。平台租金根本上源自平台对信息所有权的垄断；同时，与数字劳动在劳动过程中呈现出的新特征相对应，数字平台租金直接表现为数据租金，具有一定的技术壁垒和受众惯性，呈现出级数积累和两极分化的发展态势，并在其各种租金形式的动态关联之中必然地演变为垄断租金。本文认为，数字平台的垄断租金是双向收取的：一方面，数字平台向非经营性用户收取隐性的产品租金，这种租金是以无形的信息作为存在形式的，数字平台也因租金的产品形式具有天然的垄断地位；另一方面，数字平台向经营性用户收取显性的货币租金，这种租金是以平台使用费的形式存在的，并因数据租金特征而迅速转变为垄断租金。由此，本文从平台租金角度阐述了数字平台垄断的成因及机理，并认为数字平台具有基于行业垄断构建生态垄断的趋向。

当前，针对数字平台垄断进行政策干预和法律规制已经成为遏制资本无序扩张的重要工作内容之一。譬如，2020 年 12 月，国家市场监督管理总局对阿里巴巴、丰巢网络等公司未依法申报而擅自实施经营者集中行为施以顶格处罚；2021 年 4 月，针对阿里巴巴集团实施"二选一"行为，责令其停止违法行为，并处以共计 182.28 亿元的罚款。② 此外，国务院反垄断委员会于 2021 年 2 月发布了《关于平台经济领域的反垄断指南》，国家市场监督管理总局也于 2021 年 10 月公布了《互联网平台分类分级指南（征求意见稿）》及《互联网平台落实主体责任指南（征求意见稿）》，拟对数字

---

① 《马克思恩格斯选集》（第 2 卷），人民出版社，2012，第 289 页。
② 张佰尚：《数字经济时代平台经济反垄断的挑战与对策研究》，《中国市场监管报》2021 年 9 月 14 日。

平台类型作进一步划分，以便分类管理。① 然而，作为数字经济发展的主要样态之一，数字平台必然具有广阔的发展潜力和空间，如何在促进数字平台优化升级的同时，对数字平台垄断进行有效规制，仍然是产业政策和经济理论研究的重大课题。② 依照本文对平台租金的分析理路，可得出以下政策设计思路。

其一，调整相应税制结构。数字平台的双边垄断实质在于对数据所有权的垄断，但数据要素又不易确权至个人，因而在短期内应重视国家税收的作用，并通过财政支出的方式将数据要素所有权及其收益部分地交还至社会个体。因此，一方面，应加大对头部数字平台的征税力度，适当提高税收比率，以此平衡数字平台租金的级数积累。另一方面，应提高直接税在数字平台企业缴纳税额中的比重，避免优势平台借助其市场地位将税负转嫁给消费者。同时，应结合数字平台经济的发展模式和特点，考虑增设新税种，如以平台用户数量或服务供应总量作为征税标准对数字平台征收数字资源税，以期削弱数字平台对非经营性用户数字劳动的隐性占有权力。

其二，规范数字经济秩序。数字平台垄断是数字资本无序竞争的起因及结果。因此，对数字平台垄断的规制，也应着眼于构建良性的数字经济秩序。围绕数字平台涵盖的行为主体，可将数字经济秩序细分为平台的使用秩序、竞争秩序和经营秩序。其中，数字平台使用秩序涉及平台对非经营性用户的隐私保护。③ 应依托相关法律法规，就各类数字平台对用户信息的采集和使用加以必要限制，防止非经营性用户的数据被过度攫取，私人信息被非法泄露。数字平台竞争秩序关乎各平台间的竞争关系。一方面，应鼓励中小资本的进入行为，并予以一定的政策优惠和技术支持，提高市场竞争程度。另一方面，应密切关注以头部数字平台为中心的潜在市场联合，以负面清单形式惩治不当竞争，及时叫停可能引致行业垄断的企业兼并。数字平台经营秩序的规范，则应侧重于防止平台对其经营性用户的强制选择和垄断定价，有效维护平台经营性用户的正当权益。

---

① 国家市场监督管理总局：《关于对〈互联网平台分类分级指南（征求意见稿）〉〈互联网平台落实主体责任指南（征求意见稿）〉公开征求意见的公告》，https://www.samr.gov.cn/hd/zjdc/202110/t20211027_336137.html。

② 周绍东、初传凯：《数字资本主义研究综述》，《世界社会主义研究》2021 年第 12 期。

③ 李碧珍、吴芄梅：《数字经济对社会生产与再生产过程的影响与重塑》，《当代经济研究》2021 年第 11 期。

其三，推动公共信息平台发展。基于数字劳动及数字平台租金的特征，长期来看，破解数字平台垄断这一现实难题的根本途径在于实现数字平台以至数据要素的公共占有。① 积极建设公共信息平台，应注重方式方法。一方面，需循序渐进地完善政府主导的信息平台，依托政务系统等职能体系不断推进社会治理的信息化、智能化。同时，应积极促成公共信息平台与主流数字平台在特定领域的合作，如时下的健康码、行程码等均为有效合作的范例。另一方面，需重点保护社会个体的关键信息，防止此类信息以任何方式流入私有平台、服务于数字资本的无尽增殖，并应始终对数字资本无偿占据数据要素的"原始冲动"保有高度警惕。

任何研究均难免落入特定视野的局限中，在文末，笔者对本文的不足进行简要说明：因本文力图对数字平台双边垄断租金的形成机制作一个总体上的论述，故对模型的设计简化为其典型形式。比如，对数字劳动的探讨，主要集中于非物质化的无目的劳动；将数字平台的特征概括为信息交互，而未进一步对具体的平台形式加以类分；对平台经营性用户和非经营性用户内部的异质性分析也有待延展；等等。这些无疑都需要将来进一步地进行深入细致的探究，此外，基于典型案例的调查分析和利用相关数据的经验分析也是十分必要的。

（作者单位：武汉大学）

原文《数字劳动、平台租金与双边垄断

——马克思地租理论视阈下的平台资本主义批判》，

原载《西部论坛》2022 年第 5 期，收入本书时有改动

---

① 刘伟杰、周绍东：《非雇佣数字劳动与"数字化个体"——数字经济下资本主义生产关系的嬗变及启示》，《西部论坛》2021 年第 5 期。

数字时代资本主义生产关系中数字劳动的价值走向

——基于马克思政治经济学批判

姜耀东

进入 21 世纪，互联网信息化深入发展，大数据、区块链、云计算等新一代数字技术的兴盛助推了全球数字经济快速增长。从数字经济发展的世界格局来看，发达国家领先于发展中国家，欧美地区领先于亚非地区。当代发达资本主义国家的数字经济处于领先地位，规模较大，其产值占比较高，发达资本主义国家迈向了数据资本时代。这不得不让我们思考：在助推数字经济高速增长背后的数字劳动是一种怎样的劳动？以一种怎样的方式存在？未来的价值走向如何？这些问题关乎人类数字信息应用的历史进程。马克思认为不论什么形式的现实生产和生活都耗费了人类劳动。[①]

一 数字时代资本主义生产关系中数字劳动的基本原理

数字劳动的兴起得益于近年来数字技术的完善，其突破了传统生产方式，实现了在新兴产业领域的技术变革。这种变革是以数据链为载体，通过主体加工输出数据商品，使商品的享用者既是生产者又是消费者，拓展了劳动的新领域。数字劳动的雏形较早可以追溯到 1977 年，加拿大传播政治经济学家达拉斯·斯迈兹（Dallas Smythe）通过对受众商品的研究，发现数据商品通过媒介转移给用户是一种无偿劳动，企业无偿占有数据商品并获得利润。到了 21 世纪，数字时代来临，数字劳动作为新的研究范式进入人们的视野始于

---

① 《马克思恩格斯文集》（第 5 卷），人民出版社，2009，第 51 页。

2000 年意大利学者蒂兹纳·泰拉诺瓦（Tiziana Terranova）发表的《免费劳动：数字经济的生产文化》一文，"通过研究数字经济中互联网上的'免费劳动'，并冠以了'数字劳动'之名进行了初步探究"①。自此，西方学者开启了对互联网上的数字劳动的研究。直到 2014 年，英国著名马克思主义学者克里斯蒂安·福克斯（Christian Fuchs）出版著作《数字劳动与卡尔·马克思》，他在马克思劳动价值论的基础上对数字劳动进行探析和总结，并发展了马克思劳动价值论，被誉为数字劳动研究的集大成者，推动了数字劳动研究进程。

（一）数字劳动的理论基础

福克斯提供了一个基本明晰的数字劳动概念："在互联网传播技术的帮助下为资本积累所需要的劳动。"② 他以马克思劳动价值论为基础区分了劳动和工作的概念，实际上在马克思的文本中并没有单独阐述过工作的概念，从文本的考证来看，"劳动"和"工作"被马克思作为同一个词来使用，表达同一个意思，只是在使用环境上有所不同。福克斯根据马克思德文原版著作，从词源学的角度区分了"劳动"（labour）和"工作"（work）的概念："在翻译马克思的著作时，学者们没有根据原著本意有区别地使用这两个词汇。"③ 因此，他进一步对劳动和工作进行分析：劳动是指主体作用于客体的中介和手段，工作是指主体通过客体满足人们自身需要的生产活动。福克斯强调："马克思的劳动是物质性的，在生产过程中具备劳动对象、劳动资料、劳动本身。"④ 数字劳动也具有物质性，经人的认识、合作、交流，最终通过互联网形成数据生产，在终端输出数据商品。其物质性体现在人们通过大脑收集外界信息达到认识的生成，通过互联网的媒介进行合作和交流，实现信息的互通和交换上。他认为，数字信息并没有脱离物质属性，是在人们头脑中主体对客体的反映，并没有超越客观现实条件和状况。

数字劳动理论是在马克思劳动价值论的基础上进行的拓展，建立在物质生产过程中劳动主体对劳动客体实施的有目的的实践活动基础上，数字劳动建基

---

① T. Terranova, "Free Labor Producing Culture for the Digital Economy", *Economy Social Text*, Vol. 18, No. 2, 2000, pp. 33-58.

② 周延云、闫秀荣：《数字劳动和卡尔·马克思：数字化时代国外马克思劳动价值论研究》，中国社会科学出版社，2016，第 81 页。

③ 燕连福、谢芳芳：《福克斯数字劳动概念探析》，《马克思主义与现实》2017 年第 2 期。

④ C. Fuchs, *Digital Labour and Karl Marx*, New York：Routledge, 2014, p. 207.

于人们对以往已经存在的数字信息的加工和创造，只不过生产的中介（劳动工具）换成了数字时代下的互联网平台，最终生产的数据商品被互联网企业和广告投放商无偿占有。这是在数字时代资本主义生产关系中数字资本家想掩盖的见不得人的"秘密"。可以肯定的是，数字劳动理论是沿着马克思劳动价值论展开的，是在坚持物质生产过程中劳动主体与客体辩证关系的基础上所拓展的。

（二）数字劳动生产的主要方式

数字劳动作为一种生产数据信息的工作，与传统的生产方式具有相似性。福克斯列举了三种生产方式加以对比：一是农业生产，其生产工具是农民的劳动、大脑、工具、机器，生产对象是自然（土地），收获的产品是基本产品（农作物）；二是工业生产，其生产工具是工人的劳动、大脑、工具、机器，生产对象是工业产品（零部件的加工组装），收获的产品是工业产品（机器）；三是数字生产，其生产工具是信息生产者的劳动、大脑、工具、机器，生产对象是思想观念，收获的产品是数据商品。他列举的三种不同的生产方式，从总体上来把握都具有相同的基本特征：其一，具有马克思指出的物质生产中劳动主体与客体的辩证关系；其二，具有社会历史发展的物质基础的继承性；其三，具有社会历史发展的延续性。这就可以看出数字劳动的生产方式遵循了马克思的生产力和生产关系矛盾运动学说，在不断变革中走向新的生产力和生产关系，物质生产关系具有决定性影响，"摆在面前的对象，首先是物质生产"[①]。

福克斯的数字劳动的生产方式是建立在整体信息通信技术（information communication technology，ICT）的价值链上，他主要讨论的是"人们借助信息技术为终端通过大脑等工具，根据自身的经历和不同人的分工对信息进行加工创造，把信息分享出来产生新的使用价值"[②]。我们可以将数字劳动的生产方式主要概括为三点。第一，有目的的数据生产。人们通过大脑收集信息，利用互联网和软件（例如脸书等）编辑、传递、分享信息，从而产生新的信息价值和社会意义，能够获得更多的关注和点击率。第二，无目的的数据生产。例如，人们在购物网站上购物并没有形成目的性的生产数据，但是其浏览痕迹被网站平台私自收集并加以利用，平台因此能有针对性地进行目标投放，这也是一种被动的数据生产。第三，拥有明确分工领域的数字劳

---

① 《马克思恩格斯全集》（第 30 卷），人民出版社，1995，第 22 页。
② C. Fuchs, *Digital Labour and Karl Marx*, New York：Routledge，2014，p. 254.

动生产。例如软件企业中的信息工程师和软件工程师有组织、有计划地加工数据产品以实现盈利。

（三）数字劳动价值创造的新特点

马克思指出，商品是"无差别的人类劳动的单纯凝结"[①]，数字劳动的价值创造同样也包含着无差别的人类劳动，具有马克思劳动价值论中提到的抽象劳动和具体劳动的二重性。用户在互联网平台上的信息交流与创造性思想表达，作为具体劳动创造出的数据信息具有商品的使用价值，它能够满足互联网用户的需求；互联网用户关注认可这些信息并愿意支付费用来获取信息，数据信息的交换价值就得以实现。数据信息转变为数据商品，数字劳动完成了最基本的价值创造。然而，数字劳动的价值创造并没有被生产数据商品的劳动者自身占有，而是被互联网企业的资本家所控制，形成了对数字劳动者的剥削。这样数字劳动也成为马克思所说的资本家的雇佣劳动，数字劳动者被网络平台资本家无偿剥削剩余价值。

网络平台资本家对数字时代下的数字劳动者的剥削呈现出了新特点。第一，剥削时间自由化。用户在互联网平台上生产和创造数据信息并没有时间限制，可能是在早上刚起床拿起手机的时候，也可能是在中午吃饭的时候，亦可能是在晚上睡觉的时候。只要用户的创造性思想分享出数据信息并赋予一定的社会意义而引起关注，它就被资本家所占有。第二，剥削空间自由化。数字劳动不受空间的限制，用户可以在室内亦可以在户外进行生产，例如主播可以在室内或者室外进行直播，平台会从他的劳动收入中抽走一部分，因此网络平台资本家的剥削突破了空间的限制。第三，被剥削者人身自由化。数据信息的生产者与软件平台没有明确的雇佣关系，生产者的人身是完全自由的，可以随时离开网络平台，有时简单到用户直接把软件卸载掉就可以解除与平台的交互关系，但是，用户之前在平台上加工创造的数据信息继续被资本家无偿占有。

二　数字时代资本主义生产关系中数字资本的发展镜像

数字资本的积累强化了对数字劳动的控制，形成了数字资本对数字劳动的剥削关系。马克思指出："资本不是物，而是一定的、社会的、属于一定

---

①　《马克思恩格斯选集》（第 2 卷），人民出版社，2012，第 98 页。

历史社会形态的生产关系。"① 这表明数字时代资本主义生产关系不是等价交换，不是平等劳动，不是共享劳动产品，而是资本家购买劳动工具、劳动资料、劳动力，对工人剩余劳动进行无偿占有的过程。数字平台背后的资本家通过对数字劳动的剥削，积累了大量的数字资本，积累了雄厚的物质财富，又一次把数字时代下实现人的美好生活的手段"数字劳动"践踏在数字资本的"冰水"之中，印证了马克思政治经济学批判的在场。

（一）数字商品向数字资本转化的新样态

在 21 世纪的今天，我们处在一个全新的数字时代，看到了一个新的资本样态——数字资本。这种新的资本样态没有脱离马克思所指出的由商品向资本转化的理论进路。数字资本也是由数据商品转化而来的，内在的转化关系依然是数字资本对数字劳动的剩余价值榨取。数字劳动过程同样是一种价值增殖过程，数字资本也是在数字资本家对数字劳动剥削的基础上实现的积累和扩张。福克斯以"脸书"为例阐述了数字资本的转化。用户在运用软件过程中生产的数据信息被软件后台进行有针对性和目的性的监控、收集和处理，用户生产的数据信息的使用价值被完全占有，然而这一过程并没有告知生产用户，数据信息被"脸书"精准地投放给了广告商和目标客户，它借此达成了经济目的。网络平台并没有付给生产数据的用户任何报酬，他们生产的数据信息就被作为商品出售给了广告商，更重要的是其得到了一个新的价值增量，"资本并不是像它进入这个过程时那样走出这个过程"②，而是实现了现实资本的转化，这也是很多社交软件平台无偿窃取用户生产数据的使用价值从而实现盈利的核心商业模式。朱利安·库克里奇指出，这种商业模式在游戏领域也同样适用，"游戏平台收集玩家在游戏中的游戏参数、游玩时间等指标，有针对性地调整和完善游戏体验，玩家在享受游戏乐趣的同时也创造了剩余价值，为游戏平台生产了价值"③。

数字资本"实际上就是由所有在互联网中的参与者的行为的痕迹数据组成的行动者网络"④，这种行动者网络的规模逐渐扩大，形成了一种凌驾

① 《马克思恩格斯文集》（第 7 卷），人民出版社，2009，第 922 页。
② 《马克思恩格斯文集》（第 8 卷），人民出版社，2009，第 543 页。
③ J. Kücklich "Precarious Playbour: Modders and the Digital Games Industry", *The Fibreculture Journal*, No. 5, 2005, pp. 1-8.
④ 蓝江：《数字时代下的社会存在本体论》，《人民论坛·学术前沿》2019 年第 14 期。

于各个行动者之上的控制权力，用户所要面对更加严重的问题就是数字资本的垄断。用户的数据信息一旦被数字平台大范围地占有和使用就形成了积聚，数字资本开始吞并数字平台。数字平台被数字资本吞并之后各自占据某个数字领域，如购物、社交、软件开发、电子产品等，最终结果就是人们想要利用数字领域中任何一种信息都要付出巨大代价。

（二）数字资本对数字劳动异化的新特征

数字劳动异化对现代人的生活产生了更加强烈的控制和压迫，这种现象被西方学者称为"现代性悲剧"。笔者仅以社交媒体为例简要分析数字劳动异化。

首先，用户是以自愿为前提在互联网平台通过数据信息传递进行交流，彼此可能远隔万里素未谋面，人与人之间处于一种虚拟的状态。人们在虚拟的状态中能够隐藏现实生活的状况和不满情绪，当长时间处在虚拟的数据交流状态中，人们很容易打破虚拟与现实的边界，从而对现实世界产生厌倦和对抗。人类学称持这种观点的理论为"附近理论"，该理论认为人们越来越不关心自己附近的事情，只关心在虚拟网络中的自己和最遥远距离的陌生人，在现实生活中却进入愈加孤立和焦虑的状态，不愿意在现实中进行工作和生活。这是数字资本控制下的劳动力异化。

其次，用户在社交软件上进行数据交流和获取数据信息，社交软件利用后台监控，有意识和有目的地投放能够产生热度和效益的信息，激发用户的关注欲望。例如制造娱乐事件、推送猎奇信息，持续地向用户灌输使其思维标准和思考能力降低的信息，进而使社交平台控制和引导用户的关注度，制造热点来谋取经济利益，这是对数据生产者工具（劳动者大脑）的异化。

最后，用户在社交软件上分享数据信息、上传数据图片，目的是获得自身分享后的愉悦、记录美好生活的瞬间，这些数据信息本应属于生产者，却被网络平台收集、处理之后投放给广告商从而获得经济收入，然而用户并不能终止网络平台的这一行为，所有用户生产的数据都受到网络平台的控制和支配，这是劳动者与劳动产品相异化。所以说，数字时代下的数字资本对数字劳动的异化是更深层次的异化，"现代性悲剧"让每个人深陷其中不能自拔。马克思早在150多年前就看到了资本的本质："资本来到世间，从头到脚，每个毛孔都滴着血和肮脏的东西。"[①]

---

① 《马克思恩格斯文集》（第5卷），人民出版社，2009，第871页。

（三）数字资本发展的新界限

"界限"是马克思在政治经济学批判中使用的术语，指事物发展的限度。我们探究数字资本的发展"界限"，要从数字生产的总体过程中来把握。虽然数字网络突破了时间和空间的界限，但是，数字资本的积累不会因为来源于虚拟空间的数据生产而超出现实生产关系的"界限"。同样，马克思在《1857—1858 年经济学手稿》中探究过资本主义生产的"界限"，他指出，从物质生产的总体性来考察资本，资本主义生产关系是"社会生产过程的最后一个对抗形式"①，具有暂时性。

数字资本的生产涉及两个阶级：一个是所有阶级，另一个是非所有阶级。所有阶级拥有资本、工具（网络平台）、技术，非所有阶级拥有生产剩余价值的劳动力，② 占统治地位的所有阶级控制和分配着非所有阶级生产的劳动产品。这样我们就回归到了马克思政治经济学批判场域，围绕资本主义生产过程的轴心（劳动和资本的对立关系）来挖掘数字资本的发展"界限"。

第一，数据生产劳动与数字资本相交换，只要劳动者具有数据生产能力，就会被数字资本持续不断地投入新一轮的数据生产中。在数据生产的最初阶段，劳动者的生产能力和创造力具有极大的提升空间，数字资本能够剥削劳动者更多的剩余价值。随着数字技术的日益完善和劳动者生产能力到达顶峰，数字资本可榨取的劳动剩余价值逐渐越少，也就到达了马克思所说的"剩余价值是剩余劳动和生产力发展的界限"③。这是数字资本榨取数字劳动剩余价值不可调和的矛盾，迫使数字资本到达发展"界限"。

第二，在数字资本的生产过程中，数字资本家必须把全部的数据商品，通过流通环节转换为货币，变为现实资本，并且不断扩大生产，这是数字资本的最终目的。马克思指出："货币是生产的界限。"④ 数字资本扩大数据商品的生产，使其达到了市场流通货币量的上限，促使生产的数据商品无法通过货币实现向交换价值的过渡。数字资本占有数字劳动剩余价值必须进入流通中实现货币转换，由于数据商品已达到社会整体需要的上限，它就失去了使用价值，所以，在流通过程中使用价值受到了交换价值的限制。当货币无

---

① 《马克思恩格斯选集》（第 2 卷），人民出版社，2012，第 3 页。

② C. Fuchs, *Digital Labour and Karl Marx*, New York: Routledge, 2014, p. 158.

③ 《马克思恩格斯全集》（第 30 卷），人民出版社，1995，第 397 页。

④ 《马克思恩格斯全集》（第 30 卷），人民出版社，1995，第 397 页。

法实现交换价值时数据商品的使用价值便无法实现，这导致数据商品向货币这一"惊险跳跃"的失败，数字资本的生产中断。

第三，数字资本家把数字劳动投入新的数据生产中，进一步扩大流通领域和交换范围，生产出新的剩余价值，塑造出可以支配社会发展的权利，打破了人类的地域界限，展现其强大力量。数字资本内在的生产力和生产关系的矛盾更加激烈，将达到数字资本发展的最大"界限"，当数字资本自身的生产关系无法容纳生产力的发展，数字资本就会消灭自身。这是数字资本榨取数字劳动剩余价值所埋下的恶果，数字资本的扩张性和它自身的限制性这一矛盾，只有靠数字资本消灭自身的发展"界限"，才能从根本上铲除，这样才能完成历史任务，过渡到更高级的生产关系，走向数字劳动的协同共享。

三　数字劳动遵循马克思政治经济学
批判理路走向协同共享

我们沿着马克思政治经济学批判的理论进路可以看出，数字资本终将带着自身的矛盾走向生产关系的桎梏，随着生产力的进一步发展，数字劳动将获得解放实现"协同共享"。马克思指出，资本主义生产关系瓦解之后，人们在共同占有和控制生产资料的基础上，重新建立个人的所有制，[①] 那时我们的劳动不是个人劳动，而是整个社会的劳动，劳动真正复归为人的自由生命表现和实现生活乐趣的手段。

未来学家杰里米·里夫金（Jeremy Rifkin）在《零边际成本社会》一书中提出了数字劳动的协同共享、全球协同共享的观念，在未来社会，人类能以一种从前无法想象的方式，在全球协同共享中分享其经济生活。西方学者指出，里夫金的"协同共享"在零边际效应达到极大值的情况下才能实现，也就是说里夫金谈的"极致生产力"和"零成本生产"是一种不现实的设想与浅层次的讨论，没有深层次地触及数字劳动走向"协同共享"的内在关系，我们需要回到马克思政治经济学批判中来揭示这一深刻问题的真实答案。

马克思政治经济学批判的逻辑起点是劳动，劳动是创造价值的前提，马克思指出，在未来社会历史发展的基本特征，就是劳动者的劳动产品与自身相统一，劳动产品受劳动者自由支配和控制。马克思在《1857—1858 年经济

---

① 《马克思恩格斯文集》（第 5 卷），人民出版社，2009，第 874 页。

学手稿》中阐述了资本主义社会以前的所有制形式，包括亚细亚的所有制、古代所有制、日耳曼所有制等，肯定了公社对社会发展起源的贡献，指出在公社中劳动是共同体的劳动，公社"是一个存在着的统一体"①。农民把土地作为自己的生产工具进行耕种，付出劳动、收获果实体现了劳动者的主体性，是劳动者与生产产品的初级统一，属于简单生产，对应的是第一大阶段。伴随着生产力的进步，公社土地分散造成生产能力不足的弊端暴露，劳动者把土地当作自然条件的原始生产关系解体。从封建社会过渡到资本主义社会开启了现代性的起源。这一社会关系表面上是劳动者与资本家进行商品交换的关系，实际是劳动者通过自己劳动所生产的产品与自身相分离的历史状态，在这种历史状态下每一个因素与其他因素的关系都是否定的（异化劳动）。资本具有了独立性，凌驾于一切关系之上支配整个生产关系，对应的是第二大阶段。马克思指出，在未来社会历史发展的基本特征是人的自由全面发展、发达的生产方式、突破了一切束缚人的羁绊、实现劳动者与生产产品的高度统一。人在劳动中展现自由个性回归劳动乐趣，共享劳动成果，对应的是第三大阶段。当下的数字资本正处在马克思所指出的第二大阶段，数字劳动者生产的数据产品与自身相分离的阶段，也可以说是数字劳动的异化阶段。

　　信息技术的突飞猛进推动了整体数字时代的生产力发展，带动了个人数字劳动生产力提高，这一时代积累了大量的数字生产资料，社会中的每名成员都是数字时代网络体系的建设者和参与者，存在于巨大的网络体系中。这个网络体系伴随着数字生产力的提高，并不再是几个强大的数据公司能够控制和垄断的，而是由社会中的每名成员共同维护、共同经营、共同控制、共同生产、共同所有。数字劳动不再是数字财富的巨大源泉，数字劳动时间也不再是衡量数据商品的价值尺度，数字劳动的交换价值也不再是使用价值的尺度，数字劳动与数字资本的对立关系消失。马克思说："个性得到自由发展，因此，并不是为了获得剩余劳动而缩减必要劳动时间，而是直接把社会必要劳动缩减到最低限度，那时，与此相适应，由于给所有的人腾出了时间和创造了手段，个人会在艺术、科学等等方面得到发展。"② 人们一旦摆脱资本主义的形式，实现对生产力的共同占有，个人的劳动就深深打上了社会的烙印，生产力的发展为社会和社会中的每个成员创造尽可能多的自由支配

---

① 《马克思恩格斯全集》（第 30 卷），人民出版社，1995，第 476 页。
② 《马克思恩格斯全集》（第 31 卷），人民出版社，1998，第 101 页。

时间，此时劳动者就不是为少数人劳动，而是为社会整体发展劳动，并且能够享有自己的劳动成果。这就是马克思所指出的第三大阶段。

数字劳动存在的基本方式也必然呈现为"活劳动本身的充分发展"。首先，数字劳动会成为吸引人的劳动、成为实现自我价值的手段，在我们的共同控制和监督下分享出的具有社会意义的数据信息会帮助到有需要的人，并不像之前那样被他人拿来谋取利益。同时也说明数字劳动绝不是一种简单的娱乐消遣活动，人们在数据生产过程中培养和锻炼思想创造力与科学思辨力。其次，数字劳动不再为少数人的利益而存在，而是为了整体社会发展和全体成员而存在，成为社会发展和共享的全面性活动，所有社会成员都要合乎目的地分配自己的数字劳动时间，才能够有更多时间从事其他劳动。最后，数字劳动实现数据产品与自身相统一，人们通过数字劳动创造和丰富美好生活，不再需要依赖数字资本，回归劳动本真所具有的无穷的活力和创造力，人们把数字劳动作为提升自身能力的手段，以此促进人的全面发展。

数字时代下的今天，备受人们关注的区块链技术已初步展现数字劳动协同共享的雏形，很多数字领域都使用了这项技术。虚拟货币（数字货币）是运用这项技术的典型，发布者开放共享源码软件，任何用户都可以在软件平台上不受限地进行数据生产，每个人都可以对数据进行打包，每成功打包一个数据块，其他用户就得在此数据块之后进行数据打包，以此类推形成数据链。用户参与数据块的打包不受任何限制，数据打包需要大量数据计算，所以，不能被某个人或公司所控制，所有打包成功的数据都被保存在公共区块链上，具有极强的保密性，不易被他人窃取。同时，这是一个没有后台程序干扰的"去中心化"的系统，具有了数字劳动协同共享的基本特征。"未来的一个人的数据很可能不保存在某些大型互联网公司，而是保存在一个公共的区块链上"①，这展现出未来数字劳动的价值走向。

（作者单位：东北大学）

原文《数字时代资本主义生产关系中数字劳动的价值走向
——基于马克思政治经济学批判》，原载《东北大学学报》
（社会科学版）2021 年第 6 期，收入本书时有改动

---

① 涂子沛：《数文明：大数据如何重塑人类文明、商业形态和个人世界》，中信出版社，2018，第 17 页。

平台数字劳动是生产劳动吗？

——基于《政治经济学批判（1861—1863 年手稿）》的分析

胡　莹　钟远鸣

在数字经济时代，以数字平台为中介进行生产和生活的劳动——数字劳动是否具有生产性成为当前学界关注的热门话题，原因在于基于数字平台进行的数字劳动既囊括了与资本不直接构成关系的劳动者，也囊括了与资本相交换生产非物质产品的劳动者，还囊括了与收入相交换但被纳入资本增殖逻辑的劳动者。因此，判定数字平台中数字劳动是否具有生产性是解剖数字劳动与资本之间关系的钥匙。

一　相关研究综述

国内外学界主要从数字劳动产品的非物质性这一特征切入探讨数字劳动的生产性问题，从这个角度而言，数字劳动生产性问题的研究可以看作"马克思生产劳动理论是否适用于非物质生产领域"这一争论点的延续。克里斯蒂安·福克斯认为互联网资本家通过无偿占有并售卖互联网用户的数字劳动及其创造的产品来获取价值和剩余价值，因而互联网用户的数字劳动是生产劳动。[①] 国内学者大部分认同其观点并做出了进一步的延伸。如豆莹莹、张文喜认为一般互联网用户与互联网专业技术工人的数字劳动均能够实现资本增殖，因此数字劳动根本上属于生产劳动。[②] 刘伟杰、周绍东将生产

---

① Christian Fuchs, *Digital labour and Karl Marx*, New York: routledge, 2014, p. 91.

② 豆莹莹、张文喜：《数字劳动的内涵界定、双重维度及异化机制》，《北京社会科学》2022年第 4 期。

数据商品的劳动分为雇佣和非雇佣两种形式，他们认为资本家能够同时占有这两种形式的数字劳动的成果及其剩余价值。① 蓝江将数字劳动视作创造"一般数据"的劳动，这种一般数据一旦被资本所占有，就会成为数字资本，数字劳动仍然是一种生产劳动。②

金大勇和安德鲁·芬伯格认为将资本家从中获取利润的每一项活动都限定为生产劳动是错误的，尽管可以将互联网用户的劳动作为剥削的实例，但实际上这种劳动并不生产剩余价值。③ 雅阁·里奇和罗伯特·帕里则认为社交平台的利润来源于四个方面：一是出租广告位，二是销售信息，三是出售收集、分析、存储和交付数据等服务，四是发行股票。他们认为只有第三种劳动生产价值和剩余价值。④ 陆茸认为互联网用户活动留下的原始数据杂乱无章，不具有任何使用价值，只有经过处理的数据才成为具有使用价值和价值的商品，他进而指出受数字资本雇佣的数字工程师进行的数字劳动创造价值和剩余价值，因而只有数字工程师的劳动是生产劳动。⑤

基于数字平台生产数据的数字劳动的生产性问题是学界内关注的重点，然而数字平台中数字劳动的表现形式种类繁多，仅仅将平台数字劳动视作生产数据的劳动未免会导致分析视角的窄化。另外，关于剩余产品、剩余价值和利润的区别与联系仍需要进一步厘清。国内学界自 20 世纪 60 年代开始讨论生产劳动的问题，在 20 世纪 80 年代前后形成了宽派、窄派和中派三个不同的派别，但至今未能形成共识。他们共同认同的观点是生产劳动具备社会形式规定性，他们的分歧在于生产劳动的劳动内容规定性的判定范围。宽派认为马克思的生产劳动理论不限于物质生产领域，⑥ 窄派认为马克思的生产

① 刘伟杰、周绍东：《非雇佣数字劳动与"数字化个体"——数字经济下资本主义生产关系的嬗变及启示》，《西部论坛》2021 年第 5 期。

② 蓝江：《数字劳动、数字生产方式与流众无产阶级——对当代西方数字资本主义的政治经济学蠡探》，《理论与改革》2022 年第 2 期。

③ Dal Yong Jin, Andrew Feenberg, "Commodity and Community in Social Networking: Marx and the Monetization of User-generated Content", *The Information Society*, No. 31, 2015, pp. 52-60.

④ Jakob Rigi, Robert Prey, "Value, Rent, and the Political Economy of Social Media", *The Information Society*, 2015, Vol. 31, No. 5, pp. 392-406.

⑤ 陆茸：《数据商品的价值与剥削——对克里斯蒂安·福克斯用户"数字劳动"理论的批判性分析》，《经济纵横》2019 年第 5 期。

⑥ 于光远：《马克思论生产劳动和非生产劳动（读书笔记）》，《中国经济问题》1981 年第 3 期；孙冶方：《关于生产劳动和非生产劳动；国民收入和国民生产总值的讨论——兼论第三次产业这个资产阶级经济学范畴以及社会经济统计学的性质问题》，《经济研究》1981 年第 8 期。

劳动理论严格限定在物质生产领域，[①] 中派介于宽派与窄派之间，其认为社会主义的生产劳动应该被理解为新创造的价值超出消费的价值的劳动。[②]

随着技术条件的变化，劳动呈现出纷繁复杂的具体形式。作为一种新型劳动形式，平台数字劳动的生产性问题不可能从马克思的文本中找到现成的答案，但马克思的生产劳动理论对于我们分析这一问题仍然具有重要的意义。因此有必要重新回到马克思的经典文本中，把握马克思关于生产劳动的相关论述，厘清和辨析对生产劳动理论的误读，以此来指导对平台数字劳动生产性问题的研究。

二　《政治经济学批判（1861—1863 年手稿）》中的生产劳动理论

生产劳动理论在马克思的理论体系中占有重要地位，生产劳动是理解资本主义生产方式的一个关键。马克思在他的著作中曾多次论及生产劳动，在《政治经济学批判（1861—1863 年手稿）》（以下简称《手稿》）中，马克思对斯密关于生产劳动的两种见解进行了阐述和分析，并且对当时庸俗经济学家关于生产劳动的观点进行了抨击，进而提出了系统的生产劳动理论。

在《手稿》中，马克思专门设了一节"［生产劳动和非生产劳动的区分问题］"来对亚当・斯密的生产劳动见解进行批判。马克思考察生产劳动的第一个视角是以斯密关于生产劳动的第一种定义为基础的："有一种劳动，加在物上，能增加物的价值；另一种劳动，却不能够。前者因可生产价值，可称为生产性劳动，后者可称为非生产性劳动。"[③] 斯密虽然未能明确提出剩余价值的内涵，但斯密看到了劳动与生产资料相结合能够增加产品的价值，能够生产出新的价值。因此，马克思认为斯密关于生产劳动的第一种定义是正确的，"从资本主义生产的意义上说，生产劳动是雇佣劳动，它同资本的可变部分（花在工资上的那部分资本）相交换，不仅把这部分资本（也就是自己劳动能力的价值）再生产出来，而且，除此之外，还为资本家

---

① 卫兴华：《马克思的生产劳动理论》，《中国社会科学》1983 年第 6 期。
② 杨坚白等：《首都经济理论界继续座谈生产劳动与非生产劳动问题》，《经济学动态》1981 年第 9 期。
③ 亚当・斯密：《国富论》，郭大力、王亚南译，商务印书馆，2015，第 312 页。

生产剩余价值"①。为了更加清晰地呈现这种见解,马克思通过阐述价值形成和价值增殖过程的区别来对生产劳动做了更深入的阐释,"如果一个工作日只够维持一个劳动者的生活,也就是说,只够把他的劳动能力再生产出来,那么,绝对地说,这一劳动是生产的,因为它能够再生产即不断补偿它所消费的价值(这个价值额等于它自己的劳动能力的价值)。但是,从资本主义意义上来说,这种劳动就不是生产的,因为它不生产任何剩余价值"②。在《资本论》第一卷中,马克思进一步区分了撇开特定社会形式的劳动过程与资本主义形式的劳动过程:"作为劳动过程和价值形成过程的统一,生产过程是商品生产过程;作为劳动过程和价值增殖过程的统一,生产过程是资本主义生产过程,是商品生产的资本主义形式。"③ 因此,马克思在肯定斯密关于生产劳动第一种定义的过程中非常明确地提出了关于资本主义生产劳动的第一种见解:生产劳动是能够生产剩余价值的劳动。

马克思考察生产劳动的第二个视角是以斯密关于生产劳动的第二种定义为基础的:"制造业工人的劳动,可以固定并且实现在特殊商品或可卖商品上,可以经历一些时候,不会随生随灭。那似乎是把一部分劳动贮存起来,在必要时再提出来使用。那种物品,或者说那种物品的价格,日后在必要时还可用以雇用和原为生产这物品而投下的劳动量相等的劳动量。反之,家仆的劳动,却不固定亦不实现在特殊物品或可卖商品上。家仆的劳动,随生随灭,要把它的价值保存起来,供日后雇用等量劳动之用,是很困难的。"④ 在这里,马克思指出斯密的第二种定义即"一个劳动者,只要他用自己的劳动把他的工资所包含的那样多的价值量加到某种材料上,提供一个等价来代替已消费的价值,他的劳动就是生产劳动"⑤ 是错误的,因为斯密越出了形式规定的范围,越出了资本主义生产劳动的社会规定,即越出了劳动者与资本家之间的生产关系来给生产劳动和非生产劳动下定义。换言之,劳动与生产资料相结合增加劳动产品的价值量这一事实并不能说明这种劳动是资本主义生产劳动。马克思强调,"钢琴制造厂主的工人是生产劳动者。他的劳动不仅补偿他所消费的工资,而且在他的产品钢琴中,在厂主出售的商品

① 《马克思恩格斯文集》(第8卷),人民出版社,2009,第213页。
② 《马克思恩格斯文集》(第8卷),人民出版社,2009,第214页。
③ 《马克思恩格斯文集》(第5卷),人民出版社,2009,第229~230页。
④ 亚当·斯密:《国富论》,郭大力、王亚南译,商务印书馆,2015,第312~313页。
⑤ 《马克思恩格斯文集》(第8卷),人民出版社,2009,第223页。

中，除了工资的价值之外，还包含剩余价值。相反，假定我买到制造钢琴所必需的全部材料（或者甚至假定工人自己就有这种材料），我不是到商店去买钢琴，而是请工人到我家里来制造钢琴。在这种情况下，钢琴匠就是非生产劳动者，因为他的劳动直接同我的收入相交换"①，即便钢琴匠生产出来的钢琴这一劳动产品（潜在的商品）所蕴含的价值量大于原本生产资料与劳动力加起来的价值量。至此，马克思对资本主义生产劳动的第二种见解呼之欲出：生产劳动是和资本相交换，能够帮助资本实现价值增殖的劳动。

在《手稿》"［资本的生产性。生产劳动和非生产劳动］"这一节中，马克思补充了他考察生产劳动的第三个视角。在资本主义生产方式当中，"生产工人即生产资本的工人的特点，是他们的劳动实现在商品中，实现在物质财富中"②。因此，在物质生产领域进行商品生产的劳动无疑是生产劳动。随着资本主义生产方式的发展，"那些在工厂中打下手的辅助工人，同原料的加工毫无直接关系；监督直接进行原料加工的工人的那些监工，就更远一步；工程师又具有另一种关系，他主要只用自己的头脑劳动，如此等等"③。马克思认为，这些劳动者虽然并不直接参与资本主义物质生产过程，但这些"劳动者的总体进行生产的结果——从单纯的劳动过程的结果来看——表现为商品或一个物质产品"④。从整个资本主义生产过程来看，他们的劳动同资本相交换，他们进行商品生产，创造剩余价值，帮助资本实现增殖，他们的劳动是资本主义生产劳动。因此，马克思关于生产劳动的第三个见解为：生产劳动是生产商品的劳动。

马克思考察生产劳动的三个视角相互联系、相互确证。在马克思视角中，仅仅生产剩余价值⑤的劳动还不能称为资本主义生产劳动，因为剩余价值若不用于资本增殖，亦即不与资本相交换，而是与收入相交换，那么生产剩余价值的劳动便不属于资本主义的生产劳动。同一种劳动，若与资本相交换，则属于生产劳动，和收入相交换，则属于非生产劳动。"商品是资产阶

---

① 《马克思恩格斯文集》（第8卷），人民出版社，2009，第222页。
② 《马克思恩格斯文集》（第8卷），人民出版社，2009，第416页。
③ 《马克思恩格斯文集》（第8卷），人民出版社，2009，第417~418页。
④ 《马克思恩格斯文集》（第8卷），人民出版社，2009，第418页。
⑤ 这里剩余价值的用法其实并不恰当，因为马克思的剩余价值范畴始终与资本主义私有制密切相关，剩余价值范畴的使用基于资本主义私有制前提。但一切社会生产都存在剩余产品，没有剩余产品社会就不能发展。这里的剩余价值严格意义上来讲应该是剩余产品。为了突出马克思所要强调的资本主义生产关系，这里仍采用剩余价值这一说法。

级财富的最基本的元素形式。因此,把'生产劳动'解释为生产'商品'的劳动,比起把生产劳动解释为生产资本的劳动来,符合更基本得多的观点。"① "劳动必须通过产品生产或商品生产实现资本的价值增殖时才能算是生产劳动。"② 而且"生产劳动是生产商品的劳动"和"生产劳动是生产资本的劳动"并不是两个无关的定义,生产商品的劳动实际上是生产资本的劳动在物质生产领域的表现形式,后一种定义更加强调生产劳动所蕴含的社会关系。

需要说明的是,马克思在《手稿》中曾把歌女、演员、音乐家看作生产劳动者,"一个自行卖唱的歌女是非生产劳动者。但是,同一个歌女,被剧院老板雇用,老板为了赚钱而让她去唱歌,她就是生产劳动者,因为她生产资本"③。在这里,马克思主要是从资本主义生产关系现象形式的角度来进行说明。④ 总而言之,唯有满足上述三个条件即劳动能够生产剩余价值、劳动与资本相交换帮助实现资本增殖、劳动产品是商品,才算得上是马克思视角下的生产劳动。

三　平台数字劳动:定义和分类

国内外学界在数字劳动的概念界定、特征分析、基本框架等方面的研究已经取得了重要进步。⑤ 学界对数字劳动的定义可谓众说纷纭,如"无酬劳动"、"玩劳动"、"非物质劳动"、"受众劳动"和"产消合一"劳动等。数字劳动是一种新型劳动,对它的界定不能仅停留在具体表现形式或者某一方面的具体特征上,必须深入把握和研究数字劳动过程的主要构成要素和最终劳动产品的特点,如此才能对数字劳动进行准确的定义和分类。

(一) 数字劳动相关概念的辨析及其定义

"无酬劳动"最早被用来表示在互联网上"自愿无偿提供、享受的同

---

① 《马克思恩格斯文集》(第 8 卷),人民出版社,2009,第 235 页。
② 姚文放:《两种"艺术生产":马克思"艺术生产"理论新探》,《中国社会科学》2020 年第 6 期。
③ 《马克思恩格斯文集》(第 8 卷),人民出版社,2009,第 406 页。
④ 卫兴华:《马克思的生产劳动理论》,《中国社会科学》1983 年第 6 期。
⑤ 李弦:《数字劳动的研究前沿——基于国内外学界的研究述评》,《经济学家》2020 年第 9 期。

时被剥削"① 的劳动，其不仅是劳动者回应资本需求而进行的劳动，还是劳动者在劳动过程中表达出的对情感和文化生产的渴望。在"无酬劳动"的基础上，"玩劳动"作为一种新概念被提出，其更多地被应用于分析网络游戏的代练玩家，其提供的"玩劳动"类似于志愿劳动。② 上述两种概念被用来定义数字劳动，主要强调数字劳动的无酬性质以及劳动者在劳动过程中的享受状态。"非物质劳动"最开始表示"生产商品的信息内容和文化内容"③ 的劳动，后来迈克尔·哈特和安东尼奥·奈格里对非物质劳动进行了更深刻的定义："生产一种非物质商品的劳动，如一种服务，一个文化产品、知识或交流。"④ 为了加深对非物质劳动的理解，他们又引入"生命政治劳动"——创造社会关系和社会生活的再生产。可见，"非物质劳动"主要强调劳动产品的非物质性，其被用来定义数字劳动，最根本还是为了强调数字劳动产品的非物质性。"受众劳动"是在受众商品理论⑤基础上提出的，克里斯蒂安·福克斯指出互联网用户不仅是消费者，而且还是生产者，他们在享受社交媒体提供的互动信息的同时，将自己的兴趣、爱好等信息生产出来，形成数据，供广告商精准投放。福克斯认为，互联网用户的数字劳动使他们自身成为在线奴隶，他们在所有在线时间都无偿为资本家提供剩余价值。"谷歌、脸书、油管或者推特等企业社交媒体上的所有在线时间都是剩余劳动时间。"⑥ 在这个过程中，互联网用户既是生产者（数据、信息、文化等意义的生产者），又是消费者（数据、信息、文化等意义的消费者）。从这个角度定义数字劳动，主要强调数字劳动生产和消费相合一的特征。

　　可见，学界通过上述相关概念来界定数字劳动的做法，仅仅聚焦数字劳

---

① Tiziana Terranova, "Free labor: Producing Culture for the Digital Economy", *Social Text*, 2000, Vol. 18, No. 2, pp. 33–58.

② Julian Kücklich, "Precarious Playbour: Modders and the Digital Games Industry", *Fibreculture*, 2005, Vol. 5, No. 1, pp. 1–5.

③ Maurizio Lazzarato, "Immaterial labour", in Paolo Virno, Michael Hart, eds., *Radical Thought in Italy: A Potential*, Mineapolis: University of Minesota Press, 1996, p. 133.

④ 迈克尔·哈特、安东尼奥·奈格里：《帝国——全球化的政治秩序》，杨建国、范一亨译，江苏人民出版社，2008，第 284 页。

⑤ 受众商品理论认为大众传媒通过公开或隐蔽的内容实现吸引受众的注意，使受众的注意力成为商品，并将这种商品贩卖给广告商以获取利润。受众在非工作时间无偿为大众传媒工作。

⑥ Christian Fuchs, *Digital labour and Karl Marx*, New York: Routledge, 2014, p. 106.

动某一方面的具体特征，并非从劳动过程的角度全面认识这种新型劳动。数字劳动的类型有很多，既包含无酬的数字劳动，也包含有酬的数字劳动；既包含玩乐性的劳动，也包含工作性的劳动。虽然数字劳动生产的产品大部分为非物质产品，但同样也涉及物质产品。另外，数字劳动的生产过程也并不全然是生产和消费相合一的过程，"产消合一"仅为某种类型数字劳动的突出特征。因此，要想把握数字劳动的内涵，就必须摒弃从某种特征、某种类型或者某种领域去界定数字劳动的做法，进而通过分析数字劳动过程涉及的种种因素及其最终劳动产品的特点来对数字劳动进行准确的界定。

在马克思的视野里，完整的劳动过程包含三个要素：有目的的劳动、劳动资料和劳动对象。劳动资料中尤为重要的是生产工具。生产力是决定社会变革的先导力量，生产工具是生产力最突出的表现，"手推磨产生的是封建主的社会，蒸汽磨产生的是工业资本家的社会"①。数字信息通信技术推动世界进入数字经济时代，在此逻辑框架下，只有使用数字化工具的劳动才能称得上数字劳动。然而，完整的劳动过程除了生产工具以外，还涉及有目的的劳动、劳动对象以及最后的劳动产品。因此，如果简单认为数字劳动就是使用数字化劳动资料进行生产的劳动，断然概括不出数字劳动的全貌。数字经济时代和以往一切时代相比有一个突出特征，那就是人们任何的劳动轨迹，只要通过数字信息通信技术建立的交互界面都会产生大量数字产品——数据，这种劳动产品既区别于农业时代通过农业工具生产的农业产品，也区别于工业时代通过工业工具生产的工业产品。从这个角度而言，数字经济时代能够生产数字化数据和信息的劳动可以被称作数字劳动。在此基础上，以这些数字化的产品为劳动对象进行二次加工的劳动也称得上数字劳动。换言之，最终的劳动产品以数字化的形式呈现的劳动都可以看作数字劳动。

由此可见，数字劳动是在数字信息通信技术的基础上发展起来的一种新型劳动形式。就广义上来看，凡利用数字化劳动资料进行生产的劳动都可以被理解为数字劳动。就狭义上来看，以数字信息通信技术及其基础设施设备为劳动资料，以数字化的数据和信息为劳动对象，以数字化的产品呈现的劳动是数字劳动。广义的数字劳动主要侧重于劳动过程，狭义的数字劳动主要侧重于劳动产品。

① 《马克思恩格斯文集》（第1卷），人民出版社，2009，第602页。

（二）数字平台中数字劳动的分类及其具体表现

在数字信息通信技术的推动下，现实世界中的人和物能够通过传感器等数字系统在数字信息通信技术构建的庞大虚拟空间中以二进制的数据和信息存在。为了使不同的个体和群体能够便捷快速地交流，数字平台诞生。数字平台究其本质，是数字化的基础设施，承担着两个或两个以上个体或群体之间的交流与互动。随着数字信息通信技术的进一步发展，不仅仅是现实世界中人和物的数据和信息得以在数字平台中呈现，现实世界的生产和生活活动也得以在数字平台中被模拟和重现，人们甚至可以直接在数字平台构建的虚拟场域中生产和生活。由于数字平台类型多样，数字平台中的数字劳动的具体表现也有所不同。因此，我们首先要对数字平台进行分类，以此为基础对数字平台中数字劳动的类别和具体表现进行考察，才能接着对其生产性问题进行研究。

尼克·斯尔尼塞克在《平台资本主义》中介绍了五种不同类型的数字平台：提取、分析数据的广告平台，出租软件和硬件服务的云平台，构建线上和线下联结通道的工业平台，直接提供商品和服务的产品平台以及将所有成本外包出去，仅仅充当中介角色的精益平台。[①] 国内学者则按照数字平台作用和功能将其分为三种类型：一是提供产品和服务的线上交易中介服务的数字平台，旨在促进商品和劳务的流通；二是提供免费的社交媒体和搜索引擎服务的数字平台，旨在促进信息传递和社会交往；三是提供硬件和软件的数字平台，旨在提供和更新数字信息技术。[②] 国家市场监督管理总局在发布的《互联网平台分类分级指南（征求意见稿）》中，尝试把平台分为六类：网络销售类平台、生活服务类平台、社交娱乐类平台、信息资讯类平台、金融服务类平台、计算应用类平台。[③] 上述关于数字平台的分类，尽管大相径庭，但主要还是涉及数字平台四个方面的功能：技术研发、社交娱乐、咨询建议、销售服务。不同数字平台中代表性的数字劳动见表 1。

---

① 尼克·斯尔尼塞克：《平台资本主义》，程水英译，广东人民出版社，2018，第 55~97 页。

② 谢富胜、吴越、王生升：《平台经济全球化的政治经济学分析》，《中国社会科学》2019 年第 12 期。

③ 《关于对〈互联网平台分类分级指南（征求意见稿）〉〈互联网平台落实主体责任指南（征求意见稿）〉公开征求意见的公告》，https://www.samr.gov.cn/hd/zjdc/202110/t20211027_336137.html。

表 1　数字平台中数字劳动的具体表现

平台类别	主要功能	典型表现	典型的数字劳动者	提供的数字劳动
技术研发平台	提供数字信息通信技术 提供数字化生产工具	应用商店 操作系统云平台	开发工程师	提供数字信息通信技术的数字劳动
社交娱乐平台	提供信息数据交流 提供娱乐产品互娱	脸书（Facebook） 抖音（TikTok）	互联网用户	提供数据信息产品的数字劳动
咨询建议平台	提供意见建议	谷哥（Google） 百度（Baidu）	数据分析师	提供数字服务产品的数字劳动
销售服务平台	促进商品流通 提供生活服务	亚马逊（Amazon） 优步（Uber） 滴滴出行（Didi）	外卖小哥 出租车司机 快递小哥	提供服务的数字劳动

　　资料来源：笔者根据相关文献整理。

　　虽然我们对数字平台中的数字劳动进行了粗略分类，但实际上数字平台中的有些数字劳动可分属不同种类。比如生产数据和信息的数字劳动也有可能是收集、清洗、分析数据的数字劳动，提供数字信息通信技术的数字劳动也有可能是提供数字服务的数字劳动。即便如此，对数字平台中所涉及的数字劳动进行大致分类是十分必要的，这是我们探讨平台数字劳动生产性问题的重要依据。

四　平台数字劳动的生产性与非生产性

　　经过上述分析可知，平台数字劳动的劳动产品大部分都是非物质产品，它们不同于在物质生产领域内生产的物质产品，但这并不代表平台数字劳动不具备生产性。有必要结合《手稿》中马克思考察生产劳动的三个视角对平台数字劳动的生产性与非生产性问题进行全面的分析和探究。

（一）提供数字信息通信技术的数字劳动的生产性分析

　　第一类是在数字平台中提供数字信息通信技术的数字劳动。数字信息通信技术指借助一定的设备将各种信息转化为计算机能识别的二进制数字"0"和"1"后进行运算、加工、存储、传送、传播、还原的技术。最常见的数字信息通信技术是编程，即编定程序，让计算机按照某种运算方式计算出最后结果。高新数字信息通信技术还包括云计算、大数据、物联网等。数字平台本身就是数字信息通信技术的一种集中表现。如谷歌云计算、百度云计算、亚马逊云计算等，这种云平台以现实的数字基础设施为依托，为用户提供相应的云存储、云计算服务。提供数字信息通信技术的数字劳动，究其本质就是将劳动能力物化在各种可视化的软件与硬件中，数字劳动者的抽象劳动凝结成软件与硬件的价值，数字劳动者的具体劳动形成了软件与硬件的使用价值，数字化的软件与硬件成为数字商品被出租和售卖，数字劳动者的剩余劳动创造的剩余价值以利润的形式在数字商品售卖过程中得到实现。

马克思在《手稿》中指出："假定一个工厂主买不到一部现成的机器，他可以自己制造一部机器，不是为了出卖，而是为了把它当做使用价值来利用。但是，在这种情况下，他把机器当做自己的不变资本的一部分来使用，因而他是以机器协助生产出来的产品的形式一部分一部分地把机器出卖的。"① 提供数字信息通信技术的数字劳动，以数字平台为直接的劳动对象，或者说数字平台是这类数字劳动的直接劳动成果。从这个角度而言，数字平台被当作不变资本来出租和售卖。数字平台被一部分一部分地转移到消费者手中，它在本质上是与物质生产领域的不变资本相一致的，区别就在于数字信息通信技术自身能够不断被复制，边际成本趋近于零，技术在被消耗的同时也能够进行更新和升级，同一个数字平台的功能与服务或基于数字平台提供的数字信息通信技术能够被多方消费者所购买和使用。当然，即便技术以零边际成本进行多次复制和使用，数字平台本身的价值也会随着时间的流逝和新技术对其的替代而直接丧失或逐步转移到新的数字载体上。

数字信息通信技术的发展使技术本身能够以可视化的数字产品呈现在数字世界当中，提供数字信息通信技术的数字劳动与资本相交换，生产出数字商品，资本以占有、租赁和售卖数字平台和数字信息通信技术的形式获取剩余价值，实现价值增殖。由此可见，不管是把数字平台看作商品还是把数字平台上的数字信息通信技术看作商品，生产这些数字商品的数字劳动都属于马克思视角下的生产劳动。

（二）生产数据和信息的数字劳动的生产性分析

第二类是在数字平台中生产数据和信息的数字劳动。通过数字信息通信

---

① 《马克思恩格斯文集》（第 8 卷），人民出版社，2009，第 234~235 页。

技术构建的数字平台，人与人、人与物、物与物的互联互通得以实现，都能够以数字化的形式呈现。在此前提下，不仅仅是人活动产生的大量数据被收集，通过传感器物的种种属性也能以数据的形式被挖掘和分析。这种包含着丰富信息的数据充斥在数字平台的广袤空间之中，人们利用数据和信息进行意义的交流和互换。这类数字劳动以人和物在现实世界中的数量和空间关系为劳动对象，以数字平台为劳动工具，将人和物以数字化的符号即数据呈现在虚拟世界之中。这类数字劳动集中体现在以社会交往和娱乐为主要目的的数字平台之中。在 Facebook、Twitter 等平台上进行交流互动的用户的活动，就是这类数字劳动的典型表现。而在 Amazon、淘宝、eBay 等平台所进行商品浏览和购买的消费用户，他们对商品进行搜索、点评、排名等的活动也会产生大量数据。这类数字劳动在数字经济时代成了人们的日常。

这种由人的劳动生产或者留下的数据自然是劳动产物，从这个意义上来看，数字劳动是生产产品的劳动。数字劳动的劳动产品，包含着丰富的信息，既能够反映劳动者的活动轨迹，也能够反映劳动者的个人偏好。这些数据可以被数字平台收集和使用，用来换取巨额的利润。然而，虽然这种数字劳动的劳动产品有巨大的使用价值，因此也有成为商品的可能，但就劳动目的而言，留下数据并不是这种数字劳动的初衷，这种数字劳动最初的目的是使劳动主体与另一数字劳动的主体进行文化和意义上的交流。简言之，数据作为这种数字劳动的产品是附带的。再者，这种数字劳动并没有和资本相交换，没有与资本构成关系，仅充当潜在的商品，还未成为真正的商品。因此，这种数字劳动并不是马克思视角下的生产劳动。

数据和信息两个概念在一定程度上可以混用，但两者存在本质上的区别。"如果我们将'数据'仅限于计算机和网络领域以二进制代码形式存在的电子数据，那么它与信息的区别在于：一是在性质上信息是本体，数据是媒介或载体。犹如纸之于文、唱片之于音乐、电视之于新闻等，这种区分是明确且易于理解的。"① 换言之，信息是内容，数据是承载内容的形式。在数字平台中生产数据和信息的数字劳动，还包含一种进行信息创造与交流的劳动，如在社交平台公众号上发表文章，在娱乐平台上发表短视频等。这些劳动的产品逐渐从由传统媒体所承载过渡为由数字化媒体所承载。马克思曾指出："弥尔顿创作《失乐园》得到 5 镑，他是非生产劳动者。相反，为书

---

① 梅夏英：《信息和数据概念区分的法律意义》，《比较法研究》2020 年第 6 期。

商提供工厂式劳动的作家，则是生产劳动者。"① 若自媒体运营者或短视频制造者生产信息产品以换取受众的打赏，那么他们便不是马克思视角中的生产劳动者；若为资本所雇佣，把劳动产品打包成为数字化的商品进行售卖，以此获取利润，那么他们的数字劳动则被视为生产劳动。

（三）提供服务的数字劳动的生产性分析

基于数字平台提供服务的数字劳动，若按提供服务的最终形式来看，可以分为两类。一类劳动以数字平台收集、整理的数据和信息为劳动对象，以数字软件为劳动工具（如 Excel、SPSS、SAS 等数字分析软件），生产可视化的数字服务产品。另一类是基于数字平台进行的旨在提高服务效率和降低服务成本的传统服务劳动，如出租车司机、外卖小哥、快递小哥的劳动。

基于数字平台提供数字服务产品的数字劳动，其生产工具是各种数字信息技术分析软件，劳动对象是形形色色的数据和信息，最终的劳动产品是用来指导人们行为的可视化报告、建议和决策。这种数字劳动对已有的数据产品进行收集、清洗、分析、传输和存储，这个过程不仅改变了数据产品的形态，还创造出新的价值。数字劳动者既可以被数字平台所雇佣，依附于数字平台或数字资本，也可以通过一对一、一对多的形式直接对接消费者，为消费者提供数字咨询建议服务，以此来赚取收入和支付平台租金。前一种形式的数字劳动被资本所雇佣，与资本相交换，劳动产品成为商品，为资本带来剩余价值，实现资本增殖，属于马克思生产劳动的分析范畴。采取后一种形式的数字劳动者，"不是为了把这个劳动当做劳动一般来增殖，而是为了把它当做这种特定的具体劳动来享用、使用；那么，在这种情况下，她的劳动就是非生产的"②。这种劳动固定在数字可视化产品当中，而且也有可能成为可以出卖的商品，但购买后一种形式的数字劳动的消费者完全是为了获得它的使用价值，并不是为了补偿消费者所支付的费用从而实现价值增殖。"同一劳动可以是生产的，只要我作为资本家、作为生产者来购买它，为的是使它增殖；它也可以是非生产的，只要我作为消费者，作为收入的花费者来购买它，为的是消费它的使用价值。"③ 因此，在这个层面上这种数字劳

---

① 《马克思恩格斯文集》（第 8 卷），人民出版社，2009，第 406 页。
② 《马克思恩格斯文集》（第 8 卷），人民出版社，2009，第 227 页。
③ 《马克思恩格斯文集》（第 8 卷），人民出版社，2009，第 226~227 页。

动并不属于马克思视角下的生产劳动。

　　基于数字平台进行的旨在提高服务效率和降低服务成本的传统服务劳动也会不自觉地产生大量的数据，这些数据被数字平台使用和占有。这里主要探讨作为服务形式的劳动。传统服务劳动大部分与收入相交换，但是基于数字平台进行的服务劳动与传统的相比更具复杂性。首先，它改变了劳动产品的位置。其次，它介于商品的卖者和买者之间，从这个角度而言，它扮演着帮助商品实现价值的角色。最后，提供服务的劳动者在与收入相交换的过程中还必须以数字平台为中介。马克思曾就运输业中的生产劳动进行过考察，他认为在运输过程中，劳动对象或商品的位置改变了，从而"它的使用价值也起了变化，因为这个使用价值的位置改变了。商品的交换价值增加了，增加的数量等于使商品的使用价值发生这种变化所需要的劳动量"①。马克思在《资本论》第三卷就《手稿》中提及但没有展开讨论的商业资本和商业工人劳动的生产性问题进行分析时指出，处于单纯流通领域的当事人既不生产价值，也不生产剩余价值，对商人来说，"流通费用表现为他的利润的源泉……因此，对商业资本来说，投在这种流通费用上的支出，是一种生产投资。所以，它所购买的商业劳动，对它来说，也是直接生产的"②。马克思这里所指的"生产劳动"是衍生意义上的生产劳动。这种"生产劳动"对于商业资本家来说是生产的，因为它帮助商业资本家实现商品的价值和剩余价值，从而获取商业利润，因此它表现为生产剩余价值的生产劳动。

　　流通领域劳动和生产服务劳动的生产性问题，是学界争议较多、分歧较大的问题。数字平台中提供服务的数字劳动涉及流通领域和生产服务领域。运输过程在马克思看来仍处于生产过程，运输过程中的劳动不外是作为"总体工人"的劳动被包含在生产领域中，而商人劳动或者商业雇佣工人的劳动是在商品生产过程完成之后才开始的，属于流通领域，"正像例如真正的运输业和发送业事实上可以是而且是和商业完全不同的产业部门一样"③，二者并不矛盾。因此，在数字平台中提供服务，帮助商品实现价值的那部分劳动，并不属于马克思视角下的生产劳动。最后，还需要补充的是，以数字平台为中介直接提供服务的劳动，如互联网出租车平台司机的劳动，直播平

---

① 《马克思恩格斯文集》（第 8 卷），人民出版社，2009，第 419 页。
② 《资本论》（第 3 卷），人民出版社，2018，第 336 页。
③ 《资本论》（第 3 卷），人民出版社，2018，第 322 页。

台主播的劳动，"这种服务的买者和卖者的关系，就像纱的卖者和买者的关系一样，同生产工人对资本的关系是毫无共同之处的"①。因此这种数字劳动不属于马克思视角下的生产劳动。但是，数字平台充当中介与劳动者构成直接联系，其中数字资本和劳动者之间的控制与抵抗是需要重点关注的问题。

五　结语

马克思考察生产劳动理论是为了揭示资本主义生产关系剥削的实质，他聚焦资本主义机器化大生产，认为生产劳动是能够生产剩余价值的劳动，是与资本相交换帮助资本实现增殖的劳动，是生产商品的劳动。这是从原本意义上来理解马克思生产劳动理论的三个视角。马克思还从资本家的角度将为资本家带来利润的劳动称为"生产劳动"。作为衍生意义的"生产劳动"和原本意义的生产劳动极容易混淆，这也是导致生产劳动问题未能达成共识的一个关键所在。对于提供数字信息通信技术的数字劳动而言，由资本所雇佣，数字信息通信技术成为商品，因而这类数字劳动属于马克思视角下的生产劳动。对于生产数据和信息的数字劳动而言，这类劳动唯有被资本所雇佣，并把数据和信息打包成数字商品进行售卖才属于马克思视角下的生产劳动。对于提供服务的数字劳动而言，由资本所雇佣，生产可视化的数字服务商品，属于马克思视角下的生产劳动，另一种直接提供服务的数字劳动则不属于马克思视角下的生产劳动。

实践不断向前发展，理论必须结合实践寻找新的生长点。首先，虽然数字平台中数字劳动的生产性问题得到了初步解决，但数字劳动参与资本增殖的过程与物质生产领域的生产劳动参与资本增殖的过程的异同点需要进一步分析。其次，数字劳动的出现给劳资关系带来了很多变化，如何从技术、资本和制度相互影响的维度探讨劳动者个体生存境况，避免劳动者从数据创造者成为数据剥削的对象需要继续探索。最后，马克思考察生产劳动以资本主义生产方式为框架，如何以马克思生产劳动理论为指导来分析中国特色社会主义条件下生产劳动的划分标准问题、数据的所有权归属问题、数字劳动与数字资本之间的关系问题是重要的理论课题。数字劳动作为一种新型劳动形

① 《马克思恩格斯文集》（第 8 卷），人民出版社，2009，第 419 页。

式在中国乃至全世界日益占据重要地位，应充分认识到数字劳动在促进经济发展中的作用，坚持以马克思主义为理论基础，在实践中应用马克思主义的基本原理和方法去剖析数字劳动带来的现实问题，使数字劳动更好地为中国特色社会主义的发展服务。

（作者单位：中山大学）

原文《平台数字劳动是生产劳动吗？——基于〈政治经济学批判（1861—1863 年手稿）〉的分析》，原载《经济学家》2022 年第 8 期，收入本书时有改动

媒介帝国主义的时代生成、本质澄明及中国应对

邱卫东

在资本全球扩张的历史和现实交融背景中，跨国界的媒介交流活动愈加频繁，而如何认识异质性文化之间的交流、交融乃至冲突现象，则是媒介全球传播框架下如何认识资本主义本质的时代命题。以列宁帝国主义理论作为分析框架和理论出发点，我们发现，基于信息传播技术的媒介化生存世界，不仅切实改变了人们的日常生活交往方式，而且重塑了全球语境中的跨国文化交流形态；然而，我们也发现，通过将网络媒介渗透到全球生产、分配、交换、消费总过程的方式，主要资本主义国家却更加有效地占有了全球剩余价值，由此，这些国家确保自身霸权地位的意图也是愈发明显。因此，媒介帝国主义概念一经提出，就获得了旺盛的生命力。可以说，作为"文化霸权主义当代性的主要形态"① 的媒介帝国主义，为解释全球文化大交流和资本全球扩张提供了重要的理论范式。因此，在当下逆全球化潮流、新冠疫情大肆虐、数字化经济日益兴起以及新兴国家不断呼唤新型全球治理格局等背景下，通过运用列宁帝国主义理论的分析框架把握媒介帝国主义的时代生成、垄断本质和霸权目的，必将为推动构建媒介命运共同体提供重要的理论指导。

一 媒介帝国主义的时代生成

资本以实现自身增殖为唯一目的。在社会生产力发展演进的过程中，资

---

① 张其学：《媒介帝国主义：文化霸权主义的当代形态》，《南京社会科学》2004 年第 10 期。

本在全球范围内扩张、生产进而最大限度地占有剩余价值的情况发生了很大变化。历史地看，这一变化鲜明地体现了从传统的舰炮暴力殖民到隐蔽柔性的媒介殖民的演化趋势。所谓媒介殖民，实际上就是媒介帝国主义通过媒介对其他国家进行的文化殖民。而首提媒介帝国主义的学者是美国传播学者赫伯特·席勒。在《大众传播与美利坚帝国》中，赫伯特·席勒在考察政府、军队、企业与大众媒介的深度关联后，从"文化帝国主义"视角深刻揭示了主要资本主义国家及其跨国企业通过争夺媒介霸权来使自己在全球扩张中"达到产品销售、企业运营以及操纵舆论的目的"[1]，并认为这种媒介霸权必然会加剧东西方国家之间的不平衡。为此，博伊德·巴雷特以不同国家在全球文化传播中的不平等现象，明确定义媒介帝国主义是"一个国家媒介的所有权、结构、发行或内容，单独或总体地受制于其他国媒介利益的强大压力，而受影响国家没有相应的影响力"[2]。媒介帝国主义的出现和发展，标志着资本主义生产和再生产出现了新变化，这为把握资本与文化、资本与技术、资本与媒介的钩连提供了生动鲜活的现实注脚。

从殖民的历史来看，无论是资本主义形成发展的早期阶段，还是资本主义发展到垄断阶段后，都需要借助暴力。在暴力征服和恐吓下，殖民者通过政治、军事等手段维系着有利于资本增殖的社会秩序。在早期，资产阶级倚赖政治和军事权力打破了本国封建主义的种种阻滞，为资本大工业扩张提供统一的市场、货币等保障。随着社会生产力的发展，资本主义进入垄断资本主义发展阶段。为了更加有效地将不同地区不同文明纳入资本增殖体系，以暴力为核心的政治和军事等方式成为维系资本全球延展的核心手段。此时的资本主义，对内通过国家暴力机器维系资本生产需要的稳定秩序，对外则通过"舰炮政策"在全球范围内攫取剩余价值。第二次世界大战结束以后，在凯恩斯主义盛行、社会主义力量兴起、各民族国家纷纷独立的背景下，以往依靠暴力、强权的"血腥殖民"手段维系资本全球获利的格局难以持续。资本主义开始转向以更为柔和、更为隐蔽的手段来实现资本增殖的目的，已经"很少再使用传统的殖民手段"[3]。也正是在此过程中，随着大众传媒、网络技术媒介的快速发展，资本主义巩固政治统治和资本获利的手段，开始

---

① 赫伯特·席勒：《大众传播与美利坚帝国》，刘晓红译，上海译文出版社，2006，第14页。

② 转引自陈世敏《大众传播与社会变迁》，台湾三民书局，1992，第40页。

③ 赵常庆：《新帝国主义的特点与发展趋势》，《马克思主义研究》2013年第4期。

全面实现从以政治、军事为主的方式向以传播媒介为载体的柔性化方式的历史性转换。"世界已经离开了暴力和金钱控制的时代，而未来世界政治的魔方将控制在拥有信息强权的人手中，他们会使用手中掌握的网络控制权、信息发布权力，用英语这种强大的文化语言优势达到暴力、金钱无法征服的目的。"[①] 就信息化时代的统摄力而言，媒介霸权、媒介控制已成为资本主义全球获利、控制社会秩序的新手段，无论是媒介与政治钩连，还是政治对媒介施加影响，都表征着资本主义霸权控制的社会手段实现了从政治到媒介的转向。

在资本主义国家内部，媒介承载着上传下达的信息传递作用，是巩固资本主义统治的重要载体。无论是在民众权益的表达上，还是在统治阶级意识形态的宣扬渗透方面，现代媒介都占据着得天独厚的优势。资产阶级希望发挥媒介的政治传播作用，借助媒介持续强化对民众的政治影响和控制，由此政治和媒介实现了深层逻辑关联。资产阶级向媒介领域渗透政治权力，目的在于以媒介影响决策、控制民众进而维护巩固阶级统治。当媒介被视为传播资产阶级意识形态、控制民众思想的工具时，媒介实际上也就承担并发挥了思想灌输和政治控制的作用。无论是政治领域还是日常休闲娱乐的信息传播，背后都深嵌着资产阶级意识形态编织的控制网络体系。

表面上看，大众传媒好像是信息传播的手段，但本质却是钳制思想、巩固资本主义意识形态的文化灌输工具。大众传媒通过与资本主义内在逻辑相一致的日常生活话语体系建构，潜移默化地影响民众思想和情感，以达到资本主义在意识形态上的统一和同质。其所取得的效果，显然是以往以暴力镇压和舰炮政策为特征的资本扩张所无法比拟的。其具体体现在以下几个方面。一是任何媒介传播的内容都要契合资本增殖权益，选择性筛选过滤报道信息、狭隘化的设置议题等，目的在于以预期的媒介议程设置[②]传播影响和控制民众的思想意识。也正是依赖信息筛选，资本主义在控制媒介基础上全面建构起了维护资本增殖的意识形态体系。二是从资本增殖逻辑出发创设媒介使用话语和传播形式，一切媒介信息传播内容都要接受资本增殖逻辑的规制。名目繁多、花式多样的商业广告，正是媒介建构消费主义文化、为资本

---

① 刘文富等：《全球化背景下的网络社会》，贵州人民出版社，2001，第 116~117 页。
② 所谓媒介议程设置功能，是指"媒介的一种能力，通过重复性新闻报道来提高某议题在公众心目中的重要性"。参见赛佛林、坦卡德《传播理论——起源、方法与应用》，郭镇之等译，中国传媒大学出版社，2006，第 189 页。

增殖服务的现实体现。三是重大政治活动与媒介传播实现了双向互构，重大政治活动需要借助媒介争取民意支持，媒介传播需要借助重大政治活动提升影响力，这样，通过这种方式，资本主义就以更加隐蔽的形式实现了对社会的全面掌控，增强了对社会控制的权力要素。事实上，美国正是依靠"在信息上的优势以及对世界大部分信息来源的控制构成了 20 世纪 90 年代以来的权力要素"[1]。可以说，媒介在主要资本主义国家内部已被规训为巩固统治、服务资本增殖的现代工具，并在此基础上形成了强大的信息传播和话语动员能力，这为媒介在全球范围内确立垄断霸权地位奠定了坚实基础。

从世界范围来看，资本主义通过媒介信息传播控制全球话语霸权、占有剩余价值。这种转向鲜明地表现在："一国或多国对其他国家的媒体系统、传播技术和传播内容的优势性输出、扩张、垄断和支配，尤其表现在发达国家与第三世界国家之间。"[2] 而与政治统摄、血腥殖民不同的是，媒介控制在逻辑层面要实现的是文化价值观念统一化，全面拓展巩固资本主义全球政治经济文化的主宰权，即媒介帝国主义是资本主义全球经济霸权的实施方式和关键依托。对此，有学者指出，"媒介帝国主义的话语经常回流而转成一种经济支配的关系"[3]。确实，资本借助媒介在全球东奔西走寻求发展空间，一方面需要建构起有利于其增殖的文化价值体系，另一方面需要媒介辅助资本最大限度地分割剩余价值。具体体现在以下几个方面。一是通过国内建构起的发达媒介传播体系，以电影、广告、流行音乐等形式，将国内有利于资本增殖的文化价值体系拓展到世界各地，全面建构起了有利于资本扩张的文化支配和文化管理的社会环境。这方面最显著的表现，就是消费主义、新自由主义等思潮在全球范围内的渗透和蔓延。也正是在诸如"资本永恒""消费至上""我消费故我在"的系列话语传播构建中，资本主义不断在至关重要的思想文化层面上，以"一种隐蔽性的但更具欺骗性的方式企图延续帝国主义在经济上和政治上的全球统治"[4]。二是大众传媒等网络话语渠道，不断塑造出了在分配环节中最大限度占有剩余价值的品牌、文化、符号体系，为资本最大限度占有剩余价值提供了现实支撑载体。三是大众传媒可以通过"颜色革命"等方式，推翻不忠实的敌对政权而培植或者控制忠于

① 赫伯特·席勒：《大众传播与美利坚帝国》，刘晓红译，上海译文出版社，2006，第 34 页。
② 金苗：《媒介霸权论：理论溯源、权力构成与现实向度》，《当代传播》2010 年第 5 期。
③ 汤林森：《文化帝国主义》，冯建三译，上海人民出版社，1999，第 67 页。
④ 张小平：《当代文化帝国主义的新特征及批判》，《马克思主义研究》2019 年第 9 期。

资本的傀儡政权，因为"强大的传播媒体能够横跨洲际，造成国家政治领导人与全球社会之间权力的转移"①。传媒的这种功用远比政治军事手段更为高明，因为"即便从物质意义上说，也能够比用别的方法获得更多。商业追随精神上的支配，比追随军旗更为可靠"②。

总之，发达资本主义国家借助强大的媒介技术和传播体系，在全球范围内进行媒介信息传播、垄断和支配，目的在于通过建立起垄断性文化价值体系，以"润物无声"的手段助推并不断夯实自身对国际政治经济文化事务的主导权，为维系资本全球获利提供坚实支持。

二　媒介帝国主义的本质澄明

当前，"媒介帝国主义理论是西方马克思主义的重要研究课题"③。在信息传播技术迅猛发展的背景下，西方马克思主义学者认为，主要资本主义国家通过文化媒介在全球的扩张和殖民，意图在全球范围内建构话语主导权、分割全球剩余价值，并进而巩固资本在全球的主导地位。当前，在全球生产分工体系中，发达资本主义国家和发展中国家形成了"核心—边缘""支配—依附""发达—欠发达""中心—外围"④ 等的发展格局。然而，这一发展格局是动态变化的，因而也会时刻威胁着主要发达资本主义国家的现有地位。这一点，资本主义国家非常清楚。因而，为了巩固发达资本主义在全球分工中的核心支配地位，他们借助历史上积累的媒介优势、话语优势等分割和占有全球媒介市场。然而，这造成的后果就是：一方面，发达资本主义国家以媒介帝国主义作为出发点和落脚点，力求无论是在媒介数量上还是媒介质量上都处在绝对优势地位，以尽可能地控制全球剩余价值的分配权；另一方面，对于发展中国家而言，这严重挤压了发展中国家的媒介发展空间，并进而严重损害了发展中国家的经济发展权益。总的来看，为有效维护资本主义全球经济基础和上层建筑的稳定，主要资本主义国家通过最大限度地集

---

① 阿尔文·托夫勒：《权力的转移》，黄锦桂译，中信出版社，2018，第329页
② 陈学恂主编《中国近代教育史教学参考资料》（下册），北京人民教育出版社，1998，第283~284页。
③ 宋鑫：《数字时代西方左翼对媒介帝国主义理论的重新审视》，《国外社会科学前沿》2022年第3期。
④ 马艳、大卫·科兹、特伦斯·麦克唐纳：《资本积累的社会结构理论的创新与发展——与吕守军先生商榷》，《中国社会科学》2016年第6期。

中媒介资源，实施媒介殖民主义，推进媒介环境市场化等举措，于"润物无声"中有效夯实了对国际政治经济文化事务的主导权。具体而言，媒介帝国主义的本质特征主要体现在以下几个方面。

第一，媒介资源高度集中是媒介帝国主义的首要特征。正如有学者所指出的，"任何科学技术的产生与发展都无法摆脱社会生活在强制性再生产中形成的社会利益，互联网传播技术亦是如此"①。媒介帝国主义的直观表现，就是发达资本主义国家以媒介垄断实现了对全球媒介体系的控制。在大众传媒的发展历史进程中，技术的演进升级是不可忽视的重要因素。发达资本主义国家由于经济发达及实力雄厚，能够前瞻地布局和顺应新技术发展潮流，因而媒介技术和传播获得了长足的发展和强大的技术援引。发达资本主义国家以资本、媒介、技术的合谋，实现了媒介资源的高度集中。在全球化浪潮中，发达资本主义国家打着言论自由和市场自由的旗号，实际目的则在于集中媒介资源、抢占信息的绝对控制权，并进一步强化了全球媒介体系中的不平等。首先，媒介帝国主义通过对媒介资源的牢牢控制权而确保自身的绝对强势地位。尽管在信息化发展趋势中，媒介形态表现出了一定的民主趋势，但掌控、操纵媒介的权力始终在发达资本主义国家手中。在媒介资源数量上，发达资本主义国家媒介机构和媒介资源体量巨大。例如，美国不仅在国内拥有以美联社为代表的广播电台、电视和书报杂志，而且拥有在全球媒介市场具有重大影响力的美国之音广播电台，数量众多的媒介机构每天向全球输出了数量庞大的媒介信息。基于此，在《大众传播与美利坚帝国》中，席勒深刻批判了美国以媒介权力实现文化产品全球肆虐的现象，揭示了美国大众文化传播的媒介帝国主义实质。在媒介资源质量上，发达资本主义国家媒介发展历史悠久，在媒介技术、媒介话语、传播策略等方面占据优势地位，可以驾轻就熟地实现对发展中国家的媒介影响。其次，媒介帝国主义通过牢牢控制媒介传播语言和媒介产品的生产而确保自身拥有绝对的话语权。媒介帝国主义的形成发展，与语言的使用和文化产品的创新研发具有密不可分的关系。在全球媒介市场中，作为国际通用语种，英语占据着主导性地位，而非英语国家的媒介信息传播很难在全球媒介市场中获得相应的市场份额。同时，在文化产品创新研发方面，发达资本主义国家也具有比较优势，

---

① 石义彬、吴鼎铭：《论媒介形态演进与话语权力的关系变迁——以话语权为研究视角》，《新闻爱好者》2013 年第 5 期。

无论是风靡全球的影视作品、具有世界性影响的文创产品，还是具有价值渗透作用的各种新闻报道，都显示出了发达资本主义国家在媒介产品生产和传播方面拥有的主导权。总体来看，媒介信息、娱乐产品的流向以发达资本主义国家流向发展中国家为主，其中，美国媒介产品不仅涌向了世界各地，而且还在更为深层的价值观层面上对发展中国家的社会发展产生了深远影响。最后，媒介帝国主义通过牢牢控制新兴媒介技术研发、使用和布局等确保自身在网络技术、信息技术、智能技术以及大数据技术等方面拥有绝对的技术控制权。尽管媒介技术不断创新发展，发达资本主义国家始终在媒介技术使用和布局方面占有绝对优势。如前瞻布局移动互联网领域，不断加大适应数字传媒发展的基础技术研发；在搜索引擎、即时通信等诸多领域形成了复合式垄断格局；等等。相反，广大媒介发展中国家在这方面很难具有独立性，只能依附媒介帝国主义国家。例如，大量数据证明，印度等主权国家法务部门在制定相关标准时，就不得不考虑 Facebook 等应用制定的标准。①

第二，媒介殖民形式潜隐是媒介帝国主义的外化样态。媒介帝国主义是资本主义垄断霸权的新形式，是媒介发展演进过程中帝国主义形态的转化。帝国主义垄断获利的本质未变，变的只是获取剩余价值的手段方式，其体现在从帝国主义时代的"舰炮殖民"变成了媒介信息时代的"媒介殖民"。二战结束以来，国际政治经济发展格局沿着自由民主化方向不断发展，直接的政治干预、军事冲突不再是资本主义在全球市场获取剩余价值的主流手段。信息传媒技术的飞速发展，特别是自由开放的网络传播环境，为更趋隐形的媒介帝国主义殖民提供了绝佳发展环境。当信息媒介在国际政治经济文化领域中的地位和影响不断提升时，特别是当发达资本主义国家进一步借助操控垄断来服务资本的全球不对称积累结构时，我们发现，列宁所揭示的帝国主义理论实现了在媒介传播场域的转换与升华。从全球媒介市场来看，资本主义通过媒介垄断、媒介殖民等形式，大大拓展并巩固了全球霸权政治。对此，席勒以美国为例，深刻揭示了媒介与政治相互建构所带来的结果，一方面是"大众传播目前已经成为正在浮现的美帝国的支柱。'美国制造'的讯息在全球传播，发挥着作为美国国家权力以及扩张主义的神经中枢的作用"②；另一

① D. Ghosh, "Big Data, Platform Governance: How the Free Market Incentivized Facebook's Harmful Monopoly", https://www.cigionline.org/articles/how-free-market-incentivized-facebooks-harmful-monopoly/.

② 赫伯特·席勒：《大众传播与美利坚帝国》，刘晓红译，上海译文出版社，2006，第 142 页。

方面是广大发展中国家不得不被动地接受来自发达国家的媒介控制。这样，随着移动互联网的深入发展，发达资本主义国家可以借助网络平台实现对全球媒介资源的整合和垄断，以文化产品和价值观念等隐性媒介殖民输出，进一步巩固了资本的全球垄断地位。其主要做法包括以下几个。一是建构起了为资本利益代言的非政府组织和媒介团体，以媒介营销和价值输出的隐蔽形式实现了媒介殖民。非政府组织在政治色彩和意识形态属性方面较弱，容易被发达资本主义媒介形态利用。媒介帝国主义以灵活的外包形式可以轻松实现对非政府组织的渗透，实现某些负载资本诉求的目标。二是通过建设新的媒介技术特别是互联网平台，为资本全球扩张搭建重要的媒介载体。在一定程度上来说，新兴媒介技术成为媒介帝国主义实现核心意图的重要"帮凶"。雄厚的资本力量、先进的媒介技术和完善的传播体系，深刻改变了资本主义霸权的全球扩张方式，大大提升了资本主义全球霸权的推进成效。在发达资本主义国家的媒介技术裹挟下，广大发展中国家或主动或被动地进入了媒介网络霸权旋涡中。如某些强势国家以对核心媒介技术的加持，可以实现对全球媒介信息的任意抓取、监控和分析。"棱镜门"事件向全球展示了美国监控和打击他国的网络媒介信息能力，从侧面也反映了媒介活动具有鲜明的政治诉求。新兴媒介传播体系在让文化输出、文化侵略变得更为隐晦的同时，也隐藏了其背后的扩张殖民性。可以说，潜隐性已经构成了媒介帝国主义推介资本霸权的内在特征。通过意识形态、文化价值观念的输出和各类信息的隐形捕获，主要资本主义国家占有全球剩余价值也变得更加便捷隐蔽了。

　　第三，媒介环境市场化是媒介帝国主义的核心手腕。从作用机理角度看，媒介帝国主义是资本主义推广霸权的外化表现形态，而媒介环境的市场化则是其实现文化霸权的核心手腕。通过发达的媒介传播体系，发达资本主义国家强势输出自己的文化价值观念，以虚假的文化优越性和新自由主义的"普世性"，建构起了助推资本全球扩张的权力支配体系，其"目的不是征服领土和控制经济生活，而是征服和控制人们的心灵，以此作为改变两国之间权力关系的手段"①。主要资本主义国家通过多媒介的操控垄断，以及由此形成的文化价值观念渗透，一方面不断向全球进行文化衍生产品倾销，如好莱坞大片、迪士尼动画等；另一方面通过债市、股市和期货市场上的叙事

---

① 汉斯·摩根索：《国家间政治：权力斗争与和平》，徐昕、郝望、李保平译，北京大学出版社，2012，第 99 页。

方式和话语建构进行市场造波，从而在更具通约性的市场化环境中为自己带来丰厚的利润回报。由此可见，区别于传统帝国主义侧重于以政治军事手段确保剩余价值获取和自身霸权地位，当下与新自由主义价值理念紧密裹挟在一起的媒介帝国主义，则在市场化、私有化、全球化境遇中，更加凸显了资本主义经济本身的因素。总之，以私有化而非公有化为基础的、以资本而非以人民为核心的、以交换价值而非使用价值为导向的、以市场和科学技术更具工具性而非价值目的性为支撑的媒介话语结构和路径实施，已愈发成为媒介帝国主义样态中的关键要素和实践样态。由此，媒介环境高度市场化以及资本与媒介合谋的媒介帝国主义样态全面形成。主要体现在：一是军事政治工业复合体被政治媒介文化复合体取代，媒介在主权国家政策支持下不断加快技术革新和全球扩张速度，建构起了媒介起着主导作用的全球市场环境；① 二是媒介帝国主义在媒介资源和经济利润的争夺中获得了最广阔的媒介市场，这为建构与媒介扩张需求相契合的经济社会结构提供了内生驱动力。在此过程中，媒介帝国主义扩张不再聚焦于发达国家对发展中国家、资本主义对社会主义，而是根据全球媒介市场发展的潜力和利益空间而随时做出调整。正是依赖于媒介市场环境的高度市场化，媒介帝国主义在全球市场中加快了"并购""收购"等扩张步伐。需要引起注意的是，尽管数字平台传媒的崛起，为广大新兴发展中国家突破媒介帝国主义的控制提供了重大历史契机，但是在媒介帝国主义的完善话语体系、成熟市场运作手段乃至深精入髓的价值理念控制下，广大发展中国家很难在短时期内形成能与之相抗衡的力量。"媒介的权力终究难以摆脱资本权力的控制。在当今世界的权力场域中以美国为首的西方世界仍然拥有强大的话语权力。"②

　　发达资本主义国家在全球范围内建构媒介话语体系，目的在于维系其垄断霸权地位。不论是为了最大限度地控制全球媒介资源体系，还是潜隐化地实施媒介殖民，其核心意图都在于维系资本主义在全球市场上的地位。而与以往的军事、政治影响手段相比，现在的媒介帝国主义更显柔性及可通约性，这无疑巩固和加剧了资本全球的不对称积累格局和不平衡发展。

---

① 熊澄宇、郑玄：《冲突与融合：从媒介帝国主义到"新媒介帝国主义"》，《新闻与传播评论》2022 年第 1 期。

② 王华生：《数字网络媒介环境下的西方话语霸权》，《河南大学学报》（社会科学版）2019年第 3 期。

三　媒介帝国主义的中国应对

媒介帝国主义是发达资本主义国家在全球扩张进程中服务资本增殖逻辑的帝国主义新样态。其核心模式，就是主要资本主义国家借助强大的媒介技术和话语霸权，在全球经济社会生产与交往过程中不断输出有利于资本扩张的文化价值观念，以"媒介—文化—资本—权力"互动的逻辑在全球分工体系中掠夺剩余价值。面对媒介帝国主义，中国必须在把握媒介帝国主义时代生成、霸权本质的基础上理性应对，全力推动构建全球媒介正义新格局。

首先，要加强媒介多元主体间性治理的顶层设计。应对媒介帝国主义的核心是实现媒介和社会的高度榫接，顺应"共商共建共享"全球新型治理体系要求。面对媒介帝国主义在全球分工体系中的疯狂掠夺和媒介市场的高度垄断态势，加快推进全球媒介市场的治理迫在眉睫。事实上，媒介帝国主义的生产、发展和活动过程都要高度依赖各种社会力量。为此，应推动强化媒介的中介治理逻辑，强化国际组织、跨国企业和政府的主体间性合作，致力于建构国际组织、跨国企业和政府通力合作的全球媒介治理体系，真正在全球媒介命运共同体形成发展过程中作出中国贡献。[1] 一是要根据全球媒介市场发展运行规律，积极参与国际组织建设、充分发挥国际组织监督引导作用。在推动全球媒介数字市场自由发展的同时，充分发挥国际组织对媒介垄断、媒介殖民等行为的监督约束，统筹全球媒介市场监督权、企业运营权和政府治理权的相互监督、相互制约。作为世界上最大的发展中国家，中国要顺应全球媒介市场发展规律，主动协同对接广大发展中国家，在联合国教科文组织等国际组织中积极发挥监督引领作用，建立健全适应全球新型治理体系要求的监督约束机制。全面激发国际组织、跨国企业和各国政府参与全球媒介市场健康发展的积极主动性。二是要在与跨国媒介企业的沟通交流及业务合作中，建立适应媒介市场平等发展和人民切身诉求的体制机制。跨国媒介企业是主要资本主义国家能够在全球延展的关键主体。当跨国媒介企业进入发展中国家媒介市场时，必然要借助介入地区的核心资源获取持续发展空间。有鉴于此，必须寻求最大限度地降低或化解媒介垄断的有效举措。中国

---

① 赵永华、王硕：《全球治理视阈下"一带一路"的媒体合作：理论、框架与路径》，《国际新闻界》2016 年第 9 期。

作为世界上拥有最大市场体量的发展中国家,一定要凭借自身在克服资本扩张悖论、追求经济社会发展正义的中国特色社会主义实践中积累起来的制度、体制优势,积极探索引导驾驭跨国媒介公司运行之道的中国方案。从而在媒介—市场—利益的多元互动格局中,最大限度地平衡好利润追求和人民利益间的关系。三是要加快推进全球媒介治理共同体建设,实现全球媒介治理的可持续发展,坚决避免国际组织缺位、企业意识不足、政府参与无力的传统困境。与此同时,还要充分发挥全球媒介市场争端化解机制的作用,以媒介争端协商解决促进全球媒介信息的自由公平交易。中国要在联合国教科文组织现行规则基础上,积极引导国际组织发挥在全球媒介市场发展中的作用,同时加大对跨国媒介企业的治理,力争为媒介治理共同体建设贡献智慧和方案。当然,在当前西强我弱的总体格局下,我们尚不可能对现有的治理规则进行根本性革命。"在时机上保持历史耐心,在力度上保持分寸感",既不要因一时一事的得失而自乱方阵,同时也要"避免盲目向'左'转或向'右'转"① 的极端情况发生,这同样也是我们在加强媒介多元主体间性治理顶层设计过程中应有的自觉。

其次,要建构维护全球媒介公共属性的话语体系。一般而言,就媒介的公共属性来说,它应该属于为人民群众发展谋福祉的公共性资源。然而,媒介帝国主义的出现,却意味着媒介成为资本谋求私利的辅助工具。为此,要强化媒介公共属性,捍卫媒介主权的公有特性,实现全球媒介市场的和谐融洽发展。在这方面,中国要建构维护全球媒介公共属性的话语体系,以打破资本对媒介私有化占有向度而造成的全球经济利益分配失衡矛盾。一是要打破资本全球扩张营造的"媒介资本专属公共领域",发展适应新型全球秩序的公共领域理论,建构具有世界阈值意义的全球媒介公共领域。在这个具有开放性、包容性的媒介公共领域中,世界各国可以依据本国发展需要和共同利益需求走向共同发展的媒介命运共同体,同时也会根据差异价值理念坚守适宜民族国家媒介发展实际需求的民族国家共同体。就此而言,媒介公共领域的拓展和建构,是人类社会走向自由全面发展理想社会形态的重要推动力量。然而,媒介帝国主义将媒介视为资本盈利的专属空间,严重侵犯了发展中国家使用媒介的权利和权益。为此,中国要坚持以人类命运共同体构想为指导,进一步推动全球媒介公共领域理论的发展,为发展中国家谋取更多媒介权益和发展空间。二是要进一步强

---

① 蔡昉:《全球化的政治经济学及中国策略》,《世界经济与政治》2016 年第 11 期。

化全球范围内的媒介主权安全意识，支持发展中国家采取强有力措施捍卫媒介信息传播安全，为构建新型的全球媒介体系作出贡献。在全球媒介市场体系中，媒介安全关乎意识形态大局和经济建设，是关系民族文化价值能否为国家长治久安做出积极探索的命门所在。全球媒介话语陷阱无处不在，媒介信息的意识形态较量时隐时现。为此，以中国为代表的广大发展中国家，要高度警惕媒介帝国主义的最新演化态势，在内增实力、外护主权的基础上推动全球新型媒介体系建设，为文化和意识形态安全提供良好环境。① 由此，建构以网络新技术为载体和支撑的媒介体系，不仅是中国特色社会主义文化发展和意识形态建设的重要内容，而且是维护媒介主权安全的核心思路。以此出发，要积极主动掌握最新媒介技术，澄清媒介帝国主义话语背后的隐性资本增殖逻辑，并全面采取措施营造风清气正的媒介市场秩序。三是要面向全球市场建构媒介话语体系，合理合法有序推动全球媒介治理体系和治理能力的现代化。媒介话语体系的建构和发展并非基于信息传播的覆盖面，而是基于媒介技术和媒介经济影响力的全面擢升。破解媒介帝国主义的隐性羁绊，关键在技术和经济发展水平提升基础上发展契合实际国情的媒介话语体系，全面拓展本国话语体系的国际向度，从根本上实现媒介安全体系的强力建构和实力提升。在这一点上，正如有学者呼吁的那样，"中国传播研究首先要破除西方传播研究中的美国中心论，构建中国传播研究的主体性，促进中国传播研究路径和视角的多元化"②。应该说，在媒介技术快速更迭、西方霸权弊端丛生、对人类文明新样态呼唤日益迫切的当下时刻，中国已经在网络技术、话语传播和综合国力上有明显提升，因而我们完全有理由相信，中国能够为公平正义的全球媒介话语体系建构及实践贡献力量。

最后，要研发适应数字时代媒介需求的底座技术。媒介帝国主义的形成发展，与主要资本主义国家在媒介技术方面的应用发展密切相关。综合来看，广大发展中国家在追求媒介正义的过程中，依然面临来自发达资本主义国家的核心技术围堵。这也使得媒介底座技术垄断和控制成了掣肘广大发展中国家在全球媒介市场地位提升的关键要素。在数字化的纵深发展潮流中，中国要重视加大适应数字媒介需求的底座技术研发，紧抓数字时代机遇，不

---

① 孙冲亚：《数字帝国主义时代的文化安全风险及其应对》，《马克思主义研究》2021 年第6 期。
② 陈世华：《北美传播政治经济学》，社会科学文献出版社，2017，第 258 页。

断提升数字媒介技术在全球市场中占有剩余劳动价值的能力，①为广大发展中国家化解媒介帝国主义技术垄断带来的现实问题做出更为积极的探索。一是要正视媒介帝国主义的技术异化现象，重视从人的全面发展需要出发加强数字媒介底座技术研发。技术是主体能力的延伸，其形成发展动力机制来自人的全面发展需要。就全球媒介技术发展现实来看，发达资本主义国家的技术异化与全球人民群众的实际发展需要之间存在严重的矛盾。解蔽媒介资本主义技术异化模式，为数字媒介底座技术发展注入人民价值逻辑，有助于打破媒介帝国主义的"虚假繁荣"。二是要全力突破数字媒介技术研发体制机制的约束，创新数字媒介技术的协同研发机制。为维护自身在全球市场中的垄断地位，发达资本主义国家已经建构起了完备的知识产权保护体系。不仅如此，我们在近些年来的国际交往中也愈加深刻地感受到，其中支撑媒介的核心技术绝不可能通过花钱化缘搞到。因此，在当下数字媒介技术日新月异的今天，发展中国家要真正实现数字媒介技术的突破，就迫切需要系统梳理制约数字媒介技术研发的体制机制因素，全面强化国内国际的协同研发机制。中国共产党在内立足新时代经济社会发展现实，对内创新探索运用新型举国体制破解"卡脖子"的底座技术，对外加强以人类命运共同体理念为指导的跨国技术协同研发合作力度，已经为破解媒介技术的垄断提供了一定的借鉴方案。三是要强化数字媒介底座技术研发与数字媒介产业的联动，不断提升数字媒介话语影响力。媒介帝国主义在全球发挥影响力的关键在技术、基础在经济，即经济和技术都是不可或缺的重要因素。发达资本主义国家就是以资本全球扩张为基础，面向世界各国输出媒介产业，形成了媒介技术和产业的双向提升，建构起了强大的意识形态和观念价值体系。因此，包括中国在内的新兴国家和地区必须在推动数字媒介底座技术与数字媒介产业联动的过程中，不断消解媒介帝国主义的现实基础，从而为全球媒介正义奠定基础。

　　总之，基于作为全球最大发展中国家以及以社会主义定向的现实，中国有责任更有义务与世界各国人民一起，在加强媒介多元主体间性治理的顶层设计、建构维护全球媒介公共属性的话语体系、研发适应数字时代媒介需求的底座技术等方面下足功夫。真正为全力维护全球经济发展正义，有效破解全球媒介霸权难题贡献自己的力量。

---

① 何玉长、刘泉林：《数字经济的技术基础、价值本质与价值构成》，《深圳大学学报》（人文社会科学版）2021 年第 3 期。

四　结语

立足历史唯物主义审视可以发现，"媒介产业渐进资本化进程与资本主义经济体系和社会制度的发展密切相关"[①]。因此，只要"自发分工"还是人类分工的基本形式，只要抽象劳动还是感性劳动的本质表达，只要资本主义生产关系还是主导人类生活的基本原则，那么，作为当今时代生产和交往重要要素的媒介资源在给人们带来交往便利和发展机遇的同时，注定会被卷入服务资本全球增殖的逻辑甬道。总的来看，作为经典帝国主义的媒介化延展，媒介帝国主义隐含的资本强势增殖逻辑，以及基于全球分工形成的"中心—外围""支配—依附"结构是资本主义国家进行媒介剥削、媒介殖民的根基所在。当然，资本主义诞生以来的历史和事实已经充分证明，资本主义越是发展，就越是走向自己的对立面。当代马克思主义者一定要在这一资本内在否定性原理的基础上，既能全面把握 21 世纪媒介帝国主义的生成机理、历史本质和内在限度，又能深入研判 21 世纪媒介帝国主义的新变化新发展，还能在直面数字帝国主义带来的矛盾挑中找到应对媒介帝国主义的有效方案。毕竟，突破发达资本主义国家建构起的媒介帝国围堵，绝不是为了实现某一国家的发展权益，而是在为全球各国人民谋求更大发展空间、为实现人类理想社会的终极目标进行不懈探索。当代中国必须始终在坚持社会主义定向中守正创新，全面践履媒介为中国和世界发展服务的理念，努力为全面推动全球媒介治理进而促进全球媒介正义提供更多的智慧方案。

（作者单位：华东理工大学）
原文《媒介帝国主义的时代生成、本质澄明及其应对》，
原载《江苏社会科学》2022 年第 4 期，收入本书时有改动

---

①　曼弗雷德·诺切：《政治经济学视野下的媒介产业资本化》，杨嵘均、程琳译，《国外社会科学前沿》2022 年第 3 期。

网络符号消费的社会心理与资本逻辑

杨嵘均　　顾佳圆

一　引言

　　所谓网络符号消费（Symbol Consumption on the Internet），是指在网络空间中，消费者为了满足其在社会化过程中所产生的某种心理需求而对商品符号价值进行消费的行为。这里所说的商品符号价值，即是指商品背后承载的某种人为（主要是特定的文化背景）赋予的，能够向消费者提供声望、个性特征、身份地位以及社会权利等象征性符号的能指和所指的价值和意义。而所谓符号①，是指能代表事物自身（假定为 A）之外的事物（假定为 B），简言之，A 不仅仅是 A 本身，它还意味着 A 之外的另一个拟像，即 B。若提到 A，人们即能明白其所指的拟像或意义 B，此时 A 与 B 具有同等的符号意义或者符号价值。虽然这样的诠释有点理论化，但是符号消费并不神秘，我们在网络空间中司空见惯。例如，近年来兴起的网络"在线打赏"、购买游戏装备等与网络相关的消费，都是网络符号消费的具象表现形式。在这一过

---

① 符号一词早在柏拉图的《克拉底鲁篇》和亚里士多德的《工具论》《诗学》《修辞学》等中便有所论述。现代意义上的符号始于 20 世纪初。学界公认符号学的创始人是瑞士语言学家索绪尔、美国的皮尔士以及法国哲学家罗兰·巴特。索绪尔和罗兰·巴特均不同程度强调了符号的所指和能指，能指和所指是符号不可分割的两个方面，"能指的性质与所指的性质大致呈现出相同的特点：它是一种相关物，不可将其定义与所指的定义分割开来。二者唯一的区别在于：能指是一个中介体"。参见罗兰·巴特《符号学原理》，王东亮等译，生活·读书·新知三联书店，1990，第 38 页。

程中，人们通过网络科技对符号的解码而获得丰富的乐趣，以满足生理和心理的需求。于是，在网络空间中，人们对于消费的态度、心理以及行为都发生了很大变化。人们消费的目的，往往不是获得物品本身的功能，而是获得某种被制造出来的象征性符码意义。根据消费者的这种心理需求，商家往往利用大众传播媒介对大众进行各种消费暗示和诱惑，总是别出心裁、花样翻新地赋予商品以成功、优雅、猎奇感等各类虚拟意象，以造成大众对商品的惯性思维和刻板印象，并创造出虚假需求，旨在使消费活动在虚假需求的迷惑下被错误地定义为优雅生活、高尚生活、美好生活等的根本标尺。借助工业美学与大众心理学原理，众多物品经过精心设计，并通过多种媒介以不同的形式全方位展示出来，如广告的幻象、身体的美感等，促使人们持续、无形接受着人为的意识引诱，甚至在潜移默化中形成一种文化认同感，并且，在"消费即美德""我消费故我在"等意识形态话语的鼓吹下，社会上极度推崇"符号性"消费，这让大众陷入消费主义"陷阱"，悄无声息地削减消费者的反抗意识，并使大众陶醉在"炫耀性消费"中而不能自拔。例如，为紧跟时尚潮流而大量购买明星、网络红人推荐的产品；为了凸显自身的身份地位、品位等，追求 LV、Chanel 一类的高端奢侈品牌；等等。这样，通过消费行为和消费活动，商家得到了所追求的利润，消费者购买到了商品及其"价值"，达成了商家与消费者表面上各取所需的"和谐共处"。于是，整个社会都在潜移默化中认同了商家所制造的"虚假"的消费心理与行为逻辑。然而，这却给整个社会生产带来了虚假繁荣的景象，不仅会造成极大的社会浪费，而且不利于消费社会的正常发展。因此，揭示网络符号消费背后的社会心理与行为逻辑，不仅是理论研究者的责任与担当，而且对于消解消费主义意识形态的恶劣影响以及增强人类对消费前景的预见性也是极有助益的。为此，本文探讨这一主题，主要是为了在对当前消费问题进行文化哲学反思的基础上，运用符号价值论、符号政治经济学理论、景观社会理论以及马克思主义消费理论等思想，揭示网络空间符号消费现象背后所体现的社会心理与行为逻辑。

二 网络符号消费问题的文化哲学省察

事实上，网络符号消费是以商品的符号属性作为其主要消费对象。消费者希望通过对物品的消费来满足其在社会化过程中所产生的心理需求，体验消费带来的心理愉悦，展示网络符号消费给自身带来的声望、荣誉、独特个性以及优越地位等。因此，消费者更加重视的是商品所承载的符号价值以及消费的愉悦过程，而不仅仅是商品自身固有的价值或者使用价值。就其根本属性而言，网络符号消费映射对象的"物性"是固定不变的，其所体现的其实就是哲学史上"存在与思维"二者关系的基本范畴："在物的存在维度上，这一对范畴具体化为'物质与精神'或'物质与意识'；从人的生存角度而言，又具体化为'肉体与灵魂'或'身体与心灵'。"① 也就是说，网络符号消费是人们的精神或者意识对于物化存在的观念性反映，是人们安顿"肉体与灵魂"的生活选择，也是人们平衡"身体与心灵"的主观体验，但是不管从什么角度而言，其所体现出的本质就是人们对于"物之物性的解释"②，反映的是人们对于自身生存境况的文化性反思和生存性选择。为此，本文选择网络符号消费问题作为研究对象，旨在从文化哲学的层面上对此做一些省察。本文的论证，首先从梳理符号价值论、符号政治经济学理论、景观社会理论以及马克思主义消费理论等入手。

首先，从符号价值论来看，鲍德里亚沿用了索绪尔和罗兰·巴特两位学者的符号学理论，运用符号的能指和所指概念来对消费社会展开了分析和批判。鲍德里亚认为，在当代社会消费结构中，由符号话语制造出来的暗示性的结构性意义和符号价值对消费结构起着根本性的支配作用。由此，生产的社会已经被消费的社会取代。具体而言，就是一旦进入符号价值消费的领域，我们发现，"物"的使用价值就被抛弃了，取而代之的是此物代表的社会地位和权力的符号。此时，人们消费的目的就转化为对物品背后所蕴含的符号价值进行消费而不再仅仅是为了满足基本的需要，"消费并不是一种物质性的实践，也不是丰产的现象学，它的定义，不在于我们所消化的食物、不在于我们身上穿的衣服、不在于我们使用的汽车、也不在于影像和信息的口腔或视觉实质，而是在于，把所有以上这些［元素］组织为有表达意义功能的实体；它是一个虚拟的全体，其中所有的物品和信息，从这时开始，构成了……一种符号的系统化操控活动"③。也就是说，物的消费不再是对物本身或其使用价值的占有，而是指向了对物品符号价值的占有、运用和传

① 杨庆峰、闫宏秀：《多领域中的物转向及其本质》，《哲学分析》2011 年第 1 期。
② 《海德格尔选集》（上），孙周兴选编，上海三联书店，1996，第 242 页。
③ 让·鲍德里亚：《物体系》，林志明译，上海人民出版社，2019，第 213 页。

播；而符号的价值是通过意识形态制造符号的意义而完成的；符号意义的生成构成了符号消费运作逻辑的核心环节，并在意识形态的控制和宣传中符号意义所隐藏的意象在潜移默化中得以传递。除此之外，符号还具有超越性。在《物体系》一书中，鲍德里亚把符号延伸到对物的消费概念的重新诠释上，认为今天的消费说到底并非是"物质的"，而是"符号的"；只要"物"是可以被消费的，那么它就可以被转换为符号，因此我们对"物"的消费其实就是对符号的消费，由此符号就超越了"物"，而对符号的消费就成为当今社会消费活动的主要形式。相应地，消费活动最终变成了符号性活动，而符号消费方式也就自然而然地成为当代消费社会的普遍现象。

其次，从符号政治经济学理论来看，鲍德里亚将符号价值消费指认为"凡勃伦效应"，即"我购买商品不为使用价值，只是因为它的价格更昂贵"，在这里，"其中经济的差异被等同于是一种符号表征的差异"，而符号表征的差异又被默认为现实中人的社会存在的差异，因而符号消费是一种脱离了直接使用目的的显示名誉和地位的消费。基于此，在社会文化学层面上，鲍德里亚认为通过广告等传播媒介赋予商品文化性象征意义的社会符号价值是资本在当代获取利润的重要途径，在"从商品形式到符号形式的提升，从经济体系到符号体系的变形，以及从经济权力到统治和社会等级特权的转换"① 过程中，人们对商品符号价值的消费，不仅仅是消费者日渐增加消费需求的必要体现，更是反映了资本从商品中攫取更多剩余价值欲望的满足。总之，基于符号价值论和符号政治经济学理论，鲍德里亚构建了他的符号政治经济学理论体系。

再次，从景观社会理论来看，居伊·德波指出，"景观"是晚期资本主义存在的基本构成，但是，"景观并非一个图像集合，而是人与人之间的一种社会关系，通过图像的中介而建立的关系"②，其作用在于制造欲望，并通过刺激消费者的欲望来支配生产。由此，"在现代生产条件占统治地位的社会中，整个社会生活显示为一种巨大的景观的积聚（accumulation de spectacles）"③。销售商、广告商等正是"通过华丽的、令人炫目的凸状性展示，商品在高超的美学和心理学技艺的结构化广告中，在昭示着地位和成

① 让·鲍德里亚：《符号的政治经济学批判》，载吴琼、杜予编《形象的修辞：广告与当代社会理论》，中国人民大学出版社，2005，第55页。
② 居伊·德波：《景观社会》，张新木译，南京大学出版社，2017，第4页。
③ 居伊·德波：《景观社会》，张新木译，南京大学出版社，2017，第3页。

功的品牌诱惑之下，生成了德波所讲的炫耀式的景观表象对人的深层心理筑模的下意识统治和支配"①。为此，居伊·德波认为，资本主义社会的人与人的异化关系被演化为异化的社会关系的景观化。景观社会"让人们看到的是一个既在场又不在场的世界，这是一个商品的世界，它统治着所有被经历的东西"②，而以商品为主导的生产方式已向以影像为主导生产的景观社会转变，景观演化为一种控制人们意识的权力，成为新式的景观霸权。由此，我们看到，当信息技术时代迎来网络符号消费热潮时，人们的欲求、消费被景观霸权操控，被操控的消费反过来推动景观霸权的运行，景观霸权成为新的掠夺方式。然而，这却是一个异化的消费社会。对这一现象的批判，需要回到马克思主义消费理论。

最后，从马克思主义消费理论来看，马克思曾从制度出发分析消费问题。马克思认为，在资本主义制度下，工人的消费情状直接与资本家商品的销售好坏挂钩，影响到资本家对剩余价值的攫取，进而影响到为个人消费品提供生产资料的部门的剩余价值的赚取，然而二者的矛盾在于：剩余价值的生产要求迫使工人的消费能力被一度压缩，最终降到绝对必需的底线限度，有时甚至低于底线。但是剩余价值的持续攫取同时要求工人不断进行大量的消费。为了协调矛盾，资本主义在 20 世纪采取了两种"控制模式"，即"福特制"和"后福特制"。其中后福特制用机会经济取代了福特制的规模经济，用柔性管理代替了机械的"泰勒制"，把一切符号商品化，以此扩大消费的范围，加快消费的步伐，为当代消费社会提供了强大驱动力。可见在资本主义制度下，符号价值消费是用来缓和资本主义基本矛盾的具体方法，但并没有消除资本主义社会的根本矛盾，反而在更深层次上加剧了资本主义经济发展与社会、资源、人口等方面的矛盾，构成了严重的社会危机。由此，在马克思那里，生产与消费是密不可分的：生产的目的在于其产品能够满足人们的消费需求，而产品必须要通过消费的环节才能成为现实的产品，也就是说，工厂所生产的产品只有"在消费中才证实自己是产品，才成为产品。消费是在把产品消灭的时候才使产品最后完成"③。

总之，随着网络媒介的兴起，网络符号消费迅猛发展。一切都变得具有

① 让·鲍德里亚：《消费社会》，刘成富、全志钢译，南京大学出版社，2014，第 6 页。
② 居伊·德波：《景观社会》，张新木译，南京大学出版社，2017，第 19 页。
③ 《马克思恩格斯全集》（第 46 卷）（上册），人民出版社，1979，第 28 页。

可观性，热衷于此的每个人都追求商品片面、易逝的符号价值，沉醉于异化的符号消费。如何面对这样的一个消费社会？我们认为，揭示其背后的社会心理，或许可以为此提供一个新的思考方式。

三　网络符号消费的社会心理

自 20 世纪中期开始，随着科学技术的发展，人类的物质财富越来越丰富，而由此也导致"在我们周围，存在着一种由不断增长的物、服务和物质财富所构成的惊人的消费和丰盛现象。它构成了人类自然环境中的一种根本变化"[①]。而在这物质丰裕的时代，人与人的关系更多地通过人和物的关系来间接实现，"富裕的人们不再像过去那样受到人们的包围，而是受到物的包围"[②]。而这种现象的出现，使得消费文化有了新发展，也使得符号消费具备了坚实的物质基础。这样，大众的需求便逻辑地超越了物质范畴而走向关注并热衷于商品的符号价值。此时，人们追求的不再仅仅是商品本身的使用价值，更在意商品所承载的符号象征意义的符号价值。当商家洞悉到大众心理的此种变化时，他们便千方百计地通过赋予商品以新奇、独特并且能够提高个人声望、社会地位以及权利等符号表征，目的在于推动消费者不再仅仅为了商品使用价值去消费，而是更多地为了符号价值去进行消费。这样，在长期的大众消费实践中，此种做法无形中被社会默认，并且成为潜移默化的消费规则和社会普遍"艳羡"的消费心理。而且，这种普遍的社会消费心理在遭遇网络化、信息化、智能化等技术支撑以及自由化、全球化等意识形态思潮席卷的时候被极大地放大，并进而转化为巨大的社会消费行动。可以说，人类消费因为网络化而改变，互联网技术通过改进生产方式、改善生活工具、提供无尽资源等方式放大了符号消费的扩散效应，并进而为网络符号消费开拓了广阔的网络消费场域以及大众接受这一消费形式的观念场域。由此，商品的交换消费从传统面对面的直接接触式交换延伸到虚拟的网络空间中间接接触的符号交换。在此种网络技术发展与普及的环境中，网络符号消费应运而生。在以网络技术、信息技术、大数据技术以及智能技术等为基础的技术环境中，人们的消费活动直接地表现为符号的交换和沟通。

①　让·鲍德里亚：《消费社会》，刘成富、全志钢译，南京大学出版社，2014，第 1 页。
②　让·鲍德里亚：《消费社会》，刘成富、全志钢译，南京大学出版社，2014，第 1 页。

而网络消费以其丰富的信息承载量、多元的商品类型、方便快捷的销售渠道，逐渐成为人们生活中不可或缺的重要消费方式。从某种角度而言，线上消费一定程度上已经超越了线下消费。

事实上，网络符号消费心理和观念的扩散和传播也需要借助媒介的载体。例如，广告等媒介为了实现自身的指涉功能与操控功能，就需要借助一定的传播载体而使得符号仿真虚构的消费意识形态得以生成，并被进一步泛化与传播。网络符号消费亦是如此。事实上，网络的飞速发展，"极大拓展了意识形态的运作空间"①，而商家正是借助消费媒介的载体传播等机制，让网络符号消费化为日常生活的需要和意识，这样就使得符号象征最终被内化为一种隐性的消费意识形态。而广告作为一种符号媒介，商家将商品的符号意义嫁接到广告的文化传播体系中，导致广告脱离了自身的能指功能，蕴含了外在的符号意象，并对其进行无限的信息编码，使得符号与广告密不可分，不断创设出虚拟消费情境，个体的主观能动性被有意地消解在广告的幻象中，不自觉地受到广告话语系统的引诱，更重要的是广告媒介推动下的线上消费带来的符号引诱感与来自现实消费的炫目感交错，以至于两者巧妙地实现图景镶嵌的深度融合，进而使人们认为自身已处于一个被商品包围的世界之中，由此大众在网络符号消费中越陷越深。

然而，从未来发展的角度来看，网络化是生产力发展的必然结果，而符号消费则是网络化技术所引发的必然结果。因而，网络符号消费必然是我们未来的发展方向。正如迈克·费瑟斯通（Mike Featherstone）在《消费文化与后现代主义》中所指出的，当代消费文化更倾向于对充满审美和文化意义的物品进行消费，仅仅是满足温饱的消费已经不能满足后现代社会人们的消费需求了。消费品中附加的文化内涵使消费者在消费符号的同时也得到了对符号的消费的满足——精神层面的对文化意味产生的共鸣。② 因此，今天"我们处在'消费'控制着整个生活的境地"③。当代人的全部生活已经被消费牢牢控制着。由此，我们看到，人们的消费目的更多的时候是通过消费符号来满足心理上的欲求。我们看到，在网络符号消费中，"最初与我们打交道的其实是符号……物正是在这一基础上……才得以展现其自身的迷人魅

① 胡启明：《工具与政治之间：网络媒介意识形态传播的日常生活化转向研究》，《重庆邮电大学学报》（社会科学版）2017 年第 3 期。
② 参见迈克·费瑟斯通《消费文化与后现代主义》，刘精明译，译林出版社，2000。
③ 让·鲍德里亚：《消费社会》，刘成富、全志钢译，南京大学出版社，2014，第 4 页。

力……主体陷入了一个虚假的、差异性的、被符码化、体系化了的物之中"①。此时，有形实物只是消费符号的所指物，其使用价值在消费者的消费活动和消费行为中逐渐被消解和弱化，而与此相反，消费符号的价值却在这一过程中逐渐提升并得到不断的强化——消费者此时消费的不是物品而是符号，社会成为只有符号存在的消费社会。据此，我们可以得出这样的结论："符号消费的意识形态对消费者的控制不是建立在'权力'的基础上，而是建立在'共识'的基础上；商品符号崇拜不仅在于符号对个体表现欲望的抚慰，更在于符号使用者的集体约束力量；个人的消费是由他人或集体组建的，是为了他人而进行消费的，而个人的消费行为则在他人的认同和辨识中转化为自我的心理满足。"② 就此而言，网络符号消费实质上是被集体无意识所裹挟的消费，是从众心理在消费领域的反映，是一种丧失主体、泯灭理性的盲从状态——人已经成了被符号操纵的动物。此时，人们能够证明自己存在的唯一方式，便是进行疯狂的消费，然而这种失却理性和自我的消费主要是在人们的焦躁、不安和恐慌心理的支配下进行的。由此，社会大众集体陷入了消费无意识之中。

需要强调指出的是，网络技术、信息技术以及网络支付方式等的技术化发展，为人们实现自身营造意义世界提供了可行性。由于线上支付的普及，现金支付、线下购物的消费方式被逐渐取代，网络购物凭借"足不出户、随时随地、隔日到家"等便捷、优惠的特点受到大众喜爱。之所以能够做到这样，在鲍德里亚看来，主要是因为"橱窗、广告、生产的商号和商标在这里起着主要作用，并强加着一种一致的集体观念，好似一条链子、一个无法分离的整体，它们不再是一串简单的商品，而是一串意义，因为它们相互暗示着更复杂的高档商品，并使消费者产生一系列更为复杂的动机"③。由此，生活中到处充满引诱意味极强的广告，刺激人们去进行过度消费与超前消费，生产商、销售商、广告商等"通过一种同谋关系、一种与信息但更主要是与媒介自身及其编码规则相适应的内在、即时的勾结关系，透过每一个消费者而瞄准了所有其他消费者，又透过所有消费者瞄准了每一个消费

---

① 让·鲍德里亚：《符号政治经济学批判》，夏莹译，南京大学出版社，2015，第105页。
② 此内容是根据道格拉斯·凯尔纳《媒体文化——介于现代与后现代之间的文化研究、认同性与政治》第7章的内容概括而来。参见道格拉斯·凯尔纳《媒体文化——介于现代与后现代之间的文化研究、认同性与政治》，丁宁译，商务印书馆，2004，第7章。
③ 让·鲍德里亚：《消费社会》，刘成富、全志钢译，南京大学出版社，2014，第5页。

者。每一幅画面、每一则广告都强加给人一种统一性，即所有个体都可能被要求对它进行解码，就是说，通过对信息的解码而自动依附于某种它在其中被编码的编码规则"①。由此而产生的结果是当今社会已经变成了一个消费社会，而"利益中心"的生产者也已经形成了一个共识：选择一个平常的商品并包装它，例如将普通的巧克力奶茶贴上网红奶茶的标签。商家们用令人眼花缭乱的广告媒介进行宣传，告诉大众：购买网红奶茶是你自身的需求。在商家的宣扬洗脑下，消费者不再将巧克力奶茶视作一杯普通饮品，而是将其视作一种潮流，对它的消费约等于对潮流的消费。隐喻的意思是：大家都消费，你不消费，那么你便被潮流抛弃了。为了进一步推广，商家会同时推出各类优惠活动，例如买一送一等。在知晓了这些优惠活动后，消费者便会产生一种心理：既然我拥有了优惠，如果我不进行消费就会造成自身的损失。由此而陷入了商家营造的文化陷阱，因而也同时丧失了自身的主体性，于是便开始为商家制造的"虚假消费"买单。从表面上看，消费者似乎节省了金钱，但实际上商家通过减少来自单个个体的利润而增加消费者的需求数量，结果是增加了产品的销量，而且他们的利益不仅未曾减少，反而可能增加。通俗地说，就是从"单个高利润"走向"薄利多销"，对商家自身而言不管单价是高或者低，他们总是不可能赔本做买卖的，只是获利多少的问题而已。然而，大众却为了追求所谓的时尚潮流和他人对自我社会地位的认可以及彰显品位个性而去消费本身并不需要的产品。这样，原本是用来使客体满足主体需要的消费活动，反过来却变成了客体控制主体需要的活动。人们进行的消费，不再是根据自己的需求、审美等进行选择。此时，消费者沦为商品的奴隶，经历一种"既痛苦又愉悦"的生活。其实，在日常生活中，除了"网红"商品外，还有众多虚假性的网络符号消费现象："双十一"购物狂欢节、奢侈品限量出新，等等。当人们沉溺于消费狂欢盛宴幻象的时候，便不再区分是"真实的使用价值需要"还是"虚假的符号价值虚荣"，他们仅仅购买商品的符号价值，目的主要在于获得社会地位来进行炫耀性消费。此时，整个社会变成德波笔下的"景观社会"，所有人都是庞大的生产与消费链中的一环——谁去反抗，谁就会被视为"异类"。然而，需要说明的是，符号消费并非就是炫耀性消费。炫耀性消费只是符号消费的一种而已。因为

---

① 让·鲍德里亚：《消费社会》，刘成富、全志钢译，南京大学出版社，2014，第 17 页。

"许多符号消费符合人类的符号性需求，符合人的本质，对符号消费的性质和效应，我们并不能简单地予以否定，需要一些历史的、社会文化的以及制度的分析"①。对此，我们需要思考一个问题，大众进行这些消费，是因为大众的真实需要，还是因为它背后所代表的符号表征？如果是因为真正的个人爱好与需求而进行的购买活动，那没有任何问题；但如果是因为后者，就需要认真思考，为何大众会去购买一个他并不那么需要的商品呢？如前文所言，这个问题的答案很简单，就是网络符号消费在无意识中操控了大众的社会心理，在这种社会心理控制下，大众进行了一系列本不需要的消费行为。下文将进一步揭示网络符号消费的行为逻辑。

四　网络符号消费的行为逻辑

那么，是什么诱发人们为了满足自身无限欲望而进行非理性、无节制的网络符号消费呢？从马克思主义政治经济学角度来看，显然是资本。资本通过制造"催生和加剧欲望无限和手段有限、诱惑无限和占有有限之间的不平衡"的社会等级化存在的事实，并通过制造"欲望之无限的观念和欲望应当得到满足"②的社会意识形态，迫使大众不再满足于以基本生存为准则的理性消费。为了抹平社会阶层存在的等级化鸿沟，为了显示自我社会地位以及消除阶层差异性而导致的卑微感，更多时候是为了满足自我心理的虚荣感、炫耀自我存在的优越感，而迷失在虚假需求所激发的无限欲望之中，沉溺于以欲望、体验和炫耀的虚幻想象之中。在现实生活中，能够满足上述种种心理、感觉和想象的唯一办法就是不停地进行大量的奢侈的无节制的消费，通过消费的官能性快感弥补现实生活的惨淡、自我情感的沮丧以及生命存在的虚无感和无奈感。如此，网络符号消费既是资本逻辑的创生产物，又是与资本逻辑合谋以隐蔽化的手段实现了资本增殖的结果，鲍德里亚将此定义为"符号操纵"——大众的消费则"逻辑性地从一个商品走向另一个商品"③。而在这一过程当中，我们看到，符号的表征意义在资本推动消费的过程当中，起到了关键和核心的作用。正是符号的超越性使得符号的表征意

---

① 桂世河：《符号消费批判之批判》，《人文杂志》2006 年第 5 期。
② 鲍金：《揭开消费主义的意识形态面纱》，《马克思主义研究》2013 年第 11 期。
③ 让·鲍德里亚：《消费社会》，刘成富、全志钢译，南京大学出版社，2014，第 6 页。

义不仅延伸到整个物的领域，而且也延伸至社会文化领域以及整个社会心理领域，于是物的符号化转向就被从功能性到非功能性层面上提出，物也就不可避免地进入了社会其他系统。由此，物成了社会的主宰，对物的符号化消费则具有了控制人类社会的系统性力量，不仅能够对个体或社会产生影响，而且能够通过符号的消费输出群体意识形态以及对社会氛围和社会心理的无形控制力量，由此而对人存在的意义进行导向性、目的性的重构，"在阴暗中实现了自己的统治"①。事实上，生活经验和经历真真切切地明示我们，今天符号消费已经取得了根本性的胜利，"即便消费者已经看穿了它们，也不得不去购买它们所推销的产品"②。这样，消费便在日常生活中取得了极高的地位，即使"消费的益处并不是作为工作或生产过程的结合来体验的，而是作为奇迹……通过技术上的恩赐，它消除了消费者意识中社会现实原则本身，即通向形象消费的漫长社会生产过程"③。对此，马克思曾用商品拜物教和货币拜物教来批判资本主义社会，当时的社会即使明知商品货币的魔魅，却依旧心甘情愿地被卷入资本的旋涡。网络符号消费亦是如此。网络符号消费也存在着意识形态的能指拜物教，即符号拜物教。人们自愿认同这一消费社会的文化逻辑，追求形式化的空洞符号，构建自身的欲望，疯狂迷恋转瞬即逝的符号，由此，符号拜物教以更加隐蔽的手段对大众进行行为操控。而当下的网络符号消费，则主要是通过符号表明象征意义，形成对消费社会心理的需求操控，最后使得消费丧失主体性，因而消费行为在网络环境与符号价值操控的限定性关系中产生。

首先是符号象征阶段。一般而言，消费者为了获得差别的感受，就必须为差别化感受而付费，这被鲍德里亚称为支付差别溢价（difference premium），即消费者为了享受差别等观念而支付的数额。这个差别的感受，源自符号的差异，因此这个溢价就是符号价值。举一个通俗的例子来帮助理解符号价值。比如，把显眼的商标印在衣服上，不是由于好看，而是消费者有这样的需求——要向大家传达一个信息：我的衣服是某个著名品牌的。当然，符号价值不仅不是一成不变的，相反，它在网络环境下更新换代得十分迅速。当人们发现印有显眼商品标志的衣服穿在身上显得十分廉价的时候，这个符号

① 让·鲍德里亚：《消费社会》，刘成富、全志钢译，南京大学出版社，2014，第9页。
② 马克斯·霍克海默、西奥多·阿道尔诺：《启蒙辩证法》，渠敬东、曹卫东译，上海人民出版社，2006，第152页。
③ 让·鲍德里亚：《消费社会》，刘成富、全志钢译，南京大学出版社，2014，第8页。

价值就自然而然地会被抛弃。对以逐利为本性的商家而言，唯一目的就是利润最大化。符号价值的力量在这其中所起的作用，一目了然，十分明显。

其次是需求操控阶段。网络符号消费的问题不在于你花多少钱去购买商品，而是在于你存在的意义被网络符号消费框定，你的人生价值被网络符号消费绑缚。举个简单的例子。有人说，发工资就是为了还信用卡，这显然是被消费主义文化所束缚住了。如果改变一下想法：发工资是给了我更多自由选择，让我可以选择去消费，也可以选择去储蓄，或者用来补贴家用，或者用来做慈善——这些更加能够展现我的选择价值和意义。那么，这是不是比发工资是为了还信用卡这种固定性的思维逻辑更像是一个自由人的逻辑呢？而且，消费者主体行为的固化，也是受到关联性商品以及外在广告不断引诱的。在网络空间中，一方面，网络商品生产者对商品进行无限的意义建构，引诱着人们自觉地投身于网络消费；另一方面，人们可以自由自主、跨越时空界限购物，具有极强的可选择性。而作为一连串的意象代码，商品构成了一条完整的象征意义链，永无止境地滋生着个体的消费欲望。商家借助广告等传播媒介的品牌包装效应，通过深层的抽象逻辑——"他者的欲望"，"以引起消费者的情感共鸣与心理认同"。[①]总之，正是物的丰盛、互联网的飞速发展与广告媒介的广泛应用，促使人们在头脑中形成了物的极大丰盛性以及符号的象征性这一潜在的意识观念，不断给予人们强烈的暗示性劝诱。

最后，在经过前两个阶段后，"每个人都开始关注他人，也都希望被他人关注，希望受人尊敬"[②]。为了显示自身的优越性，人们追求特定的载体用以突出其社会区分。而商品符号意义上的区分，则逻辑地适应了消费者的心理需求与行为导向。事实上，在网络符号消费中，人们也存有相同的认知心理，具有强烈的社会化倾向，所以在选择商品时，人们总是会与他人产生关系，不再过多注重商品的使用价值，而是越来越多地关注商品的符号性——社会价值，尤其注重商品背后暗含的深层意蕴，如地位、身份、品位等非功能性特征。也就是说，消费者既注重网络商品的象征价值，又关注购物的数量，主要是为了凸显自身的个性化特征与独特身份地位、优雅的审美

① 张一兵：《消费意识形态：符码操控中的真实之死——鲍德里亚的〈消费社会〉解读》，《江汉论坛》2008 年第 9 期。

② 让-雅克·卢梭：《论人类不平等的起源和基础》，高煜译，广西师范大学出版社，2002，第 112 页。

品位等。此时，人们的消费目的主要是在社会中实现自我，在充满极强引诱性的暗示下，任何人都可以通过互联网随时随地共享信息，进行网络符号的分享、沟通与交换，而不再涉及有形物的消费。而人们对网络符号消费的同时，也是在生产。这是因为，在网络世界中，人们可以随时随地进行消费，同时也可以参与到网络资源的生产制造环节中，这是因为人们在消费的同时也即符号价值在被大量生产的同时也吸引着人们去消费。由此，网络符号的消费也便成了平台经济生产的一部分；而网络符号消费不再受到时空的制约，它可以突破现实生活的物理限制而成为日常生活的一部分；人们不再关心网络符号的真实性及其合理性，他们追求的是符号凸显的个性、身份、地位以及社会关系象征。

综上所述，我们发现，在经济社会中，人们的消费行为是最为重要的行为之一；消费是社会地位、群体成员或自我尊重的标志，是一种社会性活动。当消费行为的目标发生了变化，即从单纯追求使用价值转向符号价值时，其他领域的社会行为也必然会相应地产生变化。就网络符号消费行为而言，前文已经指出，人们的网络符号消费是商品符号堆砌的必然结果，其背后的行为逻辑，则是由资本推动的符号拜物教逻辑。而资本推动人们进行消费活动的主要驱动力，则是消费所传递出的符号价值及其渴望被社会认同欲望的满足。

五　结语

当前，网络符号消费渗透于社会生活的方方面面。消费者为了满足其在社会化过程中所产生的某种心理需求而在网络空间中对物品的符号价值进行消费。此种消费行为或隐或显地受到社会心理的暗示，产生了独特的行为逻辑，并引发了众多社会现象。在运用符号价值论、符号政治经济学理论、景观社会理论、马克思主义消费理论对符号消费问题进行省察的基础上，我们发现，虽然当前的消费社会在一定程度上已经遭遇了"符号化自我"的异化处境，但是我们同样不可忽视的是，网络符号消费也塑造了个体生活的丰富性和多元化。这就是，在当下网络化、信息化、智能化时代，大众寄希望于网络符号消费找回曾经缺失的精神愉悦；通过影像、记号和符号商品，来实现自己所拥有的梦想、欲望与离奇幻想；"在自恋式地让自我而不是他人感到满足时，表现的是那份罗曼蒂克式的纯真和情感实现"①。这样，以购买符号为目的的交换价值大行其道，由符号构成的景观社会主导着我们的消费行为。由此，资本逻辑和符号逻辑实现了对现代消费社会新一轮的运行与控制，达到了对个体去人格化、去理性化的目的。而个体则逻辑地变成了消费统治机器上赤裸裸的零件，并在潜移默化中为消费意识形态服务。如果个体想要重获自身的主体性，就必须自觉抵制求异、从众、攀比的强迫性消费心理，基于求实心理进行网络符号消费，并以此超越符号意识形态的指涉与操纵范畴，看清由资本驱动的符号拜物教的社会运作逻辑。

（作者单位：华东政法大学）
原文《网络符号消费的社会心理与资本逻辑》，
原载《江苏社会科学》2022 年第 4 期，收入本书时有改动

---

① 迈克·费瑟斯通：《消费文化与后现代主义》，刘精明译，译林出版社，2000。

作为数据流的劳动者：智能监控的
溯源、现状与反思

姚建华

一　问题的由来

近年来，随着大数据、硬件设备和算法的快速迭代，作为新一代技术革命的核心驱动力，智能化技术从基础研究、技术转化到产业应用都已经进入高速发展期，大规模地应用于工业、交通、物流、金融、能源等诸多领域。[①] 智能化技术在推动生产力发展、加速生产要素（包括劳动力要素）的配置过程、改变资本主义生产与积累方式，以及满足人们多样化物质和精神需求等方面发挥着不可替代的作用，并受到学界的高度关注。在这其中，不少学者聚焦智能化技术对人类劳动影响这一前沿议题，围绕着就业市场和劳动力结构、劳动过程、劳动技能、用工方式的调适与变化展开了大量理实兼备的研究。这些研究不仅展现了研究者敏锐的理论触角与宽阔的学术视野，而且极大地丰富了人们对未来工作（或者后工作）世界的另类想象。

不过，在相关研究中，鲜有学者关注智能化时代工作场所中的劳动监控问题。[②] 对此，可能的解释是：劳动监控并不是由智能化技术所引发的新现象与

---

①　亚历克斯·德·鲁伊特、马廷·布朗、约翰·伯吉斯：《零工工作与第四次工业革命：概念和监管挑战》，姚建华、房小琪编译，《工会理论研究》2019 年第 3 期。

②　目前学界对于智能化时代劳动监控的研究主要集中于探讨劳动监控和保护个人隐私权之间的关系。参见 Kirstie Ball, "Workplace Surveillance: An Overview", *Labour History*, Vol. 51, No. 1, 2010, pp. 87–106; Ann Hendrix and Josh Buck, "Employer-Sponsored Wellness（转下页注）

新问题，而是普遍存在于劳动者的劳动过程之中。马克思深刻地洞察到，资本主义的劳动过程本质上是资本家榨取及掩盖劳动力剩余价值的过程，[①] 这就必然要求资本家对工人的劳动进行全方位的监控与评估，以提高他们的劳动生产率。那么，智能化时代的劳动监控方式和以往的劳动监控方式一样吗？它有哪些主要形式？呈现出哪些新的特征与变化？这些特征与变化对劳动者产生了何种深远的影响？为了探究与回应这些问题，本文从检视工作场所中劳动监控方式的历史变迁过程切入，对智能监控进行溯源，并从智能化技术与劳动监控设备相互融合的视角出发，阐述智能监控的主要形式与特征，在此基础上，提出"作为数据流的劳动者"这一概念与论断，旨在为全面省思智能化时代的劳动监控问题提供一个探索性的研究框架。

二　智能监控的溯源：劳动监控方式的历史变迁

劳动监控是指对劳动者在工作场所中表现、行为、性格特征的监视、记录和跟踪。[②] 格雷厄姆·斯万（Graham Swell）认为，工作场所的劳动监控方式经历了从直接控制到间接控制的演进历程，前者主要表现为身体监控，即监控者对被监控者"在场"的监控；后者以技术监控为主，包括数字监控与智能监控。因此，对智能监控的溯源离不开厘清和剖析作为直接控制的身体监控和作为间接控制的技术监控这两种主要的劳动监控方式及其演进过程。从本质上来说，这个过程是由资本主义的经济发展与技术进步共同推动与决定的。[③]

（接上页注②）Programs：Should Your Employer Be the Boss of More than Your Work?"，*Southwestern Law Review*，Vol. 38，No. 3，2009，pp. 465-478；王俊秀《数据监控、隐私终结与隐私通货》，《探索与争鸣》2018 年第 5 期，第 3135 页；张衡《大数据监控社会中的隐私权保护研究》，《图书与情报》2018 年第 1 期，第 71~80 页。

① 马克思：《资本论》（第 1 卷），人民出版社，2004，第 374~421 页。

② 这里需要厘清劳动监控（labour surveillance）与劳动监视（labour monitoring）两个概念之间的区别。根据卡尔·博坦（Carl Botan）的定义，劳动监视是指一切自动收集工作场所中劳动者活动和信息的行为。与之相比，劳动监控较为狭义，特别强调在监控过程中对所获得信息的进一步处理，以及监控的目的在于确定劳动报酬的支付，且通过非人性化的正式规则和程序来实现上级对下级的控制。由此可见，监控是一个与控制密切相关的概念。在大部分情况下，劳动监控与劳动监视这两个概念可以替换使用。参见 Carl Botan，"Communication Work and Electronic Surveillance：A Model for Predicting Panoptic Effects"，*Communication Monographs*，Vol. 63，No. 4，2001，pp. 1-21.

③ G. Sewell，"The Discipline of Teams：The Control of Team-Based Industrial Work Through Electronic and Peer Surveillance"，*Administrative Science Quarterly*，1998，Vol. 43，No. 2，pp. 397-428.

（一）作为直接控制的身体监控

根据安德鲁·弗里德曼（Andrew Friedman）的观点，身体监控是一种直接控制劳动力的方式，它虽简单，却是企业确保管理权威最为有效的策略之一。[①] 身体监控的核心在于通过采取强制性的威胁、严格的监督和给予劳动者最少的责任等方式来限制劳动力的活动范围，进而提高生产效率。在此，劳动者被视为一台台不断进行重复性和机械化劳动的机器。[②]

早在英国第一次工业革命的浪潮中，蒸汽动力设备就将工业生产集中起来，现代工厂制孕育而生。当工厂规模还普遍较小时，资本家往往能够"看到一切、知道一切、决定一切"，因此他们会选择在工厂中亲自控制工人。[③] 但第二次工业革命后，伴随着资本主义经济的迅猛发展，工厂规模日益扩大。这时候，资本家很难行使所有控制劳动者及其生产过程的权力，而不得不将部分权力，比如惩罚或者解雇工人的权利，授予其所雇佣的代理人（经理或者工头），于是在工厂中形成了鲜明的"资本家—代理人（经理或者工头）—工人"的等级结构。[④] 资本家或者其代理人严密的身体监控贯穿于工人的整个劳动过程，并将劳动强度提升至工人身体能够承受的极限。[⑤]

在近代中国工业企业中，身体监控同样与"工头制"管理制度紧密地交织在一起。20 世纪 30 年代，夏衍深入上海东洋纱厂进行暗访，采访调查了大量十七八岁的纺纱女工。她们被"带工"老板从家乡或者灾荒地区带到上海的纱厂来做工，签订包身契约，因此被称为"包身工"。在高强度、低薪酬的劳动中，"包身工"不仅需要面对噪声、尘埃和湿气三大威胁的挑战，而且其"一举一动"都受到"拿莫温"（工头）和"小荡管"（巡回管

① A. Friedman, *Industry and Labour: Class Struggle at Work and Monopoly Capitalism*, London: The Macmillan Press, 1977, pp. 107-108.
② 谢富胜：《从工人控制到管理控制：资本主义工作场所的转型》，《马克思主义研究》2012 年第 12 期。
③ R. Edwards, *Contested Terrain: The Transformation of the Workplace in the Twentieth Century*, New York: Basic Books, 1979, pp. 25-26.
④ 企业中存在的"资本家—代理人（经理或者工头）—工人"等级结构是等级控制的基础。等级控制与身体控制一样，是一种直接控制方式，且两者往往同时存在于企业之中。参见游正林《管理控制与工人抗争——资本主义劳动过程研究中的有关文献述评》，《社会学研究》2006 年第 4 期。
⑤ 王俊秀：《监控社会与个人隐私——关于监控边界的研究》，天津人民出版社，2006，第 103~106 页。

理的上级女工）无时不在、无处不在的身体监视，一旦工作懈怠，就会受到肆意打骂和处罚，甚至是被开除。"但是（包身工）打瞌睡是不会有的，因为野兽一般的铁的暴君监视着你，只要断了线不接，锭壳轧坏，皮辊摆错方向，乃至车板上有什么堆积，就有遭'拿莫温'和'小荡管'毒骂和殴打的危险。"[①] 这是夏衍对"包身工"窘困的工作环境和悲惨的人生境遇最为真实和鲜活的描述。"工头制"为资本家高度剥削工人提供了重要的制度保障。

（二）作为间接控制的技术监控

工作场所中的身体监控要求作为监控者的资本家或者其代理人直接面对劳动者，对他们进行"在场"的监控，这极易激化劳资矛盾，甚至可能导致阶级抗争，如历史上的"卢德运动"——产业工人以捣毁机器的方式来对抗资本家和争取劳动条件与环境的改善。技术的突飞猛进使电话、传真机、摄像设备、计算机等现代化数字设备如雨后春笋般涌现。一方面，这些设备有助于资本在生产过程中以较低的成本处理大量程序化的信息和数据，显著地提升劳动者的工作效率与组织沟通的效能；但另一方面，当它们被广泛应用于劳动监控中时，催生出一种新型的劳动监控方式，即数字监控。[②]与身体监控相比，数字监控更为迅速、便捷、持续和全面，[③] 因此企业中的劳动监控方式逐渐从以身体监控为代表的直接控制演进为以技术监控为代表的间接控制。更重要的是，当数字监控设备自动且连续不断地记录和显示劳动者在工作场所中的状态和行为时，这种监控方式通常不再需要监控者"在场"的身体监控，因而具有更强的隐蔽性。

电子视频监控是一种十分常见的数字监控方式。例如，在印度手机制造车间的流水线上，为了防止工人在劳动过程中出现违反工作纪律的、不规范、降低生产效率和产品质量的行为，360度覆盖的电子视频监控器（"闭路电视"，closed circuit television，CCTV）随处可见。这些监控器能够拍摄到工人在生产车间中的每一个角度，记录他们的劳动时间、即时的工作表现

---

① 夏衍：《包身工》，解放军文艺出版社，2000，第 10 页。

② 姚建华、徐偲骕：《新"卢德运动"会出现吗？——人工智能与工作/后工作世界的未来》，《现代传播》2020 年第 5 期。

③ G. Marx，"What's New about the 'New Surveillance'？"，*Surveillance & Society*，2001，Vol. 1，No. 1，pp. 9-29.

和流水线的运作状况。在印度，大约有 3000 万年轻的产业工人在布满电子视频监控器的工作环境中从事手机制造。[①] 根据英国咨询公司 IHS Markit 的统计，2006 年全球电子视频监控设备出货量达到了 1000 万套，产值为 67 亿美元；随着全世界对电子视频监控设备需求的不断增长，2016 年其出货量增长到 1 亿套，产值达到 154 亿美元。[②]

三　智能监控的主要形式

智能监控是在当前工作场景中出现的一种新型的技术监控方式。如果说数字监控依托现代化数字设备，那么智能监控是智能化技术与智能监控设备日益融合的产物，与大数据、物联网和算法高度关联。伴随着智能化技术在工作场景中的持续运用，越来越多的现代制造业企业采用计算机信息控制系统，在生产过程中，不仅可以通过精益生产来满足客户在产品数量、种类、生产时间方面的个性化要求，而且在劳动力管理方面也能够通过智能监控设备第一时间采集、存储、处理和分析与劳动者相关的数据，实时掌握劳动者在工作岗位上的最新动态，并对他们进行随时随地的智能化监控，[③] 这也是智能监控与数字监控的根本性差异所在。智能监控的主要形式包括：智能视频监控、用户活动监控、GPS 定位系统监控和植入式/可穿戴设备监控。

（一）智能视频监控

智能视频监控作为智能化技术与视频监控相结合的产物，已经逐步取代电子视频监控，成为生产车间和办公室中日趋普遍的劳动监控方式。电子视频监控往往是由多个摄像头与多台监视器、磁带录像机相连的模拟信号设备，而现在智能视频监控是一套由电脑系统操控的载有多个数字摄像头、硬

---

① A. Ferus-Comelo, "Free Birds: The New Precariat in India's Mobile Phone Manufacturing", in R. Maxwell ed., *The Routledge Companion to Labor and Media*, New York: Routledge, 2015, pp. 119-129.

② A. DeMartine, "Top Security Technology Trends in 2019: Transforming the Future of Work in Security", https://go.forrester.com/blogs/top-security-technology-trends-in-2019-transforming-the-future-of-work-in-security/.

③ Y. Yin, K. Stecke, L. Dongni, "The Evolution of Production Systems from Industry 2.0 Through Industry 4.0", *International Journal of Production Research*, 2018, Vol. 56, No. 1-2, pp. 848-861.

盘备份信号的信息技术设备。它在设备的体积、信号处理、储存的方便性和可操控性等方面具有明显的优势。①

在工作场景中，智能视频监控最核心的部分在于：相对于传统基于图像处理的方法，智能视频监控基于视频数据处理技术与视频内容分析技术（这些技术往往被嵌入智能高清摄像头），通过自学习训练，自动生成逻辑关系式或者算法，将工作场景内采集的非结构化、异质化数据转化为结构化、同质化数据，并对它们进行编码、存储、分类和解析，对员工进行自动识别与监控——现在，智能视频监控"不但能看得见、看得清、看得远，而且能看得懂"②。这种机器学习方式还能按照预先设定的安全规则，及时发出滑倒、跌落、火灾、烟雾等报警信号，同时预测员工潜在的不当行为，实现自动预警。③ 智能高清摄像头在视频监控设备中的比例在 2017 年约为23%，到 2022 年底将达到 45%。④ 有专家预测，在未来，随着视频数据处理技术与视频内容分析技术的不断成熟和智能高清摄像头的日渐普及，智能视频监控在生产车间和办公室的监控范围将更大，程度也将更深。⑤ 更有专家指出，当前智能视频监控主要采用的是机器智能辅助人类来处理相关信息和数据，未来智能视频监控将不再需要人类劳动的参与，从而彻底实现对工作场所中劳动者全天候和全自动化的实时监控。⑥

（二）用户活动监控

用户活动监控是指对用户在计算机或者移动设备上的操作行为进行记录和监控。根据美国全国工作权利学会（National Workrights Institute）的统计数据，目前全美大约有 63% 的企业在员工的计算机或者移动设备上安装了用户活动监控软件系统，使企业对这些信息设备的运行状态了如指掌。当前与用户活动监控相关的企业市场规模约为 11 亿美元，这一数字在 2023 年将

---

① 黄凯奇等：《智能视频监控技术综述》，《计算机学报》2015 年第 6 期。
② 《人工智能与视频监控技术融合是我国科学技术水平大幅度上升的标志》，http://m.elecfans.com/article/1115400.html。
③ 吴群等：《现代智能视频监控研究综述》，《计算机应用研究》2016 年第 6 期。
④ 王俊秀：《数字社会中的隐私重塑——以"人脸识别"为例》，《探索与争鸣》2020 年第2 期。
⑤ 杨子飞：《"剩余数据"与"销售未来"——论监控资本主义的现在与未来》，《自然辩证法研究》2017 年第 8 期。
⑥ 杨杰等：《面向大规模集群的自动化监控系统》，《计算机工程与科学》2020 年第 10 期。

突破 33 亿美元。[1]

　　用户活动监控的内容主要包括：员工在工作场所使用的应用程序（包括聊天工具及其产生的聊天记录）、收发的电子邮件、输入和编辑的文本、执行的系统命令，以及浏览网站的地址和内容，等等。以美国科技公司开发的 InterGuard 软件系统为例，它用于全面监控员工收发电子邮件的活动。这套系统不但可以实现与 Gmail、Outlook 和其他电子邮件提供商数据的实时同步，而且还能够根据客户的不同需求，提供个性化的定制服务。企业通过安装 InterGuard，得以第一时间捕获员工发送邮件时所用的 IP 地址、收发时间、标题、收件人/发件人、附件、内容、邮件大小等重要信息。[2] 此外，企业还可以将员工的姓名、电子邮件地址、电话号码，甚至是信用卡卡号等信息设置为"报警词"，一旦 InterGuard 发现他们的邮件中含有这些"报警词"，就会触发向企业发送警报或者递交报告的自动操作。在全球市场上，与 InterGuard 具有相似功能的产品不胜枚举，如 ActivTrak、TimeDoctor、Toggl 等，这些监控软件深受各类企业的欢迎。[3]

（三）GPS 定位系统监控

　　使用 GPS 定位系统对员工在劳动过程中的地理位置和行动轨迹进行定位和跟踪是另一种与智能化技术高度融合的劳动监控方式。近几年来，在全球最大的电商平台 Amazon 仓库中使用的 GPS 跟踪器就是其中一例。这些跟踪器可以提示员工到达货架的最短距离，当他们落后于工作安排进度时，跟踪器就会发出警报，提醒其与工作目标之间的差距。企业还可以通过这些监控设备向员工实时传送消息，包括下达加快工作进度、禁止在工作过程中闲聊以及其他相关指令。[4] 早在 2009 年，全球最大的快递承运商和包裹运送公司 UPS 就已经开始对从 GPS 跟踪器上采集的数据进行分析与处理。这些跟踪器既包括 UPS 员工使用的手持信息采集装置，又包括每辆运输车辆上安装的 200 多个传感器，它们记录了车辆的行驶速度、停靠时长，甚至是安

① 王红雷：《工作场所电子监控的企业伦理分析》，《管理现代化》2002 年第 6 期。
② 张露甚：《劳动者隐私权与用人单位知情权的冲突与平衡》，硕士学位论文，苏州大学，2016。
③ The Week Staff, "The Rise of Workplace Spying", *The Week*, https：//theweek.com/articles/564263/rise-workplace-spying.
④ I. Manokha, "New Means of Workplace Surveillance：From the Gaze of the Supervisor to the Digitalization of Employees", *Monthly Review*, 2019, Vol. 70, No. 9, pp. 25-31.

全带的使用情况。①

在越来越常见的平台劳动中，劳动监控也是通过在劳动者个人智能手机中安装 GPS 定位系统，实时测量、记录和监控他们地理位置和行动轨迹的信息和数据来实现的。如在美食外卖服务平台"美团"，GPS 定位系统作为主要的劳动监控方式被大规模使用。该系统能够精确地测量骑手的工作位置与新订单送达位置之间的距离，决定订单的分配；计算他们送餐所需时间，提供最佳线路规划，并跟踪他们实际的送餐路线。② 值得注意的是，对骑手的智能监控不仅来自平台，还来自消费者。当骑手的 GPS 定位信息对消费者开放时，一旦消费者发现骑手离自己很近或者路过却没有给自己送餐时，他们就会不停地催促骑手，甚至投诉他们。③

（四）植入式/可穿戴设备监控

不少企业开始将载有射频识别（radio-frequency identification，RFID）技术的、形如米粒大小的智能芯片，植入员工的表皮之下——"微芯员工"（microchipping employees）就此诞生。④ 这种技术起源于瑞典，现在受到越来越多美国企业的重视与采纳。办公室的打印设备、电子锁、自动贩卖机等数字设备无需与员工发生接触，通过无线电信号就可以"自动读写"存储在员工"微芯"中的信息和数据，并对员工进行识别。在这个过程中，企业通过"微芯"实现了对员工在工作时间里几乎全部信息和数据的记录与监控，有些信息和数据与工作内容毫不相关，如他们从自动贩卖机中购买食品的数量和价格，甚至是去厕所的次数和时长。⑤

与植入式"微芯"相似的智能监控设备还有可穿戴设备。罗比·瓦林

① E. Kaplan, "The Spy Who Fired Me: The Human Costs of Workplace Monitoring", *Harper's Magazine*, 2015, Vol. 330, No. 1978, pp. 31-40.

② 赵璐、刘能：《超视距管理下的"男性责任"劳动——基于 O2O 技术影响的外卖行业用工模式研究》，《社会学评论》2018 年第 6 期。

③ 冯向楠、詹婧：《人工智能时代互联网平台劳动过程研究——以平台外卖骑手为例》，《社会发展研究》2019 年第 3 期。

④ T. Gillies, "Why Most of Three Square Market's Employees Jumped at the Chance to Wear a Microchip", CNBC News, https://www.cnbc.com/2017/08/11/three-square-market-ceo-explains-its-employee-microchip-implant.html.

⑤ J. Brook, "Cyborgs at Work: Swedish Employees Getting Implanted with Microchips", Associate Press, https://apnews.com/4fdcd5970f4f4871961b69eeff5a6585/cyborgs-work-employees-getting-implanted-microchips.

（Robbie Warin）和邓肯·麦肯（Duncan McCann）预测，到 2021 年底，在全球范围内，企业作为"福利"发放给员工的可穿戴设备数量将达到 5 亿个。① 法国电子游戏公司 Ubisoft 研发了测量压力水平的传感器和能够测量人体疲劳度的可穿戴设备，它们被普遍使用于长途卡车司机群体之中，以对其工作过程中的数据进行采集、分析和实时监控。

四　超越劳动时空的智能监控

如前文所述，企业通过多样化的智能监控设备采集、记录、监视和跟踪劳动者在工作时间和工作场所内的劳动表现（如劳动生产率、工作中的言行）、地理位置与行动轨迹、休息状况，乃至人际关系，并对这些信息进行编码、存储、分类和解析，产生大量结构化、同质化的数据，由此掌握和监控劳动者的劳动状态。

然而，随着平台经济在全球范围内的蓬勃发展和大量平台企业的快速崛起，大批劳动者开始从事包括平台劳动、远程劳动等在内的多种新型劳动。② 这就导致劳动者的工作场所既可以是固定的，如生产车间中的流水线或者摩天大楼里的办公室，也可以是"变动不居"的，包括咖啡馆、图书馆，甚至是家中的书房或者客厅。劳动监控在流动的工作场所中仍"如影随形"。如在美国，综合类人力服务平台 Upwork 记录着远程平台劳动者的每一次按键敲击，平台不但可以从中获悉他们的具体位置，而且可以随时访问他们的照相机进行拍照，以监控他们工作的全过程。在中国，世界最大的出行服务平台"滴滴出行"通过实时监控司机的在线时长、服务时长、流水、乘客投诉和顾客评分来了解和掌握他们的运营情况。③ 故而，企业通过智能监控设备不仅可以轻松实现对劳动者的"现场管理"，而且能够对劳动者在具有高度流动性的"社会工厂"中的劳动进行实时、有效且系统的监控。④ 史蒂文·瓦拉斯（Steven

---

① R. Warin, D. McCann, "Who Watches the Workers? Power and Accountability in the Digital Economy", *New Economics Foundation*, 2018, https：//neweconomics. org/uploads/files/Data_ and_ work_ FINAL. pdf.

② 姚建华：《全球平台经济发展中的平台劳动：类型、挑战与治理》，《传媒经济与管理研究》2019 年第 4 期。

③ 杨伟国、王琦：《数字平台工作参与群体：劳动供给及影响因素——基于 U 平台网约车司机的证据》，《人口研究》2018 年第 4 期。

④ 徐景一、李昕阳：《共享经济背景下平台企业利益关系演变研究》，《经济纵横》2019 年第 6 期。

Vallas）和朱丽叶·朔尔（Juliet Schor）形象地将平台比喻为一个牢不可破的"数字牢笼"，对每一位平台劳动者实施着密不透风的监控。①

更为重要的是，艾米·德尔加多（Amy Delgado）发现，办公室的白领在工作场景中使用的笔记本电脑、智能手机和其他移动设备等生产资料往往是由企业提供的，它们也被使用于劳动者工作场景之外的日常生活中，成为购物、休闲娱乐、即时通信无法替代的工具。很多情况下，这些设备都安装了用户活动监视软件系统和 GPS 定位系统，有些软件系统甚至在关闭的状态下仍能监控其使用者。② 詹姆斯·鲁尔（James Rule）和彼得·布兰特利（Peter Brantley）两位学者直言道：人们不管是在生产车间或者办公室工作、在营业场所消费，还是在公园中休闲娱乐或者在街道上漫步，其一举一动都处于"无孔不入"的监控下。③ 这就意味着，智能监控设备对劳动者的监控已经超越劳动时空，不断侵入劳动者的非工作时间和日常生活空间，尤其是植入式/可穿戴设备的出现和应用使这一特征愈发显著。

在美国的不少企业中，出现了一种十分有趣的现象，即企业积极鼓励员工参与到为他们免费提供的各种健康项目之中。据统计，2013 年，99%的美国跨国企业为其员工提供至少一种健康项目或者课程，如减肥项目、戒烟项目、个人心理辅导课程、线上和线下的营养课程等。④ 这种鼓励往往以"可兑现"的形式出现，如降低医疗保险费用、提高企业医保支付比例、发放购物卡等。这些方式颇具吸引力，员工难以拒绝，因此企业的健康项目呈现出强制性。那么，企业为什么要强制员工参与健康项目呢？毋庸置疑，健康项目有益于个体降低患病概率、保持他们的身心愉悦与健康，改善其生活质量，从而使他们能够更好地投入日常工作，为企业创造更多的财富与价值。但这并不是唯一的解释。越来越多的企业（如美国的 Walmart 和瑞典的 Scania 汽车公司）健康项目涉及采集和分析与员工健康和身体相关的个人数据，而这往往是通过植入式/可穿戴设备实现的，尤其是智能手环。智能手

---

① S. Vallas, J. Schor, "What Do Platforms Do? Understanding the Gig Economy", *Annual Review of Sociology*, 2020, Vol. 46, No. 1, pp. 273-294.

② A. Delgado, "Employee Privacy at Stake as Surveillance Technology Evolves", CBS News, https://www.cbsnews.com/news/employee-privacy-surveillance-technology-evolves/.

③ J. Rule, P. Brantley, "Computerized Surveillance in the Workplace: Forms and Distributions", *Sociological Forum*, 1992, Vol. 7, No. 3, pp. 405-423.

④ L. Berry, A. Mirabito, W. Baun, "What's the Hard Return on Employee Wellness Programs?", Harvard Business Review, Vol. 88, No. 12, 2010, pp. 104-112.

环是一种最常见的可穿戴设备，它们可以随时随地采集个人的生物特征和身体状况，并对这些信息进行快速且准确的测量和分析，如体温、血压、心率、疲劳度、睡眠质量，甚至是情绪，即尤瓦尔·赫拉利（Yuval Harari）所指称的劳动者"皮肤之下"的情况。在他看来，当前的劳动监控已经超越对劳动者"皮肤之上"情况的关注，而加速进入"皮下监控的时代"（under the skin surveillance）。[1] 如美国化妆品公司 Profusion 通过发放给员工一款由 Fitbit 公司研发、广获市场追捧的智能手环，记录和监控 171 名参与健康项目员工的个人信息和数据，并将这些员工划分为"忙碌的、积极应对的"和"焦躁不安的"两大类，而这构成了企业为员工安排工作任务的基础。[2]

五　智能监控与作为数据流的劳动者

当智能监控超越劳动时空时，这对劳动者意味着什么？对他们产生哪些深远的影响？本文认为，一方面，通过智能监控，劳动者在虚拟世界中的"数据替身"和个人数据库被建构出来；另一方面，由智能监控设备采集和存储的与劳动者相关的数据经过处理和分析后，成为企业重要的资源与资本增殖新的源泉。在此情况下，现实生活中的劳动者成为源源不断的数据流的生产者，即数据流的载体与集合。

（一）"数据替身"与个人数据库的建构

对劳动者个体来说，智能监控设备会采集和存储他们哪些个人数据呢？根据荷兰学者厄玛·范德·普洛格（Irma Van der Ploeg）的研究，这些数据不仅包括与劳动关系直接相关的数据，如劳动者的年龄、学历、技能、工作经历、出生地等，而且更多地涉及与劳动关系间接相关的数据，包括劳动者的民族、婚姻状况、健康状况等。然而，当劳动监控侵入劳动者工作时间和工作场所外的日常生活中时，企业就能轻而易举地从他们身上获取与劳动关

---

[1]　Y. Harari, "The World after Coronavirus", *The Financial Times*, https：//www. ft. com/content/19d90308-6858-11ea-a3c9-1fe6fedcca75.

[2]　I. Manokha, "Why the Rise of Wearable Tech to Monitor Employees Is Worrying", Conversation, https：//theconversation. com/why-the-rise-of-wearable-tech-to-monitor-employees-is-worrying-70719.

系无关的、更为广泛的个人数据，而其中的很多数据与个人隐私高度相关，如个人网页浏览记录、消费记录、聊天记录，以及宗教信仰、政治主张、社会关系、信用评级、兴趣爱好，等等。①

毫不夸张地说，智能监控设备可以帮助企业获得与劳动者有关的几乎所有的数据。如果"各个系统之间的数据彼此印证、相互解释"，企业就能通过对相关数据进行挖掘、处理和分析，使点状分布的个人数据汇集成连续的、面状的个人生活记录，从而建立起规模庞大且极其复杂的个人数据库，拼接和还原出一个完整和细节丰富的个体生活图景②。换言之，相对于现实工作场景中真实存在的、从事劳动生产的个体，在虚拟时空中的每位劳动者都存在"数据替身"，企业对他们"数据替身"的画像随着个人数据库的完善而愈发丰满和准确。

（二）劳动力的"双重商品化与剥削"与作为数据流的劳动者

就智能监控设备所采集和存储的劳动者个人数据的价值而言，这些数据经过处理和分析后，有助于企业更好地为员工安排工作任务，在任务数量和强度之间找到最佳平衡点，这既能帮助员工提升他们的职场综合表现，又构成企业实现自身利润和效益最大化的关键所在。因此，对于企业而言，智能监控成为一种新型的获取利润的经济手段与方式。③

然而，在智能监控成为企业发展重要驱动力的同时，不少批判学者警醒地意识到数据商品化的问题。智能监控设备采集、存储、处理和分析劳动者在工作时间和工作场所内外生产的数据，并将这些数据商品化后，作为重要的生产资料售卖给其他企业、服务提供商或者政府机构，抑或是直接使用产生价值，这已经成为越来越多企业实现商业盈利的新模式。④ 如不少企业通过对个人数据的分析，追踪其需求与爱好，预测其未来的购买行为，进而有

---

① I. Van der Ploeg, "The Body as Data in the Age of Information", in K. Ball, K. Haggerty and D. Lyon, eds., *Routledge Handbook of Surveillance Studies*, London: Routledge, 2012, pp. 176-184.

② 静恩英：《大数据时代：一个超级全景监狱》，《传播与版权》2013 年第 6 期。

③ G. Moran, "This is the Future of Corporate Wellness Programs", *Fast Company*, https://www.fastcompany.com/40418593/this-is-the-future-of-corporate-wellness-programs.

④ S. Zuboff, *The Age of Surveillance Capitalism: The Fight for a Human Future at the New Frontier of Power*, New York: PublicAffairs, 2019.

针对性地投放广告和商品。① 《经济学人》（*The Economist*）的资深编辑肯尼斯·库克耶（Kennet Cukier）就曾预言：随着下一代互联网技术和大数据挖掘与分析技术的飞速发展，对原来彼此孤立数据之间的整合汇总与多维分析将成为现实。② 当个人数据的价值呈几何级增长时，其所蕴含的巨大商业价值能使企业在资本市场上获得难以想象的市场估值，受到更多投资者的青睐。③ 但吊诡的是，劳动者作为数据的生产者并未在数据商品化的过程中获益。

概言之，一方面，企业的利润来自劳动力的商品化过程，劳动力是资本创造价值的源泉，资本家无偿占有劳动者创造的剩余价值，实现资本的积累与增殖；另一方面，企业的利润还来自劳动力生产的数据的商品化过程，劳动力由此陷入"双重商品化与剥削"的困境。对智能监控背景下劳动力"双重商品化与剥削"问题的研究将持续引发相关学者重新审视马克思主义剩余价值理论，并对其在智能化时代的调适与发展进行阐述与反思。

六　结语与反思

智能化技术正在以全新的方式重塑着人类生产活动的组织、管理与监控等各个环节。随着资本主义的经济发展与技术进步，工作场所的劳动监控方式经历了从以身体监控为主的直接控制到以技术监控为主的间接控制的演进过程。与身体监控相比，包括数字监控与智能监控在内的技术监控更为迅速、便捷、持续、全面和隐蔽。当前，智能视频监控、用户活动监控、GPS定位系统监控和植入式/可穿戴设备监控已经成为智能监控的主要形式。这些监控的共同特点在于：智能监控设备通过采集、记录、监视和跟踪劳动者在工作时间和工作场所内的劳动表现、地理位置与行动轨迹等信息，并对这些信息进行存储、编码、分类和解析，进而产生大量结构化、同质化的数据，由此掌握和监控劳动者的劳动状态。

智能监控不仅可以轻松实现对固定工作场所劳动者的监控与"现场管

---

① 洪辉、罗杰红：《物联网隐私权保护研究——基于圆形监狱理论的视角》，《上海政法学院学报》（法治论丛）2014 年第 3 期。

② K. Cukier, "Data, Data Everywhere: A Special Report on Managing Information", *The Economist*, https://www.economist.com/special-report/2010/02/27/data-data-everywhere.

③ 陈本皓：《大数据与监视型资本主义》，《开放时代》2020 年第 1 期。

理"，而且可以实时、有效且系统地监控处于流动工作场所中的劳动者，他们是随着平台经济在全球范围内的蓬勃发展和平台企业的快速崛起而产生的重要劳动群体。不仅如此，当劳动者佩戴企业发放的植入式/可穿戴设备时，智能监控设备对劳动者的监控超越劳动时空，不断侵入劳动者的非工作时间和日常生活空间。

　　智能监控与在工作时间和工作场所内外采集、分析和使用劳动者的个人数据紧密相关。这些数据不完全与劳动关系直接或者间接相关，甚至包括劳动者在日常生活中的消费数据，如网络购物的数字痕迹。对于企业而言，劳动力的价值主要表现在两方面：其一，劳动者在生产过程中创造的剩余价值；其二，企业通过智能监控建构出劳动者在虚拟世界中的"数据替身"和个人数据库，通过将相关数据商品化，实现资本的快速积累与增殖。因此，现实生活中的劳动者成为源源不断的数据流的生产者。作为数据流的载体与集合，他们并未从数据商品化的过程中获益。智能监控中存在的"双重商品化与剥削"问题受到了不少批判学者的关注，他们对此进行了反思。

　　最后，本文提出三个由智能监控所引发的更为广泛的社会问题，供后续研究者进一步思考与探讨。

　　其一，随着智能化技术的指数级发展，智能监控编织了一张严密的劳动监控网络，由于它超越劳动时空的特性，社会空间也必将被推向愈发透明和可视化的监控状态。[①] 那么，当整个社会被大数据、算法等智能化技术纳入数据主义的体系时，这是否意味着人类被彻底数据化，以及全面监控时代的来临？彼时，人们的身体、情感或者心灵会被全面控制或者监控吗？[②] 人类的自由意志是否也将面临终结？[③]

　　其二，智能监控给劳动者的隐私权带来前所未有的挑战，包括劳动者的通信隐私、信息隐私、身份隐私、空间隐私等。在 2018 年 10 月召开的第 40 届数据保护与隐私专员国际大会上，专家们一致认为："任何人工智能系统的创建、开发和使用都应充分尊重人权，特别是保护个人数据和隐私权以

---

①　刘涛：《社会化媒体与空间的社会化生产——列斐伏尔和福柯"空间思想"的批判与对话机制研究》，《新闻与传播研究》2015 年第 5 期。

②　吴靖：《"算法"具有自由意志吗？——算法主导社会行为背后的几个悖论》，《中国出版》2019 年第 2 期。

③　M. Dubiel，"Becoming Digital：Toward a Post-Internet Society"，*Journal of Enabling Technologies*，Vol. 12，No. 3，2018，pp. 141–142.

及人的尊严不被损害的权利。"① 不可否认，对劳动者隐私权的挑战必将导致劳动者精神压力增加，这不仅会限制他们的言论和行动自由，更加剧了劳动关系的紧张感和不信任感。如何消解工作场所中由智能监控所引发的劳动者的监控焦虑？马克思所描绘的基于人们享有充分自主和自由，个性全面发展和解放基础上的"自由王国"图景是否终将流于一种乌托邦式的想象？

其三，在企业对劳动者数据商品化的过程中，劳动者无法参与到企业财富增长的分配环节，即劳动者无法享受他们的劳动果实，劳动成果的分配不平等及其异化现象也随之产生，从而进一步巩固了资本家与劳动者之间不对等的权力关系，强化了"监控—被监控"之间的二元张力。理查德·爱德沃兹（Richards Edwards）强调，当资方企图最大限度地从劳动者身上攫取剩余价值时，劳动者必然会抗议这种强加于人的做法，进而使工作场所演变为一个充满抗争的领域。那么，当劳动者日益陷入由智能监控设备所带来的海量监控时，其能动性或者反数据监控实践何以可能？② 相关实践能够打破资本家和劳动者之间不对等的权力关系，使劳动者不再是"服从管制的、孤立的和自我监督的主体"吗？③ 这些议题兼具紧迫性和根本性，发人深省。

（作者单位：复旦大学）

原文《作为数据流的劳动者：智能监控的溯源、现状与反思》，

原载《湖南师范大学社会科学学报》2021 年第 5 期，

收入本书时有改动

---

① 40th International Conference of Data Protection and Privacy Commissioners（ICDPPC），"Declaration on Ethics and Data Protection in Artificial Intelligence"，http://globalprivacyassembly. org/wp-content/uploads/2018/10/20180922_ ICDPPC-40th_ AI-Declaration_ ADOPTED. pdf.

② 陆晔、徐子婧：《"玩"监控：当代艺术协作式影像实践中的"监控个人主义"——以〈蜻蜓之眼〉为个案》，《南京社会科学》2020 年第 3 期。

③ 菲利普·斯塔布、奥利弗·纳赫特韦：《数字资本主义对市场和劳动的控制》，鲁云林译，《国外理论动态》2019 年 3 月。

用马克思政治经济学批判分析数字劳动

魏小萍

数字劳动是高科技时代伴随着人们日常生活、生产、教育、医疗、金融、社会交往领域的信息化、网络化发展而产生的新的社会劳动，意味着一种新型生产方式的出现，即与传统工业化条件下的规模化、集约型生产方式相反的广泛的、发散型、小规模甚而个体化的社会劳动方式。这些分散在社会各个领域的劳动群体、劳动个体通过互联网相互链接。从其最基本的内容来看，数字劳动包含着主动和被动两种不同的劳动形态，其一是互联网经营、管理和软件设计类劳动，其二是通过互联网受数字经济操控的群体劳动或者个体劳动。从后一种意义上来看，各行各业的劳动者在互联网时代都多多少少受借助于互联网工具的管理，只是对特定的劳动群体来说，这种管理模式具有特殊的意义，不过数字劳动概念并不主要是从这一意义上来说的。国外学者对工作概念与劳动概念的区分，有时被用于数字劳动的这两种类型，前者具有自主性，后者具有雇佣性。这一区分并不那么科学，在中国语境下，这一区分没有严格的意义。数字劳动这一新型的劳动形态变化和发展速度极快，理论上的归类和分析相对来说还是比较滞后的。

马克思的劳动价值理论如何看待这一新型生产方式的出现，如何理解高科技条件下的数字劳动现象，是国内外马克思主义学者最为关注的时代热点问题之一。哈特和奈格里在《帝国》一书中将数字劳动归类为非物质劳动，可以说在某种程度上捕捉到了数字劳动的基本特征。然而，要具体地分析这一问题并非易事，这是一个跨越哲学、政治经济学、实证社会科学边界的综合性问题。

数字劳动的核心是软件设计及其在人们的生产、生活领域的广泛运用，它极大地提高了劳动生产率以及人们日常工作和生活的运行效率，为人们赢得了更多的自由支配时间。不仅如此，作为一种新型的社会劳动形态，数字劳动的主要特点是劳动时间和劳动场所的"自由"。

对于具有主动性的劳动来说，这给予劳动者很大的"自主"调控空间，不过，在市场竞争环境中，大多数数字劳动者并没有将这一"自由"用来缩减劳动时间，增加自己的休闲娱乐时间，而是相反，这一自由被用来延长劳动时间，不仅抵消了数字经济本身带来的自由支配时间，甚而挤兑了日常生活的时间。

对于那些受现代互联网数据管控的劳动者来说，例如快递小哥，他们的劳动时间被时间数字如此严格地控制并且紧紧地与其报酬挂钩，以至于频频出现为了争抢时间、为了时间数字下的劳动报酬甚而不惜冒着生命危险而违反交通规则的现象。与此同时，各路网络大亨却借助网络掌控着的信息资源，成为网络经营投资的最大赢家。

数字劳动伴随着高科技时代信息技术进步而产生，它在形式上有别于传统产业劳动的同时，在资本主义体制下延续了传统经济关系所包含着的内在矛盾，并使其在这一新的生产方式中不断得到强化：网络经营商的投资回报率是传统工业资本的投资回报率所不可比拟的，相对于金融资本的高回报与高风险来说，网络经营几乎是无风险高回报。

数字经济模式下的分配公正与异化劳动问题成为学者们关注的对象，网络经营商获得的超额利润所包含着的剩余价值是由谁创造的呢？我们如何用马克思的政治经济学批判理论来解读这一新型的数字经济模式与资本主义固有矛盾的关系？英国青年马克思主义学者克里斯蒂安·福克斯（Christian Fuchs）在他的新著《数字劳动与卡尔·马克思》①一书中尝试着用马克思的劳动价值理论来分析当代资本主义条件下数字劳动所创造的剩余价值与网络经营商利润之间的关系。

福克斯用受众劳动（Audience labor）这一概念来表达徜徉于网络的数字劳动群体，认为网络经营商的利润来自这些受众劳动群体所生产的信息数据，这些信息数据被商品化。他借助史麦兹的说法来表达自己的观点："受

---

① 克里斯蒂安·福克斯：《数字劳动与卡尔·马克思》，周延云译，人民出版社，2020。

众本身——其主体性和主体创造性活动的结果——被作为商品出售。"① 受众劳动是一种没有劳动时间限制的自由劳动，受众劳动者在网络上产生或者留下的信息数据成为广告商的标的，网络经营商无需为这些商品付酬，换取的广告费是网络经营商的利润来源。

福克斯由此用马克思的劳动价值论论证了网络经营商的利润来源于受众劳动群体的无酬劳动，在他看来，受众群体在网络上的所有消费时间都是商品生产时间。

我们可以将这一无酬劳动看作剩余劳动的一种新形态，因为它存在于获得薪金的那一部分已经包含着剩余劳动的劳动时间之外，是受众劳动群体利用生活时间进行的没有被付酬的劳动，网络经营商的利润量取决于受众劳动群体的数量和产生的信息量。而要获得这个量在信息化时代并非难事，在信息化时代，人们都需要借助网络平台进行交往并获得信息。

人们在享受着网络媒介的同时，也在谈论数字劳动所包含着的新生产方式是否蕴含着不同的生产关系。福克斯批判了那种将信息社会冠冕堂皇地中性化的观点，认为把当代数字经济理解为生产力的新变化掩盖了持续存在着的资本主义剥削关系。

福克斯所批判的是这样一种流行观点，其至网络大亨本人都在助推这样的观点，即具有共享特征的互联网经济将直接通往无阶级社会。在福克斯看来："该论点是这样的一种还原论，它构成了一种意识形态，即赞美当代社会，隐瞒和否认在此社会中所发生的生产力的变化与进步是由剥削关系驱动的。"② 福克斯试图论证在资本主义体制下，资本利润是这一新变化的幕后推手。

福克斯的分析揭示了网络大亨们是如何在共享经济面纱下破土而出的，网络经营商的高额利润率是如何通过广告商的购买行为而实现的呢？受众劳动作为一种新型的数字劳动形态，其所创造的信息商品被网络经营商无偿占有并被出售给广告商，成为网络经营商的主要利润来源。

正是受众劳动所创造的数字信息所具有的这种特殊性质，即它被作为商品出售，它是一种劳动产品，但是获得它无需支付相应的劳动报酬，因为大多数受众劳动产生于劳动力价格之外的自由支配时间，使得网络经营商无需

---

① 克里斯蒂安·福克斯：《数字劳动与卡尔·马克思》，周延云译，人民出版社，2020，第123页。

② 克里斯蒂安·福克斯：《数字劳动与卡尔·马克思》，周延云译，人民出版社，2020，第194页。

支付劳动报酬，只要付出很少的经营成本，就能获取巨大的利润。而为了获得更多的利润，网络经营商的努力方向就是赢得多的、更多的无酬受众劳动者，其利润空间取决于无酬劳动者的数量。

那么什么是受众劳动者的劳动产品呢？福克斯借助"脸书"（Facebook），YouTube 和"推特"（Twitter）的例子说明，所有受众群体消费在网络上的时间都是信息商品生产时间，无论是主动的信息撰写传播还是被动的广告消费时间，由此产生的信息数据就是可以出售给广告经营商的商品。

那么人们能否拒绝这一无酬劳动呢？难！一方面大多数人难以抵御广告暴力，这些为吸引人们眼球而生产的广告不仅不请自来，而且难以消除，现代人只要接触媒体，就得被迫奉献无酬劳动时间去消费广告；另一方面，网络为人们不受地域、时间的限制彼此交融、共同交流、共享信息资源提供了前所未有的便利，人们能够通过网络获取各种有用信息、知识，网络平台成为一种信息、知识共享的渠道。

各种行业性的网络平台为供需双方搭建了沟通平台，提供了交易机遇、提高了交易效率。但是行业性的网络平台一方面通过受众劳动获取超额利润，另一方面通过对数字信息的掌控优势，分享实体经济的利润。这一获取利润的方式，在为实体经济提供交易便利的同时，也增加了实体经济的交易成本。这里拥有信息已经变身为虚拟资本，成为获取利润的权利。

网络平台作为一种高科技支撑的、具有无限想象力空间的社交媒介，天然具有公共性，以及无限可被开发的可能性及其功能。历史不会倒退，取缔网络不可能成为人们的选择。福克斯根据网络媒介天然具有公共性这一特点，提出了一些积极设想：建立公共的不受资本逻辑和私人营利性控制的网络平台，实现信息资源免费共享，让网络平台的共享逻辑成为现实。

显然，数字劳动产品（信息化）不仅使现代工业生产方式发生了深刻变化，数字劳动本身也成为一种新的劳动形态。用马克思主义政治经济学对这一迅速发展的新变化进行理论上的跟踪研究，并为相应的政策决策提供依据，显然是十分必要的。我们期待着构建具有强大信息功能、杜绝各种营利性商业广告、向全社会提供免费服务的综合性、多功能、非营利性质的公共网络平台，真正实现信息资源的共同付出、共同拥有、共同分享，这对于新时代的中国来说，并不是一个遥远的梦。

（作者单位：新疆大学马克思主义学院/中国社会科学院哲学所）

平台权力、劳动隐化与数据分配正义

——数据价值化的政治经济学分析

黄再胜

进入数字经济时代，以数据驱动为特征的数字化、网络化和智能化深入推进，数据赋能催生经济社会发展新动力，开辟经济增长新空间。在经济数字化进程中，以"数据+算力+算法"定义的数据生产力形成与迭代，正加速推动当代资本主义新的生产关系的型构和演进。这当中，数据的资源化、资产化和资本化相互交织和共生发展，促使数据价值化成为数字经济时代资本价值运动最引人瞩目的新景观。从目前来看，针对数据价值化现象的剖析和阐释，学界主要沿着三条路径展开。

首先，从数据经济学的研究视角，集中讨论数据要素的经济特征、数据生产力的倍增效应和场景应用，以及基于全产业链、全价值链的数据价值释放。其次，针对数据的批判性理论研究，重点关注数据价值化引发的不平等和安全问题，以及相应的数据治理与模式选择。最后，聚焦数据的生产、分配、交换和消费各环节的政治经济学分析。毋庸置疑，数据生产和数据资本积累已经成为 21 世纪政治经济学的重要命题。针对数据价值化及由此引发的生产形态和劳动方式变迁，学者们以"平台资本主义""监视资本主义""数字资本主义""数据殖民主义"等新的经济范畴加以概括和分析。

总体上看，数据经济学的已有研究，重点关注数据价值化的效率维度，在数据革命的裹挟下浸润着浓厚的技术决定论色彩，缺乏对数字资本主义生产关系及其嬗变的观照与分析。相比之下，针对数据的批判性理论研究，揭露了当代资本主义数据价值化对平等、尊严和自由等人类基本价值的侵蚀，但对数据价值化进程中生产组织形态、劳动方式及其制度演进的分析乏善可陈。从政治经济学语境出发，考察资本主义生产方式下数据价值化现象，不容回避的核心议题，就是数据经济活动中"公平和效率、资本和劳动、技术和就业的关系"。已有文献比较深入地揭示了数字资本主义资本积累的剥削逻辑，但对数据生产关系（datarelations）中的权力变迁、劳资关系与数据价值分配的讨论还比较零散且不够入理，亟待理论整合和系统阐释。

一　数据价值化中的平台权力

马克思指出："资本是资产阶级社会的支配一切的经济权力。"[①] 进入数字资本主义阶段，数据驱动的生产、流通、交换、消费等数字经济各环节成为经济活动的重心。数字平台巨头凭借数据、技术及场景等优势，形成和积聚平台权力，在规则、标准、算法、技术和流量分配等方面占据市场支配地位，日渐成为数字经济时代数据价值化的最大赢家。

（一）平台权力与数字空间生产

进入数字资本主义阶段，资本空间生产的显著特征就是服务于比特经济的数字空间成为资本价值运动的新场域。尤其是在全球新冠疫情大流行后，出现了"从物理空间加速向数字空间转移，并将很快出现以数字空间为主导的格局"[②]。遵循资本的空间生产逻辑，数字平台头部企业通过数字技术霸权和在线经济规则创设，并凭借对全域用户的触达能力增强对场景中资金流、信息流、物流等的实际控制，逐渐成为数字空间生产的布局者和主导者。

一方面，数字平台头部企业通过操作系统授用、应用编程接口（API）、标准开发工具包（SDKs）以及用户操作界面设计等，搭建了数字空间形成和运转的必需设施。进而，平台企业通过链接多边群体、融合多方资源，不断形塑数字化财富创造的生产、运维和管理空间。另一方面，数字平台头部企业极力推行"X即服务"商业模式创新，"一点接入，服务全球"，成功地把本应共建共享的数字空间改造成遍是商机的虚拟交易网络。以新零售为代表的电子商务平台兴起，以用户界面取代有形经营场所，以数据驱动的供

---

① 《马克思恩格斯全集》（第 30 卷），人民出版社，1995，第 49 页。
② 中国信息通讯研究院：《全球数字经济新图景（2020）——大变局下的可持续发展新动能》，http://www.caict.ac.cn/kxyj/qwfb/bps/202010/t20201014_359826.htm。

需适配优势来统摄"头部"存量和"长尾"增量，拓展了传统商品生产流通的市场范围和交换深度。同时，数字经济时代专营数据产品或服务的平台企业迅猛发展，不断开辟数据价值化扎根数字空间的市场交易域。

（二）平台权力与数据要素生产

进入数字经济时代，数据成为全新的、关键的生产要素，蕴含着巨大的使用价值和生产潜能。数字平台头部企业通过平台垄断和"数字殖民"，牢牢地将数据这一关键生产要素收归麾下。在实践中，数字平台头部企业精心构筑"数据隔离墙"，通过众多使用方便且服务全面的 App，即时捕获用户支付交易数据、社交网络数据、位置轨迹数据、浏览日志数据，以及工业互联网、物联网、车联网所覆盖的各类传感器数据，将泛在的人类活动转化成源源不断的数据流，进而"以数据生产分权化和数据收集中心化"[1]，成为数字经济时代数据资源的实际控制者。

更有甚者，少数科技巨头运用平台权力，迫使第三方（交易相对人）签署所谓"互惠"的排他性协议，通过提供标准开发工具包、暗置信标、用户本地终端数据跟踪（Cookies）等手段将数据捕获延伸到数字平台之外，成指数级放大自身的数据要素化能力。同时，坐拥巨量现金流的平台企业还积极发起早期收购和跨界收购，通过吸纳用户进一步掌控日趋全景化的数据流。此外，在数字化浪潮推动下，广大发展中国家蕴藏丰富的数据资源，掌控数字平台的跨国垄断资本垂涎已久，巧言令色地以消弭数字鸿沟之名推行"数字殖民"，企图将自西方工业革命以来国际垄断资本对后发国家资源掠夺的种种行径，如法炮制到数字经济时代数据要素的全球生产体系中。其结果是，"数据殖民主义对于全球数据流的取用与历史殖民主义对土地、资源和肉体的攫取一样普遍"[2]。

（三）平台权力与数字机器生产

进入数字资本主义阶段，App 和智能算法等数字机器的出场，是显示"这一社会生产时代的具有决定意义的特征"。从数据商品生产看，以 App

---

① A. Helmond, "The Platformization of the Web: Making Web Data Platform Ready", *Social Media and Society*, Vol. 1, No. 2, 2015, pp. 1-11.

② 常江、田浩:《尼克·库尔德利:数据殖民主义是殖民主义的最新阶段——马克思主义与数字文化批判》,《新闻界》2020 年第 2 期。

和智能算法为代表的数字机器，就是数字经济时代的"生产流水线"。① 在数据价值化的资本竞争中，平台企业竞相投身于数字机器生产，以进一步巩固主导多边市场关系的平台权力。

数字机器脱胎于海量数据的人工训练，数字机器的生产、运转和性能提升，需要源源不断的数据"喂养"才能得以实现。因此，进入数字经济时代，谁控制了数据流，谁就掌握了数据机器生产的主动权。在这方面，受益于数据正回路效应，平台企业凭借数据独占在核心算法开发和算法迭代的市场竞争中遥遥领先。更需指出的是，随着数字产业化和产业数字化，智能算法作为无形资本的新形态，迅速成为备受资本倚重的企业战略性资源。不同于工业生产装配线，数字平台开发的智能算法，无一例外地被视为核心商业秘密。其结果是，平台企业在算法开发和算法迭代方面持续发力，并借此聚集用户，谋取和巩固市场垄断。

（四）平台权力与数据商品产消

"数据的价值，主要是借助特定算法和模型使用体现，最终通过出售内嵌数据的产品和服务实现。"② 数字经济发展表明，尽管数据驱动的商业创新层出不穷，但平台企业在多边市场中始终占据中心地位，凭借对数字化基础设施的垄断，影响或决定着数据商品生产、流通、交换和消费各环节的基本走向。

首先，在平台生态圈中，平台企业是数据产品或服务的主要提供者。"不同于工业资本主义时代，数字资本主义获取利润的关键，并不是大量生产千篇一律的产品，而是为不同顾客提供个性化定制服务。"③ 在实践中，数字平台基于"数据+模型＝服务"的生产逻辑，将数据转化为数字智能，为平台生态圈核心交易提供旨在拓展市场和制造市场的各种数字化服务。其次，在平台多边市场中，数字平台头部企业通过搜索付费、流量分配和技术设置，影响或决定平台第三方的经营环境和市场命运。同时，平台企业限制必要的数据开放，直接影响平台第三方可访问数据的颗粒度。④ 最后，在平

---

① P. Staab and O. Nachtwey, "Market and Labor Control in Digital Capitalism", *TripleC*, Vo1.14, No.2, 2016, pp.457-474.

② 杨涛主编《数据要素：领导干部公开课》，人民日报出版社，2020，第7页。

③ 森健、日户浩之：《数字资本主义》，野村综研（大连）科技有限公司译，复旦大学出版社，2020，第172页。

④ 数据颗粒度，是指应用在商业智能的数据仓库中数据的细化和综合程度。根据数据颗粒度细化标准，细化程度越高，颗粒度越小；细化程度越低，颗粒度越大。

台生态圈中，注册用户是各种数据产品或服务的终端消费者。数字平台在用户触达、用户链接和用户洞察中，围绕用户建立起丰富的标签，逐渐将基于个人数据的"计算"变成服从资本逐利的"算计"。

二　数据价值化中的劳动隐化

进入数字资本主义阶段，形态各异的数字劳动日渐成为劳动新样态。在数据价值化过程中，数字劳动者一方面是数据要素的使用者，另一方面是数据要素的生产者。[①] 但从数字经济实践看，如表1所示，抱持"终结劳动"的资本幻想，平台企业竭力推行劳动隐化（hiddenlabor）策略，蓄意模糊和美化资本主义生产关系，来实现对劳动更加彻底、更为恣意的剥削和压榨；同时将数字劳动者不断推入影子劳动力大军，使其陷入工作生活更加不稳定的窘境。

表 1　数据价值化中的劳动隐化与资本剥削

数字劳动类别	劳动贡献	劳动隐化	资本增殖手段
UGC 型 无酬劳动	数据要素生产 数字空间生产	劳动参与娱乐化： 用户体验	数据剥夺 数字奴役
众包微劳动	AI 数据训练 人—机协同	劳动过程代码化： 人工即服务	数字计件工资
按需劳动	数据要素生产 数据商品生产	劳动内容商品化： 独立合约人	数据剥夺 数字计件工资
雇佣数字劳动	数字空间生产 智能算法开发 数据商品生产	劳动方式项目化： 自我实现	自我剥削

（一）用户内容生产中的劳动隐化

进入数字经济时代，数字内容发布、网页创建、点赞、转发、评分和评论等用户生成内容（UGC）呈现井喷式生成和沉积，成为平台企业得以迅

[①]　宋宇、嵇正龙：《论新经济中的数据的资本化及其影响》，《陕西师范大学学报》（哲学社会科学版）2020 年第 4 期。

速崛起的重要推力。在现实中，"社交网络的使用者以为他们只是在跟别人'分享'自己的想法、兴趣和观点，但事实上他们是在为运营这些社交平台的公司工作"①。归结起来，在数据价值化过程中，用户生成内容的价值贡献集中表现在以下几个方面。

一是用户生成内容是平台企业数据抓取的重要来源。表面上看，谷歌（Google）、脸书（Facebook）等少数科技巨头打着履行企业社会责任的旗号，为全球用户提供免费、便利和快速的数字化服务。但细究起来，平台免费服务的背后，隐藏着更具掠夺性的资本逻辑。平台经济商业化实践表明，用户"支付"的个人数据，已经成为这些数字平台巨头的主要资本。不言而喻，没有数以万亿计的网页链接，谷歌搜索引擎便会"巧妇难为无米之炊"。进一步地，用户行为数据及反映消费者偏好的衍生数据，是平台企业进行用户画像的基本原料。进入数字资本主义阶段，"将数据比作石油无非是资本家为了伪造无偿占有的合理性、抹杀每个数据生产者对于数据的自主性所创造出的庸俗隐喻"②。

二是粉丝空间、主题论坛等用户虚拟社群的建立，是数字空间生产不可或缺的重要组成。平台企业搭建了数字空间的"四梁八柱"，注册用户结社建群形成流量，激活数字空间的价值共创潜能。没有用户评分形成的数字声誉机制，亚马逊商品的在线销售、优步的网约车服务等必将因"柠檬市场"难题而遭遇商业挫败。同时，活跃用户自愿给违规内容打上标签，已经成为脸书、推特等社交媒体平台内容审核的重要力量。此外，在 C2B 的市场运作中，资本精心构筑参与式虚拟场景，助推用户分享消费体验，献言产品改进建议，鼓励消费者加入研发设计生产营销的全价值链环节活动中。在兴趣、社交、合作和自我表达等名义下，众多活跃用户成为名副其实的"产消者"和"品牌大使"。

从本质上讲，用户生成内容是社会"一般智力"在数字空间的普遍物化；用户生成内容的过程就是一种典型的数字劳动。③ 对此，平台企业在其市场叙事中全然不提用户贡献，而是竭力渲染虚拟社群和用户体验，以用户玩乐和消费者赋能的触网表象，来淡化和遮蔽用户内容生成的数字劳动真

---

① 尼古拉斯·卡尔：《数字乌托邦》，姜忠伟译，中信出版社，2018，第 38 页。
② 刘皓琰：《数据霸权与数字帝国主义的新型掠夺》，《当代经济研究》2021 年第 2 期。
③ 黄再胜：《数据的资本化与当代资本主义价值运动新特点》，《马克思主义研究》2020 年第 6 期。

相。其结果是，进入数字经济时代，资本利用数字技术助推大众泛在连接，实现了对海量用户免费劳动的实质性吸纳。

（二）众包微劳动中的劳动隐化

进入数字经济时代，全球劳动力市场发展的一个显著变化，就是亚马逊土耳其机器人（Amazon Mechainical Mturk）等众包微劳动市场如雨后春笋般涌现。当正在运行的程序需要"人工输入"时，人工智能还不能完成的数据处理任务，会自动传送到众包微劳动平台，将遍布全球各个角落的劳动者与用工方联结在一起，并提供劳动质量管理和报酬支付等劳动交易配套服务。从劳动型平台实践看，人工智能开发中的数据标注工、社交媒体平台的内容审核员、搜索引擎优化中的人工评级员等，都是资本利用数字空间的时空优势，在轻松点击鼠标间大规模招募全球劳工为其所用的鲜活例证。

众包微劳动在数据价值化中发挥着不可或缺的作用，但通常被用户交互界面和技术设计所遮蔽而鲜为人知。众包微劳动的本质，就是"将人的思想异化成代码"①。究其根源，从众包微劳动用工特点看，即插即用的 U 盘式用工、大规模匿名在线协同生产，以及劳动结果的即时呈现，容易产生一种直接劳动过程代码化的生产表象。换言之，智能算法模糊了众包微劳动的价值创造及其与平台企业之间的工作关系。同时，相比于传统劳动，众包微劳动通常在家庭私有空间进行，劳动者地域分布极其分散，并游离于劳动规制之外。除此之外，平台企业为迎合资本市场对"高科技企业"的追捧，大力推行所谓"人工即服务"的商业模式创新，通过应用编程接口将众包微劳动预设成数字机器的代码片段。其结果是，当下智能化生产中须臾离不开的人工认知干预，在资本对人工智能技术的市场追捧中，一开始就被深藏于计算机屏幕后且日趋固化成几无人影的"幽灵工作"②。

（三）按需劳动中的劳动隐化

近年来，零工经济快速发展，推动当代发达资本主义非正规就业持续增长。从用工特点看，零工经济利用数字技术，通过线上派单、线下服务的无

---

① 尼古拉斯·卡尔：《数字乌托邦》，姜忠伟译，中信出版社，2018，第 45 页。
② Mary L. Gray and Siddharth Suri, *Ghost Work*: *How to Stop Silicon Valley from Building a New Global Underclass*, New York: Houghton Mifflin Harcourt Publishing Company, 2019, p. 67.

缝对接，实现按需服务"即时满足"的智能化配置。以跑腿兔、优步等为代表的零工平台，按地域提供网约车、食物递送、家庭维修和人员看护等日常生活服务。

从政治经济学视角看，从事网约零工的数字劳动者实际上进行了"双重意义"上的价值生产。① 一方面，提供按需劳动即时服务，其收入被平台企业以交易佣金形式抽成；另一方面，网约零工在线活动本质上是一种"数据工作"。在平台企业泛在连接下，网约零工线上线下劳动过程产生的全链路数据，被数字平台无偿攫取。但同时，零工经济中本来活生生的劳动在场和价值贡献，却在平台企业极力宣扬的"共享经济""协同参与""对等生产"等意识形态叙事中，逐渐被遮蔽、消解而日趋边缘化。

零工经济按需劳动的"去场化"，是资本充分利用数字技术，大力推行劳动任务商品化的必然产物。实践中，平台企业采用"平台+个人"的用工模式，将网约零工定义成"自雇者"或"独立合约人"，甚至将其视作消费平台连接服务的"终端用户"。于是，一直以来基于劳动力商品的雇佣制被按单付酬的商业合同所取代；进一步地，传统雇佣关系让位于纯粹的"现金交易关系"（cash nexus）。② 其结果是，"将工人建构为身处诸多相互竞争与冲突的他者中的一员，既掩饰了他们共同的阶级属性，即同属于一个为工资而出卖其劳动力的生产者阶级，也掩饰了他们与占有他们的无偿劳动的另一种阶级的区别"③。

（四）雇佣数字劳动中的劳动隐化

进入数字资本主义阶段，相比于传统的制造业巨头或超大型零售商，数字平台头部企业正式员工数量通常只是其零头。2020 年谷歌的母公司 Alphabet 的正式员工总数为 13.5 万人；脸书的正式雇员规模只有 5.9 万人；优步正式员工总数为 2.69 万人，管理的网约车司机却多达 500 万人；欧洲最大的自由职业型平台——Peopleperhour 的正式员工只有区区 50 人，注册

---

① Niels Van Doorn and Adam Badger, "Platform Capitalism's Hidden Abode: Producing Data Assets in the Gig Economy", *Antipode*, Vol. 52, No. 5, 2020, pp. 1475-1495.

② Simon Joyce, "Rediscovering the Cash Nexus, Again: Subsumption and the Labor-capital Relation in Platform Work", *Capital & Class*, No. 3, 2020, pp. 1-12.

③ 〔美〕迈克尔·布若威：《制造同意——垄断资本主义劳动过程的变迁》，李荣荣译，商务印书馆，2008，第 89 页。

的自由职业者却多达 240 万人。在多元化用工体系中，正式雇员是平台生态圈数字基础设施创建和维护的核心力量，大多从事算法开发和算法优化等复杂性劳动。不同于传统编程等知识性劳动，算法开发、用户界面设计和数据分析活动的价值创造离不开数据要素投入，是雇佣制下的高级数字劳动。

从数字劳动实践看，有别于众包微劳动等非正规就业，被平台企业正式雇佣的数字劳动者，从表面上看拥有一份令人艳羡的好工作。他们通常拿着高薪，享受着诱人的福利保障计划，部分人还因公司股票期权和技术入股分红而一夜暴富。自然地，这一高技能群体成为数字经济时代的"工人贵族"，在追逐"中产梦"中极易被资本所笼络和同化。但必须指出的是，在资本吸纳劳动的过程中，并不会因为某种劳动的"高贵"而改变其"吸血鬼"的贪婪本性。平台企业为激发员工创新潜能，最大限度地榨取其才智价值，竭力倡导"玩乐""有趣""工作即生活"等公司文化，刻意打造平等、田园诗般的工作场所，来模糊甚至消解工作与生活、劳动与休闲的时空界限，千方百计地诱导员工流连于优渥且"自由"的工作环境，心甘情愿地为资本透支生命。

三　数据价值化中的资本剥削

马克思曾说："资产阶级借以在其中活动的那些生产关系的性质决不是单一的、单纯的，而是两重的；在产生财富的那些关系中也产生贫困；在发展生产力的那些关系中也发展一种产生压迫的力量。"[①] 进入数字资本主义阶段，"数字信息技术的应用所形成的平台式分工并非弱化了剥削关系，而是使剥削手段进一步精巧化"[②]。在数据价值化进程中，如前文所述，资本实施各种劳动隐化策略，使得数字劳动者的数据生产者地位和价值贡献甚至得不到资产阶级法权意义上的市场承认，导致和加剧数据价值分配的劳资不平等。

（一）用户内容生产中的无限剥削

进入数字经济时代，用户是海量数据的创造者。马克思指出："资本的趋势始终是：一方面创造可以自由支配的时间，另一方面把这些可以自由支

---

① 《马克思恩格斯文集》（第 1 卷），人民出版社，2009，第 614 页。
② 徐宏潇：《后危机时代数字资本主义的演化特征及其双重效应》，《马克思主义与现实》2020 年第 2 期。

配的时间变为剩余劳动。"① 从数据价值化实践看，活跃用户在线活动，实际上是发生于数字空间的"家务劳动"，主要在闲暇时间进行且几无报酬。针对无酬大众的这种非雇佣剥削，资本巧妙地将"剥削性的社会关系隐藏在日常生活的表层之下"，这使人们无须再为必要劳动和剩余劳动的界分而绞尽脑汁了。活跃用户的在线时间，全部成为服务于资本增殖的剩余劳动时间。这表明，相比于正式的雇佣劳动，用户生成内容代表的是一种彻底的、无界限的资本剥削。于是，"如果说数据只是互联网企业的资产，和数据的贡献者——大众，没有任何关系。甚至数据的贡献者还可能因为数据受到伤害，这显然是不公平的"②。

（二）众包微劳动中的数字奴役

作为新型的、未加规制的劳动组织形式，众包微劳动的兴起，将资本对劳动的剥削推向前所未有的新高度。在资本极力推行"人工即服务"的市场实践下，众包微工受困于平台算法系统的时间规训、疲于抢单的逐底竞争和少得可怜的薪酬回报，已经沦为数字经济时代的"不稳定无产者"。其结果是，"不限时间地点的网上工作本来被看作是一种自由，现在却被发现只是一种新的奴役机制"③。换言之，众包微劳动实现了智能化生产的人机协同，却使大多数就业弱势的劳动者身陷"数字奴役"。"通过支付比真实时间价值少的工资来剥削劳动力"成为行业常态。根据国际劳动组织（ILO）对英语国家 5 家主要众包平台的调查，2017 年众包微工的时薪为 4.43 美元，如将抢单时间计算在内时薪则更低，平均只有 3.29 美元，远低于美欧国家最低工资水平。

（三）按需劳动中的不稳定陷阱

零工经济中的按需劳动，成就了基于用户 App 的数据赋能，将人类数字化生存向前推进了一大步。但是在"独立合约人"的资本指认下，"现在的数字化劳动实践跟 18 世纪末英国工业纺织初期的家庭包工制极为相

---

① 《马克思恩格斯文集》（第 8 卷），人民出版社，2009，第 199 页。
② 涂子沛：《数文明：大数据如何重塑人类文明、商业形态和个人世界》，中信出版社，2018，第 40 页。
③ 胡泳：《数字劳动的无眠》，《新闻战线》2019 年第 13 期。

似"①。平台企业精明地实施以"劳动服务合同"取代"劳动力商品"的合约操作，如愿转换了劳资之间"等价物交换"的交易标的。平台用工实践"优步化"，实则是将按需劳动贬低为供给充足的、可计算的和易于替代的商品。

其结果是，借助于"创业精神""工作自主"的市场叙事，资本冠冕堂皇地将劳动风险转嫁给普通劳动者，进而"最大限度地提高其用工的性价比，减少相关风险和责任，以一种最廉价的方式保留了庞大的产业后备军"②。而对众多实质性依附于平台的网约零工而言，"零敲碎打的计件工资，加上时不时的促销补贴政策，就是这种所谓创业机会的残酷现实"③。零工经济中形式上的灵活就业和工作自主，换回的却是工作和收入的极度不稳定。更有甚者，平台企业将这种 20 世纪 70 年代就已出现的工作不稳定趋势，通过内嵌于多边市场架构而加以固化，同时却又公开声称解决了这些问题。

（四）雇佣数字劳动中的自我剥削

那些正式受雇于平台企业的数字劳动者，被平台经济科技文化熏染，追求所谓的"自我管理""自我实现"，从而自主地卷入数字化的赶工游戏之中。长时间工作、高压力、频繁的人员淘汰、糟糕的工作/生活平衡，以及公司之外几无社会交往，使得"秃顶的程序员"成为这一群体的标准画像。其结果是，加班赶工日常化、自主化，"表现为文明的和精巧的剥削手段"，给数字技术"极客们"带来的是创新焦虑和绩效比拼，资本却通过意识形态操纵和社会压力机制，成功地将这些高级数字劳动者的全部生命活动纳入数字经济的剩余价值生产之中。

随着平台企业劳动组织过程的程序化、标准化和协同化，高技能劳动"独立性和吸引力"日益降低的同时，其市场可替代程度却不断提高，促进资本对数字劳动者的控制从形式从属变为实际从属，最终走向"真正"形式的以酬购劳。其结果是，"他们与互联网平台催生的非技术劳动者只是分工不同的'打工人'而已，两者命运殊途同归"④。

---

① 大卫·哈维：《马克思与〈资本论〉》，周大昕译，中信出版社，2018，第 159 页。
② 丁晓钦、柴巧燕：《数字资本主义的兴起及其引发的社会变革——兼论社会主义中国如何发展数字经济》，《毛泽东邓小平理论研究》2020 年第 6 期。
③ 亚历克斯·罗森布拉特：《优步：算法重新定义工作》，郭丹杰译，中信出版社，2019，第 84 页。
④ 姚建华、徐偲骕：《传播政治经济学视域下的数字劳动研究》，《新闻与写作》2021 年第 2 期。

四　数据价值化中的分配正义

回顾资本主义劳动关系史可以发现，"除非能组织起来对抗资本的剥削，否则无意义的工作、不稳定的就业乃至失业以及低报酬就是劳动者的宿命"[①]。进入数字资本主义阶段，如图 1 所示，促进数据分配正义的核心命题，就是重塑数字经济时代的劳资关系，牢固确定数字劳动者在数据价值化中的生产者地位，以数据分润中的"劳动回归"，不断促进数据分配公平和数据分配正义。

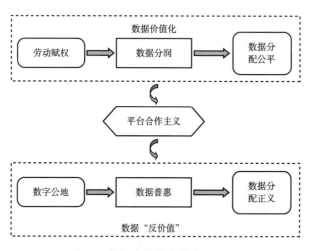

图 1　数据价值化中的分配正义

（一）数字劳动赋权与数据分配公平

进入数字资本主义阶段，推动资产阶级法权界限内的数据分配公平，就是对数据价值化中不可或缺的数字劳动进行确证和补偿。这就要求，对于那些从事用户内容生产的活跃用户，可以通过政府公权力介入的平台治理，促使资本确认其数据生产者地位，赋予与其价值贡献相匹配的数据分润权。将"数据视作劳动"，不仅可以促进 C 端数据的高质量供给，节制平台资本垄断数据收益；而且可以创造前景可期的"数据工作"，开拓数字经济时代就

---

① 大卫·哈维：《马克思与〈资本论〉》，周大昕译，中信出版社，2018，第 299 页。

业新渠道。① 这是其一。

其二，对于遍布全球的众包微工，由于其高度流动性、平台多栖性且参与动机多元，期望平台企业赋予其员工地位，显然会因用工成本高企而使平台商业模式难以为继。鉴于此，在针对劳动型平台的政府规制中，应重点在劳动过程透明性和劳动报酬公平性方面做文章，建立契合众包微劳动特点的平台治理机制，在最低工资要求、系统派单透明化和劳动权益保护等方面，构建包容性数据生产关系，切实提升众包微工的就业质量和劳动体验。

其三，零工经济的实践表明，劳动型平台真正的市场卖点，是基于数据驱动高效提供即时精准的按需服务。所谓精益平台的轻资产优势，并非如资本主义所宣扬的，是平台企业赢得核心竞争优势的必然选择。同时，平台企业利用智能算法，对网约工的具体劳动过程进行了不同程度的行为规约和在线管理。因此，改善网约工的生存境遇，根本之举是通过零工经济劳动规制，分类明晰网约工的法律身份。对于那些实质性依附平台的劳动者，可化简其多边市场用工关系，明确其平台企业正式员工身份；对于只是利用闲暇时间赚取收入的打工者，明确平台企业与个人合作关系的权利和责任，推动平台算法管理中的劳动权益实现和维护；进而，通过对网约工及其劳动权益保障的分类监管，促使平台企业在劳动合规中不断改善数据价值分配的劳资不平等。

其四，进入数字经济时代，人工智能技术的广泛应用，进一步加剧了当代资本主义"就业极化"趋势。总体上，平台企业的正式员工，是数字经济时代新兴的垄断性技能阶层。从实践看，"资本的确以赎买的方式消解了这类劳动的垄断权"②。并且，至少在弱人工智能阶段，资本还无法实现对此类"高度依赖于认知、互动和创造的高技能工作的去技能化"。因此，当下促进数据价值化进程中的数据分配公平，对于高技能溢价的数字劳动者而言，一方面，要警惕和自觉抵制资本笼络同化策略的故伎重演；另一方面，以劳动者集体行动促使资本进一步妥协，通过劳动制度性参与平台治理，来消解或对冲劳动过程的资本控制，以便在工作节奏和绩效考核等方面争取更多的员工自主。

---

① Imanol Arrieta Ibarra et al. ，"Should We Treat Data as Labor? Moving Beyond 'Free' "，*American Economic Review*（*Papers and Proceedings*），No. 1，2018，pp. 1-5.

② 杨虎涛、冯鹏程：《去技能化理论被证伪了吗？——基于就业极化与技能溢价的考察》，《当代经济研究》2020 年第 10 期。

（二）数据生产方式变革与数据分配正义

诚如有的学者所言，"分配正义不能仅靠规定人们在分配领域的权利来实现，而必须依靠物质生产领域的彻底变革，即要求实现一种合乎正义的生产方式"①。进入数字经济时代，真正实现劳动解放意义上的数据分配正义，必须重构以数据控制权为核心的数据生产方式，如图 1 所示，在数据价值化和"反价值"的实践较量中，逐步建立起超越资本逻辑、践行劳动共建共治共享的数据生产新格局。

从数据确权看，受制于数据多源性、无形性和可复制性的实践干扰，相比于确立数据所有权，控制数据的集聚和使用更最具决定性意义。摆脱资本数字奴役实现"数字脱贫"，首要的就是赋予用户更多的个人数据控制权。近年来，西方社会"数据能动主义"兴起；个人资料访问平台——Digi. me、个人数字身份管理平台——CitizenMe 等初创平台推出个人数据存储服务，这是通过推动个人数据的劳动自决来促进数据分配正义的有益尝试。从数据立法看，欧盟《通用数据保护条例》生效后，优步的网约车司机、户户送的外卖骑手为维护自身劳动权益，尝试将法定数据访问权作为斗争工具，来向平台施加压力，以表达对其随意冻结账户等做法的不满。

当然，鉴于数据要素化的生产特点，规避数据资源闲置的"反公地悲剧"，可尝试搭建"数据信托""数据银行""数据空间"等受信第三方数据管理平台，来探索个人数据劳动控制的具体实现形式。进而通过公信力组织和通道进行数据汇聚融合、全生命周期管理和用户授权，不断推动数据增殖的劳动分利。美国集中式数据市场平台——DataCoup 曾经以每月 8 美元的价格购买用户的信用卡消费信息以及推特、脸书等社交网站中的信息，然后将个人数据进行整合并让用户选择可出售的数据。

即使实现 C 端数据的劳动分利，在原则上仍然是一种资产阶级性质的权利。要实现马克思"按需分配"意义上的数据分配正义，默认数字经济的资本逻辑，停留于 C 端数据控制权的"劳动回归"是远远不够的。诚如西方马克思主义者所言，全世界数字劳动者联合起来，发展劳动自治的互联网共产主义，才是根本之途。

自互联网兴起之初，数字空间就蕴含着"共有经济"的发展基因。"邮

---

① 张晓萌：《马克思主义分配正义的基本结构与原则》，《北京行政学院学报》2020 年第 3 期。

件列表、讨论组、博客、微博、维基、社交网络、维基百科、字幕组、在线问答……大规模协作在消费互联网时代已经趋于普遍化。"① 同时，作为"普遍智能"物化的海量数据只有作为全社会共同使用的生产资料，才能最大效率地被挖掘、分析和利用，实现其使用价值的充分释放。② 有鉴于此，对于数据驱动的经济活动而言，发展基于"数字公地"的数据生产方式，以数据的"反价值"来消解数字经济的资本逻辑，最终实现数字劳动解放和数字普惠的数据分配正义。

从短期看，发展平台合作主义，积极构建劳动主导的开源平台生态，不断拓展"维基经济学"的实践场域；进而，在资本主义数字经济界域内，努力开辟"星星之火可以燎原"的数据生产正义空间。这要求积极唤起全球数字劳工的阶级意识，特别要动员和组织谙熟数字技术的"极客们"，联合一切致力于数字劳动解放的社会进步力量，积极探索劳动共建共治共享的数字经济新样态、新模式。

五　对中国数字经济发展的启示

进入新发展阶段，建设"数字中国"，发展以数据驱动和创新引领的数字经济，内在地要求构建和完善数据要素按贡献参与分配的体制机制，以全民共享数据产业发展成果来扎实推进共同富裕。总体上，以规范数字平台头部企业数据分配秩序为突破口，加快完善政府、企业、个人及行业组织等多方参与、统筹数据效率和数据正义的数据经济治理机制，努力形成契合中国数字经济发展实际、公平高效的数据价值化生产分配新格局。

（一）数据要素化中的价值分配：用户赋权与数据分润

中国是数据生产大国。国际数据公司（IDC）发布的《数据时代 2025》白皮书预测，2025 年中国产生的数据将高达 48.6ZB，中国将成为全球最大的"数据圈"。近年来，由数据采集、数据清洗、数据标注、数据交易等核心数据活动构成的中国数据要素市场规模快速增长，但数据要素化过程中也

---

① 《阿里研究院：数据生产力崛起：新治理，新动能》，https：//zhuanlan.zhihu.com/p/39550 5023?utm_id=0。
② 黄再胜：《人工智能时代的价值危机、资本应对与数字劳动反抗》，《探索与争鸣》2020 年第 5 期。

同样面临"权属不清、定价不明、使用不公"等问题。

这突出表现在：以百度、腾讯、阿里巴巴等为代表的平台巨头作为数据控制者和数据处理者，垄断数据要素化的几乎全部收益；作为数据提供者的众多用户，却在享受消费便利的资本叙事中沦为免费的数据劳工。同时，灰色甚至非法的数据要素交易活动猖獗，严重侵犯用户数据权和隐私权。进入新发展阶段，要促进数据生产力持续跃升，实现以数据集成、平台赋能推动经济高质量发展，同时扎实推进数字经济领域"反垄断和防止资本无序扩张"，迫切需要构建和完善数据要素参与分配的体制机制，明确"参与分配的主体划分和量的边界"，以形成数据要素化的制度性激励，促进数据要素可持续高质量供给。

在基于消费互联网的数据要素化进程中，"个人用户产生的数据是平台企业创造利润的核心来源，也是数字经济中财富和价值的起源"①。但针对个人数据的确权是归类于财产权、人身权范畴，还是归类于知识产权范畴，目前还有待理论澄清和实践探索。我国的当务之急是积极汲取欧美国家数据立法的有益经验，通过 C 端用户赋权，明确个人数据控制权的合理边界与操作路径，规范数据控制方和数据抓取方的使用权和获益权，进而以个人数据控制权的"市场化"让渡，推动活跃用户作为数据主体参与平台企业数据要素化的利润分享。

（二）数据商品产消中的价值分配：劳动回归与按劳分配

数据商品产消过程须臾离不开数字劳动的持续投入。从数据标注员等众包微劳动者到任务中国（TaskCN.com）中的威客，从滴滴出行、闪送等平台的网约零工到平台企业的程序员，其形态各异的数字劳动已经成为数据驱动价值创造的新源泉。在中国数字经济发展中，数据商品产消中也同样存在资本操纵下的劳动隐化及分配不公等现象。近一段时期以来，无论是针对互联网行业"996"现象的社会热议，还是关于外卖小哥困于系统的民众关切，抑或网络游戏矿工现象引发的冷思考，都是鲜明例证。

鉴于此，在社会主义市场经济条件下，确认数字劳动的价值贡献，维护数字劳动者权益，客观上要求在数据价值化进程中，切实贯彻按劳动分配原

---

① 戚聿东、刘欢欢：《数字经济下数据的生产要素属性及其市场化配置机制研究》，《经济纵横》2020 年第 11 期。

则以推动数据红利的劳动分享，真正使以人民为中心的发展思想在数字经济发展中落地见效。当前和今后一段时期，要以构建平台经济和谐劳资关系为突破口，通过组织"数字工会"或延展现有工会组织的服务功能，有效组织数字劳动者开展集体行动，解决平台经济多边市场关系博弈中劳动话语权缺失的突出问题，以平台治理的劳动参与，明确平台企业劳动保护责任，完善数字劳动权益保障，进而为创造更多就业岗位、扩大中等收入群体贡献平台经济力量。

具体而言，对于平台企业活跃用户的数据贡献，可以运用"共票"理论完善数据利益分享机制，让更多的消费者、普通劳动者等数据主体能够公平分享数字经济红利。[①] 同时，考虑到个人数据的使用价值通常微不足道，针对个人数据贡献的微支付可采用免费增值服务、折扣券、积分换购等多种形式来实现。对于京东微工等众包微劳动者而言，重点是建立透明的任务配置和绩效反馈机制，关注劳动者职业心理健康和就业质量，以充分释放其就业潜力；对于外卖骑手等网约零工，要考虑其平台多栖性特点，以重点解决工作生活不稳定痼疾为抓手，探索在最低工资、工伤医疗保险和带薪病休等方面建立跨平台的劳动权益保障机制，推动劳动权益实现从"基于工资"向"基于收入"的社会保障模式变革，从而为"外卖小哥们"打通数据赋能经济"最后一公里"，提供坚实的劳动保障激励；对于平台企业正式雇佣的网络架构师、算法开发师和数据分析员等高级数字劳动者，以解决"过劳"现象为突破口，以平台治理中的劳动赋权和劳动参与推动工作—家庭平衡机制建设，充分激发这一高技能劳动者群体在数据价值化中的"点石成金"创新潜能。

（三）数据"反价值"的分配议程：劳动自治与数据普惠

从长远计，大力发展合作型平台经济，推进数据"反价值"进程，促进劳动自治和数据普惠，是推进网络强国、建设"数字中国"的题中应有之义。正如有学者所指出的："一旦对于平台经济的讨论从垄断转向产权，我们就会辨识出新经济通向均富和公平的正确道路。"[②] 这要求，立足国情

---

① 杨涛：《数据要素：领导干部公开课》，人民日报出版社，2020，第203页。
② 赵燕菁：《平台经济与社会主义：兼论蚂蚁集团事件的本质》，https://www.guancha.cn/zhaoyanjing/2020_12_31_576335_s.shtml。

和数字经济发展实际，实施建立和完善数据交易市场、推行数据集体所有制和发展"数字公地"的三步走战略，逐步打破数字基础设施被资本独占的所有制格局，努力创造基于劳动共建共治共享的数字经济新形态。进入新发展阶段，要重点做好以下三个方面的工作。

第一，运用国有资本力量，积极布局新型基础设施建设。重点在新型的人工智能芯片、便捷高效的云服务和通用的人工智能算法等方面发力，通过加大通用数据资本投入，加快建设开放共享、平等普惠的数字化公共基础设施。第二，鼓励和支持劳动型平台合作经济发展。在坚持"两个毫不动摇"，促进平台经济领域民营企业健康发展的同时，积极探索数字经济时代合作经济新形态、新模式。以推动《关于推进"上云用数赋智"行动，培育新经济发展实施方案》落实为契机，在数据资源与应用编程接口、开源平台与工具，以及数据分析与应用等方面，给劳动自治的初创平台提供一键式数字化解决方案，让其以边际投入方式轻装上阵，促进数字经济多种所有制形式平台企业和谐共生发展。第三，积极探索与中国特色社会主义要求相契合的"数字公地"生产模式。以数据"反价值"实践来提供均等化和普惠性的数字公共服务，最大限度释放数据红利，最终实现数据生产力的可持续发展和数字劳动者的全面自由发展。

（作者单位：中国人民解放军国防大学政治学院）
原文《平台权力、劳动隐化与数据分配正义
——数据价值化的政治经济学分析》，
原载《当代经济研究》2022 年第 2 期，收入本书时有改动

数字劳动的马克思主义政治经济学分析

近年来，随着互联网、大数据和人工智能等高新技术的广泛运用，劳动的形态发生了重大变化，劳动从物质生产劳动走向数字劳动，数字劳动成为当今社会新型的劳动形式。虽然数字劳动打破了生产和消费、劳动和休闲的界限，但消耗了人类体力和智力的数字劳动并没有超出马克思主义政治经济学的劳动范畴，数字劳动在本质上是马克思的劳动概念在数字时代的最新表现形式，马克思主义劳动价值论仍然适用于对数字劳动进行研究。

一　数字劳动概念解析

劳动是人类文明和社会历史展开的逻辑起点，人类社会的历史归根到底是劳动的历史，人类文明史实际上就是人类劳动的物化结晶史，也是劳动形态的变迁史。现代文明的历史进程和发展水平，必须从劳动形态变革来审视和理解，通过劳动方式的变化和生产力发展水平来观察、思考和研判人类文明形态和发展阶段。随着生产工具的不断变化更新，人类的劳动方式和劳动形态发生了一系列变化，如从原始社会的依靠自然力的狩猎和采集劳动到奴隶社会的依靠制作和使用简单工具的肢体延伸劳动，从封建社会的自觉制造复杂生产工具的工匠技艺劳动到资本主义社会的依靠机器牵引的体能增强劳动，从电气时代的利用电力驱动的自动化劳动再到人工智能时代的依靠程序、算法与控制的智能化数字劳动。劳动方式和劳动形态的依次变革诠释和呈现了整个人类文明形态的演进。随着互联网、大数据、区块链、云计算、人工智能等技术的广泛使用，人类社会的劳动形态也从物化走向数字化，转向数字劳动，过去有形的生产信息、劳动对象、劳动资料等都转变为数字符号，以无形的方式进行生产、交换、分配和消费。数字劳动已成为当前的新型劳动形态和劳动方式。

如何理解数字劳动，虽然目前学界尚未达成统一认识，但数字技术与劳动者、劳动资料、劳动对象深度融合的劳动和新价值创造过程是定义数字劳动的根本依据。马克思认为，劳动者、劳动对象和劳动资料构成了劳动的全过程，任何劳动成果的产出都离不开这三个要素的相互作用。在马克思主义政治经济学视域下，对数字劳动的理解可以从劳动工具、劳动对象和劳动产品三个视角来界定与区分。

一是从劳动工具角度来看，生产工具是区分社会经济时代的客观依据。"各种经济时代的区别，不在于生产什么，而在于怎样生产，用什么劳动资料生产。"① 数字劳动是劳动者运用互联网、大数据和人工智能等技术深度融合的数字化劳动工具与生产控制系统而进行的生产劳动，以创造满足社会需要的数字化物质产品和精神产品。数字劳动是劳动者使用数字化技术对整个劳动过程进行个性化、数字化、智能化监管与控制，利用数字化生产工具进行的劳动，不仅极大地提高了生产能力，而且还通过控制与优化生产组织管理系统，从而大幅度提高生产管理效能。为此，习近平总书记指出："要推动数字经济和实体经济融合发展，把握数字化、网络化、智能化方向，推动制造业、服务业、农业等产业数字化，利用互联网新技术对传统产业进行全方位、全链条的改造，提高全要素生产率，发挥数字技术对经济发展的放大、叠加、倍增作用。"②

劳动工具的数字化是理解数字劳动的重要标尺。当前终端设备、网络基站、数据平台、手机 App、物联网、数据、程序和算法已成为重要的劳动工具及劳动资料。现在劳动数字化技术成为整个社会生产生活的技术座架，对劳动过程实施精准控制的数字化智能技术是各种生活、社会和产业运行软件的基础，在数字劳动中扮演着非常重要的角色，成为现代数字文明社会的重要标志。马克思指出："手推磨产生的是封建主的社会，蒸汽磨产生的是工

---

① 《马克思恩格斯文集》（第 5 卷），人民出版社，2009，第 210 页。
② 《习近平在中共中央政治局第三十四次集体学习时强调：把握数字经济发展趋势和规律推动我国数字经济健康发展》，《人民日报》2021 年 10 月 20 日。

业资本家的社会。"① 数字化时代的"数字磨"必将产生数字化的智能社会。

二是从劳动对象角度来看，数字劳动是数字劳工改造数字化的劳动对象（数据）的生产劳动，即对原始数据进行挖掘分析和编辑整合，对杂乱无序的数据进行排序编码，将其整合为有关联的、有统一格式的、可利用的、有价值的数据，继而生产出满足人的多样化需求的数字产品和服务。互联网企业的劳动对象是数字化的知识和信息，拥有大规模数据的公司可以通过数据采集、存储、挖掘等数字劳动，让数据产出新的价值。比如，腾讯、阿里巴巴、百度等互联网公司以及中兴、华为、浪潮等数据科技企业，每年都凭借在数据采集、数据存储、数据分析等领域的数字劳动赚取大量利润。美国学者玛丽·L.格雷和西达尔特·苏里认为："真正驱动许多手机应用程序、网站和人工智能（AI）系统运行的竟是人类的劳动力，但我们很难发现——事实上，这些劳动力往往是被故意隐藏起来的。这是个不透明的雇佣世界，我们称之为'幽灵工作'。"② 由此，他们提出：为什么搜索引擎返回的图片和链接既不包含少儿不宜的成人内容，也不是完全随机的结果？为什么我们看到的网络内容是净化过的？人工和软件的协调为用户提供了看似自动化的服务，这些数字劳动力从事大量被隐藏起来的"幽灵工作"。这些销声匿迹的"幽灵工作者"的劳动对象就是数据，他们的工作是采集数据、分析数据和处理数据。

三是从劳动产品角度来看，数字劳动是用户在社交媒体和互联网平台上通过数字化生存行为留下大量生活数据的劳动，海量生活化的数据可以看作互联网用户的数字劳动产品，这些网络购物、浏览记录、消费娱乐、休闲出行等数据被网络平台无偿占有，从而使网络用户的劳作成为免费数字劳动。站在劳动产品的视角来看，数字劳动的定义发端于传播政治经济学理论家达拉斯·斯麦兹提出的受众商品概念。1951 年，他在《消费者在广播电视中的利益》中首次提出受众成员为广告商工作的观点。

"受众"作为一种商品被出售给了广告商，"因为受众力被生产、销售、购买并且消费了，于是它要求有一种价格，并且成为商品。……你们受众成员付出你们的无酬工作时间，作为交换，你们收到了节目素材以及具体的广

---

① 《马克思恩格斯选集》（第 1 卷），人民出版社，2012，第 222 页。
② 玛丽·L.格雷、西达尔特·苏里：《销声匿迹：数字化工作的真正未来》，左安浦译，上海人民出版社，2020，第 1 页。

告宣传"①。这就类似于今天社交媒体和网络平台上的用户为数字平台免费工作的性质，大量用户的网络行为所产生的海量数据被平台免费占用，平台将获取的用户数据通过提取分析和编辑整合后，定向卖给需要这些数据信息的企业、商家和客户。在受众商品概念的基础上，2000 年意大利学者蒂齐亚纳·泰拉诺瓦在《免费劳动：为数字经济生产文化》中首次提出数字劳动概念，并认为数字劳动是互联网用户无偿、自愿的网络行为所提供的"免费劳动"，包括浏览网页、回复评论、发送邮件、建立网站、修改软件包、阅读邮件以及建立虚拟空间等。② 他认为，数字劳动者是"网奴"，他们始终处在"自愿和无酬并存，享受和被剥削并存"的状态中。特勒贝·朔尔茨进一步把互联网上的休闲、娱乐和创造性的无偿活动，即"玩乐劳动""情感劳动"，界定为数字劳动。"玩乐劳动"模糊了生活与工作、玩乐与劳动的界限。2014 年，克里斯蒂安·福克斯在其著作《数字劳动与卡尔·马克思》中系统阐述了数字劳动思想，他认为，剥削被玩乐的外表所隐藏了，数字劳动包括信息通信技术行业整个价值链上所涉及的互联网用户的浏览、点击、创造和分享等各种劳动。③ 从劳动产品角度来看，数字劳动是数字化行为所留下来的数据。

数字劳动既包括以互联网、大数据和人工智能等技术为载体的雇佣数字劳动，如互联网平台零工经济中的数字劳动、数据公司技术工人的数字劳动和传统雇佣经济下的数字劳动，也包括免费互联网平台用户产销者的非雇佣数字劳动。"雇佣数字劳动主要在雇佣体系内生产'生产经营数据'，非雇佣数字劳动则主要在雇佣体系外生产'个人数据''中间数据'和'公共数据'，资本家能够同时占有这两种劳动的成果及其剩余价值；为极大地拓展剩余价值来源，资本势力凭借技术偏向性从生产领域向生活领域入侵，将大量数字活动转化为非雇佣数字劳动"④，从而使数字劳动不仅仅存在于生产领域，还存在于流通领域，工作也不一定是雇佣劳动。

① 克里斯蒂安·福克斯：《数字劳动与卡尔·马克思》，周延云译，人民出版社，2020。
② 克里斯蒂安·福克斯：《数字劳动与卡尔·马克思》，周延云译，人民出版社，2020。
③ 克里斯蒂安·福克斯：《数字劳动与卡尔·马克思》，周延云译，人民出版社，2020，第 3 页。
④ 刘伟杰、周绍东：《非雇佣数字劳动与"数字化个体"——数字经济下资本主义生产关系的嬗变及启示》，《西部论坛》2021 年第 5 期。

二　劳动两重性：从数字活动到数字劳动的价值转换

虽然数字劳动相较于以往的劳动形态发生了重大变化，但劳动本质没有改变，其依然适用于马克思劳动价值论的分析范式。数字劳动具有两重性，具体劳动创造使用价值，抽象劳动创造价值。

一是数字劳动具有两重性。马克思指出："劳动首先是人和自然之间的过程，是人以自身的活动来中介、调整和控制人和自然之间的物质变换的过程。"[①] 这个自然物质过程中的"物质变换"生产了劳动产品的使用价值。同样的道理，网络平台上用户的数字劳动从消耗性的自然资源转变为非消耗性的生命体验与情感认知，这种数字劳动过程所产生的数据是人造物，是人与自然之间的物质变换的结果，数字化的具体劳动创造了数据的使用价值。

数据承载着信息和意义。互联网上的任何内容，如数字、字母、符号、文字、图片和视频都是数据，它可以被测量、收集、报告和分析。人类的社会活动、社会关系、社会交往都是特殊的数据，数据承载着具有一定意义的信息。然而，并非所有的数据都承载着有意义的信息。因此，必须通过数据分析和数据整理，过滤掉没有用的数据，删除无效的数据和有害的数据，从而获得数据背后的有价值信息。劳动者通过对网络平台上大量的记录数据进行统计、挖掘和分析，找出数据的内在关联性和规律；利用大数据相关性分析，通过数据辨别、数据挖掘，分析梳理出数据承载的有价值信息。比如，通过群众买药量激增的数据能分析出流感暴发的情况，通过"义乌指数"能够精准预测美国大选结果。2016 年美国总统大选前，义乌收到的特朗普应援道具订单量远超希拉里应援道具订单量，虽然希拉里占据 72% 的民调支持率的巨大优势，但特朗普仍然在最后关头击败希拉里，当选为美国总统。

数据不仅仅是信息，也是劳动成果和商品。承载着信息的数据不仅具有承载信息的使用价值，而且还可以作为数字商品在数据市场上进行买卖和交换。尼葛洛庞帝在《数字化生存》中认为，"信息的 DNA"正在迅速取代原子而成为人类生活中的基本交换物。当各类网络基础设施、传感器、智能

---

① 《马克思恩格斯文集》（第 5 卷），人民出版社，2009，第 207~208 页。

设备等科技成果遍布人类社会的各个生产生活领域时，各类数据的背后蕴藏着巨大商机。互联网用户在网络上创造数据的过程就是生产数据原材料的过程，互联网企业收集、整理、加工这些数据，将数据作为生产和服务的中间产品或是直接以商品形式出售。正如马克思在《资本论》第一篇"商品和货币"中所指出的，商品有两个因素，即使用价值和价值。物的有用性构成了商品的使用价值。数字商品也是"一个靠自己的属性来满足人的某种需要的物。这种需要的性质如何，例如是由胃产生还是由幻想产生，是与问题无关的。这里的问题也不在于物怎样来满足人的需要，是作为生活资料即消费品来直接满足，还是作为生产资料来间接满足"①。互联网和社交平台上的网民或用户所留下的生活、工作、教育和娱乐等数据通过数据挖掘和数据信息处理后成为待售数字商品。党的十九届四中全会通过的《中共中央关于坚持和完善中国特色社会主义制度、推进国家治理体系和治理能力现代化若干重大问题的决定》提出"健全劳动、资本、土地、知识、技术、管理、数据等生产要素由市场评价贡献、按贡献决定报酬的机制"②，首次提出数据与土地、劳动力、资本、技术等传统要素一样，作为生产要素参与分配。

数字劳动者的抽象劳动创造了价值。虽然数字劳动过程出现了新变化，但劳动的本质是人的脑力和体力的耗费。数字劳动者在网络上自由表达而生成的内容包括文字、图片和语音等在内的数据是最基本的劳动产品。网上数据是人造物，是劳动力的消耗凝结，是价值的实体。数字劳动是嵌入沟通交流和情感共鸣的智力消耗。无论是在互联网上发送邮件、浏览网页、互动评论，还是生命体验的对象化的网络创造，都消耗了数字劳动者的注意力和智力。无论是从劳动过程的要素来看，还是从劳动对人的体力和脑力耗费的本质来看，数字劳动依然适用于马克思主义劳动概念。数字劳动者的具体劳动创造了数据的使用价值，数字劳动者的抽象劳动创造了数据的交换价值及价值。

二是从数字活动到数字劳动。信息互联时代是一个去中心化的双向表达的时代。信息并不是被单向度推送给互联网用户，相反每个人都可以参与到信息创造活动中去，由此互联网和社交平台用户的行为产生了源源不断的信

---

① 《马克思恩格斯文集》（第 5 卷），人民出版社，2009，第 47~48 页。
② 《十九大以来重要文献选编》（中），中央文献出版社，2021，第 281 页。

息数据。如果不去对数据进行特定的采集、存储、开发，这些数据就会像汽车尾气一样被排掉，没有被开发利用的数据就是无用的废弃物，即"数据废气"。同样，没有经过加工编辑并且进行交换和出售的数据，虽然是网络用户的劳动产品，但不是可以被交换的"社会劳动产品"，因而它不是商品。

如果没有被别人需要和利用，数据就只是人的数字活动的产物，而不是数字劳动的产物。如果没有被纳入社会生产生活体系，数据就仅仅是网络行为的数据而已；如果不进行价值挖掘和转化，数据就是废弃的数据垃圾，没有任何价值可言。因而，产生这类数据的活动行为，就只能界定为一种数字活动，而不是数字劳动。在马克思主义政治经济学理论中，劳动是一种以交换为主的生产活动，是一种创造价值的活动。因而数字劳动具有两重性，既能创造数据的使用价值，又能创造数据的交换价值和价值。

从某种意义上来说，数字活动属于非生产性劳动，而数字劳动属于生产性劳动。按照马克思劳动价值论来分析，它们的区别仅仅在于数据产品是否用于交换以及是否创造了新价值。马克思指出，"一个物可以是使用价值而不是价值。在这个物不是以劳动为中介而对人有用的情况下就是这样。例如，空气、处女地、天然草地、野生林等等。一个物可以有用，而且是人类劳动产品，但不是商品。谁用自己的产品来满足自己的需要，他生产的虽然是使用价值，但不是商品。要生产商品，他不仅要生产使用价值，而且要为别人生产使用价值，即生产社会的使用价值"，"而且不只是简单地为别人。……要成为商品，产品必须通过交换，转到把它当做使用价值使用的人的手里"。①

理解数字劳动的难点还在于，不仅数字劳动更多地属于"非物质劳动"，即看不见，摸不着，而且劳动的本质是有意识、有目的的自觉对象化活动。而互联网上的无目的、无意识的玩乐、消遣、浏览等活动，是如何转变为符合平台商家需要的数字劳动的呢？实际上，其转换途径是数字平台通过智能推送和算法程序，控制网上用户的价值偏好和消费行为，从而使用户按照商家所需要的方式创造数据信息，使用户在不知不觉的消费愉悦中开展了商家编制好的、虚假的、有意识有目的的自由自觉的活动。用户在无意识的玩乐活动中创造了数据的交换价值及价值，从而最终使数字活动转换为数字劳动。

---

① 《马克思恩格斯文集》（第5卷），人民出版社，2009，第54页。

三　数字资本化：从市场交易到平台撮合的资本与技术共谋

就世界总体而言，今天仍然处在资本逻辑支配下，在劳动、技术、资本三者之间，资本与技术共谋之后，就呈现技术资本化的趋势。资本化的技术成为剥夺劳动者剩余劳动价值的工具，技术也放大了资本的支配权力和扩大了资本的剥削范围。平台是数字化技术所建构的一种虚拟的生产生活及交易的场所，平台本身不生产产品，但可以通过撮合双方的交易而获得一定的收益。在作为数字劳动载体和工具的平台与资本融合后，平台资本力量越来越强大，在数字资本积累过程中，使得剥削控制、财富分配、垄断不公等问题越发严重。

一是"算法霸权"与"自我剥削"。垄断资本和数字技术达成共谋后，资本利用平台技术优势，收集个人身份信息、消费偏好、浏览记录等大量数据，通过先进的数据智能算法，进而实现对劳动者在全球范围内的数据监管和数字霸权。在平台"互联网+"算法的驱动下，劳动者成为算法机器上的螺丝钉，只是算法系统中的一个冷冰冰的编码，他们被牢牢地困在平台公司的系统和算法里，从而由"社会人"转变为"系统人"。美国学者凯西·奥尼尔在《算法霸权》中提出，我们生活在算法的时代，但算法并没有给我们带来美好生活，我们被时代技术所控制，越来越身不由己。数字劳动使资本家对工人的剥削更加隐蔽，网络用户和"娱乐玩工"的劳动，因此也由显性的"被迫劳动"逐渐转变为隐性的"上瘾劳动"，从被动的"他者剥削"转变为主体主动的"自我剥削"。德国学者韩炳哲认为："在新自由主义政权中，剥削不再以异化和去现实化的方式进行，而变成了自由和自我实现。这里没有作为剥削者的他者，而是自我心甘情愿地压榨自身，基于一种完善自我的信念。"[1] 平台资本将它的增殖欲望转化为主体自身的欲望，并通过强制的竞争逻辑对主体潜能进行挖掘与利用，[2] 自我满足的"上瘾劳动"使玩家陷入娱乐的幻觉，其创造的丰厚剩余价值被数字资本无偿占有，

---

[1]　韩炳哲：《他者的消失》，吴琼译，中信出版集团，2019，第57页。

[2]　高天驹：《从"他者剥削"到"自我剥削"——数字时代下异化劳动的新表现》，《天府新论》2021年第5期。

其本身受到的奴役和压迫也更加深重，然而玩家自己却全然不知、毫无察觉。

二是资本积聚与两极分化。数字平台利用技术优势和垄断地位可以快速实现资本扩张与积聚。这主要是因为：第一，劳动空间平台化，节省了生产运行成本。数字劳动者依赖在线平台，以散点的"众包""微工作""零工"等工作形式在全社会范围内形成一个没有边界的虚拟社会工厂。劳动空间的虚拟化、平台化修复了资本循环的时空链条，拓展了资本的扩张空间，同时也节省了传统生产所需要的物质生产资料，如原料、机器、厂房设备等生产运营成本，市场交易成本大幅降低。第二，劳动者范围数量扩大，劳动时间延长，创造了更多的剩余价值。数字时代人的脑体界限模糊，全年龄段人上网，全球化就业，产消合一，众多销声匿迹的劳工全天候地为资本进行超强度工作，创造了越来越多的剩余价值。第三，轻资产化折旧及其边际成本几乎为零。平台软件程序等无形数字固定资本很少存在物质损耗，数字劳动的边际成本几乎为零。依靠先前存在的基础设施，可以快速扩展许多平台业务，意味着利润增长几乎没有自然限制。第四，数据生产资料不但不会消耗，而且还会随着用户使用的增加而产生增长和叠加效应。使用平台的用户越多，平台就越有价值，对用户也就越有益，"这会产生一个循环，让更多的用户拥有更多的用户，从而导致平台具有垄断的自然倾向"①。数字平台利用其垄断性，可以控制和管理游戏规则，通过二选一、交叉补贴等策略，让越来越多的用户加入平台，从而获得更多的数据，并对广告、商家、众包、零工、用户等进行支配性的利益剥夺。

平台资本收入高、利润大、活动强，除了获得免费数据外，不仅可以获得超额剩余价值，还可以获取其他商家缴纳的租金，以及攫取消费者的价值。垄断数字平台不仅挤压前端生产者的剩余价值，同时还攫取后端消费者的价值。相反，在资本逻辑支配下，数字劳动者的零工、众包、微工作等工作情况极不稳定，他们随时面临失业的威胁。在失业竞争的压力下，劳动者的劳动强度和自我剥削逐渐自我强化，全球资本主义进入一种更为可怕的全新剥削状态。数字劳动者由于被过度剥削，逐渐陷入贫困化。

三是资本控制强化与劳动者弱化。平台资本强化了对劳动者的监督和控制，加剧了劳动与资本力量之间的失衡。一方面，资本化的互联网、大数据

---

① 尼克·斯尔尼塞克：《平台资本主义》，程水英译，广东人民出版社，2018，第52页。

和人工智能及物联网体系化的社会总体劳动资料的作用日益加强；另一方面，单个劳动者活劳动的作用在逐步弱化。资本通过数字技术掌握了对劳动者的控制权，首先是对劳动者身体的控制。资本通过智能算法"不仅突破了工作日的道德极限，而且突破了工作日的纯粹身体的极限。它侵占人体的成长、发育和维持健康所需要的时间。它掠夺工人呼吸新鲜空气和接触阳光所需要的时间。它克扣吃饭时间，尽量把吃饭时间并入生产过程本身"①。其次是对劳动者去技能化的控制。智能数字技术的去技能化导致劳动者技能退化，劳动者处于弱势地位。劳动者只能被动地依靠数字化流程按部就班地进行劳动操作。最后是对劳动者闲暇时间的控制。"资本又凭借技术创造出越来越多的商品和服务，把劳动者的时间吸收到消费主义之中去，以占据由新技术释放出来的自由时间"②，因而使劳动者只有消费的闲暇时间。

资本化的数字平台利用算法控制劳动，使劳动对资本的依附性不断增强，劳动者反抗意识逐步弱化。数字平台消解了劳动者的维权意识，劳动者在数字平台上劳动，一旦出现劳资纠纷，既缺乏工会组织来维权，也无法通过消费者协会等组织来对抗资本。同时，平台数字劳动使劳资矛盾日益淡化，并将其转变为劳动者内部、劳动者与消费者之间的矛盾，如可以通过消费者的评价反馈来对劳动者的劳动进行监督，从而使劳资矛盾隐秘化，当资本的形态发展到最抽象的数字资本时，资本的剥削就更隐蔽了。

四是社会加速与自我"躺平"。数字资本以"时间消灭空间"的方式，加速推动资本在全球实现积累，且积累的速度越来越快。在资本周转和积累加速的情况下，社会整体运转也在加速，资本增殖推动社会全面加速。法兰克福学派哲学家罗萨认为，科技层面加速，社会变迁加速，社会步调加速，加速使人感受到"时间的匮乏"，人必须在更少的时间内做更多的事。加速导致了人的异化，人被精准地纳入资本加速增殖环节，在"加速"之下人会越来越累。当部分劳动者在遭遇了数字平台、智能算法等资本化技术强大的"看不见的手"的控制与钳制等一系列打击后，价值观出现扭曲。在数字金融资本的借贷盘剥下，失去了对生活的意义追求，从而自我"躺平"。自我"躺平"在一定意义上是对数字资本控制极化的另一种无声反抗。

---

① 《马克思恩格斯文集》（第 5 卷），人民出版社，2009，第 306 页。
② 张爽：《大卫·哈维对现代技术的反思与批判》，http://phil.cssn.cn/zhx/zx_ kxjszx/ 202008/t20200819_ 5171476.shtml。

四　共同富裕是数字劳动的人间正道

马克思从两个维度来阐释劳动过程，一是从生产力的维度来看，劳动是人和自然之间相互作用的过程。在人与自然的物质变换过程中，随着劳动工具的不断改进，产生了技术，技术的广泛应用极大地提高了劳动生产率。进入现代社会，科学技术日益成为生产发展的决定性因素，正是在这个意义上说，科学技术是第一生产力。然而，科学技术究竟是谁的第一生产力？实际上，科学技术有生产关系的属性。马克思指出："纺纱机是纺棉花的机器。只有在一定的关系下，它才成为资本。脱离了这种关系，它也就不是资本了。"① 二是从生产关系的维度来看，劳动是人与人之间的关系，是在一定的人与人的社会关系下的技术劳动。"为了进行生产，人们相互之间便发生一定的联系和关系；只有在这些社会联系和社会关系的范围内，才会有他们对自然界的影响，才会有生产。"② 运用技术进行的生产劳动是在一定的生产关系下的劳动，在不同的生产关系下，技术发挥的作用限度以及技术产生的效果是完全不一样的。

马克思指出："在资本主义制度内部，一切提高社会劳动生产力的方法都是靠牺牲工人个人来实现的；一切发展生产的手段都转变为统治和剥削生产者的手段。"③ 而在中国特色社会主义制度条件下，智能化数字技术是先进的数字化生产力，必须转化为人民创造美好生活的手段。因此，习近平总书记指出："互联网、大数据、云计算、人工智能、区块链等技术加速创新，日益融入经济社会发展各领域全过程，数字经济发展速度之快、辐射范围之广、影响程度之深前所未有，正在成为重组全球要素资源、重塑全球经济结构、改变全球竞争格局的关键力量。……充分发挥海量数据和丰富应用场景优势，促进数字技术与实体经济深度融合，赋能传统产业转型升级，催生新产业新业态新模式，不断做强做优做大我国数字经济。"④ 在利用数字智能技术推动产业转型升级的同时，要防止数字平台的垄断和资本的无序扩

---

① 《马克思恩格斯选集》（第 1 卷），人民出版社，2012，第 340 页。
② 《马克思恩格斯选集》（第 1 卷），人民出版社，2012，第 340 页。
③ 《马克思恩格斯选集》（第 2 卷），人民出版社，2012，第 289 页。
④ 《习近平在中共中央政治局第三十四次集体学习时强调：把握数字经济发展趋势和规律推动我国数字经济健康发展》，《人民日报》2021 年 10 月 20 日。

张，加强对数字化技术使用的市场监管和反垄断规制；要将资本增殖纳入以人为中心的、促进共同富裕的数字劳动的发展轨道，推动经济社会高质量发展，实现人民对美好生活的向往，以此来解决社会主要矛盾，克服发展的不平衡不充分问题。

（作者单位：上海第二工业大学）

原文《数字劳动的马克思主义政治经济学分析》，

原载《思想理论教育》2022 年第 2 期，收入本书时有改动

数字资本主义时代的主体性过剩及其政治经济学批判

聂　阳

随着当代资本主义对大数据、人工智能等技术手段的应用，人类社会进入一个数字技术推动社会发展的数字资本主义时代。数字资本主义的一个显著特征是人的需求和欲望被数字技术无限放大，人的主体性潜能在向现实加速转化的同时，也越发受到形形色色的异己力量的形塑。在主体生产的内容和形式与人的全面自由发展相偏离的特殊意义上，我们将这种主体性演变的基本趋向批判地把握为主体性过剩。过剩不仅意在指认出某种程度的多余，更意在揭示和批判这种多余的生成逻辑及其背后的结构性支配力量。

具体来说，主体性过剩的内容和社会效应并不全然是积极的，它在将人的主体性潜能转化为现实的同时，也使人在某种程度上按照资本主体性的要求和旨趣来塑造自身。基于这种新矛盾，对主体性过剩的本质内涵和社会效应的反思已成为重要的时代性课题。无论是关于现代性语境中主体剩余的生存论分析，还是对新资本形态下主体性过剩的结构性把握，[①] 都深刻揭示了当代资本主义主体生产的基本特点。本文将从马克思政治经济学批判视角，将主体性过剩作为当代资本主义演变的内在趋向来定位，立足数字劳动来剖析主体性过剩的生成逻辑和辩证后果，以此来推进数字资本主义的当代批判。

[①] 相关探讨参见邹诗鹏《现代性与剩余》，《学术月刊》2016 年第 8 期；夏莹、牛子牛《主体性过剩：当代新资本形态的结构性特征》，《探索与争鸣》2021 年第 9 期。在笔者看来，"剩余"和"过剩"都在一定程度上刻画了当代主体生产的特点，不同在于"剩余"更侧重指出一种存在论事实，而"过剩"则更侧重强调这种动态趋向及背后隐含的支配和强制力量。故本文采用"过剩"一词。

一　主体性过剩：当代资本主义演化的新趋向

马克思在《资本论》开篇曾这样精准地刻画现代资本主义："资本主义生产方式占统治地位的社会的财富，表现为'庞大的商品堆积'，单个的商品表现为这种财富的元素形式。"① "庞大的商品堆积"不仅代表着现代资本主义生产能力的急剧提升，更揭示了现代资本主义社会相比传统社会凸显出来的一个基本特征，即商品生产过剩。相比传统时代的商品匮乏而言，商品过剩在主体层面意味着现代人的需要能够在更大程度上获得满足，与之相伴随的是人的存在方式从"人的依赖关系"向"以物的依赖性为基础的人的独立性"转变，"普遍的社会物质变换、全面的关系、多方面的需要以及全面的能力的体系"得以形成。②

但同时马克思也敏锐地发现，在物的丰富背后却隐藏着不可否认的社会不公正。也就是说，资本主义私有制虽然将社会活力极大地激发出来，并积累了前所未有的社会财富，却没能将这些社会财富充实和转化为劳动者的主体性规定。在马克思看来，这种现代社会所特有的赤贫说明劳动者面临着一种根本性的生存悖论。"工人生产的财富越多，他的生产的影响和规模越大，他就越贫穷。工人创造的商品越多，他就越变成廉价的商品。物的世界的增值同人的世界的贬值成正比。"③ 这就是马克思激烈批判的劳动异化。劳动异化反映了劳动者并没有真正摆脱传统社会物质匮乏的困境，反而在启蒙和主体性觉醒之后陷入一种新的匮乏状态，即与"庞大的商品堆积"相互补充的主体性匮乏。换句话说，劳动者通过自身的对象化活动创造了丰富的物质财富，却无法将物的丰盛充实转化为自身的本质力量。马克思进而得出结论，即劳动异化是人的本质的"绝对的贫困"。在《资本论》中，马克思进一步将主体性匮乏的原因揭示为工人生活时间被窃取，即"工人及其家属的全部生活时间转化为受资本支配的增殖资本价值的劳动时间"④。

20 世纪中叶以后，资本主义为了解决马克思所揭示的平均利润率下降所引起的经济危机乃至政治危机，逐渐放弃早期那种以压榨劳动者主体性为

---

① 《马克思恩格斯文集》（第 5 卷），人民出版社，2009，第 47 页。
② 《马克思恩格斯文集》（第 8 卷），人民出版社，2009，第 52 页。
③ 《马克思恩格斯文集》（第 1 卷），人民出版社，2009，第 156 页。
④ 《马克思恩格斯文集》（第 5 卷），人民出版社，2009，第 469 页。

代价来实现资本扩张的野蛮做法，转向对劳动者主体性的承认和积极建构。这种转变的一个关键环节是将扩大内需和消费作为经济增长动力，通过广告促销和消费信贷来激发主体性潜能，放大劳动者的内在欲望，刺激劳动者的消费和主体性建构。由此，资本主义进入一个以无止境的商品生产和消费为特征的晚期资本主义消费社会。应当看到的是，晚期资本主义对消费领域的重视和开发，并没有从根本上改变劳动者受到资本力量宰制的现实处境；发生改变的仅仅是劳动者主体性需要的满足和丰富不再被简单地设定为资本积累的对立面，而是被改造和建构为一种积极的推动力量。在消费意识形态的引导下，人们普遍认为消费不同于压制主体性的谋生劳动，它能够在工作时间之外弥补人们在劳动中耗损的个性和自由。人们通过花样翻新的消费来重新释放主体的力量，使自己变得丰富、自由和强大。不仅如此，消费的扩张还使工人与资本家的政治身份界限日益模糊，普罗大众都成了经济增长和社会稳定的贡献者。正是在此背景下，主体性的丰富越来越成为资本主义维持繁荣和稳定的基础。

针对这种转变，鲍德里亚深刻揭示了消费社会中主体性所遭遇的悖论，即主体生产在获得丰富性的同时也受到符码的深层操控。哈特和奈格里则从劳动的角度来把握主体性的处境，他们将这种转变描述为资本主义生产向生命政治生产的转变。他们认为，"经济生产正在经历一个过渡时期，其造成的后果是，资本主义生产的产品就是社会关系和生命形式。也就是说，资本主义生产正在变成生命政治生产"①。他们还深刻地指出，"生命政治生产的最终核心不是为主体去生产客体——人们一般是这样去理解商品生产的，而是主体性自身的生产"②。20世纪后半叶资本主义的内在调整表明，资本主义生产同主体自身的生产日趋融合，早期资本主义那种主体性匮乏的处境逐渐被超越，主体性的丰富日渐成为当代资本主义发展的新趋向。

在当代，随着大数据和人工智能等数字技术的兴起，资本主义逐渐进入一个数字资本推动和引领社会发展的数字资本主义时代。在数字技术推动下，以往那种主体与客体、生产与消费、劳动时间与生活时间相对分离的状态被打破，主体生产在形式和内容上都在发生重大变化。换句话说，数字资

---

① 迈克尔·哈特、安东尼奥·奈格里：《大同世界》，王行坤译，中国人民大学出版社，2016，第98页。

② 迈克尔·哈特、安东尼奥·奈格里：《大同世界》，王行坤译，中国人民大学出版社，2016，第4页。

本主义使主体性建构获得了无限可能，它借助数字化网络平台和便携式客户端，不断刺激和放大人的需求和欲望，使主体生产不断超出基本生活需要和既定活动界限，从而表现出一种前所未有的过剩倾向。之所以将主体性的最新处境和特点概括为过剩，固然是因为主体生产的内容和形式变得丰富多样，但更重要的原因是主体生产越发受到各种异己力量的支配，偏离了人的全面自由发展。基于此，我们已经不能仅仅在肯定层面来把握主体生产的特点，而必须与资本主义的数字化转型联系起来考察，揭示主体性过剩中的消极内容和元素。在这方面，夏莹教授区分了两种不同性质的主体性，一种是"能够承担劳动者的解放与发展的主体性"，另一种是"服务于资本关系的主体性"。① 而且，我们在数字资本主义中发现，两种主体性总是纠缠在一起，甚至很难区分出哪部分是在促进劳动者的自我解放，哪部分是在强化数字资本的统治。但有一点可以肯定，即当代资本主义所呈现的主体性过剩趋向是同数字技术应用紧密相关的，数字技术在重构主体生产逻辑的同时，也放大和凸显了主体性过剩。因此，我们可以首先从数字技术应用的角度来把握主体性过剩的外在表现。

主体性过剩的最鲜明表现是数字技术以"赋能"的名义对主体性建构的全面介入和能动引领。按照马克思的理解，人的主体性建构总是在一定的生产力基础上展开的。数字技术具有不同于以往任何一种技术的革新和渗透能力，能够通过数据本体和标注、个人偏好匹配算法以及机器学习系统②来全面改造生产生活方式，不仅包括物质生活资料的生产方式，而且还包括日常的消费、娱乐、休闲方式。在这个过程中，数字技术已经不再仅仅是可有可无的工具，而是进一步上升为新生活秩序得以高效运行的重要载体，甚至发挥着规范主体性建构的能动作用。

具体说来，数字技术对主体性过剩的推动作用体现在两个方面。一是数字技术能够赋予个体以超出既定活动界限和方式的能力，即通过"赋能"的方式来增强人的主体活动能力、丰富人的活动方式、扩大人的活动范围。二是数字技术不仅是一种被动的工具，它还能够通过大数据、智能算法等手段来引领主体不断创造新的趣味、审美、癖好和心理。正如韩炳哲所言，大

---

① 夏莹、牛子牛：《主体性过剩：当代资本主义形态的结构性特征》，《探索与争鸣》2021 年第 9 期。
② 维克托·迈尔-舍恩伯格、托马斯·拉姆什：《数据资本时代》，李晓霞、周涛译，中信出版集团，2018，第 63 页。

数据"可以照亮心理深处，从而实现对潜意识的利用"①。最终，主体生产的自然界限被不断突破，主体与客体、现实与虚拟的界限日趋模糊，主体性过剩的空间被无限敞开。由此我们看到，无论是赋予主体以超出既定活动范式和内容的能力，还是能动地引领主体性建构，数字技术都是在客观地积累和创造主体性过剩，并将主体性过剩强化为数字资本主义的一个基本特征。

二　数字劳动：主体性过剩的实现方式

按照马克思历史唯物主义的基本思路，任何时代的主体生产都受到生产方式的内在制约。"个人怎样表现自己的生命，他们自己就是怎样。因此，他们是什么样的，这同他们的生产是一致的——既和他们生产什么一致，又和他们怎样生产一致。"②而在构成上，物质生产资料的生产方式除了包含生产工具的环节之外，还包含劳动这一至关重要的主体性环节，劳动始终是人的自我生产和社会再生产得以延续的基础。因此，无论是对当代主体生产逻辑的深度把握，还是对主体性过剩的批判性分析，都必须回到数字劳动这一基本层面。

从劳动过程及其构成要素的角度看，数字劳动就是包含数字这种特殊生产资料的劳动，其技术支撑是互联网，劳动主体是互联网用户，劳动产品是数字技术成果。数字劳动概念的率先提出者泰拉诺瓦认为，数字劳动是互联网用户的活动，其本质特征是免费。与泰拉诺瓦不同，福克斯从全球价值链生产的角度区分了广义的数字工作形态的数字劳动和狭义的社会媒介领域的数字劳动，还有学者从生产性的角度来界定数字劳动。这些观点从不同维度揭示了数字劳动的内涵和特征，但客观来说，这些理解都不同程度地悬置了现代社会中规定劳动形态及其演变方向的根本力量——资本。在马克思的政治经济学批判中，对劳动的界定和分析不仅始终同资本批判具有一体性，而且始终同劳动者主体性的彰显或遮蔽内在相关。只有将数字劳动置于资本形态变迁的总体轨迹中考察，才能超越对主体性过剩的外在描述，澄清主体性过剩的生成逻辑。

---

① 迈克尔·哈特、安东尼奥·奈格里：《大同世界》，王行坤译，中国人民大学出版社，2016，第30页。
② 《马克思恩格斯文集》（第1卷），人民出版社，2009，第520页。

在马克思看来，现代劳动的形态和特征始终是受资本规定的。从根本上说，"资本不是一种物，而是一种以物为中介的人和人之间的社会关系"①。这种社会关系作为现代社会的构成性力量，不仅能衡量一切存在物的价值，而且能引导作为生产要素的活劳动的再生产。正如马克思所言："这是一种普照的光，它掩盖了一切其他色彩，改变着它们的特点。这是一种特殊的以太，它决定着它里面显露出来的一切存在的比重。"② 在马克思所处的时代，产业资本占据主导地位，这种资本形态内在地要求人的对象化活动必须与大机器生产这种先进的生产方式相适应，由此便导致大工业劳动成为从根本上支配和影响劳动者主体性状况的劳动形态。此外，马克思还基于对固定资本的剖析，精准地把握了大工业劳动不断地与科学技术紧密结合的发展趋势。他在《1857—1858 年经济学手稿》中讲道："固定资本的发展表明，一般社会知识，已经在多么大的程度上变成了直接的生产力，从而社会生活过程的条件本身在多么大的程度上受到一般智力的控制并按照这种智力得到改造。"③

随着产业资本的分化，金融资本日益成为引领社会发展的重要力量，与之相适应的是沟通、交往、信息服务等非物质劳动。从过程来看，这种劳动形态既不依赖于固定的生产设备，也不再呈现改造对象的客观效果。但就这些非物质劳动直接服务于资本增殖而言，它们依然是生产性劳动，也依然发挥着将劳动主体再生产出来的功能。当前，资本主义为应对金融危机而进行的大规模数字技术应用，正在使数字资本从金融资本中逐渐独立出来，从而克服金融资本承载信息有限而欲望无限所造成的盲目性。与之相适应，数字劳动这种新劳动形态日益普遍化，并成为推动当前经济发展和社会进步的基础性力量。可见，数字劳动虽然可以被一般性地理解为与数字有关的劳动，但就其本质来说，数字劳动的兴起和扩张却是资本主义生产方式内在调整的结果。数字资本的强渗透性和精准扩张，不仅要求人的所有生命活动以数字化的方式来表现自身，而且要求将这些活动吸纳为自身增殖的内在环节。

立足于资本形态的当代转变，不仅人的活动被改造为数字化活动是数字技术应用的结果，而且这个过程还承载着数字资本对主体性建构的新要求，

---

① 《马克思恩格斯文集》（第 5 卷），人民出版社，2009，第 877~878 页。
② 《马克思恩格斯文集》（第 8 卷），人民出版社，2009，第 31 页。
③ 迈克尔·哈特、安东尼奥·奈格里：《大同世界》，王行坤译，中国人民大学出版社，2016，第 198 页。

即以技术应用的"解放"之名来无限开掘主体生产的深度和广度，通过数字劳动来将主体性过剩打造为资本主义生产的内在环节。对此马克思指出："随着时间的推移，旧资本总有一天也会从头到尾地更新，会脱皮，并且同样会以技术上更加完善的形态再生出来，在这种形态下，用较少量的劳动就足以推动较多量的机器和原料。"① 在此意义上，数字劳动构成了数字资本主义时代主体性过剩的具体实现形式。那么进一步的问题是，数字劳动究竟是如何将资本、技术、需要等要素整合起来，进而不断激发和制造主体性过剩的呢？从生成和运行角度看，这个过程至少包含三方面内容。

　　首先，数字劳动将资本扩张的本质要求与主体性建构的内在需求空前紧密地整合在一起，主体生产和主体性过剩获得了前所未有的动力支撑。在大工业生产中，资本往往表现为一种强制的干预力量，这使得资本往往处于劳动者主体性建构的直接对立面，压制着劳动者主体性的建构。与此相应，人们往往将物质生产劳动看成不得不从事的谋生活动，然后在劳动之外去寻找生活意义，使生命过程获得更为丰富的主体性规定。在这种条件下，资本扩张就需要经过生产、分配、交换、消费等一系列环节，穿透经济、政治、文化等领域的层层阻隔，最终才能与个人追求主体性建构的生命需求建立关联。但在数字资本主义条件下，社会生产的一系列环节和传统的社会领域划分都已被数字技术打通和击穿，数字劳动能直接同原本相对分离的环节和领域关联起来。哈特和奈格里所提出的生命政治劳动概念正是在试图把握这种主体生产嵌入社会关系生产的新状况。基于此，资本扩张的本质要求和个人追求主体性建构的生命需求被数字劳动空前紧密地整合在一起。一方面，数字资本扩张要求不断搅动生命过程的自在状态，并将其吸纳为资本主体的存在基础，这必然导致主体的需求和欲望被放大；另一方面，个体追求主体性解放的内在本性，也需要数字资本不断通过形式的变换和载体的更新来"摧毁一切阻碍发展生产力、扩大需要、使生产多样化、利用和交换自然力量和精神力量的限制"②。在这个过程中，数字技术充当了资本扩张的中介，而数字劳动的兴起和扩张则为主体性过剩注入源源不断的动力支撑。

　　其次，数字劳动还借助虚体这一中介不断消解主体与他者的自然界限，将主体生产的时间、形式和内容无限扩展。按照马克思的理解，劳动和资本

① 《马克思恩格斯文集》（第5卷），人民出版社，2009，第724页。
② 《马克思恩格斯文集》（第8卷），人民出版社，2009，第91页。

的关系是整个现代社会关系的基础和核心。基于此,劳动与资本关系的数字化转型必然会带动整个社会关系构成方式的变化。其中,最具根本性影响的是虚体的不断生成及其对生命过程的全面介入。在一般意义上,虚体可以被理解为通过计算机算法而形成的数据包,是包含着"状态、行为、标志的集合"。虚体或表现为某种被赋予特定社会关系的身份或形象,或表现为传递特定感情或活动状态的表情包,或表现为某种具有信息处理能力的智能程序单元(比如智能客服)。但从本质上说,虚体是数字劳动的产物,是数字资本借助大数据、人工智能等技术来建构主体的中介形式。从虚体所承载的内容来说,虚体可能是现实主体的对应性投射,也可能是现实主体的外溢部分的汇集,甚至可能是现实主体的反向化建构。对主体生产来说,虚体的真正作用不仅在于它是主体与他者交互作用的中介,更在于虚体本身借助技术手段获得了不依赖于自然主体的能动力量。"一个虚体,或者作为一个数字化的对象,在身体性主体不在线的时候,仍然具有强大的存在能力,因为它们作为一个数字化的算法仍然在网络空间中发挥着作用。"① 换句话说,虚体是能动地介入社会关系和生命过程的。这种介入使主体生产的存在论基础和自然界限被重构,从而使物质与精神、现实与虚拟、自然与自由之间的相对界限日趋模糊。在这个过程中,虚体既可能是在服务于现实主体的能动建构,也可能是在按照资本意志进行商品和服务的推送,进而最大程度地控制人的观念和意识。但无论是哪种情况,福柯所说的"积累和使用时间的机制"② 都已经发生了根本性变化,主体生产的时间、形式和内容都获得无限扩展,主体性过剩也就有了现实的社会关系和物质基础的支撑。

最后,数字劳动促使人的主体性潜能被最大限度地激发并重新整合,主体性潜能向现实的转化被强制加速。在传统社会领域区分相对明显的条件下,观念与行动的互动总要受到现实条件和社会关系的诸多限制。这就导致主体生产的不同内容在相对分离的轨道和空间展开,主体性潜能向主体性现实的转化效率往往比较低下。但在数字技术条件下,数字劳动本身就整合了观念、知识、情感等多重元素,加之它又是在数字网络技术所构筑的一体化时空中展开的,所以,现实条件和社会关系对主体生产的外在制约被显著弱化。这种重大变化直接导致人的生命潜力被空前放大,观念生产与知识生

① 蓝江:《生存的数字之影:数字资本主义的哲学批判》,《国外理论动态》2019 年第 3 期。
② 米歇尔·福柯:《惩罚的社会》,陈雪杰译,上海人民出版社,2018,第 177 页。

产、情绪生产、话语生产等诸多原本分布在不同领域的主体生产形式趋于融合，进而成为主体生产的最活跃部分。正如韩炳哲所认为的，"情绪的发展超然于商品本身的使用价值，它开辟了一片新的广阔无边的消费空间"①。在此背景下，主体生产的新形式和新内容更容易被资本意志引领和塑造，而且主体性潜能向主体性现实的转化节奏也大大加快。基于此，主体性过剩通过个人的日常活动具体地体现出来。

三　主体性异化：主体性过剩的深层悖论

从马克思资本批判的立场看，主体性过剩的内容和社会效应并不全然是积极的，因为它在将人的主体性潜能转化为现实的同时，也在使人在某种程度上按照资本主体性的要求和旨趣来塑造自身，这意味着一种更深层次的主体性异化。从根本上说，主体性异化是资本权力不断渗透和控制人的生命过程的结果。马克思曾深刻地指出，资本是"资产阶级社会的支配一切的经济权力"②，是一种"独立于他自身之外的社会权力和社会关系"③。在当代，由于数字技术的全面介入，主体性异化更具普遍性和深刻性，它意味着数字资本通过数字劳动来控制人的欲望和个性的再生产，成为凌驾于数字劳动者之上的异己力量。

首先，数字资本主义条件下的主体性异化表现为人的独立性和个性受到数字资本的独立性和个性的深层规制。在马克思看来，现代人以"物的依赖性"建构"人的独立性"④；但同时，"物的依赖性"又使人的个性呈现出鲜明的"物化"特征。也就是说，人的独立性和个性不得不服膺于资本增殖的物化逻辑，无法真正实现人的全面自由发展。在数字资本主义条件下，"物的依赖性"并没有随着科学技术的进步而减弱。相反，人们越来越依赖于数字技术所构筑的生存秩序和生存空间，越来越依赖于数字资本所发挥的中介和引导力量。在这一生存空间中，人们只有将自己的自然身份和社会关系转化为数字身份，才能参与到整个社会的经济交换和社会交往中。这样一来，人与对象之间、人与人之间的社会关系越来越被虚拟的、偶然的数

---

① 韩炳哲：《精神政治学》，关玉红译，中信出版集团，2021，第63页。
② 《马克思恩格斯文集》（第8卷），人民出版社，2009，第31~32页。
③ 《马克思恩格斯文集》（第8卷），人民出版社，2009，第56页。
④ 《马克思恩格斯文集》（第8卷），人民出版社，2009，第52页。

字连接所取代，其中原本丰富多样的内容或者被数字资本抽象化为资本增殖的内容，或者被作为废弃物隔离在数字空间之外。在这种情况下，人的独立性和个性非但没有随着数字技术的应用而摆脱"物的依赖性"的控制，反而越来越具有数字资本的特点。比如就当代数字化生产的典型形式零工生产而言，数字劳动者能够在极具流动性和偶然性的劳动市场中自由转换，时而是数字产品的消费者，时而是数据产品的创造者，时而又是数字生产和数字消费的结合体。这个自由转换过程，固然包含着对认识、情感、话语等主体性潜能的激活，但更包含着劳动者对自己作为"自由市场主体"身份的不断强化。后者其实是数字资本宰制下的数字劳动的人格化身。零工生产虽然不从外部限定劳动者的时间和地点，但它要求劳动者随时随地准备执行数字平台的指令。这种不稳定的生产形式只是在表面上赋予劳动者以自由，但实际上，这种情况同时会将劳动者的大部分生命时间都吸附到强大的数字网络中，进而使其不断趋附于资本的目的和需要。借用韦伯的话来说，数字资本掌控下的网络技术体系正在成长为一个比制度"铁笼"更深入内在生命的数字"铁笼"。基于这种深层控制，劳动者的个性渐渐趋同于数字资本的个性，即不得不以增强主体性的名义不断"投资"自身，以快速地适应数字资本所塑造的流动性生产体系。所以，劳动者的个性往往一方面表现为形式上的多样和多变，另一方面却普遍丧失了内在的深度，越来越具有飘忽不定、无所适从的特点。这无疑反映了数字资本主义条件下一种更为深刻的颠倒，即人的个性越来越"沉溺于编程工业的巨流之中"[1]，而偏离了人的全面自由发展的价值逻辑。

其次，数字资本主义条件下的主体性异化表现为人的观念和欲望生产越来越受到数字资本的全面控制。资本主义条件下的生产和消费并不是相互独立的关系，相反，它们共同从属于社会生产和再生产的完整过程，"消费，作为必需，作为需要，本身就是生产活动的一个内在要素"[2]。要使这一过程循环往复地进行下去，就必须按照资本主义的扩张需求来设计和引导消费，以更多更快地消费商品。在此前提下，消费就不能仅停留在基本生活需要层面，而是要通过刺激欲望来增加消费的动力，甚至是要将主体生产的内

---

① 贝尔纳·施蒂格勒：《技术与时间：3. 电影的时间与存在之痛的问题》，方尔平译，译林出版社，2012，第 5 页。
② 《马克思恩格斯全集》（第 30 卷），人民出版社，1995，第 35 页。

容全部填充为欲望和对欲望的满足。从历史上看，欲望生产已成为 20 世纪资本主义维持自身稳定的重要环节。在法兰克福学派的社会批判理论中，欲望生产的媒介是文化工业和大众传媒；在鲍德里亚的消费社会批判中，欲望生产的具体形式是渗透心灵的符码操控。应当说，欲望的异化是主体性异化的重要体现，也是支撑和引领主体性异化的精神动力。

在当代，数字资本对人的欲望的刺激和控制已经达到了无以复加的地步。从场景上说，数字技术加持下的欲望生产已经不再局限于固定的物理空间，而且进一步向现实与虚拟交织的复合性生存空间渗透。从时间上说，数字技术可以通过移动智能终端将欲望生产扩展到生命过程的任意时间，由此打破了以往欲望生产的时间限制。此外，数字技术还可以借助个人偏好匹配算法来照顾欲望生产的个性化特点，即根据个性化的数字画像和消费需求来推送商品信息，不断强化和刺激个人的消费欲望。这种无所不至的欲望刺激使得个体生命已经不再把这种社会控制看成是一种异己力量。相反，我们越来越按照数字资本主义的本质要求来打造我们自身，不断借助数字技术的指示来超出既定的活动方式和内容，积极地建构一种看似具有个性实则缺乏深度的主体性。但是，由于这种欲望是由数字资本不断刺激和放大出来的，所以以欲望为中心的主体生产并不能给人带来真正的自由和解放。相反，让人无处遁形的欲望刺激往往会加剧人的本质的空虚化，在欲望得到疯狂释放之后，留下的只能是无穷无尽的倦怠和虚无。

从本质上说，人的欲望和个性被数字资本深层控制是靠资本主义私有制支撑起来的。马克思政治经济学批判相比一般经济分析的深刻性，就在于将资本批判深入私有制批判的硬核层面。资本主义私有制既包含着一种"把个人在最抽象的层面上定义为'私有财产所有者'"① 的人性论假设，又通过现实的资本关系来不断将私有财产所有者的人格生产出来。在私有制的现实运行中，财产占有目标的神圣化、绝对化，不仅必然会导致人的活劳动与财产的制度性对抗，而且会使主体生产不得不围绕资本的增殖逻辑和物化目标来展开。马克思曾针对破坏机器的"卢德主义"指出，"工人要学会把机器和机器的资本主义应用区别开来，从而学会把自己的攻击从物质生产资料本身转向物质生产资料的社会使用形式"②。在此意义上，只要数字技术应

---

①　庞立生：《历史唯物主义与精神生活研究》，人民出版社，2020，第 102 页。
②　《马克思恩格斯文集》（第 5 卷），人民出版社，2009，第 493 页。

用仍处于私有制的框架下，主体性过剩就绝不会直接通向劳动者的感性解放和自由个性，而同时伴随着的必然是主体性异化的加深。因此，主体性异化的症结并不在数字技术本身，而在于数字技术运用所依托的制度框架。当代西方左翼加速主义者指出，技术对社会的加速同时加剧了人的"新异化"，即"人们自愿去做他们不'真的'想做的事"①。罗萨等人试图通过加速来超越技术异化和主体性异化的主张，虽然敏锐地抓住了当代数字技术应用的局限，甚至像斯尔尼塞克和威廉姆斯还提出了将技术加速导向公共应用的激进主张。但究其根本而言，他们没有自觉将数字技术应用提升到政治批判的高度来把握，更没有将其与批判和扬弃资本主义私有制联系起来，因而缺乏应有的思想穿透力。

从马克思政治经济学批判的立场看，主体性过剩和主体性异化是数字资本主义的两个不同面相，二者互为表里，共同表明当今时代的数字化进程的辩证后果。扬弃主体性异化既不能通过放弃数字技术来实现，也不能通过技术加速的方式来完成，而是要将数字资本主义条件下的主体性异化提升到政治批判的高度来把握；既要坚决抵制和批判当代西方社会中以新自由主义为思想基础的数字帝国主义扩张，又要将数字技术应用置于真正合乎人性的制度框架内，以扬弃私有财产制度的思想方向来规范数字资本和数字技术的发展。就此可以看到，当代中国以社会主义制度逻辑来引导数字资本发展，进而展开资本治理与技术治理相结合的制度实践，正在探索一条建构数字文明社会的新道路。

（作者单位：西北工业大学）
原文《数字资本主义时代的主体性过剩及其政治经济学批判》，
原载《内蒙古社会科学》2022年第3期，收入本书时有改动

---

① 哈特穆特·罗萨：《新异化的诞生——社会加速批判理论大纲》，郑作彧译，上海人民出版社，2018，第131页。

当代西方左翼对资本主义数字
劳动的批判性考察

当前，数字技术正在以迅猛之势，将我们的日常生活与工作场景结合起来，孕育出了一种全新的劳动形态——数字劳动。数字劳动作为一种与信息技术紧密结合的生产劳动，囊括了互联网专业劳动、受众劳动和以数字为媒介的无酬劳动三部分，在释放巨大经济潜能的同时，也将其辐射范围扩展到了物质性约束之外的领域，引发了一场关于商品形式、产业分工、财富分配、金融体系、社会交往等方面的深刻变革。泰拉诺瓦指出："数字劳动突出了它与现代血汗工厂之间的连续性，并指出了知识工作的日益退化。"①当劳动从"工厂内"延伸到"工厂外"，不仅强化了资本价值链的全球整合，更塑造着新的社会关系，平台和资本凭借所掌控"数据废料"拼凑成的"信息地图"，通过算法的进一步分析，将数据（data）这种"新鲜血液"的效用发挥到极致，并在数字媒介的庇护下开启了以非物质劳动为主的全球霸权，在每一个神经末梢对劳动者进行宰制。

管窥当代西方左翼的思想前沿，以泰拉诺瓦、哈特、奈格里、齐泽克等为代表的学者早已捕捉到ICT（information and communications technology）变革对劳动关系发展的影响，不仅在生产维度，更在意识形态、权力掌控等多重面向对其进行批判性诊断。泰拉诺瓦指出，互联网激活了自由劳动、免费劳动与社会工厂之间的联系，强调整个劳动在数字经济中的流动性；哈特和

---

① T. Terranova, "Free labor: Producing Culture for the Digital Economy", *Social Text*, Vol. 18, No. 2, 2000, p. 33.

奈格里以非物质劳动为切入点，在一般智力的框架下分析了数字资本主义剥削的发生和实现；斯尔尼塞克则看到了数字资本主义社会中最有价值的东西——数据，及其背后独立运行和操控的力量——数字资本。从他们对数字劳动莫衷一是、纷繁复杂的批判话语中可以发现，当代西方左翼在一定程度上为数字劳动研究视域的延展提供了新的学术生长点，展现了他们犀利的理论解剖和现实分析能力。然而必须承认，他们所探寻摆脱"数字枷锁"的复兴之路是"孱弱"的，如齐泽克和巴迪欧在重启共产主义观念时提出"新共产主义"思想；奈格里和哈特则寄希望于"真正的主体"——诸众来实施政治行动；以威廉姆斯、斯尔尼塞克为代表的加速主义主张通过资本主义生产机器内部的高速运转实现自身翻转等。诸如种种对出路的探索大多带有乌托邦的倾向，偏离甚至歪曲了马克思主义的基本观点，我们需要站在马克思主义的立场予以明辨。

一 劳动关系的簇新命题

信息技术的蓬勃发展深刻改变着人类的生产生活方式，数字劳动作为大数据时代全新的社会生产劳动形态，引发了关于价值、商品、劳动关系、劳动过程、劳动工具、劳动价值、主体意识等多维度的讨论。免费劳动、玩劳动、网络劳动、数字劳动、非物质劳动、情感劳动、礼物经济等新术语层出不穷，"它们的激增表明了当代转型的重要性，并预示着至少'某些东西'正在发生"[①]。

（一）劳动者的"流众化"

在全球范围内，随着 ICT 和经济全球化的深度融合，劳动的场所、动机以及工具和对象愈加多元，一方面加速了 U 盘型的"即插即用"零工经济以及自由职业者的发展；另一方面打破了无产阶级的界定条件，使得原本具有固定岗位和身份认同的无产阶级被"流众化"，变得漂浮不定，传统劳动的稳定性正在被瓦解。按照斯坦丁所说，"流众"（precariat）由"无产阶级"（proletariat）和"不稳定"（precarious）两部分所组成，特指不稳定的

---

① R. Gill, A. Pratt, "In the Social Factory? Immaterial labour, Precariousness and Cultural Work", *Theory, Culture & Society*, Vol. 25, No. 7-8, 2008, p. 3.

无产阶级。"流"意为流动、不稳定，"流众"则指代一种流动性的生存体验，用于描述劳动者如"流"一般地生存在"朝不保夕"的担忧之中。事实上，这种不稳定的劳动关系正是资本、劳动和权力之间相互作用的必然结果，看似与 19 世纪资本家在工厂里直接盘剥劳动者的形式有所不同，但这些新变化绝不是"斯芬克斯之谜"，虽表现为"新的劳动形式，却是旧的剥削形式"[1]，而这一"不稳定性其根本目的就是造就一个完全听命于资本的劳动力群体，因此，我们看到这种灵活性的劳动体制完全是专制性的"[2]。

　　泰拉诺瓦认为"数字经济中的劳动力问题，并不那么容易被当作是熟悉的资本主义剥削逻辑创新发展而被忽视"[3]，因此，她作出"无酬劳动是资本主义社会普遍存在的剥削"这一判断。她认为，大数据时代下的数字劳动并不存在明晰的雇佣关系，每个劳动者都是"蜂群思维"（hivemind）中具有自适应能力的独立行动单元，网络上的自由劳动兼有自愿、无偿、享受和剥削的多重特性，是一种内嵌在互联网中流动的、持续的价值生产活动，这种"生产与消费、工作与文化表达之间日益模糊的领域并不意味着异化的马克思主义工人的重新组合……这种重新配置的过程标志着一种不同的（而不是全新的）价值逻辑的展开"[4]，需要加以分析。哈维在谈及"新工人阶级"时，认为数字化与自动化的发展产生了更多的不稳定就业者，现代信息技术的大规模应用虽然增加了对数字劳工的需求，但是并未给予这一群体配套的劳动保障措施和社会福利待遇，他们被排除在稳定的劳工关系之外。面对高强度的工作压力以及不稳定的就业环境和薪酬时，无产者时常怀揣着可能被替代的焦虑、失落和不安，他们既是经济上的自由者也是政治上的失权者，要么无法正常参与政治生活，要么没有社会权利享受不到应有的保障。这种随处栖息、肆意流动的状态，更加凸显了无产阶级"流"的特性，在一定意义上也可以将这部分没有固定身份、无法被算法直接治理的"流众"视为"新神圣人"。

---

①　E. Bucher，C. Fieseler，"The Flow of Digital Labor"，*New Media & Society*，Vol. 19，No. 11，2017，p. 1870.

②　迈克尔·哈特、安东尼奥·奈格里：《大同世界》，王行坤译，中国人民大学出版社，2016，第 8 页。

③　T. Terranova，"Free labor：Producing Culture for the Digital Economy"，*Social Text*，Vol. 18，No. 2，2000，p. 33.

④　T. Terranova，"Free labor：Producing Culture for the Digital Economy"，*Social Text*，Vol. 18，No. 2，2000，p. 35.

（二）"精神的无产阶级化"

斯蒂格勒在谈及自动化社会的诸多问题时，借助"一般器官学"和"技术药理学"的概念阐述由于技术加速造成的批判性知识中断这一蜕变事实，即"精神的无产阶级化"（proletarianization of minds）。近年来，随着人工智能、物联网、大数据存储和分析技术的迭代更新，劳动变得愈发不稳定，劳动者的工作场所、就业形势、个性需求、交际能力与自我意识也因之受到影响，数字化发展在为我们提供便利的同时，也减弱了我们"能够进行理论化和慎思的智力能力"[①]。马克思在《资本论》中曾言辞犀利地指出，在夹缝中生存的劳动者正在面临着无产阶级化的风险，"工场手工业把工人变成畸形物，它压抑工人的多种多样的生产志趣和生产才能，人为地培植工人片面的技巧……个体本身也被分割开来，转化为某种局部劳动的自动的工具"[②]。斯蒂格勒十分认同马克思所提及的机器将工人无产阶级化的观点，在《技术与时间》中直面数字资本主义，表现出了对整个社会认知能力丧失的担忧。在他看来，知识的构成依赖于知识的外化，这是数字第三持存的知识外化，从而使全面自动化成为可能。对技术变革有意或无意的屈从，使经历理论知识的无产阶级化犹如"通过电视广播模拟导致生活知识（savoir-vivre）的无产阶级化，以及劳动者的身体屈服于机器铭刻的机械痕迹，导致技能知识（savoir-vivre）的无产阶级化"[③]。斯蒂格勒对"知识的废人化"的批判逻辑接近海德格尔所提到的"沉沦处境"中的"常人公众的夷平化"[④]。不可否认，斯蒂格勒在对技术的省思中仍秉持乐观态度，他相信"精神的无产阶级化"是可以通过翻转技术的雅努斯双面孔来避免的，而能将"毒药"转化为积极"治疗"的责任主体，就是深受数字化奴役的无产阶级自身。

此时人们不禁发问："精神的无产阶级化"是否意味着大数据时代的劳动者已经沦为了"无用阶级"？赫拉利认为，移动互联网和智能计算机的普

---

① 贝尔纳·斯蒂格勒：《南京课程：在人类纪时代阅读马克思和恩格斯——从〈德意志意识形态〉到〈自然辩证法〉》，张福公译，南京大学出版社，2019，第 59 页。

② 《马克思恩格斯选集》（第 3 卷），人民出版社，2012，第 679 页。

③ B. Stiegler, "Automaticsociety, Londres février 2015", *Journal of Visual Art Practice*, Vol. 15, No. 2-3, 2016, p. 195.

④ 张一兵：《"人"与实际性此在的常人化夷平——海德格尔〈存在论：实际性的解释学〉解读》，《社会科学战线》2011 年第 11 期。

及会降低无产阶级的思维灵活性，使劳动者最终沦为"无用的生物"①，即"感性和情感的无产阶级化"②。BI 挪威商学院的埃莉安·布赫（Eliane Bucher）教授等则认为，虽然信息技术与生物技术的合并会抹杀劳动者的思考能力，会对其就业市场产生挤出效应，造成技术性失业，然而，技术进步却使得劳动显现出了"专业技能平民化"的特征，在一定程度上可以说"数字劳动是一种使工人能够努力实现自主性、提高技能、增强社区成员和社会联系的手段"③，能够重新激发劳动者的主体性，可见，实现人类与智能机器的共同协作是人类社会未来的发展趋势，数字劳动者不应只是社会工厂里的一颗无言的螺丝钉。在大数据时代如何重建人的自我意识，如何避免"理论知识的中断""系统性愚昧"，防止人受到民粹主义的蛊惑而沦为其工具，是当下亟待解决的问题。

（三）"社会工厂"的劳动转移

"社会工厂"（social factory）一词由意大利马克思主义理论家奈格里在 1989 年提出，用于描述"没有墙的工厂"以及"没有工厂的公司"。随着新自由主义的蔓延，信息发展在给传统生产方式带来巨大冲击的同时，"或许正在为我们带来 GDP 统计所无法观测到的某些改变"④。正如奈格里和哈特多次提到的，资本主义的发展打破了地域的限制，价值关系的产生也不再局限于工厂内，"当工作过程从工厂转移到了社会，也就启动了一个真正复杂的机器"⑤。资本的权力遍布一切社会领域，跨国公司将劳动、信息、资源以及劳动者的才智输送到世界的各个角落。哈维从世界市场和社会总资产的角度阐释"大都市的中产阶级化以及城市空间转变为了社会工厂"⑥，认为当"工作"和"非工作"的界限被模糊，资本积累往往在全球化的进程

---

① Y. N. Harari, "Reboot for the AI Revolution", *Nature*, Vol. 550, No. 7676, 2017, p. 325.

② 贝尔纳·斯蒂格勒：《南京课程：在人类纪时代阅读马克思和恩格斯——从〈德意志意识形态〉到〈自然辩证法〉》，张福公译，南京大学出版社，2019，第 53 页。

③ E. Bucher, C. Fieseler, "The Flow of Digital Labor", *New Media & Society*, Vol. 19, No. 11, 2017, p. 1871.

④ 森健、日户浩之：《数字资本主义》，野村综研（大连）科技有限公司译，复旦大学出版社，2020，第 2 页。

⑤ A. Negri, *The Politics of Subversion：A Manifesto for the Twenty-first Century*, Cambridge：Polity Press, 1989, p. 92.

⑥ M. Hardt, T. Negri, "The Multiplicities Within Capitalist Rule and the Articulation of Struggles", *TripleC：Communi-cation, Capitalism & Critique*, Vol. 16, No. 2, 2018, p. 440.

中变得分子化，与普遍异化交织在一起，在整个地球工厂内将资本主义的统治秩序化于无形，不仅"为垄断力量的扩展创造了新的机会，并由此而带来了各种各样的社会、生态、经济和政治后果"①。

泰拉诺瓦口中的"网络奴隶"（Net Slaves）、"全天候的电子血汗工厂"，因被注入了信息技术，在不知不觉中改写乃至颠覆了既有的劳作规则，陷入了罗萨所描述的"西西弗斯式"的劳作图景。我们可以借鉴马克思主义社会学家布若威观察工人"制造同意"这一生产行为现象的方法，探究"内卷"主体"勤勉"劳作的原因。他发现，资本家能将微妙的强制性与生产劳动完美结合的秘密就在于资本家发现了生产的政治面向，工人不但主动参与到"赶工游戏"中，而且还充满了热情与认同，从不对劳作规则产生怀疑。在阿甘本看来，这就是资产阶级的高明之处，他们以非政治的手段施展生命政治，使我们习惯于在生物身体与政治身体中游走、思考和行事，即形成"非政治化的政治"。

归根到底，数字技术与"社会工厂"的结合，不仅美化了资本家贪婪的本质，更加速了资本主义政府以一种"无形在场"的智能方式替代工厂机器化，对社会劳动实行远程操控。在这种看似去中心化的集权统治下，资本对劳动的剥削被"民主化"假象所遮蔽，劳动对资本的实质隶属关系更为明显。

二　数据资本化的意义赋能

在生物学与一般数据相结合、信息技术与物理世界相重叠的今天，数字化生存俨然成为一个客观事实。数据在财富积累过程中被赋予了新的内涵，它不再单纯地作为生产活动的一味要素而存在，而是成为我们真实肉身和现实体验的延长，兼具了统计性和生产性的双重性能，在转化为资本的过程中对大众施展全景式的监控和剥削。不得不承认，数据正在改变着我们的生存状态，迫使我们卷入一场美其名曰"确保全球用户公共利益与隐私安全"的"信息大绞杀"中。

（一）"数据身体"

数据是指通过观察得到的、用于描述客观事物性质和状态的一系列抽象

① 大卫·哈维：《新帝国主义》，初立忠、沈晓雷译，社会科学文献出版社，2009，第106页。

的物理符号，它包含狭义上的原始信息——数字，我们可以借助信息技术对数字化信息进行条理分析、加工和处理，从而对决策产生影响。大数据时代将一切数字化，被编码后的物不能简单地被抽象理解为一种符号关系，相反，这种符号体系作用于具体的物和身体结构，使我们"传统意义上的身体的领域逐渐被数字编码所穿透"①。数字平台的兴起不仅改变了我们的生存体验，更重塑了个体生存的方式，"长期以来，我们已经成为了数字"②。我们的真实肉身不再与网络中的虚体一一相对应，现实肉身只有置于网络空间才能被认知，身体虚体被平台赋予了新的身份，成为凌驾于肉身之上、数据流形态一样的存在生命。譬如健康码，作为数字防疫"通行证"，是技术具象化了的"社会身体"，用以甄别能否准入共同体。应该看到，在科技为我们"加码"护航的同时，数据身体正在获得比真实肉身更多的承认，主体经数据"科学"评估后，以智能手机上的二维码展示出来。编码后形成的二维码就是我们的数据身体，是我们肉身器官的延伸，并不能完全真实、准确地再现我们的社会关系和实际体验，有时也会使人产生疑惑：数据身体真的与现实肉身完全等同吗？

　　显然，信息人并不等同于我们的真实肉身，从肉身人到数字人的转变，无疑是认识论在大数据时代的一种新走向。实际上，法国存在主义思想家梅洛-庞蒂的《知觉现象学》给出了一个理解身体与世界关系及意义建构的重要"切口"，他认为"我的身体是朝向世界的运动"③，而生命的意义就在于通过身体的行为缔造主客观世界。在今天看来，身体式的思考方式并没有消失，而是被添加了新的内容。人类生存在一个虚拟的、充满异质性的生存空间，"比特，作为'信息的DNA'，正迅速取代原子而成为人类社会的基本要素"④，物质性的身体固然重要，但也要隐没在芸芸数据之中。网上购物、线下采买、网页浏览、信用卡支付、进入公共场所时扫码，这些行为的背后"都拖着一条由个人信息组成的长长的'尾巴'"⑤，包括一些可以检测人体数据的穿戴设备，也在向终端源源不断地输送数据，这些数据都是资

①　蓝江：《一般数据、虚体与数字资本：历史唯物主义视域下的数字资本主义批判》，江苏人民出版社，2022，第104页。
②　斯蒂芬·贝克：《当我们变成一堆数字》，张新华译，中信出版社，2009，导言第XIX页。
③　莫里斯·梅洛-庞蒂：《知觉现象学》，姜志辉译，商务印书馆，2001，第441页。
④　尼古拉·尼葛洛庞帝：《数字化生存》，胡泳、范海燕译，海南出版社，1997，第3页。
⑤　斯蒂芬·贝克：《当我们变成一堆数字》，张新华译，中信出版社，2009，封皮简介处。

本产生剩余价值的原材料，人类身体正在被潮水涌入般的数据所覆盖。在斯蒂格勒看来，数据这个"外延"的记忆载体，在极大改变人们日常生活的同时，也会导致人类对自我的认知出现断裂，存在中断人的个性化实现的风险。

（二）"劳作傀儡"

我们今天的劳动已不像马克思所生活的那个年代的劳动，直接在工厂里生产出物质性产品，劳动对象和劳动产品更多地表现为以情感、价值、社会关系等为主的非物质形态。罗萨在"新异化论"中指出，"社会加速的弊端，就在于它导致了新异化形式的出现"①，当技术化的理性思维方式占据主导地位，理性也就变得愈加工具化，身处在智能系统中的人们被打造成了迎合资本、信息、权力而存在的有用物，看似挣脱了固有束缚，实际深陷于愈加精密的囚笼，沦为数字资本的"劳作傀儡"，以及潜藏在数字媒介背后的"幽灵工人"。在马克思看来，资本主义的生产关系本身就是一种不平等的剥削关系，如今，"马克思的分析对于理解互联网和媒体在社会中的当代角色仍然至关重要"②。"信息高速路"在带给我们更加便捷、直观体验的同时，也创造出了利润产生的核心——数据商品，身处其境的我们很难察觉到自身正在被剥削，心甘情愿地成为资本家的"提线木偶"。

数据作为一种可以被提取、创造价值的物质材料原本是用户创造性活动的产物，如今却反过来制约我们的网络行为，更多地表现为命令和控制，隐藏在数据背后的这条无形之线——数字资本正在以某种不可知的方式操纵着全景，借用斯蒂格勒的"药理学"比喻，信息技术如"药"一般，"既生产出熵，也生产出负熵，因此它总威胁着人化过程"③。当我们的生物学肉身被数据化，变成了一堆可以衡量的数字，社交媒介就能以数字化显现的方式侵蚀我们的隐私，量化我们的价值，隐匿地进行着现代化的"数据圈地运

① 哈特穆特·罗萨：《新异化的诞生——社会加速批判理论大纲》，郑作彧译，上海人民出版社，2018，第 12 页。
② C. Fuchs, N. Dyer-Witheford, "Karl Marx@ Internet Studies", *New Media & Society*, Vol. 15, No. 5, 2013, p. 782.
③ 贝尔纳·斯蒂格勒：《人类纪里的艺术：斯蒂格勒中国美院讲座》，陆兴华、许煜译，重庆大学出版社，2016，第 181 页。

动", 名正言顺地将公共数据转化为私人财富。无论我们是否自愿, 都在竭力地创造剩余价值, 每一个我们在网络空间留下的痕迹, 都是资本想方设法控制我们行为的素材。从某种程度上来说, "数字网络比我们自身更加了解自己"①, 平台作为"钻井"捕获每一个用户的信息点, 我们每个人都成为生产价值的"数据佃农"。个体用户无意识上传的海量数据为"数据剥削"创造了条件, 这些数据一方面包括自己上传的"数据脚印", 另一方面则是平台搭建的"数据影子", 它们都是数据工厂的"燃料"。福克斯认为, 资本主义的未来在于信息的商品化, 即使是在经济不景气的情况下, 数字化仍是保持经济增长和活力的重要方式。这意味着, 数字化传播拥有不可估量的生产力潜能, 平台上的信息搬运就是数字资本无偿榨取免费劳动价值的运输活动, 在"协同共享"的互联网世界中, 个体用户彻底沦为了数字资本和数字权力的囚徒。作为信息的重要载体, 数据与信息技术一样都是资本主义财富增值的利器, "新的技术、新的组织形式、新的剥削模式、新的工作类型和新的市场都会出现, 以创造一种新的资本积累方式"②, 即数据创造出"数字霸权"。

(三)"信息大屠杀"

　　面对技术的张力, 大数据时代的记忆、文化和社会变得日益符码化。一般数据不仅获得了价值增值的特性, 更是凭借对智能技术的全面掌控, 将资本主义推向新的发展高峰, 形成了独特的社会景观——监视资本主义。2020 年 Netflix 发布了一个名为《监视资本主义: 智能陷阱》(*The Social Dilemma*) 的纪录片, 正如标题所示, Twitter、Meta、TikTok、Instagram、YouTube 等社交媒介层出不穷, 看似便利了你我, 实际上无处不在的"电子监控"正在对人类进行一场无声的"信息大屠杀"。德勒兹在 1990 年创作的《控制社会后记》中分析了"信息传播的普遍性", 在如今看来他当时的预言都已成真, 身处在"信息茧房"中的我们似乎有着不能穷尽的可能与选择, 但实际上, 早已落入由数字技术编织的"牢笼"却不自知, "整个地球正在发展成为一个全景监狱"③。祖博夫认为监

---

① S. Žižek, *The Relevance of the Communist Manifesto*, Polity Press, 2019, p. 4.
② N. Srnicek, *Platform Capitalism*, Polity Press, 2017, p. 20.
③ 韩炳哲:《透明社会》, 吴琼译, 中信出版社, 2019, 第 84 页。

视资本主义是数字治理术的一种现实表现，包含着"数据的提取和分析、由于更为全面的监控带来的新的合同形式、个性化定制以及连续性实验"①四种新用途。对于商家来说，这些数据对广告商最有价值，它们借助算法机器进行现实挖掘和行为预测，为消费者量身打造"消费陷阱"形成商业闭环，进而达至垄断资本市场和数字霸权的企图。对于社会成员来说，则触发了在主体层面更为深刻的思考，一旦适应了大数据追踪所形成的"电子脚镣"，在"规划性世界"中"静止的个体感受到的痛苦和麻烦，被默认为是一种茫然的、'平静的'功能类型的行为"②。此外，在英剧《杀死伊芙》（Killing Eve）第二季中向我们展示了这样一个场面，即只要你想，就会有售卖数据的人向你兜售全世界任何人的信息，数据变现涉及面之广及速度之快让人不寒而栗，后果就是每个人被彻底地暴露在数字监控之下，实现"集体裸奔"。

事实上，基于信息论和控制论的解释力透析资本主义制度的内在变化具有一定的客观合理性。"当今世界正在以数据的形式重生"③引发了一个更为激进的问题：在大数据时代，我们虽然不再被某些人和劳动所直接剥削，却付出了隐私被暴露、人格被掌控和失去自由的代价。当人的生物信息收集用于娱乐、社交、赢利，产生出不同于福柯所提出的规训、惩罚和安全机制的新型数字治理术时，物的秩序和话语秩序被重新架构，并在以互联网为中介的复杂关系中变得愈加生动起来。在网络空间这片"数字公地"上，算法治理将生物性生命转化为可量化、可视化的数据，我们被纳入巨大的计算模式之中。在大数据时代，数字秩序势必将资本的力量遍布社会的每根毛细血管，我们早已落入算法的毂中受制于指令、按程序运作，看似自主的行为也在"无意的算法残酷"④（the inadvertent algorithmic cruelty）中被管制，从而陷于资本"霸权式"的治理之中。

---

① S. Zuboff, "Big Other：Surveillance Capitalism and the Prospects of an Information Civilization", *Journal of Information Technology*, Vol. 30, No. 1, 2015, p.78.

② S. Zuboff, "Big Other：Surveillance Capitalism and the Prospects of an Information Civilization", *Journal of Information Technology*, Vol. 30, No. 1, 2015, p.82.

③ S. Zuboff, "Big Other：Surveillance Capitalism and the Prospects of an Information Civilization", *Journal of Information Technology*, Vol. 30, No. 1, 2015, p.77.

④ 玛丽·L. 格雷、西达尔特·苏里：《销声匿迹：数字化工作的真正未来》，左安浦译，上海人民出版社，2020，第70页。

三　数字劳动批判理论的建构

批判性是当代西方左翼鲜明的特性。他们以批判新自由主义为靶子，对当代资本主义展开激烈的批判，形成了具有鲜明特点的数字劳动批判理论。这一理论在秉承马克思对资本主义异化批判主线的同时，聚焦资本主义数字劳动，通过揭露数字技术对全景劳动的剥削事实，尝试发现数字劳动在资本主义社会可能出现的系统性危机，以及找到解决危机的方法。

（一）"新共产主义"的出场

20世纪90年代初，共产主义在国际政治舞台上近乎失语。然而在世界共产主义运动低迷之际，"一个幽灵，'新共产主义'的幽灵，在学界游荡"[1]，掀起了一股向共产主义回归的热潮。虽然表面看来，这些形形色色的"新共产主义思想"将"共产主义"重新拉回了理论的视野，但究其本质，始终与马克思主义经典作家关于共产主义的科学论述之间存在着难以逾越的鸿沟，使其宛若"海市蜃楼"，难以转化为改造现实的有力武器。

巴迪欧在谈及社会主义国家失败时，强调不能仅仅局限于探讨国家和群众之间的辩证关系，必须要在意识形态和政治实践领域全面坚持"共产主义假设"，"我们如果抛弃了这个假设，那么在集体行动的范围内就没有任何值得做的事情了"[2]。在《第二哲学宣言》中，巴迪欧对共产主义观念的具体内涵进行界定，认为"共产主义观念就是构成个体的生成之中的大写的政治主体的东西"[3]，是要依赖于政治真理，必须在真理的身体之中才能产生的观念。也正因如此，巴迪欧的共产主义观念总体上仍盘旋在哲学的上空，并未落地转化为切实有效的实践行动，充满着浓厚的乌托邦色彩。除此之外，虽然他十分赞同马克思提出的"要将思想上的建构与政治上的实践紧密结合起来，才能确保共产主义的真正实现"[4] 的观点，但他看不到无产阶级革命力量的愈发强大，以及政治革命事件发生的必然性，这就注定与马克思相去甚远。齐泽克在重启共产主义的话语时，强调应该从巴迪欧所提的

---

① 艾伦·约翰逊：《新共产主义：复苏乌托邦幻想》，《文化纵横》2012年第4期，第10页。
② A. Badiou, *The Meaning of Sarkozy*, London and New York：Verso, 2008, p.115.
③ 阿兰·巴迪欧：《第二哲学宣言》，蓝江译，南京大学出版社，2014，第25页。
④ A. Badiou, *The Meaning of Sarkozy*, London and New York：Verso, 2008, p.117.

"共产主义假设"这个零点开始思考，"仅仅忠于共产主义观念是不够的，人们必须在历史现实中将对抗进行定位，并意识到将其转化成实践的紧迫感"①。他公开为马克思主义辩护，强调只有恢复马克思的阶级概念，才能化解当下的社会危机，这种激进的政治构想使其共产主义思想与马克思、恩格斯的社会革命理论具有某种相似之处。与其他当代西方左翼学者将资本主义的社会弊病归结于资本逐利的本性、内在制度的根本矛盾、新自由主义的虚假平等的观点不同，齐泽克从马克思所谈及的"共有"（common）与"共有物"（commons）出发，反思和批判资本主义的系统性危机。奈格里与哈特同样继承了马克思共产主义观念中的共有思想，承认共有是共产主义社会的根本特征，"共有之于共产主义，正如私有之于资本主义，公有之于社会主义"②，这一看法与马克思的共产主义观点达至某种契合。奈格里和哈特以非物质劳动概念为核心，剖析了当前的经济生产方式，试图在资本主义内部寻找推翻资产阶级的革命力量，虽未找到正确出路，但其求索精神却值得肯定。

（二）诉诸变革性的主体力量

五月风暴后，重新定义政治身份以及寻找"非先验"的革命主体成为当代西方左翼的政治诉求。21 世纪以来，资本主义在大数据时代"大获全胜"，对无产阶级的剥削更为隐匿和残酷。为了消解现存的异化现象，还原本真的"物与物""人与物""人与人"之间的现实关系，当代西方左翼纷纷积极探索现实的、有力的革命主体，寻找变革性的主体力量是当代西方左翼数字劳动批判理论的重要内容之一。在他们看来，当年马克思在《共产党宣言》中指出无产阶级因备受资本主义经济剥削而充满革命潜力，而今的无产阶级概念不再直接与大工厂生产相联系，其构成的内涵更为多元。无论是收入低于平均生活水平的临时工，还是未得到基本社会保障的兼职工，抑或是未受到专业技能培训的非正式工，他们都是"新无产阶级"的组成部分。

齐泽克认为，新的政治解放需要在坚持无产阶级立场的基础上，将边缘群体紧紧团结在一起，从而形成"不同行动主体的爆炸性组合"③。相较于

---

① S. Žǐžek, *First as Tragedy, then as Farce*, London and New York：Verso, 2009, p.90.

② 迈克尔·哈特、安东尼奥·奈格里：《大同世界》，王行坤译，中国人民大学出版社，2016，第 196 页。

③ S. Žǐžek, *First as Tragedy, then as Farce*, London and New York：Verso, 2009, p.92.

马克思经典的无产阶级形象，齐泽克通过划分"被排斥者"（the excluded）和"被包含者"（the included）两部分，明确用前者来指代新无产阶级。在这个意义上使用无产阶级范畴，更为广泛，且更加激进，只要是"被排除在自然以及我们自身之外的符号性物质存在"①，皆存在着成为新的行动主体的可能。不同于马克思和齐泽克对无产阶级的理解，朗西埃从边缘他者的主体身份缺失开始，用"无派别的派别"一词把政治上被主流阶级排斥在外的、经济上一无所有的群体称为无产阶级，这是基于社会承认部分之外的、对被剥夺者的总称。在朗西埃看来，被驱逐的真实无产者既是遭受贫困、边缘化、被剥夺权利的社会弱势群体中的"无分者"，同样也是笛卡尔"自我—我思"（ego cogito）消失点的主体，只有由这部分群体所组成的共同体才能被称作政治性的共同体、真正的无产阶级共同体。哈特、奈格里认为，解放意义上的政治行动只能在广泛的群众基础上进行，他们将零散的社会主体聚集起来形成的群体视为"诸众"（multitude），此"众"是具有多重身份、充满奇异性（singularity）的复数，是不同于人民、群众、暴民等的集体名词，是能够自发地联合起来反抗帝国统治秩序，并且"唯一能够实现民主即人人治国的社会主体"②。事实上，哈特和奈格里在非物质劳动生产模式中对"诸众"革命潜力的考察，是对劳动者主体地位的肯定，他们强调"诸众"是"劳动的共同主体，即后现代生产的真正血肉（real flesh），同样也是共有资本试图建构其全球发展的主体"③。他们提出，生产领域能够天然生成政治抗争主体的主张，认为结合复杂现实状况进行深度耕犁或专门的政治化，就能将诸众的力量激发出来并形成"自治联合体"，从而达到政治解放的目的。

（三）数字反抗的可能路径

当代西方左翼认为，当前的重要问题不仅仅是把握数字化蔓延对人类社会造成的影响，更需要寻求一种可能冲破技术樊篱的抵抗路径，避免因被人工智能取代而形成新的异化。在威廉姆斯和斯尔尼塞克眼中，大数据社会存

① S. Žižek, *First as Tragedy, then as Farce*, London and New York: Verso, 2009, p. 92.
② M. Hardt, A. Negri, *Multitude: War and Democracy in the Age of Empire*, Penguin, 2004, p. 100.
③ M. Hardt, A. Negri, *Multitude: War and Democracy in the Age of Empire*, Penguin, 2004, p. 101.

在着一种潜在的、摆脱数字枷锁的革命潜能，"左派必须充分利用资本主义社会可能带来的一切技术和科学进步，……以最有效的方式使用工具"①，因此，技术加速带来的异化是必然现象，当加速超过资本主义系统的限度时，资本主义制度就会在高速运转中自行崩塌。这一观点显然夸大了技术加速对社会的反噬作用，否定了变革社会的决定性力量——人民群众的作用，是极度理想化的空想。

与此同时，哈特和奈格里在研究资本帝国的全球统治时，强调大数据时代下资本与劳动者之间呈现出既彼此依赖又相互对抗的关系，面对非物质劳动在生产及生活中的全面霸权，指出当下的"诸众"已经具备成熟的自觉意识和斗争能力，能够实现"诸众共享的大同世界"②，而实现的路径是"采取破坏、从合作中退出、反文化实践和普遍的不服从等形式"③，打破帝国关系中资本积累运作的链条，在共同性的生产中生成政治事件、反抗资本统治。德勒兹和加塔利在合著的《反俄狄浦斯》中明确表达了"精神造反"的观点，提出资本主义社会自身具有革命性的特点，主张以旁观者的身份，站在资本主义这一巨大的欲望机器之外，完成资本因达到自身极限而无法克服的自我颠覆。

福克斯为人们在大数据时代下超越资本主义框架下的资本和劳动之间的历史性冲突提供了一个方案。在他看来，数字劳动就是异化的数字工作，而平台资本积累的秘密在于人本身的数据化、资本化，因此，要想"摆脱互联网危机和剥削经济的唯一选择就是退出数字劳动、克服异化，用共有的逻辑取代资本的逻辑，将数字劳动转变为数字工作"④。显然，通过退出数字劳动的路径摆脱剥削的观点违背了社会历史发展的规律，不符合社会现实，是不切实际的空想。

当代西方左翼提出以"挣脱牢笼"的路径探索解决社会危机。在他们看来，当数据真正实现透明共享，不再把一块块"土地"圈起来时，就能在信息技术与社会主义之间找到更为确定、可靠的连接通道，推进技术、数据、主体之间的协同发展，从而达到自然而然解决社会危机的目的。然而必

① A. Williams, N. Srnicek, "Accelerate: Manifesto for an Accelerationist Politics" in Joshua Johnson ed., *Dark Trajectories: Politics of the Outside*, NAME Publications, 2013, p.139.
② 迈克尔·哈特、安东尼奥·奈格里：《大同世界》，王行坤译，中国人民大学出版社，2016，第6页。
③ 迈克尔·哈特、安东尼奥·奈格里：《大同世界》，王行坤译，中国人民大学出版社，2016，第258页。
④ C. Fuchs, *Digital Labour and Karl Marx*, New York: Routledge, 2014, p.281.

须承认，当代西方左翼开展的数字反抗都未能从根本上触及资本主义制度本身，充其量只能是狭隘的"微观政治"。

总而言之，在全球化背景下，互联网和信息技术已经全面介入人们的生产生活。当数字的潘多拉魔盒被打开，一方面，互联网、人工智能、云算法加速快进，从国家层面来看，以数据为关键生产要素的现代生产方式在创造大量财富的同时，推动了就业结构的调整优化；从企业层面来看，借助先进的信息技术，加速了企业数字化转型和升级的步伐，并带来"颠覆式"的管理模式变革；从个人层面来看，数字技术的发展不仅改变了人们对传统劳动的认知，还深刻地影响着社会主体间的沟通方式和社会交往。另一方面，由于数据极度扩张造成极大影响，平台凭借用户上传的海量数据精密编织"数字牢笼"，使人们变成资本的"提线木偶"，而且数字资本全方位渗入人们全部的日常生活，导致以自由之名，全面吞噬劳动者的骨血。

面对数字劳动带来的社会全面异化的时代诘问，当代西方左翼建构起一种直面资本主义弊病的激进批判话语，他们指出，当前所面对的数字劳动异化，是一种全景式的异化，因为"人工智能技术已经改变了我们与周围互动的方式，开启了一种全新的超剥削的就业模式"[①]，为此他们提供了两条不同的批判路径。一条是从政治经济学视角出发，探究数字资本主义新的剥削形态，以揭示数字劳动异化的奥秘；另一条则立足于生命政治学，全面审视被嵌入算法中的个体生命，透析以数据为中介进行交往对生产生活控制的存在论问题。无论是对生产关系异化的批判，还是在生命存在意义上展开对异化的批判，都为剖析资本主义新变化和认识当今资本主义的特点和本质提供了颇具价值的思想借鉴，为当今开展数字劳动研究提供了有益思考。然而由于其理论的先天局限，当代西方左翼的数字劳动批判理论注定偏离马克思的社会批判理论，难以在把握数字技术的基础上洞察数字劳动的本质，实现真正的理论破题并付诸社会革命的实践。

（作者单位：华南师范大学）

原文《当代西方左翼对资本主义数字劳动的批判性考察》，

原载《广东社会科学》2022 年第 5 期，收入本书时有改动

---

① N. Srnicek, "The Challenges of Platform Capitalism: Understanding the Logic of a New Business Model", *Juncture*, Vol. 23, No. 4, 2017, p. 254.

数字化生存与中国发展战略

数字经济的发展与治理

黄益平

数字经济是第四次工业革命的产物，数字经济部门是我国离国际经济技术前沿最近的经济部门，一些头部数字经济企业甚至排在全球的前列。作为一个发展中国家，我国能取得这样的成就十分了不起。同时，数字经济对于我国经济实现高质量发展，也具有举足轻重的意义。但在过去一段时期，数字经济领域也出现了一些诸如损害消费者权益和不正当竞争等不规范行为。如何构建有效的数字经济治理体系，促进数字经济健康发展，是中国式现代化的一个重要课题。

一 数字经济发展是市场化改革的重要成果

数字经济是继农业经济、工业经济之后的主要经济形态，是以数据资源为关键要素，以现代信息网络为主要载体，以信息通信技术融合应用、全要素数字化转型为重要推动力，促进公平与效率更加统一的新经济形态。[①]《"十四五"数字经济发展规划》提出："以数据为关键要素，以数字技术与实体经济深度融合为主线，加强数字基础设施建设，完善数字经济治理体系，协同推进数字产业化和产业数字化，赋能传统产业转型升级，培育新产业新业态新模式，不断做强做优做大我国数字经济。"

数字经济包括五大类产业：数字产品制造业、数字产品服务业、数字技

---

① 国务院印发《"十四五"数字经济发展规划》，https://www.gov.cn/zhengce/zhengceku/2022-01/12/content_ 5667817. htm。

术应用业、数字要素驱动业和数字化效率提升业。前四类为"数字产业化"部分，指为产业数字化提供数字技术、产品、服务、基础设施和解决方案，以及完全依赖于数字技术、数据要素的各类经济活动，这是数字经济的核心产业。第五类则为"产业数字化"部分，指利用数据与数字技术对传统产业进行升级、转型和再造的过程。[①] 据北京大学平台经济创新与治理课题组测算，2012~2018 数字经济部门对 GDP 增长的贡献达到了 74.4%。[②] 另外，据中国信息通信研究院估计，2021 年，我国数字产业化规模为 8.35 万亿元，占 GDP 比重为 7.3%。产业数字化规模达到 37.1 万亿元，占 GDP 比重为 32.5%。[③] 同年美国数字经济规模蝉联世界第一，达到 15.3 万亿美元。中国位居第二，为 7.1 万亿美元。[④]

平台经济是数字经济的一种特殊形态，它是指依托于云、网、端等网络基础设施并利用人工智能、大数据分析、区块链等数字技术工具撮合交易、传输内容、管理流程的新经济模式。常见的数字平台包括电子商务、网络约车、文娱、社交媒体、搜索、数字金融等。我国在 1994 年接入国际互联网之后的近 30 年间，涌现了数量巨大的互联网公司，其中一些已经成长为全国甚至全球的头部平台。根据美国调查公司 CBIinsights 的统计，截至 2022年 9 月底，全球总共有 1199 家"独角兽"企业，也即估值超过 10 亿美元的初创企业，其中美国公司占比 54.1%，居全球第一。中国公司占比 14.4%，位居第二。

一般认为我国数字经济具有"大而不强"的特点。[⑤] "大"主要体现为覆盖的用户多、市场的规模大和企业的数量多，"不强"主要体现为质量不

---

① 国家统计局：《数字经济及其核心产业统计分类（2021）》，https：//www.gov.cn/gongbao/content/2021/content_ 5625996.htm。

② 北京大学平台经济创新与治理课题组：《平台经济：创新、治理与繁荣》，中信出版社，2022。课题组所计算的"数字经济部门"主要包括信息与通信技术（ICT）制造以及密集使用 ICT 的制造业和服务业，这个范围与国家统计局和中国信息通信研究院确立的可能有差异。

③ 中国信息通信研究院：《全球数字经济白皮书（2022 年）》，http：//www.cac.gov.cn/rootimages/uploadimg/1686402331296991/1686402331296991.pdf？eqid=df9cbb480000 58a20000000564868613。

④ 中国信息通信研究院：《全球数字经济白皮书（2022 年）》，http：//www.cac.gov.cn/rootimages/uploadimg/1686402331296991/1686402331296991.pdf？eqid=df9cbb48000058a20000000564868613。

⑤ 何立峰：《国务院关于数字经济发展情况的报告——2022 年 10 月 28 日在第十三届全国人民代表大会常务委员会第三十七次会议上》，http：//www.npc.gov.cn/npc/c2/c30834/202211/t20221114_ 320397.html。

高、技术优势不突出、关键领域的创新能力也不足。2021 年，我国数字经济占 GDP 之比为 39.8%，也显著低于德国、英国和美国 65% 以上的占比。对比中美最大的 10 家创新企业，我国有 7 家由商业模式驱动，另外 3 家则是由技术创新驱动；美国则有 7 家是由技术创新驱动，只有 3 家是商业模式驱动。另外，我国几乎所有的头部平台都是以消费互联网为主，只有少数兼营产业互联网。在美国，专注消费互联网与产业互联网的头部平台数量几乎相同。如果说美国数字经济的比较优势在技术，我国数字经济的比较优势则在市场。

考虑到我国还是一个发展中国家，数字经济"大而不强"的特征也不能算是一个缺陷。无论是从数字经济的规模来看，还是从头部平台的数量来看，我国都稳居全球第二，这是一个非常了不起的成就。在过去的五六年间，我国前沿数字技术的创新能力实现了突飞猛进般的进步。据英国学者的统计，如果把美国、欧洲、日本和中国的专利数放在一起，我国的区块链技术专利占比 80%，计算机视觉技术专利占比 60% 以上，自动驾驶技术专利占比 40%，我国在这些领域的专利数都超过了美国。[1] 自 18 世纪中叶以来，全球已经发生过四次工业革命。在第四次工业革命期间，我国第一次紧随着数字技术进步的步伐，运用大数据、云计算、互联网、区块链和人工智能等新技术创新经济活动，这是一个历史性的进步。

我国数字经济发展的巨大成就是在多方面因素共同作用下取得的，最为重要的是"有为政府"和"有效市场"的结合，有为政府不仅改善营商环境、克服市场失灵，还适当超前地建设了大量的数字基础设施，有效市场则将大量的资源特别是资金配置到新兴的数字经济产业。一方面，数字经济是我国市场化改革最为耀眼的经济成就之一，同时也创造了许多"中国梦"的典型案例。几乎每一家头部企业，最初都是由一个或数个年轻人形成创业的想法，然后利用市场动员起规模庞大的技术、人才、资金，让新的数字经济产品或模式迅速落地并不断地迭代、改进。另一方面，数字经济发展也得益于我国相对发达的数字基础设施。无论是从移动电信的覆盖面来看，还是从互联网的普及率来看，中国都显著领先于绝大多数发展中国家，这得益于多年来政府在数字基础设施领域所做的"适度超前"的布局与投资。目前

---

[1]　Antonin Bergeaud 和 Cyril Verluise：《中国技术实力的崛起：前沿技术的视角》，POID 工作论文，伦敦政经学院。

我国已建成全球规模最大、技术领先的网络基础设施。截至 2021 年底，建成 142.5 万个 5G 基站，总量占全球 60% 以上，5G 用户数达到 3.55 亿户，行政村通宽带率达 100%。

另外一些因素在特定阶段也发挥了推动数字经济发展的重要作用，包括超大规模的人口、较弱的个人权益保护以及与国际市场的相对分割，但其中有些因素已经发生改变或者很快就会改变。首先，超过 14 亿的人口数量有利于创新、试验新产品、新业务模式，对于发挥数字经济的规模效应尤其重要，我国一些头部平台拥有数亿甚至 10 亿用户。其次，过去我国对个人权益特别是个人隐私保护存在不足，这为数字经济创新提供了很大的空间，但许多业务侵犯了个人权利，这正是数字经济专项整治试图重点解决的问题之一。最后，迄今为止国内数字经济行业与国际市场是分割的，这为国内企业的成长赢得了时间和空间，但可以预期的是，国内外市场分割的局面不可能长期持续。

随着我国经济开启新时代新征程，数字经济发展也在步入新的阶段。一方面，高质量发展是建设社会主义现代化强国的任务，数字经济理应承担起助力高质量发展的使命。数字经济已经形成了较大的规模，一些技术领域也在快速地赶上来，但技术优势还需要进一步培育，在商业模式创新的基础上，更加重视提升关键领域的创新能力，提升数字经济发展的质量。业务重点也要进一步扩展，更加贴近实体型经济，从"新零售"到"新创造"。另一方面，现在数字经济治理从专项整治走向常态化监管，一些比较突出的问题已经得到了纠正，数字经济发展也开始走入一个新的更为规范、健康的阶段。但监管与治理是一个长期的任务，正如习近平总书记所指出："推动数字经济健康发展，要坚持促进发展和监管规范两手抓、两手都要硬，在发展中规范、在规范中发展。"[①]

二　数字经济的收益与挑战同样突出

数字技术带来的经济改变是革命性的，《"十四五"数字经济发展规划》就提出，"数字经济发展速度之快、辐射范围之广、影响程度之深前所未有，正推动生产方式、生活方式和治理方式深刻变革，成为重组全球要素资

---

① 习近平：《不断做强做优做大我国数字经济》，《求是》2022 年第 2 期。

源、重塑全球经济结构、改变全球竞争格局的关键力量"。加快数字经济的高质量发展，对于我国在 2035 年达到中等发达国家水平、在 2049 年建成社会主义现代化强国，都具有十分重要的意义。

数字技术引起的经济运营机制的改变可以用"三升三降"来概括，即扩大规模、提升效率、改善用户体验，降低成本、控制风险和减少直接接触。这些改变主要是基于数字技术所具有的一些全新的经济特性，比如规模经济、范围经济、网络外部性、双边或多边市场等。规模经济意味着企业的规模越大，平均成本越低、经营效率越高，这可能是得益于数字技术的长尾效应，即在完成固定成本投入之后，进一步扩大经营规模的边际成本很低。范围经济是指同时生产多种产品的总成本低于分别生产各种产品的成本之和，这可能是数字经济领域跨界竞争现象十分普遍的主要原因。网络外部性是指一个网络的使用者越多，其人均的使用价值也就越高，网络本身的市场价值也就越大。而双边市场是指相互提供网络收益的独立用户群体的经济网络，一组参与者加入平台的收益取决于加入该网络的另一组参与者的数量，这样，数字平台对一方的定价往往会考虑对另一方的外部影响。正是基于这些特性，许多数字平台都是动辄拥有数亿的用户，而且同时提供多种线上服务，甚至还对用户提供免费甚至补贴的服务。

数字经济使我国的生产方式、生活方式与社会治理方式发生了翻天覆地的改变。一是提升人民群众的生活质量。购物、点餐、约车、订酒店等日常生活所需要的服务几乎全部可以在线上安排，既节省时间与开支，还能享受更为丰富的消费品类。在新冠疫情期间，线上交易对于消费发挥了重要的稳定器的作用。二是增强了经济活动的普惠性。利用规模经济和长尾效应，数字经济服务已经覆盖超过 10 亿的个人和将近 1 亿的个体经营者，同时还降低了创新与创业的门槛，在活跃了经济微观细胞的同时，还创造了 2 亿左右的灵活就业机会。三是加速创新并孵化了许多新的数字经济业态。几乎所有的数字经济企业都是创新型机构，它们依靠新技术孵化新的制造与服务业态，大多数头部平台还都是知识产权的大户。四是利用数字技术改造传统产业，达成提质增效的目的。产业数字化从聚焦个别经营环节到覆盖整个产业链生态系统，形成了越来越强的经济动能。

我国的数字金融创新提供了一个有代表性的案例，它既是扎根中国大地的金融革命，又是国际前沿的金融创新。两家头部移动支付机构的活跃用户规模领先全球，支付效率与安全也表现出色。而几家新型互联网银行一方面利用数字平台快速、海量、低成本地获客并积累数字足迹，另一方面利用大数据与机器学习方法进行信用风险评估，这个被称为"大科技信贷"的创新业务模式，可以服务大量既无财务数据又缺乏抵押资产的"信用白户"。在新冠疫情期间，一些传统金融机构暂停了服务，但数字金融机构却在持续地提供支付、投资及信贷等服务。国际货币基金组织（IMF）的格奥尔基耶娃总裁因此亲自出面邀请国内学术机构于 2020 年 6 月联合组织关于大科技信贷的闭门研讨会。"北京大学数字普惠金融指数"显示，在 2011～2021年，数字普惠金融发展水平的地区差异大幅缩小，数字金融服务已经跨越"胡焕庸线"，触达广阔的西部地区。①

但数字经济领域也出现了不少值得深入思考并亟须解决的问题。

第一，数字经济的规模效应是否必然导致垄断？做大企业规模、形成市场势力是每一个企业家追求的经营目标，而规模效应也意味着规模越大效率越高，但这样就可能造成一家独大、赢者通吃的局面。在现实中，许多头部数字经济企业确实都是"巨无霸"，在国内市场占据很大的份额。数字大平台冲击线下小厂小店的现象并不少见，平台的使用者更无法判定平台资源配置与定价的公平性。前些年诸如"二选一"之类的排他性协议也很常见。因此，市场参与者常常会担心大企业利用市场支配地位实施垄断行为。

第二，如何在大数据分析效率与个人隐私保护之间取得平衡？"数据是新的石油"、新的生产要素，通过大数据分析撮合供需双方、管理信用风险等大量新兴业务模式已经成功落地并取得了不错的经济效益。但过去信息保护不到位，不合规、不合法地搜集、加工并使用数据的现象十分普遍，个人隐私与商业机密泄露的事件时有发生。效率与权益之间的平衡点应该定在哪里，这是一个重要的政策难题。如果数据保护不到位，就会损害个人与机构的权益，甚至引发社会与经济风险。如果保护过度，大数据分析可能就无从做起。

第三，数字平台究竟会促进还是遏制经济创新？数字经济企业确实都具有很强的创新基因，如果没有创新能力，它们也不可能快速发展，成长为有一定规模的企业。但数字平台企业在成为"巨无霸"之后，是否还会保持创新动力与能力，是一个值得探讨的问题。所谓的"猎杀式并购"，就是一

---

① 黄益平、杜大伟主编《数字金融革命：中国经验及启示》，北京大学出版社，2022。

些头部数字平台利用充足的现金流，大量收购相近业务领域的初创企业，然后束之高阁，其目的是消灭潜在的竞争对手。另外，一些头部平台通过"烧钱"做大市场，这类商业模式的创新也许会挤占过多的创投基金，从而影响硬科技创新。

第四，数字经济如何才能更好地助力我国实现共同富裕的愿景？从其普惠性看，数字经济应该是有利于改善收入分配的，提供了约 2 亿个门槛低、工作时间灵活的"零工"就业机会就是一个很好的例子。但可能还有硬币的另一面：一是数字经济企业的快速成长往往伴随着一大批传统企业的倒闭，这样就会有很多员工需要再就业；二是"零工"就业的工作条件并不好，许多外卖员"被困在算法里"，而且他们的社会保障通常也不是很完善；三是数字经济领域的财富集中度非常高，行业参与者并不一定都能获得与其贡献对等的收入与财富。

第五，怎样完善数字平台的治理功能？数字平台的治理既包括平台本身的治理，也包括社会治理。在传统经济中，企业、市场与政府分别发挥经营、交易与调控的功能。但平台企业打破了上述三者之间的分工边界，它既是经营主体，又是交易场所，同时还发挥一定的调控作用。平台兼具经营、交易和调控功能可能导致的一个问题是平台既做裁判员又当运动员，这样就有可能破坏市场秩序，造成不公平竞争，损害消费者利益。同时，平台也可以发挥辅助政府治理的积极作用，包括参与电子政务、数字政府、城市大脑的建设。但平台巨大的影响力如果折射到社会、政治或意识形态领域，就变成一个非常敏感的话题。

三　治理体系的构建需要从理念创新入手

数字经济的优势很突出，挑战也很严峻。2020 年底的中央经济工作会议提出"反垄断"与"防止资本无序扩张"，由此开启了数字经济领域的专项整治。在之后的近两年间，决策部门制定了相关的法律，也采取了不少监管举措。2022 年底的中央经济工作会议明确提出："要大力发展数字经济，提升常态化监管水平，支持平台企业在引领发展、创造就业、国际竞争中大显身手。"从专项整治走向常态化监管，治理体系会变得更加明确，从而提供一个比较稳定的政策环境，这将有利于数字经济实现高质量发展。

数字经济具有许多全新的特性，因此不应简单地套用传统经济的治理方法，甚至也不宜照搬欧美的一些政策实践。在欧美有一种观点，认为数字经济治理只要集中关注几家头部平台就可以了，[①] 这个思路对中国不太适用。欧美的常态化监管相对比较成熟，因此，加强数字经济治理的重点就在于规范头部平台的行为，特别是反垄断。而我国的治理框架刚刚开始搭建，需要关注的不仅仅是头部平台的垄断行为，所有数字经济企业的经营行为都需要规范。

数字经济治理中经常碰到的垄断问题与数据问题提供了两个很好的实例，印证了为什么不能简单地套用传统经济的治理方法，而这就要求在严谨分析的基础上，进行政策理念的创新，然后才能构建适应数字经济特性的治理体系。

反垄断是平台经济专项治理政策的主要内容之一。我国的《反垄断法》明确了四类垄断行为，即经营者达成垄断协议，经营者滥用市场支配地位，经营者集中，滥用行政权力排除、限制竞争。2021 年 2 月 7 日，国务院反垄断委员会发布《关于平台经济领域的反垄断指南》，这是第一份关于平台经济反垄断政策的完整框架。[②] 11 月 18 日，国家反垄断局正式挂牌，标志着我国反垄断政策特别是平台经济领域反垄断政策走入全新的阶段。

1890 年颁布《谢尔曼法》以来，美国反垄断政策的思想大致可以划分为两个阶段，20 世纪 80 年代之前的"结构主义"和之后的"行为主义"。结构主义主要基于这样一个关系，即市场集中度和企业绩效呈正相关。因此，如果政府可以直接调整市场结构，就可以达到釜底抽薪的反垄断效果。形成于 20 世纪初的布兰迪斯主义不仅反对垄断，还直接反对庞大。行为主义对结构主义的主要批评是，如果单纯地惩罚大企业，就是在惩罚竞争优胜者，这对行业发展、经济增长都是不利的。是否存在垄断，不能只看市场结构，还应该看市场行为。如果企业在做大经营规模的同时增进了消费者福利，那就不应该受到惩罚。而反映消费者福利的一个指标就是价格，如果企业利用市场支配地位，提高价格从而获取超额利润，那就是垄断。

不过消费者福利或价格这个简单易行的标志在数字经济的垄断行为面前往往显得无能为力，因为许多平台经常压低消费者价格甚至提供免费服务。

---

① 参见英国数字竞争专家小组 2019 年 3 月起草的《解锁数字竞争》。
② 《国务院反垄断委员会关于平台经济领域的反垄断指南》，https://www.gov.cn/xinwen/2021-02/07/content_ 5585758. htm。

但多边市场与网络效应等特性表明，不收费并不一定意味着"免费"，也并不一定表明这些企业不拥有垄断地位。通过补贴一边的用户以扩大市场规模，恰恰是平台企业经常采用的提高营业收入甚至形成市场支配地位的重要策略。虽然"免费"的服务在短期内对消费者有利，但如果这个商业策略的目的是做大市场规模甚至改变市场结构，最终获取垄断地位，从长期看对消费者福利是不利的。消费者福利标准不适应平台经济领域的垄断，直接推动了布兰迪斯主义在美国的重生。①

但这样又回到了行为主义对结构主义的批评，"大就是问题"的视角更不适合数字经济领域，因为它与数字技术的特性是背道而驰的。传统经济学理论认为，市场支配地位越强，价格就越高，"无谓损失"或福利损失就越大。但数字经济最重要的特性就是长尾效应、规模经济。如果以规模判定垄断，就会出现一个无法化解的矛盾：数字经济企业要么做不起来，一旦做大，就很可能被反垄断、被分拆。如果那样，数字经济也就永远无法发展。

数字经济的范围经济特性有可能让充分竞争与规模经济实现共存。不喜欢大的企业规模或者高的市场份额，主要还是担心造成"赢者通吃"的局面，但这是传统经济的理念，比如在石油或者钢铁行业。范围经济意味着一旦平台在一个行业做大，就很容易展开跨行业竞争，比如短视频平台做外卖、社交平台做搜索。即便能够做大，也并不一定能够独霸市场，2013～2020年，电商市场份额发生非常大的改变，原先"一家独大"的电商平台失去了超过一半的市场份额，这说明它之前并不拥有市场支配地位。

判断数字经济领域是否存在垄断，既不应该简单地看"消费者福利"，更不应该只关注"企业规模"，而应该重视"可竞争性"条件，即潜在竞争者进入或退出市场的便利度。② 如果便利度高，潜在竞争者就可以对在位企业形成较大的竞争压力。在这种情况下，即便一个行业只有一家或少数几家企业，在位企业也无法自由地实施垄断行为、榨取高额利润。需要指出的是，"可竞争性"条件的决定因素是潜在竞争者进入的沉没成本，这里所说的沉没成本不只包括获取许可证的费用，也包括获得用户和数据等的费用。另外，较强的"可竞争性"也不必然导致较高的竞争程度，但仍然可以阻

① 吴修铭：《巨头的诅咒》，哥伦比亚全球报告，2018。（Tim Wu, The Curse of Bigness: Antitrust in the New Gilded Age, Columbia Global Reports, New York, 2018.）
② William J. Baumol, "Contestable Markets: An Uprising in the Theory of Industrial Structure", *American Economic Review*, Vol. 72, No. 1, 1982, pp. 1-15.

止在位企业实施垄断行为。

因此，"可竞争性"条件是一个可以指导平台经济领域经济监管与反垄断执法的重要概念。用"可竞争性"的分析框架来讨论我国当前面临的问题，起码有两个方面的重要启示。一是与美国相比，我国平台经济领域的竞争程度似乎要高一些。在美国，4 家头部平台长期主导一些行业，或许更应该担心垄断问题。为什么美国平台企业跨行业经营的现象相对少一些？可能有多重原因，比如更为严厉的监管限制、数据与人工智能的应用导致了更高的进入门槛以及"心照不宣的合谋"。但无论如何，目前我国平台经济跨行业竞争的现象十分普遍，竞争程度较高。相比较而言，我国平台经济领域反垄断的紧迫性没有美国那么强烈。

二是平台经济的监管政策也应该关注"可竞争性"条件。如果保持很高的"可竞争性"，形成垄断的可能性就会下降。即便发现垄断行为的证据，也尽量不要采取分拆的做法，而应该尽力减少潜在企业的沉没成本、降低进入与退出市场的门槛。如果用户人数是重要的进入门槛，可以考虑在不同平台之间实现联通。以典型网络为例，只要有手机、能联网，就可以联系到所有人，并不取决于用户加入的电信系统的大小。如果数据是主要成本，也许可以考虑允许用户携带数据或者在不同平台之间实现某种形式的共享。当然，这些措施不可能彻底消除那些大平台的相对优势，也不应该无视头部平台在做了大量投资以后获取一定回报的正当要求。采取政策措施保障一定程度"可竞争性"条件的目的是防范出现垄断行为，而不是盲目地追求平台之间的绝对平等。

数据要素的治理思路也同样需要创新。2020 年 4 月，中共中央、国务院《关于构建更加完善的要素市场化配置的体制机制的意见》首次将"数据"与土地、劳动力、资本、技术等传统要素并列，并强调要加快培育数据要素市场。数据成为生产要素，将改写生产函数，放大其他生产要素的贡献度并提高总要素生产率。这其实为发展中国家提供了一条实现经济赶超的新途径。

根据《数字中国发展报告（2021 年）》，2017~2021 年，我国数据产量从 2.3ZB 增长至 6.6ZB，2021 年的数据产量在全球的占比为 9.9%，位居世界第二。[①] 但据国家工业信息安全发展研究中心的测算，2020 年我国数据

---

① 国家互联网信息办公室：《数字中国发展报告（2021 年）》，http：//www.cac.gov.cn/2022-08/02/c_ 1661066515613920. htm。

要素市场的规模约为 545 亿元，约为美国的 3.1%、日本的 17.5%。我国数据的产量巨大，但使用效率还有待提高。因此，如何培育数据要素市场，提升数据要素的供给能力，构建数据治理体系，充分发挥海量数据和丰富应用场景优势，确保数字经济高质量发展，是中国式现代化建设中的一个重大课题。

数据要素治理体系是指统筹数据要素生产、流通、使用、收益分配过程的一系列政策与制度安排。传统要素的治理体系有两个重要的原则，一是明确所有权，二是保障公平交易。这两个原则同样适用于数据要素的治理，但在具体做法上需要创新，因为与传统生产要素相比，数据要素具有一些鲜明的特征。数据要素形成过程中参与方比较多，并且在使用过程中各方的重要性也有很大差异，这意味着数据很难像土地、劳动和资本那样清晰地界定所有权。同时，数据不仅包含部分有关个人隐私和商业机密的信息，还呈现出非排他性、非竞争性和非耗竭性的特性，再加上比较难形成标准化的产品，信息不对称的矛盾十分突出，因此也无法像土地、劳动和资本那样在市场上流通。

近日，中共中央、国务院发布了《关于构建数据基础制度更好发挥数据要素作用的意见》（以下称《数据二十条》），提出了一系列创新性的数据治理思路与制度。其中最值得关注的设计可能是数据产权结构性分置制度，即数据资源持有权、数据加工使用权、数据产品经营权"三权分置"。对公共数据、企业数据和个人数据，实行分类分级确权授权。对于公共数据，主要是加强统筹授权使用和管理，打破"数据孤岛"。对于企业数据，市场主体享有持有、使用、获取收益的权益。而对于个人信息，则推动数据处理者按照个人授权采集、持有、托管和使用数据。所有这些都是基于一个重要前提，即不损害个人隐私、商业机密和公共利益。与数据产权结构性分置制度相配合，还要建立数据要素各参与方合法权益保护制度，充分保护数据来源者和数据处理者的权益。

影响数据要素使用效率的另一个重要环节是流通。近年来我国已经成立了近 40 家数据交易所，但业务开展并不理想，也说明数据交易比其他生产要素或商品交易更为困难。《数据二十条》明确支持数据处理者在场内和场外采取开放、共享、交换、交易等方式流通数据，并且提出要设计数据交易市场体系，统筹优化布局，严控交易场所数量，突出国家级数据交易所的基础服务功能和公共属性，同时鼓励数据商进行交易。审慎对待原始数据的流转交易行为，对于公共数据尤其要按照"原始数据不出域，数据可用不可见"的要求，以模型、核验等产品和服务等形式向社会提供。不过，无论是场内还是场外交易，除了权益保障，还有一个很重要的条件是克服数据交易中的信息不对称，这可能是当前交易所业务不活跃的主要原因。相对而言，直接交易的点对点模式和间接交易的数据商模式，增加了一道供需匹配的环节。因此，短期内也许应该把重点放在支持这类场外交易的规范发展，等条件成熟了，再鼓励进场交易。

数据要素治理还有一个其他生产要素不存在的问题，即算法治理。《数据二十条》提到了算法审查，但并没有具体说明怎么做。北京大学平台经济创新与治理课题组曾经提出了一个算法审计的设想。[①] 算法是大数据分析生产率的一个重要支柱，对于数字经济中的经营效率的提升和信用风险的管控作出了重大贡献。与此同时，算法黑箱、算法歧视等问题也时有所闻，关键是数字经济企业的大部分合作者和消费者完全无法判断算法的公平性，监管部门在现行政策框架下也很难真正做到穿透式监管。算法治理的核心可以包括三个层面，一是企业自我实行合规管理并制定科技伦理准则，坚持科技向善的导向；二是建立算法备案机制，起码可以对监管部门做到规则透明；三是监管部门或受委托的第三方定期或不定期组织算法审计，也可以在收到其他市场参与者投诉的时候启动。

四　构建中国特色的数字经济治理框架

构建适应数字经济特性的治理体系，促进数字经济的健康发展，对于我国实现经济高质量发展、建设社会主义现代化强国，具有十分重要的意义。在构建数字经济治理框架的过程中，可以考虑如下几个方面的思路。

（一）明确数字经济治理体系的宗旨是创造良好的政策环境，形成稳定的政策预期，同时应准确界定"资本无序扩张"的含义，通过"在规范中发展、在发展中规范"，实现数字经济"做强做大做好"的目标

好的数字经济治理体系的核心应该是良好的政策环境和稳定的政策预

---

①　北京大学平台经济创新与治理课题组：《平台经济：创新、治理与繁荣》，中信出版社，2022。

期。我国的数字经济发展已经站在了全球的前排，但也出现了一些不规范甚至不合法的行为。规范行为的最有效的方法是确立并落实清晰的治理规则，而不是运动式的整治，因为规范的目的是发展。对于"资本无序扩张"的含义，最好能做出更为清晰的界定，比如干预整治、影响意识形态，这有利于在政策执行过程中避免出现扩大化的解读。设置"红绿灯"的做法具有清晰的政策指向，也必将容易理解并执行。不过，如果能用"负面清单"的概念替代"红绿灯"的提法，应该更加有利于与国际规则接轨。

（二）搭建数字经济治理体系的顶层结构，设立高规格的数字经济治理机构，统筹政策制定并协调政策执行，同时完善数字经济的法律体系，尽快制定"数字经济法"，统领数字经济的治理政策

数字经济领域既有行业监管部门比如交通运输部、中国人民银行和工信部，又有一般性的监管机构如市场监管总局和网信办。大部分数字经济企业技术领先、业务综合性强，建议在国务院层面设立一个高规格的机构或者授权一家现有的综合性机构，这个机构主要是代表国务院承担两个方面的责任，一是统筹数字经济治理政策的制定，包括与全国人大的联络；二是协调治理政策的执行，特别是要消除监管空白、防止重复施政，同时也要把握不同机构推出新政的节奏。

我国已经颁布了不少于有关数字经济治理的法律法规，包括《消费者权益保护法》《电子商务法》《反不正当竞争法》《反垄断法》《网络安全法》《数据安全法》《个人信息保护法》等，这其中的一部分并非专为数字经济制定，不同法律之间还存在衔接不顺的问题。建议全国人大尽快推动制定一部能够覆盖所有数字经济领域的纲领性的"数字经济法"，将来作为数字经济领域的基本法，统领全国平台经济的治理实践。

（三）建立三个层次的数字经济治理构架，第一层是反垄断执法，纠正市场失灵、恢复市场效率；第二层是经济监管，维持市场有效运行；第三层是企业合规管理，确保经营活动与法律、规则和准则保持一致

这三层构架受同一套治理规则指导、追求共同的合规经营目标，但三者的功能应适当分离，在运营中则可以既有分工又有合作。反垄断执法的目的是尽快地恢复市场秩序，特别是增强行业的"可竞争性"。目前这个责任主要在国家反垄断局以及国务院反垄断委员会。在执行的过程中，建议重点关注"可竞争性"条件，市场份额不一定能准确地反映垄断行为。如果关注消费者福利，需对数字经济中消费者的各种显性、隐性的成本和收益做综合、细致的计算。《关于平台经济领域的反垄断指南》明确表示，对于"二选一""差异化定价"等行为，需要认真分析其经济合理性。不过通常情况下应慎用反垄断执法这类刚性手段。

经济监管的职责主要是维护市场的有效运行，包括保障公平竞争、保护消费者权益。数字经济企业的监管职能同样应当适当集中，改变"九龙治水"的现象。与反垄断执法相比，经济监管更加柔性、常态化。考虑到数字经济监管本身具有很强的创新性，建议采取"回应型"的监管方式，监管与企业之间保持日常性的沟通，及时发现问题、解决问题，同时给予被监管对象申诉的机会。也可以采用在数字金融领域常见的"监管沙箱"的做法，数字经济企业提出创新计划，然后在监管的全程监测下试运营新业务。

合规管理是现代企业制度的重要部分，其目的是确保经营活动符合法律、规则和准则的要求。合规管理在数字经济领域尤其重要，因为大部分企业的业务都涉及海量的数据、丰富的场景以及复杂的算法，完全依靠外部资源实施监管，难度非常大。通过合规管理，企业主动与监管部门合作，克服技术障碍，落实治理政策。企业可以主动向监管部门备案算法，并为监管部门或第三方独立机构实行算法审计提供技术条件。企业还应该制定科技伦理准则，为"科技向善"提出更高的标准。

（四）将数字经济纳入国家的财税体系之中，先行在国内试行已达成国际共识的数字税"双支柱"方案，改善数字经济收入在不同要素之间的分配规则，规范收入分配秩序和财富积累机制，促进共同富裕

数字经济的一些业务尚未纳入正规的统计体系，征税的难度也很大，但财税政策覆盖数字经济既有利于实现公平税负，也有助于资源在全社会的有效配置。近期税务部门已经加大了对平台企业、网络直播等偷漏税行为的处罚力度。建议以落实"双支柱"方案为切入点让财税政策体系完整地覆盖数字经济，根据各地平台经济活动的水平分配超大平台的税收收入，同时确定最低实际利率水平，避免各地恶性竞争争夺平台企业总部。这些既能促进地区经济平衡发展，也能为未来与国际税收体系接轨铺路。另外，建议根据数字经济的特点完善财税政策，包括充分利用数字技术，以及改善数字经济收入在不同要素之间的分配规则，规范收入分配秩序和财富积累秩序。

（五）积极参与国际数字经济与数字贸易规则的制定，推动我国数字经济实现高水平、制度性的开放，大力促进数字贸易的发展，同时也为我国的数字经济企业到国际市场大显身手创造条件

数字经济领域的开放是我国高水平开放政策的重要部分。无论是企业走出去或者引进来，还是参与数字贸易，都要基于国内国际规则的衔接。目前美国与欧盟分别已经提出了对数字贸易规则的诉求。作为数字经济大国，我国应尽快提出关于跨境数据流动、知识产权、消费者隐私、属地限制、垄断和数字税等方面的主张，积极加入全面与进步跨太平洋伙伴关系协定（CPTPP）、数字经济伙伴关系协定（DEPA）等多边协定，尽可能与数字技术较发达的欧美国家接轨，避免被排除在新规则制定过程之外。大力推进与"一带一路"国家之间的数字投资与数字贸易，边实践边完善规则，助力我国数字经济的平稳开放。

（作者单位：北京大学）

数字时代的社会变迁与社会研究

王天夫

在世界各国的现代化进程中，中国的现代化涉及人口最多、规模最大。进入 21 世纪，中国经济社会的高速发展与数字时代的来临高度重合。也正是因为敏锐地把握准了数字时代的发展脉搏，中国式现代化正在成为改变世界发展趋势与格局的力量。如果说中国的发展在工业化与信息化时代更多是借鉴、学习与追赶，那么，在数字时代，中国发展已然走在了世界前列。无论是数字技术的研究，还是数字技术的经济社会应用，都显示出中国取得了重要进展与非凡成就。①

深刻的社会变迁往往伴随着社会科学知识的创新。正如 19 世纪中叶社会学在工业革命的快速发展中产生与发展一样，数字革命也必然昭示着社会学的另一次跳跃式发展。细致观察与深入研究数字社会，不仅能带来对数字社会新的认识与理解，产生新的研究方法与理论概念，也可以评估与反思数字技术正反面的经济社会影响，推动其正面积极发展，同时还可以总结中国现代化的独特发展道路，探索支撑经济社会进一步发展的理论基础。数字时代已来临，社会研究应当敏锐捕捉这一深刻而全面的社会变迁与历史机遇，记录与描述数字革命时期的社会变迁过程，总结与归纳中国式现代化道路在数字时代的发展轨迹，进而推动社会学学科的发展。可以看到，关于数字社会的研究，当前已积累了一些实证经验研究的案例，也有研究方法上的创新。但面对根本性的社会变迁，数字社会研究仍明显滞后，亟待学科研究的重要转向。

---

① 《国家互联网信息办公室发布〈数字中国发展报告（2020 年）〉》，http：//www.cac.gov.cn/2021-06/28/c_1626464503226700.htm。

一　数字时代的根本性社会变迁

独立的个体不能构成社会，只有在人与人之间相互连接与交流互动的基础上才能形成社会。① 在数字社会里，数字化信息通信技术开启了人与人之间信息传递的新纪元，从根本上改变了人们与外界相互连接的方式，并由此给社会带来了革命性变化。如今，人们使用手机读取新闻消息、乘坐公共交通、支付超市账单、开启门禁、追踪自己的健康数据，以及更不可或缺的，通过社交应用程序与亲朋好友时刻联系。毫无疑问，数字技术已渗透到日常生活的每个角落，我们早已进入互联网数字时代。②

（一）数字社会中的社会连接

数字社会中的信息呈现与沟通，显示了一系列基本特征。首先，信息的数字化。模拟信息的呈现与传递是通过物质实体，如印刷在纸张上或是转录在磁带上。数字技术将信息编码成比特（二进制数字）的电子信号，让信息能够彻底摆脱物质实体的"束缚"，③ 能够几乎无成本自由地以光速传送。其次，数字信息的计算。信息的数字化意味着信息能够被用作数据，进入计算过程。例如，我们可以将空间信息数字化，通过数据的收集、计算、优化，输出成交通出行中的导航信息。再次，数字网络化。数字化信息的传递通过作为节点的相互连接的计算机终端网络完成。随着基础设施的扩张，无线通信技术几乎可以将数字网络拓展到任何地方，如今已出现包罗一切的物联网。最后，数字智能化。在数字时代，人们的活动信息作为数据被收集起来，经过整合、计算、优化，重新反馈到现实世界，为未来更为有效地决策提供信息基础。

---

① 卡斯特尔直接写道"我交流，故我在"（I communicate, thus I exist）。参见 Manuel Castells, "Internet: Utopia, Dystopia, and Scholarly Research", in Mark Graham and William Dutton, eds., *Society and the Internet: How Networks of Information and Communication are Changing Our Lives*, Oxford: Oxford University Press, 2019, pp. vii–ix。

② 截至 2020 年底，中国互联网使用人数达到 9.89 亿人，互联网普及率达到 70.4%。参见中国互联网络信息中心《第 47 次中国互联网络发展状况统计报告》，http://www.cac.gov.cn/2021-02/03/c_ 1613923423079314.htm。另据估算，全球互联网使用人数超过 51 亿人，互联网普及率达到 65.6%。参见 Internet World Stats, "World Internet Usage and Population Statistics（2021 Year-Q1 Estimates）", https://www.internetworldstats.com/stats.htm。

③ 尼古拉·尼葛洛庞帝：《数字化生存》，胡泳、范海燕译，电子工业出版社，2017，第 3~8 页。

由数字技术支撑的数字社会连接也显示出根本性变革。第一，数字技术拓展了社会连接的边界。理论上，每一个人可以与任何一个人或所有人轻易相连。第二，数字网络促进了社会连接的信息共享。因为数字信息复制与传递的便捷，人与人之间可以进行几乎零成本的海量信息交流。第三，数字信息传递提升了社会连接的时效。数字网络中的人与人之间的信息交流能够即时完成。第四，数字连接的便利带来了社会连接对于数字技术的依赖。人们在工作与生活中原有的连接方式转换成了数字网络的数字连接。

（二）生产组织方式的重组

在 2021 年《财富》世界 500 强利润率榜单上，排在前四位的软银集团、台积公司、脸书公司和腾讯公司与数字技术、数字经济有密切关联。[1] 从这个角度可以说明，与数字技术相关的优秀公司走在世界经济发展最前列，引领着数字时代的经营理念与经营模式发展，其在企业运营过程中创新了生产组织方式。

首先，数据本身作为一种新的生产要素，直接参与到生产过程中，改变了以往价值的产生过程。信息的数字化使得几乎所有人类的活动及与其相关的场景都可以转化成数据，其体量几乎趋于无限。[2] 给定足够的计算能力，计算分析所有收集到的信息数据，提取出关于商品生产与消费习惯的数据，使之成为生产过程中的重要资源，反馈到生产过程，实施定制化服务型的生产。在更为复杂的市场交易中，随着数据收集的拓展与计算能力的提升，可以获得更准确匹配商品与消费偏好的能力；更进一步，大数据驱动的数据收集与分析的自动化、机器学习、人工智能必将进一步提升协调市场的能力、提升市场匹配的效率。在这样的远景中，数据资本将作为一种全新的价值源泉，可以与其他商品和服务一样在市场上交易，并将成为最具价值的资源。[3]

---

[1] 参见《2021 年〈财富〉世界 500 强排行榜》，http：//www. fortunechina. com/fortune500/c/2021-08/02/content_ 394571. htm。

[2] 维克托·迈尔-舍恩伯格、肯尼思·库克耶：《大数据时代：生活、工作与思维的大变革》，盛杨燕、周涛译，浙江人民出版社，2013，第 123~126 页；周涛：《为数据而生：大数据创新实践》，北京联合出版公司，2016，第 7~16 页。

[3] 维克托·迈尔-舍恩伯格、托马斯·拉姆什：《数据资本时代》，李晓霞、周涛译，中信出版集团，2018，第 2~16 页。

其次，数字化信息的网络化传递改变了市场运行的方式。在商品交易过程中，信息的缺损与不足往往导致市场失灵，使市场出现价格与生产安排的大幅波动，并最终导致资源浪费和生产效率下降，整个社会的经济收益降低。随着海量数据的即时性传递，市场交易双方的信息沟通与协调更为便捷，这极大地降低了市场失灵的可能。一个广被引用的例子是渔民使用现代通信技术提升市场交易效率。^① 在印度西南海岸的喀拉拉邦的渔业交易中，因为鱼容易变质，一旦渔民不能及时找到买家就只能将鱼扔掉。因此，捕鱼量与价格经常发生大幅波动。随着移动电话的普及，渔民能够直接与潜在的买主讨论鱼的价格与数量，使得交易更为有效，也减少了浪费（根据需求来捕鱼，几乎没有卖不掉的鱼），最终消费者也以更低的价格购买到商品。

再次，数字时代生产组织的结构也相应发生了巨大变化。数字技术使得信息收集、记录与传递变成一个自动、即时的，并可以在内容上无限拓展、空间上无限延伸的过程，从而极大地消除了信息传递与沟通的壁垒，使得以往促进信息有效传递的等级结构朝着扁平化趋势发展。^② 这一趋势带来了深刻后果，全球化的生产组织结构从交易成本高昂的"集中生产、全球分销"转向"分散生产、就地销售"。与此同时，平台经济应运而生，成为一种新的经济组织方式。从根本上讲，平台是一种生成、提取、记录与分析无限增长的数据的基础设施，能够连接参与市场的多个群体，利用网络结构协调数字信息在特定群体间的流动，从而提升效率并带来效益。^③

最后，劳动者的工作角色、内容与方式也发生了深刻变化。第一，数字时代以数字技术为支撑，形成了新的产业生态与运营方式，造就了新的职业类别与工作岗位。例如，网店与网络直播只有在数字经济的大潮中才能应运而生。第二，新的生产组织方式与市场交易方式也淘汰了一些职业与岗位。未来，劳动者也许需要与智能机器合作才能够完成工作。第三，产生了灵活用工的零工经济工作岗位。^④ 这种工作类别由来已久，但只有在数字时代，特定的工作技能与工作需求信息才能够如此高效地数字化匹配，零散的个人

① 维克托·迈尔-舍恩伯格、托马斯·拉姆什：《数据资本时代》，李晓霞、周涛译，中信出版集团，2018，第36~38页。
② 托马斯·弗里德曼：《世界是平的：21世纪简史》，何帆、肖莹莹、郝正非译，湖南科学技术出版社，2008，第42~154页。
③ 尼克·斯尔尼塞克：《平台资本主义》，程水英译，广东人民出版社，2018，第49~50页。
④ 黛安娜·马尔卡希：《零工经济》，陈桂芳译，中信出版集团，2017，"引言"第9~19页。

工作才能够如此契合地嵌入生产活动中。[1] 第四，劳动者的时间与空间得到了空前增加与拓展。不在场的远程劳动者可以即时接收工作信息，完成工作后通过网络迅速反馈工作结果。新冠疫情期间流行起来的在家办公与网上会议就是一种体现。相应地，劳动者也有了同时兼职多项工作的可能。第五，劳动过程在空间与时间上的拓展模糊了工作与生活的界限。这产生了一个有趣的反讽，数字技术提升了人们的工作效率，但也让人们失去了工作之外悠闲自在的生活。第六，从批判的角度看，数字经济促使大的数据公司居于垄断地位。[2] 普通用户的消费、评论以及其他行为的留痕数据被这些数据公司免费获取，并成为他们谋取增值利润的原始数据基础。同时，这一数据生产的过程也是进行适时数字监控的过程。

（三）生活方式的重塑

如前所述，智能手机通过无线网络成为人们与世界相连的端口，而其间的数字化信息传递几乎可以涵盖人们日常生活所需的一切，从细微处彻底改变人们的生活。数字时代人们的日常生活状态跟工业化时代相比发生了根本变化。

第一，数字时代的个人跟世界便捷相连，可以接触各种信息，更多地了解自身之外的世界。互联网技术支撑的数字媒介改变了人们的学习方式，[3] 也是人们日常娱乐创造数字文化的重要场所。在维基百科发展初期，几乎所有人都嘲笑过其谬误连篇。如今，任意一个时刻，全球的某一个角落都有人在修订维基百科的内容。通过这种"群体智能"（wisdom of the crowds）的共同努力，维基百科成为众多网民获取知识的途径，也成为互联网分享知识、赋权个人的范例。如今的日常娱乐也日益转向互联网。短视频的制作与浏览也越来越成为互联网文化娱乐的重要方式，也由此形成了新兴的数字网络文化与网络价值观念。[4]

第二，数字网络给个人带来了崭新的自我认知与自我表达。生物传感器

---

① 邱泽奇：《零工经济：智能时代的工作革命》，《探索与争鸣》2020 年第 7 期。

② Ralph Schroeder, "Big Data: Marx, Hayek, and Weber in a Data-Driven World", in Mark Graham and William Dutton, eds., *Society and the Internet: How Networks of Information and Communication are Changing Our Lives*, Oxford: Oxford University Press, 2019, pp. 180-194.

③ 在新冠疫情防控常态化时期，网上学习成为全球学生共同的学习新形式。

④ 参见 Limor Shifman, "Internet Memes and the Twofold Articulation of Values", in Mark Graham and William Dutton, eds., *Society and the Internet: How Networks of Information and Communication are Changing Our Lives*, Oxford: Oxford University Press, 2019, pp. 43-57。

以佩戴的方式收集个人的血压、血氧含量、脂肪含量、骨密度甚至睡眠状况等数据，主要用于个人健康监测及大数据分析。除此之外，还有微型设备通过面部扫描、记录个人空间移动等数据，收集更多个人生物与社会行动的数据。从某种意义上讲，数字技术将个人与设备结合在一起，形成了数字社会里特有的"数字化存在"。数字网络提供了另一个展示自我的空间，许多人在网络上发布文字、照片、视频来记录自己的行为、经历、感想、情绪，有的还发布时事评论与学术观点。这样的自我表达不仅能展示自我，更是强化自我认知的一种方式，也成为众多年轻人的一种生活方式。当然，个人数据的网络发布也带来了个人隐私数据保护的难题，同时模糊了私人信息与公共领域信息之间的界限。

第三，数字技术改变了人们相互连接的方式，重塑了人际关系。一方面，数字通信技术提升了人们相互连接的能力与多样性，极大地压缩了空间对于人际互动交流的限制。以智能手机为基础的数字化通信通过强化诸如家庭成员之间的互动交流而强化亲密关系。社交媒体也成为人们与他人交流沟通的媒介，增加了拓展社会关系的可能，也使得线上线下社会关系互为镜像，同步推进。另一方面，这也可能带来线上线下关系之间的界限模糊，导致亲密关系的幻象，而实际上人与人则处于相对疏远的状态。一个常见的担忧是，通过数字设备连接到丰富多彩的互联网的人们，将大大减少与周遭他人的交往互动。

第四，数字时代形成群体构成的新模式。数字网络技术带来了两种看似矛盾的群体构成方式。一方面，在现代社会人们越来越脱离关系紧密的"共同体"性的群体，走向个人主义，[①] 而这一趋势在数字时代变得更为显著。另一方面，数字网络带来了更多的远程合作，特定成员群体（例如卡车司机）也组成了线上群体并开展线下互动。现代社会多元关系共存，使得个人发展出应对"场景碎片化"的多重群体身份，群体关系不再紧密。数字时代的碎片化个人网络显示出"网络化的个人主义"的群体特征——人们相互连接，但相互了解并不深入和全面；数字网络规模巨大且成员多元化；在数字意义上，群体成员构成邻里关系，相互支持。[②]

---

① 罗伯特·帕特南：《独自打保龄球：美国社区的衰落与复兴》，刘波等译，北京大学出版社，2011，第 3~18 页。

② 参见 Lee Rainie and Barry Wellman, *Networked：The New Social Operating System*, Cambridge, MA：MIT Press, 2012, pp. 3-20。

第五，数字时代的社会参与发生了巨大变化。数字化信息与数字化网络使得个人关于公共社会事务的观点能够便利地展示，引发大范围的社会影响。社会关系网络在互联网上可以延伸到无限，网络上的社会动员往往规模大、范围广。通过社交媒体的网络动员成本低廉、成效较高，成为动员社会参与的重要方式。数字时代的社会参与在不同群体间也显示了差异。不同的群体接触数字技术的程度与使用能力有差异，甚至形成"数字鸿沟"。这就导致没有连接到数字网络的群体没有机会表达自己的意见，也无法参与公共事务的讨论。另一个担忧是，处于策略性位置并拥有垄断性资源的公司与特定组织，可以操控社交媒体，有目标地投放选择性信息或误导性信息，影响社会公共事务的解决。

二 解构与重构社会的新机制

数字通信技术进步深刻改变了人们的社会生活，形成了一系列解构与重构社会结构的新机制，产生了仍在变化与还未定型的社会运行原则。

审视不同社会类型里的社会连接与纽带可以发现，农业社会是以初级社会群体为基础，工业社会是以企业组织与社会团体为基础，数字社会则是以直接连接到数字网络的个人为基本单位。[①] 在数字社会中，网络相连的个人成为生产数据的基本单位，同时也是传送数字信息和参与社会互动的基本单位。在一定程度上，数字网络穿透了原有工业社会的一切组织结构形式，直接将个人纳入并使之成为数字网络的基本节点。[②] 这无疑将带来原有社会组织结构的调整甚至瓦解。

在展望数字社会的前景时，卡斯特尔提及"乌托邦"与"反乌托邦"两种趋势。[③] 在前一种趋势中，个人借助数字网络，可以不受限制地在任何时间与任何地点与他人便捷地交流互动并参与各种社会活动，数字技术提升人们的生活水平。而在后一种趋势中，人们的所有活动都形成了数字留痕数据，该数据可以被垄断，成为数据资本主义获取高额利润的重要资源，也可

---

① 邱泽奇：《零工经济：智能时代的工作革命》，《探索与争鸣》2020 年第 7 期。

② 从理论上讲，数字网络中的个人可以与其他每一个人相连接，数字网络成为一个扁平的没有特定结构的网络。

③ Manuel Castells, "Internet：Utopia, Dystopia, and Scholarly Research", Oxford：Oxford University Press, 2019, pp. vii-ix.

以被用作监控个人的偏好、观念、行为甚至是未来计划的数据基础。这些观点与想法显示，数字技术对社会的影响既有积极正面的，也有消极负面的；人们对于新生的数字社会的观察与思考，既有乐观接受的一面，也有悲观排斥的一面。同时也提醒我们，在理解数字社会的过程中，既需要描述阐释，也需要批判反思。在数字社会的短暂历史中，解构与重构社会的机制显示出类似的矛盾对立的特征，并表现为一系列辩证性的悖论，昭示着未来社会变迁的可能方向，也为人们深刻理解社会提供启发性思路。

第一，数字网络为人们提供了开放自由的信息交流机会，也带来了侵犯个人隐私的可能。人们几乎可以不受限制地接触数字网络中的所有人与所有信息，同时也几乎可以在线上完成生活与工作的所有任务。人们的活动在网络上产生了留痕数据，有的是涉及个人隐私的敏感数据。数据的滥用会带来对于个人隐私的粗暴侵犯。网络"人肉搜索"就是一个典型的例子：通过网络空间的数据挖掘，将个人的身份信息曝光，导致个人在社交媒体与线下实际工作生活中遭受舆论暴力。事实上，网络欺诈与电信欺诈都是从滥用个人信息数据与侵犯个人隐私开始的。

第二，作为数据生产者的个人并不拥有数据，也无从获利，却有可能反受其害。数字技术让人们享受了更多便利，同时人们在数据网络空间行动也产生了大量数据。但生产数据的个人并不拥有也无力收集这些数据，收集与储存数据的是网络平台与数据公司。通过对这些数据重新整理计算再利用，可以得到一系列分析结果，这为网络平台和数据公司带来源源不断的收益。作为数据生产者的个人不仅无法分享收益，还不得不承担个人隐私遭受侵害的风险。

第三，数字信息的海量供给与偏狭的信息摄取共存。在数字网络空间中，几乎无限的数字信息对应着人们有限的注意力，人们在信息摄取过程中不得不做出选择。这一选择过程的某些特有属性，导致人们信息获得的偏狭。面对海量数字网络信息时，人们往往借助原有知识体系与习惯，选择自己能够理解并能带来愉悦的信息。这样就形成"信息茧房"，[①] 个人无从学习提升，甚至更加固化原有的观念体系。"回音壁"效应强调，社交媒体往往连接同类群体成员，群体内的网络数字信息传递与循环，只能强化该群体

---

① 凯斯·R. 桑斯坦：《信息乌托邦：众人如何生产知识》，毕竞悦译，法律出版社，2008，第7~9页。

已有的价值观念。① 平台算法根据用户搜索记录提供搜索结果，这能够让用户更有效地获得所期望的搜索信息。但这种个人化的搜索算法会导致一种"过滤气泡"的机制，让用户的搜索结果局限于他所熟悉的信息之中，而无缘于他所不熟悉的信息。②

第四，数字网络的多元包容与话语极化、网络冲突共存。数字网络的开放并不仅仅针对数字信息而言，它也针对连接到数字网络的个人。理论上讲，数字网络涵盖了所有能够接入网络的个人。如果没有人为设限，任何手持数字设备终端的个人，既可以与接入网络的所有人相连，也可以参加任何网上活动。所以，数字网络是无限包容的。但也正因为这种包容性，立场相异的参与者带来了网络空间的冲突。在网络空间的表达中，大多数立场温和的个人愿意保持沉默，而观点极端的个人则更愿意表明立场，容易引发网络冲突。③

第五，数字连接的便捷并没有带来全面深入的嵌入性个人连接。连接到数字网络的个人能传送与接收即时信息，这似乎预示着人们可以更紧密、更深入地在数字网络空间相互连接，也能够获得更多更全面的社会支持。但是，人们线上与线下生活场景被过于丰富的连接切割成碎片。一方面，个人能够加入更多的群体，通过数字网络交流互动也许更为频繁。另一方面，个人的时间与精力被即时到达的信息随时切割，导致个人艰难地应付多重成员身份；成员之间的互动更多地局限于单项维度的特定事项。在数字网络中，更多的是连接在一起的个人，而非全面嵌入的"共同体"似的网络结构。

第六，数字信息的分享属性与数据垄断共存。数据在收集时的直接功用仅仅是其价值体现的一部分。数据的价值还可以体现在重复使用、与其他数据整合使用以及扩展使用过程中，④ 其价值并不随着数据的使用减小或是消失。数据的这种"非竞争性"属性可以让多人同时使用而无损其本身价值。

---

① Cass R. Sunstein, *Republic：Divided Democracy in the Age of Social Media*, NJ：Princeton University Press, 2017, Preface. 另有学者认为，通过社会学习可以破解"回音壁"效应。参见阿莱克斯·彭特兰《智慧社会：大数据与社会物理学》，汪小帆、汪容译，浙江人民出版社，2015，第 28~30 页。

② 参见 Eli Pariser, *The Filter Bubble：What the Internet is Hiding from You*, New York：The Penguin Press, 2011, p. 10.

③ 陈福平、许丹红：《观点与链接：在线社交网络中的群体政治极化——一个微观行为的解释框架》，《社会》2017 年第 4 期。

④ 维克托·迈尔-舍恩伯格、肯尼思·库克耶：《大数据时代：生活、工作与思维的大变革》，盛杨燕、周涛译，浙江人民出版社，2013，第 128~132 页。

因此，数据天生有着分享属性。但是，当数据成为生产过程中不可或缺的要素时，独占数据就可以带来超额经济利润。在一定程度上，对利益的追逐扭曲了数据的基本特性。

第七，数据社会里去中心化与集中化趋势共存。当个人接入数字网络之后，其数字网络可以扩展触及几乎所有人，数字信息的传递能够在网络中以点对点、一对多、多对一等任意方式进行，从而瓦解原有的层级结构，形成去中心化的趋势。与此同时，数字社会中产生了海量数据，其收集整理与计算分析的过程必然需要从分散到集中。由于数据成为数字社会中最重要的资源，网络平台与数据公司收集到越多的数据，越有可能成为控制数据的中心。

第八，数据社会中平等扁平化与差距扩大化趋势共存。数字社会的结构更为扁平，人与人之间也更为开放平等。但是，线下世界里的差异带来数字网络中的差异。首先，可触及的基础设施上的差异带来数字网络连接便利性上的差异。其次，教育与技术上的差异带来数字技术使用熟练程度上的差异。最后，数字社会中的位置不同带来拥有、使用或者控制数据能力的差异。在数字社会里，数据已经是最重要的生产与生活资源；接触数据、拥有数据以及使用数据能力的差异，必然将放大现实社会中的物质与机会的不平等。

第九，数字智能计算与算法黑箱共存。数字计算朝着自动化智能化方向推进，能够更为高效地帮助使用者选择数字信息。因此，一种旨在评估使用者需求，并经过数据计算提供个人化数据服务的社会算法应运而生。[1]前面提及的"过滤气泡"就是这样的社会算法。社会算法在数字社会有着巨大的影响，有学者甚至断言算法社会的来临。[2] 算法可以直接控制数字信息的传送过程，谁得到什么样的数字信息由自动化的算法来决定。在控制数据与信息传递基础上，算法参与分配真实社会中的机会与权利。虽然社会算法可能带来如此严肃的社会后果，但是很少有数字信息用户了解其深层法则与机制。当算法成为脱离用户与社会的"怪物"时，就形成了有着秘密法

---

[1]　参见 David Lazer, "The Rise of the Social Algorithm", *Science*, Vol. 348, No. 6239, 2015, pp. 1090-1091。

[2]　参见 Jenna Burrell and Marion Fourcade, "The Society of Algorithms", *Annual Review of Sociology*, Vol. 47, 2021, pp. 213-237；梁玉成、政光景《算法社会转型理论探析》，《社会发展研究》2021 年第 3 期。

则的"黑箱社会"。①

第十，数字时代中对理性的追逐与自由意志面临潜在危险。数字智能化的目标是提升数据使用的效率。就此而言，数据时代的算法演进符合韦伯所讲的对于理性的追逐，其最终也必然让人们陷于"理性的牢笼"。例如，如果通过大数据与算法来预测犯罪并标记潜在的罪犯，不论这种预测模型多么完美，其结果必然让没有做出实质犯罪行为的人受到指责并承担惩罚。社会算法或许的确可以打造更为高效、更为便利的社会，但它往往忽略了社会的建构性，否定了人们自由选择的权利与能力，也否定了人们行为与责任的对应关系，最终也就否定了人之所以作为人类的自由意志。②

数字技术本身并无好坏之分，也并不是完全中立的。但是，数字技术带来的社会后果以及数字技术与社会力量的互动影响产生了辩证的对立机制，从正反两个方面昭示着数字社会的演进趋势，也提醒人们注意未来发展的潜在可能。数字社会快速变迁的局面既让人欣喜，也引人担忧。重要的是，社会研究应该深入挖掘理解这些辩证机制，在社会演进变迁过程中因势利导，让更能推动社会进步、促成人的发展的机制发挥更大作用，约束其他消极机制发挥作用。

三　数字社会的社会研究

数字社会根本性的社会变迁，对整个认识与理解社会的知识体系提出了挑战，也提供了难得的机遇。正如经典社会学家面对工业化社会的来临，展开了深入的诊断、解释、改良以及批判性研究，产生了众多辉煌而又深刻的社会思想与社会理论，丰富了对社会的理解，甚至改变了社会的进程。当初吸引他们投入社会研究的根本性问题，随着数字社会的来临，也需要重新回答。

（一）开展数字社会研究的意义

在数字社会研究与实践中，有一个利用社交媒体数据分析进行抑郁症自杀倾向干预的案例。撒玛利亚会（The Samaritans）是英国一家为严重抑郁

---

① 弗兰克·帕斯奎尔：《黑箱社会：控制金钱和信息的数据法则》，赵亚男译，中信出版集团，2015，第 259~265 页。

② 维克托·迈尔-舍恩伯格、肯尼思·库克耶：《大数据时代：生活、工作与思维的大变革》，盛杨燕、周涛译，浙江人民出版社，2013，第 223~226 页。

和可能自杀的患者提供帮助和服务的公益慈善组织。它在 2014 年 8 月上线了一款应用软件即"撒玛利亚雷达"（Samaritan Radar），旨在通过实时收集推特网（Twitter）的文本数据，运用文本分析算法快速计算自杀风险，标记潜在风险对象，并据此结果向风险对象社交媒体中的朋友群发送警示提醒，以期这些朋友提供必要的社会帮助，防范自杀行为的发生，拯救生命。这是一项大胆创新的使用数字技术来干预社会行为的社会试验，有着善意的动机与美好的愿望。

但在实际过程中，"撒玛利亚雷达"很快受到来自社会舆论与学术界的强烈质疑与批评，很快就被迫下架并且再未重新上线。有人质疑其使用的数字算法是否能够真正准确地辨别出具有强烈主观情绪色彩的自杀倾向，有人指出其收集并分析社交媒体文本、作出标记并通知他人负面分析结果，直接侵犯了当事人的隐私，一些人指责其对特定个人歧视性地贴上"有自杀倾向"的耻辱标签，严重影响其公共形象以及相应的情绪、行为，还有人进一步批判其整个应用软件的设计思想有着根本缺陷，即当人们意识到实时监测进程时，往往会改变社交媒体的使用方式或是隐藏自己的情绪，这将动摇整个应用软件的算法设计基础。

该案例充分说明，深入社会生活的数字技术应用，需要深入的社会研究作为社会试验的前提与基础。因此，开展数字社会研究至少有以下三重意义。首先，撒玛利亚会尝试使用崭新的研究数据与方法，帮助提升认识和理解自杀研究这一经典社会学议题，深入研究这些数字社会中崭新的社会事实，能够帮助我们理解人们的数字生活现状、数字技术与社会生活之间的相互作用，进而帮助我们进一步思考数字社会的变迁过程及其动力机制。其次，撒玛利亚会旨在进行社会干预的社会试验则是一次不折不扣的社会创新。数字技术提供了便捷条件，社会算法可以瞬间自动完成数据的实时收集、计算与分析，并即时反馈干预措施，开展数字社会研究，能够将社会研究成果与解决社会问题的社会干预紧密地联系在一起。最后，也是鲜被提及的，撒玛利亚会不成功的社会试验提供了经验与教训。违反了基本社会原理的社会试验设计，必然带来负面的社会后果，也注定失败。在这个意义上，应当促使数字社会研究更积极参与到数字技术的发展中，以建设更好的数字社会。

（二）数字社会研究的出发点

如何认知数字社会，决定了开展数字社会研究的出发点。如果我们仅认为数字社会是数字技术彻底改变的社会生活，就容易陷入技术决定论。数字技术固然带来了根本性的社会变迁，但是数字技术本身产生于社会、应用于社会，也必然受到社会因素的影响。从社会学的角度看，数字技术影响社会生活的过程往往取决于其所处的社会情境。不同的文化与价值背景，使数字技术的使用过程差异明显。事实上，有研究表明，不同国家的网民对于网上媒体的信任程度、使用频率、功能应用差异巨大，① 这显示了不同的文化价值传统与数字技术会产生不同的互动过程，形成不同的社会心理与社会行动，也必然生成不同的数字社会样态。数字技术也因为社会生活而改变，社会算法受到人们选择行为的影响。因此，数字技术与数据是社会文化的产物，在与人的互动中有着特有的社会生命与社会价值；数字社会是数字时代的社会样态，展现了人、技术以及数据的相互作用；数字社会研究就是要揭示其中的基本机制，为数字社会的建设提供社会思想与社会理论。这是推动更新学科知识体系的根本动力，也正是数字社会研究的重要出发点。

（三）数字社会的研究方法与技术

数字时代为社会研究提供了新的机遇，也意味着需要运用新的研究范式与方法来研究数字社会。那么，新的研究方法是直接在数字社会研究中生长出来的，还是运用数字化技术改进原有的社会研究方法得来的？

数字技术提供了大数据，成为数字社会研究中最新颖的动力基础。② 社会生活的大数据大致可以分为以下几类：数字生活数据，如使用社交媒体产生的数据与传感器记录的身体状态数据；数字痕迹数据，如手机通信记录中的通信时长、接入基站空间位置等数据；数字化的生活数据，如个人发布的健身日志、网上视频素材以及数据化的纸版图书等；设备记录的行为数据，如通过社会记录仪收集的佩戴者之间每一分钟的互动数据。与以往的数据相比，除体量巨大外，大数据另有鲜明特质。首先，大数据是一种实时的事后数据，由"没有人为干预"的数字网络中人们的"自然"行为生产。其次，这些数据是全样本数据，对大数据的分析可以跨越长久以来困扰社会研究的

---

① William H. Dutton et al., "Search and Politics: The Uses and Impacts of Search in Britain, France, Germany, Italy, Poland, Spain, and the United States", Quello Center Working Paper, No. 5-1-17, East Lansing, MI: Michigan State University, 2017.

② David Lazar and Jason Radford, "Data ex Machina: Introduction to Big Data", *Annual Review of Sociology*, Vol. 43, No. 1, 2017, pp. 19-39.

"整体—个人""结构—行动"鸿沟。

因此，数据科学家以一种发现"宝藏"的热情投入大数据分析，开辟了数字社会研究中成长最快的计算社会科学领域。[①] 参与其中的除社会科学学者外，还包括计算机学者、统计学者以及物理学者等。在他们看来，通过分析无所不包、涵盖了人们生活方方面面的痕迹数据，可以展示人们相互之间通过数字网络连接的复杂性，最终揭示人类个体与群体活动的规律。计算社会科学的起始假设是将数字社会当成一个物理实验室，而人们的社会生活则是"真实的生活实验"。这种跨学科的概念借用让人不得不想起孔德使用的"社会物理学"的术语。[②] 如今，计算社会科学在社会研究中，深入众多诸如社会网络、集体行为、知识传播、文化研究、社会心理与情感等分支研究领域，进行了富有成效的经验实证研究，引入了新的研究方法，同时也开始关注发展关于数字社会的理论。[③]

计算社会科学取得了丰富的研究成果，深化了对数字社会的理解。但是，数字社会的研究显然不应局限于大数据的计算分析，而应当拓展到更为广阔的领域。第一，数字社会研究的范围更为广泛，涵盖了人、技术以及数据的互动关系与相互影响。第二，数字社会研究与数字社会生活本身有互动关系且相互影响。在前面所提及的"撒玛利亚雷达"例子中，标识自杀倾向让被标记者感到耻辱，并改变其社交媒体使用方式。这种社会测量中的"自反性"，揭示了受测对象知晓身处被观测的处境后，可能改变行为模式。[④] 在另一些情形下，这也被称为"转换效应"，对于社会情境的描述能够改变社会情境本身。[⑤] 第三，大数据分析更多的是描述状况、发现关联关系，即使有研究产生了概念与理论，也是遵循从经验出发的归纳研究路径。

---

① David Lazer et al., "Computational Social Science", *Science*, Vol. 323, No. 5915, 2009, pp. 721-723; David Lazer et al., "Computational Social Science: Obstacles and Opportunities", *Science*, Vol. 369, No. 6507, 2020, pp. 1060-1062.

② 阿莱克斯·彭特兰：《智慧社会：大数据与社会物理学》，汪小帆、汪容译，浙江人民出版社，2015，第9页。

③ Achin Edelmann et al., "Computational Social Science and Sociology", *Annual Review of Sociology*, Vol. 46, No. 1, 2020, pp. 61-81.

④ 在近期的文章中，Lazar 等人也承认了痕迹数据中存在的自反性带来测量的不稳定。参见 David Lazer et al., "Meaningful Measures of Human Society in the Twenty-First Century", *Nature*, Vol. 595, 2021, pp. 189-196。

⑤ 霍华德·S. 贝克尔：《局外人：越轨的社会学研究》，张默雪译，南京大学出版社，2011，第 146~155 页。

事实上，数字社会的研究还包含了阐释、思辨与批判研究等，遵循从概念与理论出发的演绎研究路径。第四，痕迹数据由数字技术测量并呈现，包含人们在数字网络的行为以及数字技术本身的双重痕迹。进一步带来的问题是，痕迹数据测量的是人们真实的行为，还是数字技术"过滤"之后的人们的行为？第五，收集痕迹数据涉及社会研究中的伦理问题。有的痕迹数据收集，个人是不知情或者并不情愿的；即使个人在数据收集过程中知情，但是数据的使用与再使用过程也往往超出了最初收集数据所指明的用途。

数字化改造已有的社会研究方法是另一个发展方向。① 例如，民族志研究方法在社区的界定与选择、访谈对象的获取等方面有着特定的技术。在数字时代，这些技术往往显得不合时宜。② 而网络民族志（cyber-ethnography）则突破了传统民族志在当地的地理范围局限，将观察对象拓展到线上社区，以应对个人关系网络在数字社会的拓展，并相应地改进资料收集方法。线上调查（online survey）将传统的统计调查搬到网络上，通过网络分发问卷得到数据。当然，在如何获得概率样本以及怎样有效控制回答质量等难题上，线上调查至今仍在寻求有效的应对方法。

总结起来，数字社会的研究方法既有专门针对数字社会研究发展出来的全新方法，也有对原有社会研究方法的数字化改造与拓展而形成的方法。需要特别指出的是，在数字社会研究中，数据收集整理与计算分析的技术成为实证研究中的重要技术，这些技术包括高级统计分析方法、自动数据爬取技术、交互数据可视化技术、支撑算法与模拟的编程技术等，数字社会研究本身具有交叉学科性质，掌握跨学科知识与其他学科的具体研究技术，成为数字社会研究中的基本要求与门槛。③

（四）推进中国数字社会研究的历史性机遇

数字革命带来的根本性社会变迁，给社会学研究创造了跳跃式发展的历史性机遇。最近十多年关于研究方法、研究思路以及研究范式的激烈讨论与

① 参见 Keith N. Hampton, "Studying the Digital: Directions and Challenges for Digital Methods", *Annual Review of Sociology*, Vol. 43, 2017, pp. 167-188。
② 参见 Alexandra K. Murphy, Colin Jerolmack and DeAnna Smith, "Ethnography, Data Transparency, and the Information Age", *Annual Review of Sociology*, Vol. 47, 2021, pp. 41-61。
③ 更多系统的关于数字社会研究方法、设计与实操的介绍，可参见 Matthew J. Salganic, *Bit by Bit: Social Research in the Digital Age*, NJ: Princeton University Press, 2018。

踊跃探索，充分说明了这一点。开展本土数字社会研究有着一系列优势。首先，过去 20 多年，中国经济社会的高速发展与数字时代的来临高度重合，形成数字时代根本性社会变革最为显著的"社会实验"范本，为数字社会研究提供了最为丰富的经验基础。其次，中国经济社会发展在数字时代走在世界前列，中国在各个领域广泛使用数字技术，拥有世界上最多的人口、最多的数字网络用户，他们在数据社会中的活动也最稠密。所有这些意味着，中国的经济社会活动必然产生丰富的数据，这成为数据社会研究最重要的基础。新兴的数字社会研究的确给社会学者带来巨大挑战，有学者早就对此表示担忧。[①] 究其原因，不仅是因为数字社会研究需要新的研究范式、研究方法与研究思路，更是因为数字社会带来的社会变革是全方位和根本性的，需要更深入的理解与思考。当前的数字社会研究在诸多领域都有了一定累积，包括对数字社会生产过程与生活消费的描述、对数字技术与社会生活互动机制的整理、对社交媒体使用与社会心理变动的分析，也包括计算社会科学新方法的运用，以及在数字社会治理、乡村振兴数字化等领域的现实研究与政策探索。这提升了我们对数字社会的认识与理解，也展现了应用数字技术推动社会建设的实践过程，对拓展学科领域、推动学科知识积累有重要意义。面对这样的历史发展机遇，我们应当从学科发展与知识体系更新的角度来推进数字社会研究。数字社会研究绝不仅仅是探索已有社会学命题在数字技术推动下的变化，更要认识到这是根本性社会变迁过程，新的社会机制也正在快速形成，更为迫切的任务是在经验观察与实证研究中，提炼崭新的概念，推动社会思想的产生与社会理论的建构。只有这样，社会学学科发展才能从根本上改变沿袭外来理论传统与研究范式的状况，建立真正的本土学科知识体系。

（五）数字社会研究的初步展望

当前，数字社会展现雏形，在进一步开展经验研究的同时，数字社会研究至少有五个方面的探索工作值得聚焦与推进。一是，从数字社会的社会事实中提炼新的概念。例如，信息传播的"信息茧房"、"回音壁"机制、"过滤气泡"、"信息投喂"等，以及其他诸如"算法黑箱""数字鸿沟"等，都是对于特定社会事实与社会过程的深刻描述与精当归纳，既能够简练概括

---

① 例如邱泽奇《大数据给社会学研究带来了什么挑战？》，载钟杨主编《实证社会科学》（第6卷），上海交通大学出版社，2018，第 7~31 页。

又能够有效传递观念与思想。二是，尝试给出整体性社会诊断。例如，"碎片化场景""扁平社会""加速社会"① 等都是对数字社会极富启发性的理解与阐释，既能深化对于数字社会的认识与理解，又能进一步推动数字社会的理论发展。三是，坚持对数字技术发展的反思立场。数字技术提升了生产效率、生活品质，但也带来了诸多负面影响与后果。正如经典社会学家对于工业化的反思一样，数字社会研究也应从一边倒地肯定数字技术带来的进步与发展中，辨识与提出根本性的社会变迁议题。四是，赋予大数据分析额外的社会学意义。数字社会研究的重要组成部分是大数据分析，社会学学者应当积极投身其中。对学科发展而言，更重要的是探索数据分析的社会含义与社会启示。五是，积极投身到数字社会的建设进程之中。数字技术给社会学家提供了影响社会大众与决策者、参与社会进程的便利。数字社会研究的公共价值，不仅仅在于参与社会干预和解决社会问题，也应当成为数字社会建设进程中的重要力量。

应当特别注意到，数字技术与数据是社会文化产物，构建新的社会样态的过程，就是其与人们社会活动的互动过程。在整理与分析正在成形的数字社会的结构特征时，以下不同层面的思考，有助于分析上述互动过程并探索研究思路。首先，在个人层面，在场不再是个人参与社会活动的先决条件。通过数字网络，人们可以远程即时出席各种线上会议、发表报告讲话、参与讨论决策。其次，在群体层面，数字网络带来了更便捷的连接。但数字技术一旦用来限制特定群体接触数字网络或者相关数字信息，则可能阻断他们与世界的连接，带来更严苛的排斥与隔离。再次，在联结机制层面，数字网络孕育了各种新兴的社会群体，带来更多的社会互动与社会身份认同。同时，它也分割了个人的注意力，导致个人参与群体活动的碎片化以及社会互动的表层化。复次，在社会空间层面，数字网络拓展了人们的相互交往，形成更广阔的社会空间。与此同时，数字通信技术使得相隔万里的人们能够即时进行交流，压缩无限延展的时间与空间，促进形成更为宏大却也更为紧凑的社会空间。最后，在整体社会层面，真实社会与虚拟社会相互交织、紧密互动，甚至互为因果。线下的社会活动往往在线上社会媒体中展示出来，而线上的社会舆论压力也较容易转化成线下的群体行动。

---

① 哈特穆特·罗萨：《新异化的诞生——社会加速批判理论大纲》，郑作彧译，上海人民出版社，2018，第 7~28 页。

四　结论

在数字时代，数字技术革命性地改变了人与人之间的连接方式，搭建了几乎可以无限拓展的数字网络。数字时代的社会变迁之所以是根本性的，是因为数字技术改变了人们的行为方式，进而重组了生产组织方式，重塑了生活方式，重建了社会结构，再造了社会运转机制。与工业社会相比较，数字社会有完全不同的连接方式、行为模式、知识体系、价值体系以及社会结构。

改革开放 40 多年来，中国社会发生了翻天覆地的变化，其中最为明显的是经济的高速增长与社会的长期稳定。中国经济社会的快速发展与数字技术的发展同步。研究数字社会不仅仅能够提升对于社会变迁过程与数字社会运行规律的理解，还可以帮助解释中国社会经济高速发展的重要原因，为国家治理与社会治理提供重要参考，为支撑经济继续增长与社会保持稳定寻求思路与方案。数字时代的社会研究面对大数据的研究素材，需要创新研究思路、研究范式、研究方法与技术。当前开展数字社会研究，中国有多重优势，不仅数字技术应用走在世界前列，还有世界上最多的人口，有世界上最密集的人类活动，产生了世界上最大规模的数字活动数据。

伟大的社会变革召唤伟大的社会思想与社会理论。没有思想与理论，就没有清晰的学科发展前景和学科话语权；没有中国特色的社会思想与社会理论，就无法有效概括、阐述中国经济社会发展的伟大历程与成就。面对数字时代社会变迁的历史机遇，社会学者应当积极投入数字社会研究，并基于经验研究的积累，提炼新概念、促生新思想、建构新理论，贡献关于数字社会研究的新知识。

（作者单位：清华大学）

原文《数字时代的社会变迁与社会研究》，

原载《中国社会科学》2021 年第 12 期，收入本书时有改动

数字经济资本化的弊端及其公有化趋势

夏明月　　周沛统　　王忠汉

中国仍处于社会主义初级阶段，在经济体制上实行混合所有制。数字技术在不断地改造着旧的生产方式和分配方式的同时，也一直在改造资本主义生产方式和分配方式。数字经济繁荣的表面也掩盖着资本对数字生产资料、生产力与生产关系、分配关系以及消费关系的控制。出于对效率和剩余价值的追求，资本在数字经济发展的早期迅速推动数字经济成型、发展和成熟，并逐渐形成为其所控制的数字基础设施。这一过程中，数字经济在空间上的全球化、模式上的平台化、数量上的寡头化格局也逐渐形成。数字经济平台垄断开始给中国社会主义公有制的发展带来种种挑战。

数字经济平台垄断涉及大量的数字劳动者、平台消费者相关的问题，但其垄断背后的根本推动力量实际上是资本。资本的营利本性使数字经济平台渗透到市场的各个角落，甚至到了"外卖平台与以卖菜谋生的百姓争夺卖菜生意"的程度，"大数据杀熟"也一度冲上热搜。"中美贸易较量之下华为芯片断供"、"蚂蚁金服上市"和"滴滴平台美国上市"等典型事件，展现了数字经济资本化对国际交往安全、国家金融安全和主权安全等造成的威胁。部分数字经济平台的行为已经危及民生安全甚至国家安全，这使得对数字经济资本化的弊端及其相关的数字技术的独立性与安全性、创新与监管等问题的研究必要而且紧迫。

一　数字经济要素、模式资本化及其过程

2016 年《二十国集团数字经济发展与合作倡议》把数字经济定义为以

数字化的知识和信息为关键生产要素，以网络为重要载体，通过信息通信技术提升效率、优化经济结构的一系列经济活动。① 根据数字经济的技术属性与应用属性，又可将其分为数字产业化与产业数字化。② 数字产业化指数字技术带来的产品和服务所形成的产业，产业数字化指数字技术对传统产业的赋能和改造。马克思在《1844 年经济学哲学手稿》中写道："资本，即对他人劳动产品的私有权。"③ 在数字产业化和传统产业数字化过程中，数字生产资料及劳动者的劳动成果被资本所控制或占有，并逐渐形成对数字生产技术、劳动关系与分配关系的支配地位，我们把这一过程称为数字经济资本化。但这里的"资本"与现在通用的狭义的"金融资本""国有资本""作为市场要素的资本"等中性资本概念有所区别，本文的"数字经济资本化"是指数字经济资本私有化。

（一）数字经济要素资本化

从马克思主义理论生产力与生产关系的视角看，数字经济的核心要素可概括为资本、数字技术、数字生产资料与数字劳动力。数字经济资本化的具体表现可展开为数字经济各要素的资本化。其在过程上表现为资本对技术的垄断、对数据与信息的占有、对劳动关系与分配关系的控制，资本化程度取决于资本对数字经济要素的控制程度。

数字经济意义上的资本并未脱离马克思主义唯物史观下资本的本质，马克思认为资本是生产资料资本与社会关系资本的统一，"资本不是一种物，而是一种以物为中介的人和人之间的社会关系"④。但数字经济资本的形态及其载体不同于旧式的工业资本，数字经济资本化的过程涵盖了物化的资本、人格化的资本以及数字资本，这种过程承载于数字产业化和产业数字化两方面。马克思认为资本的目的"不直接在于使用价值，而在于交换价值，特别在于增加剩余价值"⑤，从底层逻辑来说，数字资本依然是马克思《资本论》意义上的资本，但数字资本与传统的资本最大的不同之处在于：在

---

① 《二十国集团数字经济发展与合作倡议》，http://www.cac.gov.cn/2016-09/29/c_1119648 520.htm?t=1539514650460。

② 李晓华：《数字经济新特征与数字经济新动能的形成机制》，《改革》2019 年第 11 期。

③ 《马克思恩格斯全集》（第 3 卷），人民出版社，2002，第 238 页。

④ 《马克思恩格斯全集》（第 42 卷），人民出版社，2016，第 784~785 页。

⑤ 《马克思恩格斯全集》（第 34 卷），人民出版社，2008，第 562 页。

数字技术构建出的数字平台加持下，其扩张和增殖的速度与规模迅速提升与扩大。据中国互联网络信息中心第 49 次《中国互联网发展状况统计报告》，截至 2021 年 12 月，中国的即时通信用户规模已超 10 亿人。互联网的集中化、规模化使资本占据生产资料和对用户的覆盖的效率更高。

数字技术资本化亦即资本对技术的逐步控制。技术本身没有欲求，它是生产力的构成部分，决定着生产方式的可能性及人与生产资料的结合方式。但被资本操控着的技术会变成资本控制生产方式、生产资料和生产关系的工具，为资本的增殖服务。自从资本降临人间，它巨大的渗透与整合能力改变了技术的面貌与发展进程。数字技术的资本化是这样形成的：它首先是技术与资本结盟的产物，技术追求效率，而资本追求增殖。技术与资本存在逻辑共契，技术通过"资本化"转化为技术资本。技术资本兼具技术的普遍特质和资本的一般属性，其目的是追求高效率与实现高增殖，前提是技术成果成为商品，关键步骤是商品货币积累成资本。①

数字生产资料资本化亦表现为资本对数字生产资料的控制。信息和数据是数字经济时代最重要的生产资料，如同工业经济时代的石油。数字生产资料不同于旧资本主义时期的土地、原料，其主要是依托数字技术而产生的信息和数据。数字经济与传统经济的生产资料的重大区别在于：在数字经济时代，生产资料已经不只是传统的土地、原材料，人们在网络生活中留下的一切行为轨迹都可能成为数字生产的原料。经过数字技术的筛选和加工，数据可以进入流通市场，成为可以买卖的商品，从而产生出交换价值。数字经济相较于传统经济来说超越了实物交换的商品形态，资本对生产资料的控制则表现为对市场诸环节中的信息和数据的控制，并常常以数字经济平台的形态展现。

数字劳动资本化表现为资本对劳动的控制。不过劳动资本化不是说劳动成为资本，而是劳动本身以及劳动关系被资本所控制。资本和劳动的关系不是生产资料和劳动者的关系，资本和劳动是资本主义生产方式的两个方面。资本和技术的结合塑造了这样一种关系，即资本支配技术去控制劳动者的劳动方式，这样的支配关系在数字经济时代更普遍却也更隐秘了。"我们已经看到，资本主义生产发展的基础，一般说来，是劳动能力这种属于工人的商

---

① 丘斌：《浅析劳动力资本理论产生的经济根源》，《中国经贸导刊》2020 年第 4 期。

品同劳动条件这种固定在资本形式上并脱离工人而独立存在的商品相对立。"① 劳动力资本化的根源在于资本对数字生产资料、生产技术和劳动者的控制,使劳动者同自身之外的劳动要素相分离,从而只能处于与资本家的雇佣关系中。"资本家本身不过是资本的职能,工人本身不过是劳动能力的职能。"②

(二) 数字经济的运行模式资本化

从资本与生产力、生产资料、生产关系 (包括劳动关系与分配关系) 的联系看,对技术的垄断即是对数字经济生产力的控制,对数据与信息的占有即是对数字经济生产资料的控制。资本对生产力的垄断和对生产资料的占有关系决定着数字经济的生产关系,数字经济的生产关系决定着它的劳动关系与分配关系。数字经济与传统经济在运行模式上有明显差别:首先是市场要素的流通方式,其次是产品与服务的生产方式,最后是剩余价值的分配方式。"数字资本主义理论认为,我们正在经历一个资本主义内部的相变。生产过程的形式和位置、资本投入的构成、利润最高的商品、升值和贬值的劳动类型、商业消费的形态、资本和国家的各自作用以及社会阶级的关系,所有这些自 20 世纪 70 年代以来都发生了巨大变化。"③

就市场要素的流通方式而言,传统经济是以物理空间为基本结构实现要素流通,生产原料、生产工具以及商品的流通主要依靠跨空间的交通运输来完成;而数字经济则主要依靠以互联网平台为基础的信息网络,具有超越空间、生产要素高度聚集的属性,其以信息和数据为主要生产原料;相较于传统经济,数字经济市场要素的流通速度更快。就生产方式而言,传统经济主要依赖于机械工业机器生产,但数字经济在此基础上形成了更精密的智能工业生产,而且在以通信技术为基础的互联网虚拟空间形成了与传统产业完全不同的"虚拟经济"形态,实现数字产业化和产业数字化。就分配方式而言,传统经济和数字经济的区别在于市场资源配置与剩余价值分配的形式不同,传统经济模式下产业上下游之间资源的流动、剩余价值的分配由"看不见的手"即市场来决定,而数字经济中的资源配置与剩余价值分配虽然也由市场

---

① 《马克思恩格斯全集》(第 33 卷),人民出版社,2004,第 16 页。
② 《马克思恩格斯选集》(第 2 卷),人民出版社,2012,第 871 页。
③ 丹·席勒:《信息资本主义的兴起与扩张:网络与尼克松时代》,翟秀凤译,北京大学出版社,2018,第 170 页。

来完成，但"市场的手"则往往是掌握了网络话语权的数字经济平台。

综上，在传统经济资本化的过程中，资本主要通过对物化的生产资料的控制来控制市场要素，进而控制人；而在数字经济资本化的过程中，资本通过对信息化的生产资料的控制来形成数字平台，进而实现对市场和人的控制。数字经济的平台化、规模化可以在资本的助推下迅速实现，一旦社会财富分配机制被资本化，少数占有着生产资料的私人化的资本就可以在很短的时间内迅速垄断财富，形成对生产资料的控制以及对投入、生产、分配各环节的控制，牢牢地掌握着剩余价值分配的话语权。

（三）数字经济资本化的过程简析

马克思认为，把剩余价值当作资本使用，或者说把剩余价值再转化为资本，这一过程叫作资本积累。① 同工业资本主义经历原始积累一样，数字经济也经历了资本的原始积累阶段，"与工业资本和金融资本的原始积累相比，数字资本的原始积累呈现出全球性、非暴力、技术引领以及以资本权力为主导的特点"②。数字经济资本化的过程实际上就是数字经济要素逐渐被私人资本控制的过程。资本通过对数字经济要素的控制进而控制市场、控制劳动者，甚至控制消费者的喜好。

数字经济的原始积累有着明显的"平台化"特征。早期的数字经济平台是诸如雅虎、搜狐、网易等门户网站，虽然互联网 1969 年就诞生了，但形成具有相当规模的数字经济平台则要到 20 世纪 90 年代末，小型计算机和手机的普及促进了数字经济平台的形成。中期的数字经济则逐渐催生出诸如 Facebook、亚马逊、阿里巴巴、腾讯等互联网综合平台，它们随着智能手机、笔记本、iPad 等更轻更小、普及率更高的硬件设备的广泛使用而真正渗透到社会生活的各个角落，建构起了数字经济世界的平台框架。后期的数字经济平台下沉到社会生活中更具体的角落，形成诸如滴滴、美团、字节跳动、知乎等日常生活娱乐、社交、工作、学习和消费的平台，它们自 4G 网络出现以来日渐兴盛，数字经济开始从框架搭建时代进入内容生产时代。

---

① 转引自谭均云《全面认识资本积累的属性——重读〈资本论〉的一点体会》，《湖湘论坛》1996 年第 5 期。

② 姜宇：《数字资本的原始积累及其批判》，《国外理论动态》2019 年第 3 期。

完成数字领地扩展后的数字经济平台在生产资料的占有关系中拥有了更强的话语权。资本凭借数字技术的手段和平台化的模式完成"数字圈地运动"后，必然要对"所圈得的领土"进行更精细、更彻底的搜刮与利用。资本对增殖的追求和技术对效率的追求会催生这样的结果：资本设法占据尽可能多的生产资料，并力图实现对生产的上中下游的控制以降低每个环节的成本，尽可能提升每个环节的效率，以实现对全产业链的延伸和控制，直至无以复加。在此过程中，随着对竞争对手的排斥，对市场的控制以及行业壁垒、平台壁垒的形成，垄断最终达成。

二　数字经济资本化带来的弊端

数字经济是社会先进生产力的产物，它在不断改造人类社会的生活样态、提高社会生产效率的同时，也孕育着数字经济资本化危机。首先，在数字经济时代下迅速扩张的数字经济巨头不断开展数字世界的"圈地运动"，逐渐形成数字垄断和数字霸权。其次，在资本的控制下，数字经济平台对国民文化娱乐生活的不良渗透，可能演化成资本对数字用户的"数字殖民"，威胁国家意识形态、文化和国计民生的安全。最后，随着数字经济资本化程度加深，数字生产资料、劳动力、技术被资本控制和占有的程度也在加深，在大数据、人工智能等数字技术的加持下，资本对效率和成本的数字化控制催生出"理性暴力"，互联网平台寡头们用比工业时代更为隐秘的方式"操控"着人群，极易造成社会的贫富分化。

（一）数字经济资本化在市场秩序方面的主要弊端

数字经济从诞生之初就带有天然的扩张性和资本化的烙印。类似于资本主义殖民化的过程，从数字经济的发展中除了能看到数字世界的"圈地运动"之外，也能从中瞥见数字世界的"新航路开辟"。其对国计民生的积极影响是短期内经济效率的提升，但其负面影响则是对长期经济公平的威胁。

这里首先需要提及的是市场垄断。在谈及数字经济资本化之前，有必要把作为促进国计民生发展的先进力量的数字经济与被资本化后威胁国计民生的数字经济加以区分。数字产业化与传统产业数字化都是数字技术推动下国计民生发展的先进力量，但被资本化的数字经济在完成资本的原始积累之后，就逐渐成为阻碍数字经济进一步发展、威胁社会公平的力量。促进社会进步的力量反倒成为阻碍社会进步的力量，随着数字经济资本化完成，数字资本开始以数字平台的形态去占据和垄断有利于它增殖的一切领域和行业，排斥行业内的竞争对手，挤占一切可以挤占的竞争对手的生存空间，构建行业壁垒。这会对市场长期可持续的良性发展造成伤害，逐渐演化出与人民力量相敌对的资本和财阀。

数字经济资本化造成的数字垄断与传统的垄断有明显区别。它完成资本原始积累的周期更短，所涉及的范围更广。在宏观层面，数字经济本身的产业化和其他产业的数字化，使产业与产业之间的链接比旧的产业链接更紧密。资本对市场的伤害最终要由劳动者、消费者来承担，资本对数字产业的控制导致一切"唯市场"，贫穷群体的数字生活成本不断增加，劳动者承受的数字剥削日益深重，这为贫富差距的加大、市场恶性发展埋下隐患。如果不能把数字资本引入有利于社会主义市场经济发展的轨道，数字经济市场的要素分配、劳动关系、消费关系、剩余价值分配都将受到数字经济资本化的进一步控制。长期不重视数字经济发展的社会负面影响，势必会使两极分化程度加深。所以，应当积极应对数字经济带来的种种挑战，创造有利于市场秩序和共同富裕要求的数字时代创新大环境。

（二）数字经济资本化之下的"数字殖民"

有学者称我们面临着新阶段的"数字殖民"。尼克·库尔德利认为，历史殖民主义对土地、自然资源和肉体的占有是工业资本主义发生的基础，而数字经济时代通过数字平台等各种机制对日常生活实现殖民性占领，一切为资本所吞噬。平台产生了一种允许数据价值被占有与剥削并与其他数据互相连接的社会资本。"数据殖民主义就是将历史殖民主义的掠取行径与抽象的计算方式结合在一起。"[①]

数字经济资本化带来的根本问题是资本对人的控制，数字经济繁荣的背后涉及市场安全、民生安全、金融安全、文化安全、技术安全等众多国家安全问题。随着数字技术不断成熟，技术与资本的结合催生一些体量巨大的互联网寡头，形成了威胁巨大的资本的"数字殖民"倾向。

---

① 常江、田浩：《尼克·库尔德利：数据殖民主义是殖民主义的最新阶段——马克思主义与数字文化批判》，《新闻界》2020 年第 2 期。

回望西方资本主义海外殖民与对外侵略的历史，殖民主义主要表现为对领土空间和物质财富的占有、掠夺。而数字经济时代的"数字殖民"表现为以互联网垄断平台为依托的资本对人们的互联网生活和精神世界的"侵袭"。

"数字殖民"带来的是资本对数据的统治和数据对人的统治。资本通过数据形成对资源掠夺、劳动生产和劳动成果分配的全程"监控"，加上大量的数据累计和快速计算所形成的经验变成一个个数理模型，以此形成了数据对人的统治。这种统治根本上是资本通过对物的控制而实现对人的统治。资本对物的控制集中为对生产资料、生产力和剩余价值的控制，对人的统治集中为对劳动关系、消费关系和分配关系的控制。数字经济资本化仍未克服社会化大生产与生产资料的私人占有之间的矛盾，但在这一矛盾之下，数字技术的进步使资本对经济要素的控制越来越深入。

（三）数字经济资本化引发的"理性暴力"

在精密的大数据标签和用户画像之下，人的生产、生活的方式和内容都被资本刻意塑造成更有利于自身而不是更有利于人的模样。人工智能（Artificial Intelligence）、区块链（Blockchain）、云计算（Cloud Computing）、大数据（Big Data）等技术（以下简称 ABCD）作为数字经济发展的时代产物，是当前先进生产力的代表，但这些技术的出现也意味着资本可以借助的工具更多了。随着数字经济资本化的程度加深，市场发展唯增长、唯效率、唯技术的苗头也不断显现，从而也产生了数字经济时代的"理性暴力"，所谓的"理性暴力"亦即资本利用这些先进技术控制市场诸环节，把人当作实现增殖的工具而不是目的。

在理性暴力面前，人面临的是人之为人的主体地位的危机。劳动者、消费者都面临着"理性暴力"的侵袭，数字经济平台机器背后的技术衍生出越来越多的算法伦理问题、企业道德问题。对劳动者来说，劳动过程、劳动时间、劳动报酬都被普遍纳入资本投入产出比的计算当中；对于消费者来说，消费偏好、消费习惯、消费频率等对资本有重要价值的数据都被数字经济平台在系统中秘密地贴上了标签。来自劳动者、消费者的作为数字生产资料的数据在占有关系上几乎被数字经济平台私下垄断，数字生产要素的私人占有是数字经济中贫富分化和社会不公的根源。"数据"是数字经济时代最为关键的生产要素之一，数据占有的不平等引发经济社会中权力的不平等。①

　　数字资本通过占有数字生产资料而控制生产关系和分配关系，资本从中获得的剩余价值除了重新投入再生产的那部分，也包括其所占有的生产资料的价值和固有资本增殖。劳动报酬与劳动创造的剩余价值之间的分配还只是贫富分化的第一个环节，完成资本原始积累后资本的市场增殖将进一步拉开资本拥有者和普通劳动者的收入差距，已经完成资本积累并且控制着数字生产资料的资本将继续加强对生产资料和劳动者的控制。数字经济资本化的具体弊端表现为三对基本矛盾：数字经济市场竞争与平台垄断的矛盾、数字化生产与数字生产资料私人占有的矛盾、技术资本化与国家安全的矛盾。进入21世纪以来，数字经济资本化类似于资本主义原始积累时期的圈地运动和世界殖民，但数字经济的资本化来得更迅猛却又隐蔽得多，它看起来比资本主义原始积累时期的扩张更温和。

　　从所有制层面看，数字经济资本化的弊端根本上源自社会化大生产与数字生产资料私人占有之间的矛盾。从数字经济资本化的过程来看，这些弊端是数字经济要素资本化和运行模式资本化的产物。从生产力与生产关系的视角看，ABCD、5G 等先进数字技术发展的一体两面，决定了在公有制为主体、多种所有制并存的混合所有制下，数字经济资本化的短期倾向与公有化的长期趋势并存。但归根结底，社会主义公有制与先进数字技术的结合方式决定了公有化才是中国数字经济发展的必然趋势。

三　数字经济在制度层面与技术层面的公有化趋势

　　数字经济公有化有其现实的基础：一是技术层面，二是制度层面。社会生产力的发展水平与制度现状决定着当前中国数字经济发展的资本化弊病与公有化趋势共存。在技术层面，ABCD 和 5G 等数字技术在根本上是先进数字生产力的关键构成部分，它们决定着数字生产的组织结构、效率水平、劳动方式，至于技术是服务于资本化还是公有化则取决于实际的运行制度。而在制度层面，中国坚持公有制为主体、多种所有制共同发展的经济制度，坚持按劳分配为主体、多种分配方式并存的分配制度，这决定着包括数字经济在内的所有经济形态的公有制地位。

---

　　① 刘建武：《论反"和平演变"的长期性、艰巨性》，《马克思主义研究》2016 年第 8 期。

"长期的经济增长和普遍使用的技术有时会改变一个社会的整个经济、社会和政治结构，这被称为'通用技术'（general purpose technologies）。"[1]在数字经济的背景下，资本对智能化生产的控制也决定了它将继续间接地控制着智能化体系中尚未被机器替代的劳动者，并以新的手段控制参与数字生产的数字劳动者，被资本化的劳动者的劳动力同时也继续被工具化。但与此同时，数字经济改变了国民经济的生产、消费和分配方式。随着生产工具的进步，智能化生产正在逐渐替代传统的机械生产，它意味着人力成本更低、效率更高，社会生产方式、劳动方式以及分配方式将发生改变。

以 ABCD 以及 5G 等先进数字技术为例，可以发现数字经济发展在技术层面呈现公有化趋势。大数据有助于高效解决信息获取与重大事项决策方面的问题，区块链的去中心化和加密技术可以为数字信息产品的交易提供高效的数字身份，云计算有助于信息的存储与跨空间流动，人工智能技术有助于解决重复性高、规律性强的问题，5G 技术有助于满足无人驾驶、线上会议、空中课堂、元宇宙虚拟空间游戏娱乐等活动对低时延的高要求，总结起来便是，数字技术促进了生产方式的升级、生产效率的提升。这种基于数字技术的升级与进步催生出一批使用门槛越来越低、智能程度越来越高的先进的数字网络生产工具，而这些工具因为数字网络的集聚效应而有机会以便宜的价格供用户使用，具有某种程度上的开放性、公共性、共享性。而社交网络、金融支付系统、消费购物平台、特殊需求服务平台这类基于数字技术的社会数字系统，实际上是向公众开放的、低门槛的数字时代的数字基础设施。

这里我们可以进一步从数字内容生产工具与承载和传播内容的数字系统两个视角来看数字技术层面的公有化趋势。在数据内容生产工具层面，已经有而且还将有越来越多的以智能化生产为代表的数字经济公有化趋势案例。例如，通过智能数字图像合成技术，在搜索框输入描述性的文字后系统可以智能合成相关的图片，除此之外，诗歌、音乐、动画等内容产品的创作和生产将越来越智能化，而且内容生产工具还将随着大规模的数据训练而不断提升智能化的水平。数字内容的智能化生产本身就代表人人可为、人人可用。

---

[1] R. G. Lipsey, K. I. Carlaw, C. T. Bekar, *Economic Transformations：General Purpose Technologies and Long-term Economic Growth*, OUP Oxford, 2005.

在承载和传播内容的数字系统层面，例如微信、淘宝、抖音、今日头条等数字经济平台俨然成为真正人人可用、人人共建、人人共享的网络生态系统，它们仍将延伸出越来越多的数字"共享经济"模式和应用场景。这些特征只是数字经济显示出来的冰山一角，并不是数字经济的全部面貌，而且平台经济自身带有的资本化及其私有色彩作为公有化趋势的矛盾对立面，在数字生产力水平发展到足以突破数字技术私有与公有的界限之前将长期与公有化趋势共存共生。

先进技术姓"公"还是姓"私"需要有层次上的分别。在制度层面，从我国的经济体制来说，一切数字生产资料及其技术在理论上都姓公；在技术属性层面，代表着先进生产力的先进技术本质上是提升社会生产与分配效率的工具，它姓公还是姓私、为善还是作恶取决于谁使用它。但在混合所有制经济阶段，以公有制为主体的公有与私有的并存决定了先进数字技术在制度和技术属性上具有两面性：一是作为制度公平层面的公有化趋势，二是作为技术效率层面的资本化色彩。制度和技术两个层面之间的"公有和私有"是包含关系，制度公平以公有制为基础，技术效率以私有制和资本化为基础。在当前社会主义初级阶段的公有制下，公有与私有并存，但以前者为主体。

数字经济的生产资料本身具有来源上的公共性的特点。数字经济时代的"流量"和"用户数据"是广大用户的"劳动"产生的，本来就具有社会公共性质，是数字时代社会化大生产的产物。这一本质特性决定了数字经济是社会化大生产的新形式，与数字经济资本化背景下流量、信息、数据的私人占有存在矛盾。这一矛盾的解决需要从生产层面的生产资料私人占有过渡到制度层面的社会主义公有。维护好制度层面公有制的主体地位是长期的要务，但引导好新型技术转化服务于广大人民群众、防止过度私有化和资本化则是当前阶段的重要任务。先进数字技术被资本利用则会倒向资本的怀抱，反之，如果被应用于社会数字基础设施建设、公共产品的生产、社会资源的公平分配，则会投入人民的怀抱。要正确认识和把握先进数字技术的特性和规律，发挥先进数字技术的积极价值，防止被资本滥用。应当加强对技术与资本的结合方式的监管，发挥出技术效率性的优势，防止资本借助技术野蛮生长。应当清除"技术与资本结盟"这一威胁国家经济安全的隐患，支持和引导资本规范健康发展，使资本为发展中国特色社会主义市场经济、实现中华民族伟大复兴服务。[①]

　　总之，在当前的社会发展阶段，先进数字技术姓"公"还是姓"私"并非绝对的。对于那些关乎国家安全、国际竞争、民生安全的关键技术与核心技术，不管姓公还是姓私，都必须在制度和政府的控制之下发展。这就需要平衡政府监管与企业创新的关系，既不能放任企业自由发展，又不能阻碍创新。邓小平在南方谈话中强调"社会主义的本质，是解放生产力，发展生产力，消灭剥削，消除两极分化，最终达到共同富裕"[②]，数字经济私有化在短期内确实能调动市场主体的积极性与创造性，但从长期来看，数字生产资料的私人占有会在根本上加速两极分化，不利于社会主义公有制的发展，但数字技术本身的先进性是不容否定的，在社会主义发展的初级阶段可以继续允许私有制的存在，但必须保证公有制的主体地位，防止私有制对公有制主体地位的侵蚀。

四　结语

　　数字经济资本化的根源是数字生产资料私人占有与数字时代社会化大生产之间的矛盾。所有制的属性决定着数字经济要素和模式的资本化与公有化状况，由此决定着资本对市场诸环节的控制情况。我国在社会主义初级阶段基于国情所采取的所有制形式是公有制为主体、多种所有制共同发展，在制度和技术两种视角下，作为制度主体的公有制和作为效率主体的私有制分别衍生出数字经济的公有化趋势和资本化色彩，这种状态将长期伴随着社会主义初级阶段资本化而存在。由此产生的数字经济生产力与生产关系的矛盾运动既带来了明显的社会进步，又同时产生诸多社会发展弊端。从马克思主义理论、毛泽东思想和中国特色社会主义理论体系的视角出发，对数字经济资本化倾向与公有化趋势的研究，有助于在理论上紧抓公有制的根本路线，促进混合所有制朝着人民和社会发展的需要进行改革、优化和升级，处理好这一阶段公有与私有的矛盾关系，避免资本化倾向过于强烈。数字经济发展不

---

　　① 唐任伍、温馨：《在深化改革中完善社会主义市场经济体制——纪念邓小平南方谈话 30 周年》，《开放导报》2022 年第 1 期。

　　② 《邓小平年谱（一九七五——一九九七）》（下卷），中央文献出版社，2004，第 1343 页。

仅促进了数字产业化和产业数字化，而且促进了新时代社会发展的新基础设施的建设。

（作者单位：上海财经大学）

原文《数字经济资本化的弊端及其公有化趋势》，

原载《毛泽东邓小平理论研究》2022 年第 5 期，

收入本书时有改动

数字劳动的制度论题

王　程

一　批判语境中资本主义数字劳动本质的争论

批判（critique）的范式反映着人对世界的矛盾态度。古代哲学以无历史感的客观真理为思考对象，以"沉思"为认识方法，哲学家试图通过自省在规范性命题中弥合世俗生活与宇宙真理间的鸿沟，获得"基于科学原则的生活艺术的实践意义"[①]，采用智慧、冷静与思辨的批判范式，在思索中发现自身具备独立自觉的认识能力。近代哲学认识论转向赋予批判以"澄清概念、划清界限"的基本功能。批判范式体现为以主体性为内核的分析判断。哲学家使用的"批判"一词源于启蒙时代对艺术问题的讨论，霍姆在《批评原理》中第一次使用批评以讨论美与丑的普遍性标准以及实现鉴赏判断的可能性。在康德看来，艺术真正在感性中实现了认识和道德的最终目的，批评作为一种"鉴赏判断"证明了人的主体能力。"滨田义文认为，康德是将'批评'一词转化为指涉根本上思索人类理性能力本身的独自的'批判'概念，并作为自己的用语来使用。"[②] "批判"兼备认识能力的主观性（排除一切经验因素）和认识对象普遍性的双重特征，事实判断与价值判断在思维中达成一致。这一步重要的推进把实践作为主客间的桥梁背书于批判语境中。

[①]　文德尔班：《哲学史教程》（上），罗达仁译，商务印书馆，2009，第7页。

[②]　柄谷行人：《跨越性批判——康德与马克思》，赵京华译，中央编译出版社，2018，第45~46页。

19 世纪工业资本主义矛盾性扩张促使批判范式发生变革，资本主义理论与现实的二律背反打破了哲学家的独断梦。马克思把理论任务从解释世界颠覆为改变世界，把理论品格从思维逻辑转换为实践逻辑。《资本论》实现了政治经济学批判范式的革命性突破，批判在具体的社会生活语境中获得了理论和实践一致性。马克思政治经济学批判范式可以被理解为通过反思人类政治、经济、社会领域的范畴链，在实践中比较和辨别具体社会样态的核心程式，它呈现人类社会普遍性的发展规律，在实践中实现了事实判断与价值判断的统一。

马克思政治经济学批判范式运用了历史唯物主义和从抽象上升到具体两种方法。历史唯物主义界定了批判的现实质料，将批判的语境从思维转场到物质生产与再生产领域，生产方式作为核心概念支撑起批判行程的全时空场域；从抽象上升到具体就是在历史唯物主义方法的总纲下划清具体社会形态的运行界限，它反对用任何一种先验原则诠释社会生活的具体层面，主张通过在固定的社会情境中辨别概念的内涵和外延来认识社会发展的存在之链。概括而言，马克思通过对资本主义制度中的资本构成、运行以及实现的科学考察，达到对人类社会工业性现代性的普遍性判断。

事实上，所有批判范式都蕴含着建构语境。近代哲学在批判理性过程中建构出思维认识存在的模型，而政治经济学批判则洞悉了资本逻辑对社会的规范性强制以及资本主义意识形态对精神的规定性控制，在资本的扩张性与自限性相互矛盾中解构资本主义世界的经济制度、政治制度以及与之相适应的文化认知，建构起人实现自身解放的革命方法，昭示着未来社会的基本样态。在此意义上，政治经济学批判兼具科学判断、价值塑造和社会建构三重功能，以至于 20 世纪以后出现的后实证主义、制度主义以及政策分析等多种学科研究方法均在政治经济学批判范式中获得了雏形。① 资本主义社会生产方式转型强化了技术理性对社会的控制，激发了法兰克福学派对技术理性、工具理性和实证主义的批判，价值的"复魅"在建构新的社会交往关系中起到关键作用。

20 世纪中叶，丹尼尔·贝尔通过统计美国 1958 年知识类别的开支来源

---

① 　注：并不是说 20 世纪以后各种分析方法都从政治经济学批判中发展而来，而是说政治经济学批判范式融合了诸多后来学科发展的研究方法，因此凸显出强烈的建构意图。

发现，47.8%的开支用于信息、通信媒介等领域，[1] 后工业化转型赋予资本主义新的发展动力、表现形式与文化认知。从 20 世纪 70 年代开始，基于比特（BIT）基质的数字化革命成为资本主义生产方式变迁的标志性特点。"智慧存在于接收者这端，而传输者一视同仁，把所有的比特传送给所有人。未来将不会是二者只择其一，而是二者并存。"[2] 有限的使用信息转换为无限的交换空间，资本主义进入了高流动性、高不确定性与高风险性并存的历史阶段。总体而言，数字化生存世界具有五重一般性特征。其一，"比特"打破传统工业线性的生产时间和流水化方式，非线性、可储存复制的凝固时间结构拓展了社会时间的空间向度。其二，虚拟化空间成为价值创造的载体，虚拟关系重构生产要素组合方式，超越时空界限，融合生产要素，空前提高生产效率。其三，智能化精准控制研—产—销—用。人工智能分析数据为生产流程精准契合消费者偏好提供靶向依据，生产与消费趋向无缝对接。其四，劳动与休闲界限模糊，生产场域扩充至人类社会生活全过程。其五，社会生产个性化、差异化凸显，精细解析社会替代标准化定义社会，社会符号系统与价值伦理正在重塑。总体来看，学界对数字劳动的批判语境呈现出三个典型特征。

其一，事实分析中固守与破界的张力。哈特和奈格里基于信息化时代劳动力质和量同时发生变化提出了非物质劳动概念。"生产被视为一种服务"，劳动"带有分析的创造性和象征任务，它一方面自身分解成为创造性和智能的控制，另一方面成为日常的象征性任务"。同时，劳动还意味着"感情的生产与控制"。[3] 非物质劳动相对于马克思劳动价值理论中"劳动的一般"有了时代性延展，劳动价值的内涵愈加丰富，但如何理解非物质劳动的价值创造仍是悬疑至今的理论难点。有学者指出，非物质劳动能否作为生产劳动关键在于是否可以生产数据，因为"一般数据"（general data）凝结着价值一般，[4] 同样，国内学者大多偏向于在马克思给定的界限内追问数字劳动背后的物质载体以及资本循环过程来揭示非物质劳动的价值创造，在作为生产

---

[1] 参见丹尼尔·贝尔《后工业社会的来临》，高铦、王宏周、魏章玲译，江西人民出版社，2018，第 203 页。

[2] 尼古拉·尼葛洛庞帝：《数字化生存》，胡泳、范海燕译，电子工业出版社，2017，第 12 页。

[3] 麦克尔·哈特、安东尼奥·奈格里：《帝国——全球化的政治秩序》，杨建国、范一亭译，江苏人民出版社，2003，第 279 页。

[4] 蓝江：《历史唯物主义视野下的数字劳动批判》，《马克思主义理论学科研究》2021 年第 11 期。

要素的实体资本循环内进行应然解释。然而，作为社会关系的资本形态已经发生根本性变化，社会关系网层多元化、所有制结构混合化、分配形式交叉化、身份识别模糊化等一系列变化导致资本社会关系构成复杂化，而数字劳动恰恰在生产方式层面融合了社会关系的诸多变迁，上述理论很难在社会真实性层面作为有效解答。

福克斯在劳动和工作的概念区分中界定了数字劳动的概念，它既包括支撑技术运行的实体性设备、矿产、软件开发、基础建设等领域，还涵盖了虚拟化社交媒体、玩等新的形式。数字劳动的内涵和外延拓展到实体生产领域、非物质生产领域、精神领域、文化领域以及虚拟空间领域。劳动不仅仅是一种有意识的创造，还包含了无意识的"留痕"。国内有学者对此提出了质疑，从马克思意义上的劳动一般性与特殊性关系出发，"玩劳动"并不能称为劳动，"产销劳动"的概念亦不能成立，生产过程中的痕迹、废料等因素在所有时代的劳动中均会存在，创造价值的始终还是以生产为直接或主要目的的劳动过程。[①] 因此，生产性劳动的本质仍未改变。总之，数字劳动连接了经典和时代两个场景，而时代的转换迫切要求经典理论谋求自身的突破。

其二，价值原则中剥削与共享的激辩。由于资本占有劳动的非正义性在数字资本主义时代增强，对数字劳动的批判话语在价值维度上秉持劳动正义的态度。由于信息网络的拓展，数字资本主义在生产关系上更为广泛和严密地固化了资本逻辑。[②] 数字技术并未使人从劳动中获得解放，数字化技术革命使人的单向度畸形更为严重，大量专业化训练使普通劳动者丧失了就业机会，资本主义贫苦积累日益严峻。[③] 从异化角度看，"商品形式隐藏在社交形式背后"，数字商品呈现逆向拜物教现象。[④] 从资本积累角度看，数字劳动在泛化劳动者、消费者等资本积累之源的同时，进一步固化了资本的垄断特征，在私有制为轴心的资本主义制度下，数字技术与资本主义制度的共谋成为帝国主义垂死挣扎的有效途径。从剥削程度看，由于数字劳动关联着网

① 石先梅：《数字劳动的一般性与特殊性——基于马克思主义经济学视角分析》，《经济学家》2021 年第 3 期。

② 罗伯特·希勒：《叙事经济学》，陆殷莉译，中信出版社，2020。

③ 周绍东、初传凯：《数字资本主义研究综述》，《世界社会主义研究》2021 年第 12 期。

④ 克里斯蒂安·福克斯：《大数据、社交媒体和数字异化》，罗铮译，《国外社会科学前沿》2022 年第 5 期。

络平台，劳动者的信誉、评级、口碑等因素在一定程度上决定其能否在市场上迅速对接需求，技术与劳动的异化已延伸到精神的深层空间，一方面，平台通过建立评分排名系统将情绪劳动嵌入劳动过程，另一方面，平台还利用"游戏化"技术对员工的工作注意力进行各种控制，资本主义制度下的数字劳动呈现出"他主中的自主"假象。① "情绪剥削"成为榨取剩余价值的新场域。

持共享立场的学者则认为，无论从技术对劳动的解放视角还是从工作的实际体验看，数字劳动准入门槛低、终端平台开放程度高、劳动时间自由支配、职业歧视被抹平等优势凸显出来。"数字劳动是自我的价值化而不是异化"② 可以视作共享话语的基本价值立场，毕竟数字劳动诠释了一种新的人际交互关系，塑造了新的文化系统，拓展了人的自由维度。其实，抽象地谈论价值立场无助于困境的解决，价值立场能否转换必须在制度逻辑的具体性考察中得以确定。

其三，思想行程中批判与主动建构的鸿沟。福克斯认为，当代西方数字劳动的政治经济学批判在本体论、认识论与方法论上都存在巨大的差异，分歧的焦点在于对批判规范的理解上。如果根据波普尔的认识论批判，社会科学研究主要聚焦于通过测试问题解决方案的有效性来获取知识，因此数字劳动研究应首先运用实证主义建立批判的规范性框架，然后进行有效性的方法建构。但主流西方马克思主义者仍坚持阿多诺的社会批判范式，提出了实证主义的缺陷在于只在经验层面肤浅地看到了主客之间的矛盾，没有洞察数字劳动本质与表象的区别，指出数字劳动的本质是资本本体的自我异化，主流经济学界对数字劳动的工具性和技术性的研究，反而成为资本主义制度统治合法化的赋型，故此，对数字劳动的本质批判必须建立在对资本主义社会本质的解构之上。当然，国外学者已经意识到数字劳动批判实际上针对的是庞大的社会信息系统，需要关联媒体、交往、技术、文化认知等各个层面的分析方法，由于涉及层面太过广泛，研究者大多只是提出设想，而在建构新的数字劳动模式上也往往陷入乌托邦的境地。实际上，当下的研究对方法可靠性的忽视也非常明显，部分批判性成果与社会分析脱节，政治经济学批判只定位在纯粹的规范性原则上，抹杀了社会生活不断变动的真实性和制度的底版作用。

---

① 王蔚：《数字资本主义劳动过程及其情绪剥削》，《经济学家》2021 年第 2 期。
② 刘雨婷、文军：《"数字"作为"劳动"的前缀：数字劳动研究的理论困境》，《理论与改革》2022 年第 1 期。

与此同时，上述分歧也明显地体现了批判中建构功能的阙失，导致数字劳动在不同制度下的不同面相被抹平。"推进理论向前发展的一个更有希望的方法是：把抽象理论和更加具体的理论层次之间的关系看成一个问题。"① 若要真正实现从抽象上升到具体，必须引入制度逻辑分析方式，在元理论的指引下铺垫出一个具体性分析层次，在批判中建构起符合当下中国制度的数字劳动模式。

二　资本主义社会数字劳动生成的制度动因

刻画数字劳动的制度逻辑需要立足于一定理论框架，从而发现嵌套在制度中社会存在之间的因果关系。斯科特在各种制度理论演进脉络中提炼出制度的综合性定义："制度包括为社会生活提供稳定性和意义的规制性、规范性和文化—认知要素，以及相关的活动与资源。" 规制性要素强调制度会制约、规制、调节行为；规范性要素突出了社会制度存在说明性、评价性和义务性维度，还包括价值观的规范；文化—认知要素构成了关于社会实在性质的共同理解以及建构意义的认知框架。② 这为审视社会生活具体层面的变迁提供了重要的依据。丹尼尔·贝尔认为："社会有三个领域——技术经济领域、政治领域和文化领域，每个领域都根据不同的原则组织并服从于它。这些领域在不同时代以不同方式相联系，有时变化非常激烈。"③ 总体而言，数字劳动的诞生是二战后资本主义世界政治经济实践的必然结果。20 世纪 70 年代以来凯恩斯主义的失效促使主要资本主义国家急剧转向新自由主义，对个体和企业潜能的充分释放重塑了资本主义国家制度框架。哈维指出："新自由主义试图把一切人类行为都纳入市场领域。这需要种种信息创造技术和能力，积累、储存、传递、分析，使用庞大的数据库，用以在全球指导决策。因此，新自由主义对于信息技术便有着强烈的兴趣和追求。"④ 不得不说，新自由主义塑形了当代资本主义国家制度的三大要素，"技术资本主

① 罗伯特·阿尔布瑞顿：《政治经济学中的辩证法与解构》，李彬彬译，北京师范大学出版社，2018，第 7 页。

② W.查理德·斯科特：《制度与组织——思想观念与物质利益》，姚伟、王黎芳译，中国人民大学出版社，2010，第 58~65 页。

③ 丹尼尔·贝尔：《后工业社会的来临》，高铦、王宏周、魏章玲译，江西人民出版社，2018，第 17 页。

④ 大卫·哈维：《新自由主义简史》，王钦译，上海译文出版社，2016，第 3~4 页。

义"作为晚期资本主义制度最新的标识强调了技术与制度的互动，经济社会同步转向了数字劳动时代。

其一，政府与市场关系的多维化转型与规制性要素社会责任化塑造。"1960 年可以看作是迈向'福利国家'或'混合经济'的临界点。"① 二战后，西方各国政府承担越来越多的经济社会管理职能。新自由主义要求经济活动彻底自由化，但又不得不回应民众对政府承担社会保障职能的期待，制度中的规制性要素呈现调整经济结构、激励经济发展、规避社会风险的新面向。在放任与加速的双重要求下，谋求资产阶级的财富积累与公共服务供给能力的双效提升成为经济规制的重要任务，在有限的时空内通过增加交易频次和强度成为各种经济规制性框架的重要特征，具体表现为：通过强制性安排要求提高国民收入中薪酬比例，保障个人所得税源头；利用高额累进税迫使资本流入周转速率高的信息技术行业；采取源头预扣措施促使大型公司利用网络媒介进行交易。

媒体行业最先在上述规制背景中利用信息技术实现商业模式变革，比特使媒体中一过性流动信息转化为固定的数字商品，实现零边际成本的重复性使用，同时使信息具有任意分割、点对点满足需求和无限共享等特征。企业一旦拥有了知识产权，就可在无限的空间和长时段内获得垄断权利，这些新特征不但实现了规制性要素的调整意图，还促使新自由主义迅速在资本主义世界扩散。

自 20 世纪 90 年代，信息技术开始脱域到社会各个层面，依托互联网的数字技术几乎实现了对社会所有领域的覆盖。资本在信息通道上的自由流动加速了经济全球化的进程。在鲍曼看来，"由于技术因素而导致的时间/空间距离的消失并没有使人类状况向单一化发展，反而使之趋向两级化"②，跨国经济的波动性不仅要求政府必须提供抵御外部风险的社会保险，少数人彻底自由和多数人的不安使"风险社会"成为制度面临的实践情境，政府的功能作用从传统的克服市场失灵迈向降低社会风险。从 20 世纪末期开始，美国数据领域法律框架最重要的变化在于谋求多层次、立体化的数据利用率，构筑社会"安全网"，诸如《信息自由法》《强化政府出版署电子信息

---

① 维托·坦茨：《政府与市场——变革中的政府职能》，王宇等译，商务印书馆，2014，第103页。
② 齐格蒙特·鲍曼：《全球化：人类的后果》，郭国良、徐建华译，商务印书馆，2013，第17页。

获取法》《电子政府法案》《政府信息安全改革法》等法案促进了规制性要素在数字领域的拓展。

哈维颇有见地地指出，新自由主义的蔓延实际上是经济精英整合社会权力的过程。而规制性要素作为调整社会行为的刚性手段，恰恰体现了经济精英重塑制度的内心渴望。彻底自由化、全球化以及社会风险等新情境使规制性要素表现出对数字技术的迫切渴求。一是数字劳动在平台上提供的商品减少了交易摩擦，最大化满足了经济权力阶层的利益诉求，资本借助数字劳动脱域到社会微观层面。二是数字技术为社会监管提供了全景式的信息保障，在对原有劳动方式进行数字化改造的同时又创生了一批新的数字劳动岗位。三是由于信息无孔不入，规制性要素在调整的过程中必然带来数字劳动方式的社会性弥漫，生产方式转型成为势不可挡的历史趋势。

其二，企业组织形式过程化重塑与规范性要素个性化转变。规范性要素强调社会生活中的说明性、评价性和义务性维度，包括规范和价值观系统。战后民族解放运动重塑了国际政治和经济结构，政治权力独立化和经济交往合作化成为世界政治经济格局的最主要特征。跨国公司成为战后企业发展最典型的模式。由于跨国公司实现了国际一体化生产，国际间的分工合作一方面要求信息技术提供迅捷的交易保障，另一方面重塑了企业伦理观念，规范性要素激励企业和个体更为灵活地开辟职业空间。数字平台中的交互性关系和共享使用特征契合了规范性要素的观念转变。

整个 20 世纪数字劳动的蓬勃发展与社会风尚和时代精神密切相关。罗伯特·希勒在《叙事经济学》中指出，追根究底，这种时代精神叙事"包含了一个希望每个人都能取得成功的愿景，并以一种使之看起来既不商业化也不自私自利的方式对其进行了刻画"①。首先，个人作出经济决断不完全依赖于市场而是数据。企业或经济个体认为，由于数据平等地反映了市场博弈的结果，因而依赖数据比关注市场更为可靠，劳动的数字化转型能够让自我更为平等地参与经济合作过程。其次，数字劳动使人生"速成"成为可能。各种制度经济学之所以关注"交易成本"，是因为交易频次的不断增加成为经济活动的现实情境，在伦理上导向了即时兑现、预先兑现等价值观念的萌发。基于平台分析的数字劳动满足了新自由主义社会营造的理想未来的要求：基于个体自由迅速获得成功、植根于内心的商业热情、机会均等以及

---

① 罗伯特·希勒：《叙事经济学》，陆殷莉译，中信出版社，2020，第 158 页。

基于个体成功后的社会责任。这些已无需经过资产阶级前辈在实体性漫长积累中获得。海量数据为每个个体和企业提供了平等的资源，平台为交易提供了全球性的即时兑现契机，数据资源随时可以获得，交易在任何时空内均可以达成，这些远比实体性积累更加轻而易举。最后，数字劳动掩盖了劳动者的真实身份，劳资双方在虚拟空间内抹去了阶层歧视感，冠以"合作"之名进行经济互动，双方不必按照真实的社会角色和预定的叙事脚本交往，劳动者重获了社会角色，虚拟空间提振了他们的自尊心和成就感。总之，新自由主义在价值观上推行了一种新的资本主义时代精神，它在企业组织形式的变革中得以塑形，在价值观层面引导劳动者进入数字化场域。

其三，文化框架符号化塑造数字劳动化认知框架。新自由主义扩散导致了社会学家对民族文化式微的忧虑。新自由主义固然以一种文化一元论的方式解构着民族国家的内心认同基础，但资产阶级学者又自信地认为新自由主义深植于西方传统文化的本体论与认识论。这种双重矛盾促使文化理论自20世纪70年代以后逐渐成为制度研究新版块，而文化理论研究的重要进展在于将弥漫于民族历史之中的文化观念抽象为功能性符号并对之展开语言学分析。美国符号人类学倡导者格尔茨认为："文化概念实质上是一个符号学（semiotic）的概念。……文化就是这样一些由人自己编织的意义之网，因此，对文化分析不是一种寻求规律的实验科学，而是一种探求意义的解释科学。"[1] 从现实层面看，新自由主义以及后工业化转型使资本的社会表达越来越依赖于符号的意义传送，我们可以运用符号建构起一整套情感性的、价值观的和具有共同认同基础的人类意识形态范畴的"象征意义系统"。

显而易见，文化解释的符号化转型搭建了资本主义制度下数字劳动的认同基础。首先，数据本身就是以符号代码的形式呈现的，它统摄了劳动的所有要素，一切劳动行为和劳动后果都被抽象为无意识的数据要素，"社会资本再不是个体依照个人意志搭建而出的网络结构，而是被各种技术手段所推动而被迫形成的'共识'"[2]。在数据符号上形成的共识又脱嵌于现实的文化传统，反而转向了来源于自由想象力与创造力的解读，契合于新自由主义的意识形态根源。其次，数字符号呈现了资本支配下劳动的自我表达意愿。

---

[1]　克利福德·格尔茨：《文化的解释》，韩莉译，译林出版社，2014，第5页。

[2]　陈云松、郭未：《元宇宙的社会学议题：平行社会的理论视野与实证向度》，《江苏社会科学》2022年第2期。

新自由主义思潮下资本逻辑要求深入劳动的内化层面，符号系统在表象层面
中解构了资本剥削的本真面相，诱使劳动者在内心层面认同资本的统摄权
力，把资本视为一种情感和生命体验，同时，数据符号消解了过去—现在—
未来的文化时间轴，个体生命和情感被同质化于平台的商业模式中。最后，
符号化转型实现了从人脑识别到机器识别的变革，算法取代了人的主体性。
信息技术是新自由主义扩散的主要手段。信息技术对劳动的整合依赖于机器
识别，而机器只能在符号代码层面识别世界，因此，数字劳动符号化转型实
现了机器识别与意识形态的自主扩散的要求，海量数据通过算法形成"逻
辑湖"，劳动—数据—符号—算法—逻辑—识别—所指满足了新自由主义扩
张的运行逻辑，无意识和无主体性的识别行为逆向凸显了资本更为强烈的主
体意识。

　　数字劳动在上述三个层面迎合了二战后资本主义制度对生产方式转型的
现实要求。当然，由于不同要素对于社会的影响层次有着差异性评价标准，
很难说明哪种要素最具决定性作用。按照社会有机体理论，所有要素都在内
部统一的制度有机体中促进了这种过程的持续性发生，这些制度动因是理解
劳动数字化转型的重要依据。

三　数字劳动去中心化与制度分析新情境

　　客观地说，数字劳动起源于人类技术革新和战后资本主义世界政治经济
变迁的内在要求，随着全球化的过程已成为席卷世界的共性生产方式和经济
存在样态。无论何种制度都无可避免地运用数字技术改造产业结构、提升生
产效率、创生财富新形式以及改善人的生存境遇。同时，区块链技术使数字
劳动从平台化向去中心化转型，反向地影响着制度要素的内涵和外延，呈现
出新的分析情境和一般性特征。

　　其一，去中心化不断解构规制性要素固化的秩序基础与扩散机制。早期
平台型数字劳动更为凸显了有组织的中心化劳动、扩散机制依靠传统媒介、
组织管理等强制性措施。因此，规制性要素主要依赖于中心处理器等技术路
径对社会问题进行制度界定，通过划定有形的边界对社会行动进行有机调
节。过程体现为规则设定—监督—奖惩等一系列机制，它强化了工业现代性
强调"整齐划一"的劳动图示，规制性要素遵循固定的思维模式和预先设
定的规范程序。

　　区块链技术出现导致数字劳动形式以数据为载体，以算法为指挥棒，以个体的多维接入为运行逻辑，体现出去中心化特征，瓦解了固化的劳动场地和指挥模式。劳动依赖高度复杂的网络连接，终端的流动性、差异性、不确定性、不稳定性等诸多因素凸显，市场在数字化空间丧失了有形的边界。原先"化繁就简"原则和刚性、粗线条的政策路径很难对高度复杂的信息问题作出精准的差异化反应。

　　首先，去中心化在共时性和历时性两个劳动场景中融入了瞬间性和情境性维度，劳动方式更加注重想象、直觉、流动性体验、情感等非理性因素。它们很可能在点对点交互过程中一过性地发生，个体间交流的符码成为进入微观领域的规则，原有的规制性要素很难捕捉数字劳动的瞬间过程，因而情境的即时转换更加重了社会规制过程中面临的"情"与"理"的悖论。"规制性规则之所以产生和扩散，在很大程度上是因为它们能够为那些操纵它们的人带来日益递增的回报。"① 原有规制路径在数字劳动新场景下需要付出大量成本，如果制度的规制再以传统的权威性和外生性方式运作，还会出现大量劳动争议或模糊不清的规制后果。正因如此，激励和诱惑作为新的路径成为网络平台中数字劳动新的规制性情境。在特定的甚至具有唯一性的劳动场景中通过诱导的方式期待具体个体作出符合规制的行为，将规制成本转嫁于被规制一方；同时，由于数字劳动产生了不同的角色任务，利益风险的加剧为规制理念从外在强制转化为传导内心压力提供了契机，通过利益的认同由劳动者自觉培育规制者希望贯彻的社会规则正在成为新型的规制理念。

　　其次，去中心化导致原有的强制性扩散机制面临挑战。传统的扩散机制强调自上而下的强制性贯彻，将社会问题明晰化、简约化，政策的阶段性特征明显。但是，基于去中心化的数字劳动方式使原有的政策链条被特定时空的社会情境取代，具有瞬间性、突发性、快速变更性等的劳动结合方式使原有的扩散机制极易产生时滞。这就要求规制性要素在扩散方式上"从抽象原则的王国中走下来，体现在灵活性与弹性化的行动上"②。具体而言，数字劳动要求每个劳动者的每一次特殊的点对点行为都作为传达规制理念的载体，将整个时代的历史情境具化为场景的真实背景，充分利用去中心化的互

① W. 查理德·斯科特：《制度与组织——思想观念与物质利益》，姚伟、王黎芳译，中国人民大学出版社，2010，第154页。

② 向玉琼：《走向行动主义：建构风险社会中的政策分析范式》，《理论与改革》2022年第2期。

动性和扩散性优势，在短时间内通过个体的交换、互动与反思使规制性原则直接贯彻于特定时空场域，完成技术与经验的时空交融。"政策将建立在对人们的生活——所做、所需、所想、所言和所感——无比丰富和准确的描述上。"① 在这个过程中，原有的阶段性转变为全过程性，阶段中的界限消融，政策扩散依赖于个体事件。

总之，数字劳动情境下的规制性要素更加看重符号系统引起的情感、情绪的即时反应，规制性要素需要从原先使人感觉恐惧和内疚的规制理念转变为激励人们更加轻松、愉快地在"玩劳动"中拥护和巩固的要素，制度也需要从社会掌控者的单向制定扭转为所有社会成员参与共同塑造。

其二，职业交叉化、人机共决消弭了规范性要素的固有模式。传统现代性有着明确的社会阶层分类系统，韦伯用科层来形容现代性职业的固化特征，科层有着明确的规范性评价标准。现代社会中心价值系统以"许可"或"禁止"两种评价方式弥漫于社会各个职业生态领域。去中心化的数字劳动打碎了职业身份单一化的传统背景。各种有固定职业或无固定职业人群都拥有无限的"业余"劳动机会。传统的雇佣关系在去中心化语境中得以重塑。一方面，身份识别愈发依赖抽象的数字化系统加以表达，个性与抽象成为既矛盾又共生的身份现象呈现。另一方面，去中心化冲散了职业固化人群，在业余时间、生活时间甚至正式的工作场合间隙，包括资本所有者、雇佣劳动者、自由职业者、传统意义上的无劳动能力者、未成年人等不同身份的人群都可以提供无限的个性化劳动，从而获得个性化满足，职业身份呈现复杂的交叉网格。

上述变革使制度规范系统面临重塑。首先，中心价值观面临多元催化。由于"中心价值系统并不是在社会中被支持和遵守的价值观和信仰的秩序全部。在任何多变化的社会中，流行的价值系统也许被认为沿着一个界限分布"②，这种趋势在数字劳动情境下更为凸显。数字劳动不仅革新了劳动方式，还带来了整个价值观框架的转型，数据库的开放性决定了不同的价值观在数据流动中交汇、碰撞、融合，很难再以界限分明的"许可"或"禁止"

---

① 杰米・萨斯坎德：《算法的力量：人类如何共同生存？》，李大白译，北京日报出版社，2022，第 201 页。

② 爱德华・希尔斯：《社会的构建》，杨竹山、张文浩、杨琴译，南京大学出版社，2017，第84 页。

加以界定。因此，更具中性的"感召力"原则在数字劳动情境的价值元素塑造中获得了新的生命。一方面，在维护社会主旋律途径上，通过个体劳动者革新成功的"感召力"迅速传播成为价值系统运转的新方式，由于数字劳动者处在不断更新状态，"感召力"成为价值观供给的不竭源泉，价值评价的社会成本也因此分担给不同的参与者。另一方面，感召力回归到普通劳动者的自我认同层面，更有利于价值观浸润到社会微观领域，巩固社会秩序。从价值观的传播主体看，承担"感召力"的角色更为分散，所有社会阶层都成为价值观的驱动力量，但由于感召力承担者自身的品质、言行和场景行为对价值观传播的功效有着重要的影响，去中心化也给权威价值系统带来了广泛的冲击和不确定性挑战。

其次，机器伦理学逼迫制度规范双重决断。传统工业社会伦理学仍围绕着人的决断能力建立，制度仅对人的行为进行规范。数字劳动混合了机器的自主行为，规范系统必须同时面对双重编码。"我们必须将意图写入法律，同时写入控制机器的软件。"① 第一层编码指涉传统意义的对人的行为的规范，由于"经济效率与社会正义之间的矛盾是两种不同的社会目的或社会利益之间的矛盾，因此是一个伦理冲突问题"②。在第一种冲突悬而未决的情况下，第二层编码即基于海量数据收集与分析，通过智能读写的方式对机器行为的规范成为相当棘手的难题。"汽车伦理学"反映出制度面对人与机器共同决断的社会情境时所遭遇的尴尬，尤其当人将社会规范交于机器的编码规则决断时，效率与公平、生命与秩序、人性与法治等复杂的伦理悖论都要转换为算法，通过编码程序转换为固定的读写规则，而更为复杂的情境在数字劳动层面体现为难以直接界定机器和人的行为，导致很难通过事后实证的方式判断其在伦理上是否具有正当性。这些难题亟待制度规范以更为差异化的方式敏感地对各种个性化行为作出即时反馈。同时，去中心化促使制度不断趋向彻底的透明化，被网民认可的特定权利和义务在数字化传播上以公开透明的方式支配着物质资源。懊悔、自责、荣誉等一系列情感因素更直接地暴露于公众视野，冲击着劳动者的自我评价。

概括地说，去中心化的数字劳动导致传统中心价值观的凝聚方式面临着

---

① 克里斯多夫·库克里克：《微粒社会——数字化时代的社会模式》，黄昆、夏柯译，中信出版社，2018，第138页。

② 徐大建：《西方经济伦理思想史：经济的伦理内涵与社会文明的演进》，上海人民出版社，2020，第14页。

严峻挑战,"总有相当数量的价值观和信仰具有不完整性"①。去中心化的数字劳动既存在于个性化的劳动者领域内,也会弥漫在个体与社会交叉的缝隙地带。在数字劳动时代制度中的共同信念和价值观的嬗变印证了吉登斯对晚期现代性的诊断:"社会世界不应被理解为'第一自我'(ego)面临'第二自我'(alter)时的多种场景,而应被视为另一类情景,即每个人都能平等地参与到可被预见的社会互动之动态过程中。"② 因此,在流动和个性化的时空场域中以"他省"的方式呈现人和机器行为的伦理评价很难直接预设标准,通过网络争议的形式达成共识,在不断差异化的反馈中接受新的价值成为规范性要素新的实践场景。

其三,流变符号系统扭碎了文化—认知性要素的有形框架。德波把现代性文化系统视为"来自分解旧世界生活类型的历史,但是作为被分离的领域,它仍然只是智力和感性的交际,两者在部分历史的社会中还停留在部分的状态"③。工业化社会(以及早期数字劳动时代)的认知框架实际上是商品与民族国家文化形式相融合的产物,裹挟着强烈的主体性资本和主体性国家的建构因素。由于现代性的开端嵌入了民族国家的文化形式,工业现代性社会凝结出的符号系统一般不需要通过具体的场景来维护。

在去中心化的数字劳动时代,商品以数据的方式呈现,而数据包括了人在处理网络信息时无意义的留痕,符号系统生成的主观意义基础被海量的无意识数据消解,高度解析化、瞬时场景化、个体微粒化成为数字化时代的社会背景,符号系统呈现无形化、去意义化、多元化、情景化等新特征。从本质上说,文化—认知性要素必须以社会为中介为制度提供共同意义的框架,因此制度的文化框架面临着重新编码的诉求。

首先,符号系统难以再用精神指令的方式凝合人的主观认知。理解、影响和调整成为数据反馈回路中符号系统的新规则。无意识的数据自身没有内涵特殊的符号意义,不同的社会群体对数据符号理解不同,接受符号反馈的意义就呈现明显的差异。符号与个体之间在特定的时空场形成差异化的"无声的默契",这种默契也会跟随场景的转换而发生理解上的变化。对符

---

① 爱德华·希尔斯:《社会的构建》,杨竹山、张文浩、杨琴译,南京大学出版社,2017,第84页。

② 安东尼·吉登斯:《现代性与自我认同——晚期现代中的自我与社会》,夏璐译,中国人民大学出版社,2016,第48页。

③ 居伊·德波:《景观社会》,张新木译,南京大学出版社,2017,第118页。

号的差异化理解影响着不同社会群体的行为，由于每个人都在信息上被解读，这些影响不但与经济利益密切相关，更牵扯到数字劳动者的信誉、评级、评价等诸多要素。数据通过无形的压力调整着数字劳动的质性，而数字劳动又以生产数据的方式反馈给符号系统，形成了稳定的生成—接收—反馈回路，产生了具有不同场景特征的符号生态环境。更严峻的是，民族国家的意义消弭于无意识的符号反馈回路中，制度的主体性符号基础面临被瓦解的威胁，如何在分散的人和无意义的海量数据中嵌入民族文化基因和时代精神成为制度研究无法回避的重大问题。

其次，有形符号系统正被无形的符号流替代。"数字化的机器是可以无限变化的，而且能够毫无麻烦地、快速且令人信任地适应人的每一个身体和精神活动。"[1] 由于数据生产无时无刻不在发生，数据符号的构成和形态也时刻发生着流变，形成了数字世界特有的符号流系统，对符号的反馈行为也是片段性地呈现。我们不能武断地指责它是一个虚构的世界，毕竟它所创生的劳动形式正在现实生活中进行着真实的价值创造。有形的符号系统支撑的刚性制度框架在接纳无形的符号流时充满了事实与价值的张力。吉登斯认为，常人方法学在高速的信息化社会获得了现实的解释力。"一个符号在不同的情境中有不同的含义——而且不同的符号有可能在不同的环境中表达'相同的'语义学内涵（反之亦然）。"[2] 这为数字化世界提出了三个亟须破解的难题：被制度框定的社会生活是否还应符合"科学态度"和"价值目标"所规定的理性标准？符号流里的行为是否是脱离这些标准的个性化表演？制度中的历史文化因素如何通过符号流再次回溯到人的劳动观念中？实际上，无形的符号流正在精神的深层空间传达着人类对制度的新期盼，每一次符号的意义界定都需要在特定的时空中完成，表征了大众需要在数字劳动空间找到更为坚实的自我认同基础。

综上所述，数字劳动的去中心化为制度分析带来了三个无法回避的事实：在制度本体层面，不仅要处理物与人的交换关系，而且要处理数据与人的心灵映射关系；在制度的构成层面，三大要素既要处理传统现代社会的基本问题，还面临"元宇宙"空间内的无限变化；在具体操作层面，制度对

---

① 克里斯多夫·库克里克：《微粒社会——数字化时代的社会模式》，黄昆、夏柯译，中信出版社，2018，第100页。

② 安东尼·吉登斯：《社会学方法的新规则——一种对解释社会学的建设性批判》，田佑中、刘江涛译，社会科学文献出版社，2003，第106页。

社会的控制从统一化的批量处理走向精细化、敏感性的差异调整，实现多元化社会的完整性表达。

四　批判与建构之融合：数字劳动的制度优势何以呈现

中国特色社会主义制度之所以具有优势，是因其能够解决中国发展的现实问题。制度主义虽然提供了一个理性的中观分析层次，但由于个人主义方法论的抽象性、价值立场的丧失，亦具有不可克服的缺陷。因此，思考和解决上述张力需在运用政治经济学批判的方法论基础上同时借鉴制度主义的相关框架，为建构数字劳动的制度优势提供思想营养。

第一，在统一大市场环境中构建"拟制去中心化"的规制性框架。在坚守社会主义制度经济主权的条件下充分释放数字劳动的生长空间。无论如何，去中心化最致命的后果是国家经济权能的消解甚至丧失，就连资本主义制度都对其进行一系列的规制性约束。社会主义制度应时刻警惕资本逻辑对国家政治权力的侵犯，但去中心化在交换层面的确激发了经济活动的自主性和创造性。据此，制度中的规制性要素需要打破"条""块"分割的局限性，抓住国内统一大市场建设的契机，建立高效务实的规制性框架。笔者提出的"拟制去中心化"，是借鉴经济活动中公司作为拟制主体的法律构造，在统一建设的大市场过程中通过法律结构改造，消除一切有碍于经济正常发展的规制性约束。"更好发挥政府作用"之精义在于政府应保障个体理性、分散决策在经济活动中的决定性作用，在国内大市场中营造一种类似"去中心化"的市场环境。

在规制构造上，告别拼盘式的经济立法结构，"任何有助于实现特定行业规制目标的制度，均可拿来运用，不必考虑其在性质和体系归属上能否被既有部门法体系所吸纳"①。通过激励式、弥漫式、精细化的部门法新构造调节数字劳动领域中人的行为方式。在规制理念上，尊重场景式、个性生态化的数字劳动新情境，规制性要素不直接干预数字经济交往的规则和个人选择的意愿，不强制扭转社会子系统在数字领域的自然分化，实现数字劳动在框架内的个体自治，最大化拓展规制的刚性边界，这对于数字劳动的自由发展尤为重要。所谓"拟制"，是指规制性要素以明确原则的方式划定经济主

---

① 宋亚辉：《社会基础变迁与部门法分立格局的现代发展》，《法学家》2021 年第 1 期。

权的界限，明确个体自治与国家经济统合的场域，在规制运行逻辑上，需处理好个人选择和国家决断的因果关系、资本与社会制度之间目的和手段的关系，既要将"权力关在笼子里"，又要把资本激活于制度框架中，国家作为坚定的经济保障主体隐藏于数字世界的背后，使数字经济的市场环境更加接近于真实的去中心化世界，推动数字劳动的自我理性化过程，锻造社会主义生产力利剑，回应数字时代的规制要求。

第二，通过畅通的欲望表达机制凝合规范性要素的共同基础。中心化的数字劳动场域出现的多元价值分散现象，一方面传达了人在现代性加速过程中对身心欲望实现的迫切渴求，另一方面显示出现代人借助技术手段提升自我认同感的进步性。在面对各种伦理考验时，制度规范应摒弃道德预设的传统约束理念，从价值预设走向价值生成。通过建立多层级欲望的社会表达机制，在深层精神空间引导劳动者树立符合时代发展要求的伦理观念，达到殊途同归的效果。

在规范体系的建构中，应正视不同群体的欲望层级，利用场景化优势引导欲望的合理表达，告别抽象的和压迫式的说教，将伦理价值契合到现实的生产和生存过程中，找到具体化的物质承载基础，消除伦理和技术实践的隔阂。在规范过程中，注重数字生活的真实场景带来的实际体验，通过场景式体验引入传统文化优秀因子，建立以"平衡"和"调和"为基调的数字劳动伦理氛围。实际上，数字劳动空间以其特有的虚拟性、跨时空性、迅速传播性，能够更好地建立起与时空平衡的个人体验、身体诉求、精神需要等伦理观念，将多元因果关系、生存压力有梯度地释放在价值场中。在规范标准上，需承认数字空间内劳动者的共同评价结论，以人的现实价值的实现作为引导数字劳动行为的标准。时至今日，社会主义核心价值观作为制度的权威价值系统，必须在日益分化的社会子系统中通过场景化和分散式的传达机制加以贯彻。因此在规范目的上，"使劳动的自由、自主、自觉的特性在一定程度上得以归复"[①]，"人民至上"的中心理念也应在正视和允许社会不同群体实现合理欲望的基础上表达出制度的现实性和优越性。

第三，在文化—认知框架维度建构数字时代的符号学东方主义。莫利和罗宾斯在《认同的空间：全球媒介、电子世界景观和文化边界》一书中分

---

① 胡莹：《数字经济时代我国劳动过程的制度优势——基于社会主义基本经济制度新概括的视角》，《马克思主义理论学科研究》2022 年第 1 期。

析了晚近以来日本国内技术与文化的融合过程，"由于有了这些新技术，自相矛盾的两套日本性呈现出新的形态；新技术已经同对日本认同和种族特性的认识结合起来"①。借鉴这一思路，抓住数字劳动转型的新契机，建构起与中国文化传统一脉相承的数字符号学东方主义，是弥合符号流变与民族认同的关键所在。从根本上说，中华民族文化赓续数千年，在血脉流淌中经历了技术变革的诸多挑战，具有和合包容、超越物我的精神基因。面对数字劳动技术革命，更不应采取拒斥与否定的价值立场，相反应当思考如何在世界历史进程的革新逻辑中塑形符号的东方主义美学。

其实，流变的符号并不应然指向对传统意义的解构，只是在人的经验感官层面不再固化于某种氛围的沉浸。如能将东方主义元素抽象为一套具有固定语义学含义的符号系统，使之在数字空间日常生活中不断流转，则能达到二者在数字劳动情境中相互生成的效果。实际上，算法提供了绝佳的符号生成机会，作为技术逻辑的算法可以编排出具有价值意义的符号逻辑，去中心化本身并不能拒斥算法，反而成为算法的微观触角，算法可以作为符号学东方主义的底层逻辑，在技术层面减小价值与理性的张力。通过算法拟制的符号系统在去中心化弥漫的过程中深入日常生活的微观领域，让民族文化意义成为符号传达的必然结果，二者从离散重回同一，因此，潜移默化的社会过程有助于提升制度的普遍认同感和凝聚力。

总之，对于数字劳动与制度的关系，必须在实践的动态过程中综合运用各学科的前沿方法加以思考。在理论层面，数字劳动突破了传统政治经济学的基本概念、底层逻辑、学科框架，它既为建构中国特色社会主义政治经济学拓展了新的研究空间，又是研究必须首先考察的基础性历史背景。在现实层面，数字劳动的共享性、普惠性、生态性等优势需要通过制度的微观设计加以释放，而其带来的异化问题、价值危机等负面效果亦需要制度的顶层设计加以制约，要在批判与建构的双重语境下建立起具有中国元素、制度优势和民族特色的数字劳动制度体系。

（作者单位：安徽财经大学）

---

① 戴维·莫利、凯文·罗宾斯：《认同的空间：全球媒介、电子世界景观和文化边界》，司艳译，南京大学出版社，2001，第230页。

中国式数字文明的形成、特质与意义

——基于历史唯物主义的视角

刘卓红 刘 艺

习近平总书记在向 2021 年世界互联网大会乌镇峰会致贺信时提出："构建数字合作格局，筑牢数字安全屏障，让数字文明造福各国人民，推动构建人类命运共同体。"[①] 数字文明时代以数据为生产要素，形成了以大数据、云计算、物联网等新一代数字技术为基础的新技术框架，实现了网络化、信息化和智能化深度融合。数字文明的形成给人类的生产和生活带来深远影响，开创了一个相较于农业文明、工业文明更高阶段的新文明形式。中国式数字文明作为社会主义文明的当代新形态，拥有中华传统文化底蕴和社会主义制度优势，既能够实现对资本和技术的双重超越，推动数字经济健康发展，又能够为人类文明发展贡献中国智慧，携手各国重构一个符合全人类共同价值追求的世界秩序，推动人类文明多样化发展。

一 数字文明的形成

迄今为止，人类文明发展经历了蒸汽文明、电气文明、信息文明。进入数字时代，[②] 数字技术改变了传统的生产方式，产生新的商品形式，从而催生出新的文明形态——数字文明。数字文明的出现不仅归因于马克思主义文

---

① 《习近平向 2021 年世界互联网大会乌镇峰会致贺信》，《人民日报》2021 年 9 月 27 日。

② 关于"数字时代"概念的使用学界有很多讨论，比如关巍、王宁、章剑生等人将之表述为"数字化时代"，而阳镇、陈劲、王伟进等人将之表述为"数字经济时代"。通过查找习近平总书记相关论述，本文选择使用"数字时代"这一表述。

明观强调的生产方式变化的根本缘起，而且数字技术革命的爆发和数字时代的现实需要也是推动数字文明生成的动力源泉。

首先，数字文明创造性地发展了马克思主义文明观。在马克思、恩格斯眼中，生产方式是衡量文明发展的根本尺度。马克思、恩格斯在吸收摩尔根、傅立叶等人有关文明思想的基础上，以唯物史观视角考察了文明的发展与生产方式的关系，认为生产方式变革是文明发展的动力："一切社会变迁和政治变革的终极原因……而应当到生产方式和交换方式的变更中去寻找。"① 新技术、新机器的出现，以及投入生产加以使用，不仅大大提高了生产力，创造出新的劳动方式和生产关系，而且推动社会体系内部相互作用链条传递到社会生活的各领域，推动文明的演进。除此之外，新技术、新机器的出现和使用还导致社会的连锁反应："使用机械辅助手段而获益一旦成为先例，一切工业部门也就渐渐仿效起来；文明程度的提高，这是工业中一切改进的无可争议的结果，文明程度一提高，就产生新的需要、新的生产部门，而这样一来又引起新的改进。"② 与此同时，"随着新生产力的获得，人们改变自己的生产方式，随着生产方式即谋生的方式的改变，人们也就会改变自己的一切社会关系。手推磨产生的是封建主的社会，蒸汽磨产生的是工业资本家的社会"③。显然，马克思、恩格斯提出的"封建主的社会""工业资本家的社会"均属于社会文化类型，从这个意义上说，在一定历史发展阶段中，物质生产方式的每一次变革都会创造出一个特定的文明形式。

数字文明仍遵循马克思主义对文明性质的界定，即文明是一个历史范畴。数字文明是文明发展的更高阶段的呈现，代表的是数字技术蓬勃发展这一特定历史阶段的水平，其形成归结于生产方式的变革，是文明的数字化和数字的文明化的内在统一。在历时态维度上，数字技术作为新的生产工具，产生了新型的数字生产力，相较于机器生产所代表的生产力更为先进。生产领域发生重大变革的根本所在，就是科学技术带动自动化生产、数字化制造、人工智能的发展，形成了强大的数字生产方式。在共时态维度上，当20 世纪世界上出现资本主义和社会主义两种社会制度后，东西方不同的两种社会制度使数字文明发展呈现多样性和不平衡性，这就为开展资本主义文

---

① 《马克思恩格斯文集》（第 9 卷），人民出版社，2009，第 284 页。
② 《马克思恩格斯全集》（第 3 卷），人民出版社，2002，第 541 页。
③ 《马克思恩格斯文集》（第 1 卷），人民出版社，2009，第 602 页。

明和社会主义文明之间的比较提供了可能。正如马克思所指出的："资本的文明面之一是，它榨取这种剩余劳动的方式和条件，同以前的奴隶制、农奴制等形式相比，都更有利于生产力的发展，有利于社会关系的发展，有利于更高级的新形态的各种要素的创造。"① 资本主义生产逻辑虽不以发展生产力为目的，但在客观上推动了社会生产力的发展。中国特色社会主义制度不仅能释放出数字资本解放和发展生产力的动力，而且能引导这种动力激活"数字资本的文明面"，让广大发展中国家不再简单地走上资本主义文明发展道路，而是主动寻求新的、更为合理的数字文明发展模式。

其次，科技革命带来技术范式的转换，从而带动数字文明的转型。在托马斯·库恩"科学范式"概念的基础上，G. 多西将"范式"引入技术创新之中，提出"技术范式"的概念，劳丹、芒福德、海德格尔等学者也从不同角度探讨了技术范式的内涵。在这里，暂不探讨技术范式概念在不同语境下的差异，而是要重点讨论技术范式更替与文明演进的关系问题。自人类诞生以来，人类社会经历了原始文明、农业文明、工业文明的演进历程，文明的每一次进步都与技术进步密切相关，且每一次科技革命都会引起技术范式的历史性更替，技术范式转换带来的一系列新技术、新发明和新创造，影响着人类社会各个领域，进而使人类文明演进呈现明显的周期性。简言之，由科技革命带来的技术范式更替，是推动文明发展进程的重要力量。从历史的宏观视野看，17~18 世纪蒸汽机、纺织机等机械发明的出现，使科学理性代替了宗教神学，成为占统治地位的价值观念，新的机械唯物主义范式产生；工业革命创造新的生产方式，使整个社会经济、政治、文化、社会结构以及人的生存方式等发生根本性变革，人类步入了工业文明时代。当今世界进入了工业文明与数字文明交替的历史时期，新一轮科技革命带来的大数据、人工智能、算法等技术及其相互融合，如由 5G、物联网和区块链造就的人与人、人与物之间的实时链接，现实世界与虚拟世界融合等，改变了工业文明的众多方面，新的技术范式代替了机械唯物主义范式。在新技术革命进程中，数字技术对传统产业、企业赋能，"互联网变得无所不在，移动性大幅提高；传感器体积变得更小、性能更强大、成本也更低；与此同时，人工智能和机器学习也开始崭露锋芒"②，其显著特征可以概括为"万物互联"

① 《马克思恩格斯文集》（第 7 卷），人民出版社，2009，第 927~928 页。
② 克劳斯·施瓦布：《第四次工业革命：转型的力量》，李菁译，中信出版社，2016，第 4 页。

（internet of everythings）。数字技术推动了产业数字化和数字产业化，新的技术范式的出现表明人类社会进入了全新的数字文明时代。

科技革命是人类文明发展的显性标志。在文明进步的意义上，数字技术的应用从根本上改变了社会分工和协作，人类在生产实践过程中掌握新技术、提高生产力的同时，把数字技术广泛运用到经济、社会和文化领域，并使其融为一体，促进了人类新的文明形态的诞生。第一，数字技术拥有赋能的特质。大数据、物联网、区块链等技术在万物联网基础上撷取及感测数据，不仅促进了数字资本流动以及数据信息的传播，而且随着网络的扩大化和规模化，逐步消解了信息不对称，实现数字经济要素的快速流通。这些均有助于在世界范围内组织和调度生产，加速经济全球化进程。同时，通过对数据的收集与分析，为交通、能源、物流、环保和医疗等领域提供精准高效的服务，有助于建设智慧城市，推动城市现代化发展。第二，AR&VR、人工智能、区块链等技术联结虚拟现实，特别是元宇宙概念的出现，从思想上改变了人类对空间的认知，即人类世界开始从单一物理空间的"平面公开"迈向跨越物理和数字双重空间的"立体可视"，实现网络空间与现实世界密切嵌套联结，推动人类文明进入新阶段。技术作为衡量文明程度的重要标尺，而新的生产力主要通过技术能力加以体现，勾勒出某一历史时期人类文明演进的高度。然而，人类文明的发展并不仅仅涉及技术的演进，并不能仅用技术指标进行衡量，它还应包括不同历史时期对物质文明和精神文明的现实需要、人类使用技术工具对自然和社会的能动改造等动力因素，以此丰富文明的内涵。

最后，数字时代的现实需要期盼数字文明。纵观人类文明发展历程，社会生产方式的变革必然伴随新的文明形式的出现，如机器工业的发展促使农业从传统手工业转向资本主义机器大农业，在工业化程度不断加深、机械化大生产占主导地位的情况下，工业文明取代农业文明，而在这一过程中，工业文明历经了机械化、电气化和信息化等不同阶段。以数字技术为核心的新一轮科技革命，推动数字生产方式的智能化发展，大数据、量子计算等新兴科技相继出现，数字技术赋能传统产业、实体经济、社会治理等领域，呈现出信息通信技术与经济融合、数据与人交互的时代潮流。在数字技术的影响下，原有的世界经济体系、文化体系和资源分配体系逐渐瓦解和重建，催生了一个以数字技术为运作规则的全新时代。

数字时代与先前时代表现出明显的不同。在机械化和电气化时代，人类主要利用新技术实现对物质能量的充分利用。在信息化时代，信息技术（IT）是技术进步的最新成果，人类活动范围依然以物理世界为主，遵循线下的流程化思维，软件系统只是一种工具，而数据是其运行过程中的副产品。但在数字时代，随着物联网、区块链、AR 和 VR 等数字技术（DT）的广泛使用，物理世界被重构建模到虚拟的数字化世界，人们的生产、生活等活动都可以通过数字化技术在虚拟世界里得到实现。数字时代实现了从信息化向数据化的转变，此时，传统的物理世界便成为数字化世界的辅助，人类也超越了物理实体的范畴，构建起新的数字化生存方式和思维方式。

　　对生活在数字时代的个体来说，为了适应数字化生存和生活方式、弥合数字鸿沟，需要提高自身的数字素养；对整个社会而言，为了实现高质量发展，必须推动数字经济健康发展，比如，促进产业数字化转型、完善数字经济治理、建设数字社会，等等。数字文明是继农业文明和工业文明之后的一种新文明形态，主要是指在数字技术主导下，人类从事物质生产、生活等实践活动呈现的一种社会进步状态；数字文明是由数字技术、数字经济、数字文化、数字社会所构成的一个整体。由此可见，构建数字文明，能够极大地满足数字时代在社会生产、生活、生态等各方面的现实需要。对此，习近平总书记根据时代发展的需要，结合中国特色社会主义制度的特点，提出数字文明的概念，明确强调要把增进人民福祉、构筑全体人民畅享的数字生活作为数字经济发展的出发点和落脚点；同时，积极倡导世界各国人民共同推动数字技术的创新和发展。

　　当前，西方发达资本主义国家凭借长期的制度和技术环境优势，造就了有利于数字文明发展的良好条件，比如，以数字化模式运营的传统服务业、数字化的电子商务、共享经济等数字产业居于领先地位。我国作为新兴工业大国，数字经济发展相对处于弱势，在网络基础设施建设和资金投入等方面也落后于西方发达资本主义国家。然而，我们也必须看到，西方作为几次工业革命爆发的中心，其产业和企业拥有庞大的技术经济模型，难以做出规模上的改变，对新技术的接纳和推广也异常缓慢。相比之下，中国作为新兴工业大国更容易接受新技术、理解新技术，能够清晰地把握新概念和新商业生态的发展逻辑。在技术应用阶段较少存在抵制的情况下，能遵循社会发展的需求导向和规模导向，以较快的速度推动数字经济持续发展，为中国开启数字文明的大门奠定物质基础。中国式数字文明是具有明确价值引导的数字文明，拥有不同于资本主义文明的特质，能够实现对资本与技术的双重超越，中国能为建构起一个全球参与、数字向善、全民共享的新的文明作出贡献。

二 中国式数字文明的特质

数字文明是在全球化视野下，以数据和算法为生产要素，对全球政治、经济、文化和社会等领域影响深远的人类文明。数字文明的生成与发展逻辑遵循事物发展的辩证性法则，对人类呈现出双重影响。以资本文明为主流的西方发达国家，是按照资本逻辑主导的方式达到资本增殖目的的，最终造成文明的内在冲突与矛盾激化。

相反，中国式数字文明具有中国特色社会主义的制度优势，能够善用数字资本，在规避其局限性的同时，使数字资本在生产领域发挥积极作用；能够传承中华优秀文明基因，打破西方构建的"零和博弈"的价值体系，重建一种符合全人类共同价值的数字文明；能够坚持数字经济为人民所用，超越资本主义背离人民根本利益的历史局限性，凸显社会主义文明以人民为中心的思想，引领数字文明朝正确的方向发展。概言之，中国式数字文明从形成的那天起，就展现出与西方资本主义数字文明不同的特质，具有鲜明的共享性、共治性和全人类性。我国还依托独立完整的现代工业体系和市场优势，在有效市场和有为政府相互促进的基础上，实现数字经济的跨越式发展，从而塑造了不同于西方数字文明的新形态。

首先，中国式数字文明具有共享性的鲜明特点。数据作为数字文明之基，是在经济行为中自然产生的，其本身蕴含的价值主要通过汇聚发挥作用，全球数字化程度越高，数据要素的价值就越大。数字文明具有天然的非竞争性和非排他性，这是先前任何文明形式所不曾拥有的，加之数字化连通的方式，能够提升其他生产要素的数字化效能，在一定程度上规避了数字帝国主义的产生。但从狭义技术视角看，数字技术的内在价值是中立的，即技术一旦被创造出来便脱离创造者独立存在，其所承载的价值是外部赋予的，本身只有潜在的属性和功能，不能负载创造者的价值。因此，技术在为使用者的目的运转时，便被注入使用者的意志和价值观。为避免技术异化，数字技术发展可借助社会主义制度优势摆脱资本主义意志与价值的束缚，按照技术自身的内在逻辑发展，从而服务于各种目的的实现。

数字时代背景下，西方资本主义国家仍然遵循工业革命时期的资本私人占有逻辑，即资本家拥有数字化劳动资料的所有权，利用数字技术进行数据垄断，通过确立不平等的数字资本主义生产关系及所有制，使数字平台、数字产业按照资本剥削逻辑运转，引发"数字鸿沟"问题。正如马克思所指出的："机器具有减少人类劳动和使劳动更有成效的神奇力量，然而却引起了饥饿和过度的疲劳。"① 资本主义条件下的数字技术发展是扭曲的，被附加不合理条件后的技术只是资本剥削的工具。也就是说，西方文明中心论构建的是以弱肉强食和扩张性为主要特征的发展模式，这种模式在工业革命时期虽然为发展生产力作出巨大贡献，但其本质正如马克思所指出的："正像它使农村从属于城市一样，它使未开化和半开化的国家从属于文明的国家，使农民的民族从属于资产阶级的民族，使东方从属于西方。"② 工业革命后，资本主义国家掌控了国际话语权，将西方价值观念生成为全球性的交往理性和文明规则，导致大多数国家受制于西方资本主义国家，失去了自己的主导权。

中国式数字文明不仅扬弃了技术的理性统摄，坚持数字技术发展的价值追求，而且赓续传承中华优秀文明基因所蕴含的追求和平发展、共同繁荣、合作共赢的中国智慧，比如东西方国家为应对新冠疫情而制定的不同政策，就直接反映出东西方文明对数字技术应用的重大差异。我国在推动数字技术发展的过程中，通过出台相关的法律法规、严格监管数据收集和使用等方法，避免出现数据垄断、滥用等问题，做到在利用技术的同时实现数字技术的文明化；坚持以人为本，避免数字理性造成的单一性，实现世界各国共享数字文明发展红利；注重树立科技向善的理念，坚持以人民为中心发展数字技术，着重解决大数据杀熟、平台算法歧视和基因编辑等科技伦理问题，营造数字经济创新生态，更好地增进人类福祉，凸显中国式数字文明的共享性。

总的来说，中国式数字文明的开启，对破除西方文明的利益至上价值观念具有积极作用：一方面，数字技术具有共享性的鲜明特点；另一方面，中国式数字文明秉承中华传统文化中的"和而不同""以义为先、义利兼顾"的文明观，超越了西方"零和博弈"的丛林法则，坚持在不损害自身利益

---

① 《马克思恩格斯文集》（第 2 卷），人民出版社，2009，第 580 页。
② 《马克思恩格斯文集》（第 2 卷），人民出版社，2009，第 36 页。

的前提下实现平等合作，为世界各国描绘了共同发展、互利共赢的发展前景。

其次，中国式数字文明具有共治性的鲜明特点。数字技术的普遍应用及其带来的全球数字化转型，使发展数字技术成为开展全球数字治理的重要一环。全球数字治理指的是世界各国共同参与应对数字技术发展产生的政治、经济、社会安全等问题。在政治层面，数字技术发展使参与治理的主体超越了国家边界，国内与国外、国家与国家之间形成广泛联结的全域网络，使资源分配、安全维护等国家事务不仅与本国国内个人、组织等治理主体有关，而且也受到他国规则和主张等其他因素的影响。这意味着全球多元主体处在同一个治理场景中，亟须形成世界各个国家参与其中、共同管理的开放性共治机制。在经济层面，数字技术的灵活性、生成性和创新性，使其编码、组件、模块可以低成本更换，通过自我复制实现性能与功能升级，进而迅速覆盖更多应用场景。这种强适应属性推动技术研发和应用从组织内部转移到社会范围，在实现社会研发、应用的同时，也为市场和消费者提供了新的数字产品和数字化服务。显然，经济领域的数字化转型重构并生成新的市场，必将促进数字经济新一轮发展。在社会安全方面，跨境治理场景中存在境外行动者和"无秩序者"，他们会在跨境数据流动、网络安全等领域引发数字问题或数字风险，成为全球治理的不稳定要素。这就需要世界各国共同应对，尤其是在数据安全维护、跨国移动与交易和数据犯罪治理等领域，要建立跨国数字社会治理制度，构建世界数字治理共同体。

生产力发展水平决定着文明交往方式。西方资本主义国家抓住了前三次工业革命的关键核心技术，使得生产力迅猛提升，形成了发展水平较高的文明，并在现代文明交往中处于主导地位。为避免西方数字霸权和单向剥削，打破其塑造的数字监控网络，免于被数字主权支配，中国式数字文明针对全人类共同面临的治理问题，积极寻求新的解决方案。其一，高速泛在、云网融合、天地一体的智能化综合性数字信息基础设施为实现治理数字化和同类数据的互联共享提供了技术支撑，有助于在更大范围内建立跨地域的协同平台。其二，具有去中心化、不可篡改、公开透明和可追溯特点的区块链、网络化群控、大数据可视化、卫星通信网络等技术，可以解决数字化治理在处理信息系统丛林、信息壁垒问题时引起的数据信息安全、算法歧视等隐患。数字技术的这种特质，增强了数据信息的开放性，淡化了人为操纵色彩，使各国信息交流互动更为高效，促使信息传播速度呈指数级增长。这种高质量的数据互联与信息共享打破了治理主体互动的时空限制，降低了交互成本，提升了沟通效率，为社会治理提供了低成本、高可信度的信任机制，奠定了世界各国在各领域合作的"信任"基础。在互信互助前提下，用数字化技术联结每个社会要素，为全球治理带来便利。其三，云计算、人工智能等数字技术为社会治理的精细化提供了有力支持。通过对数据信息进行梳理和深度分析，有效汇集了不同治理主体的需求和偏好，这更有利于协调各方利益；"去结构化"的信息交流平台，加快了数字技术互联互通建设，促进了开放、流通的网络公共空间的形成，有利于实现去权威化、去中心化，提升治理精准程度，推动全球数字治理构建包容、开放、合作的新模式。

最后，中国式数字文明具有全人类性的鲜明特点。没有任何国家可以将文明限制在一国范围内，数字化发展把全人类带进数字文明这一高级发展阶段。从技术层面来看，数字文明的全人类性体现在两个方面：数字平台对个体数据信息的深度挖掘和快捷传播，极大地便利了个体对数据信息的获取和使用，使个体数字化发展的新形态应运而生；全球信息化、数字化、网络化和智能化深入发展，带动了全球网络数据信息的整合，强化了跨国家、跨地域的网际协作，促进了不同数据信息主体之间的全程联通和交流，从而使一个世界范围内的巨大的社会信息网络形成。这既是构建网络空间命运共同体的技术基础，也体现出数字文明不断发展的内在逻辑。

数字技术呈现的全人类性特点还体现在经济、政治、文化等领域。在经济领域，区块链、物联网技术天然的共享特质，推动了共享经济的发展，其最大的特点是离散程度高、价值集中快，使出行、餐饮、教育等分散程度高的行业被共享经济改造，世界范围内信息交流的速度和广度进一步拓展，人与人之间的联系更加密切。在政治领域，数字技术安全性强，数字信号加密方便，能够极大地增强信息传输的安全性。在文化交流方面，数字媒体打破地理界限，催生了新的交流与连通方式，人类互通往来以数字化形式进行，实现了人员的虚拟流动，推动全球化跨境交流。

由于数字全球化进程是非均衡的，先发国家凭借数字技术优势形成"数字鸿沟"，以欧美为主导的先行梯队在技术进步、关键资源和治理机制等方面具有主导性话语权，阻碍了世界各国之间的协同发展。但从全球视野看，数字全球化是当今时代不可逆转的发展趋势，加之数字技术具有易获取、可扩散和可传播性，发展中国家和发达国家应用数字技术的现实差距越来越小，这将从更深层凸显数字文明的世界性、全人类性，从而引领国际数字格局发展。

生产要素的数字化渗透催生了数字商品的出现，每个人在其中都变成"产消者"，人们开始重新关注人本身在数字社会生产中的主体性问题。为了避免被数字技术控制、成为资本剥削的对象，人类力求在劳动中创造自我价值和社会价值，实现对人的本质的复归。中国式数字文明的发展在价值引导下呈现出一种别样的前进方向，即数字化本身不是最终目标，满足人民对美好生活的需要才是数字文明的根本发展方向。正如习近平总书记所倡导的，全球携手开创数字合作新局面，不断完善人类数字化社会的整体建设，构建网络空间命运共同体，努力实现人的自由全面发展的最高理想，推进人类文明发展进程。①

三　中国式数字文明的意义

中国式数字文明的共享性、共治性和全人类性价值引导，使数字技术获得了精神指向，实现了对资本与技术的双重超越，从理论上推动了人类文明新形态的发展。中国数字技术发展的实践验证了中国式数字文明的科学性，中国将成为数字文明国家的代表，引领人类文明发展新方向。

中国式数字文明彰显了与时俱进的理论品格，进一步丰富了人类文明新形态的理论内涵。马克思主义认为，要坚持从唯物史观角度认识社会文明发展的规律，在肯定资本主义文明推动社会生产力巨大进步的同时，要认清资本主义文明的自身基本矛盾，其推动文明发展的内在动力正在逐步减弱。在马克思的眼中，资本主义文明绝不是人类的最终文明形态。马克思、恩格斯提出了未来社会新文明是共产主义文明的伟大设想，但这些设想由于没有以社会主义实践作为基础，未能真正付诸实施。习近平总书记在继承马克思主义文明思想的基础上，总结我国现代文明发展的历史经验，把握当今数字时代发展新潮流，提出了中国式数字文明的新概念。

中国式数字文明坚持了人类文明新形态理念的基本内涵，始终坚持把人的全面发展当作最终目标，强调在经济、政治、文化、社会、生态文明建设过程中践行"以人民为中心"的发展思想；同时，回应了在数字时代背景下如何发挥数字技术的正向作用以推动构建人类新文明，从而走出一条中国

---

① 《习近平关于网络强国论述摘编》，中央文献出版社，2021，第 171 页。

式现代化新道路的问题。这一理念的提出，既阐明了中国对人类文明进步、现代化发展道路的立场和主张，也驳斥了坚持资本主义文明发展逻辑并试图垄断数字资本以剥削其他国家的思想，引发人们对资本主义的反思和对社会主义的重新评价，有力地批驳了西方文明中心论的错误论调，对世界文明发展具有深远的理论价值。

中国式数字文明彰显了数字文明的实践伟力，必将推进中国特色社会主义事业不断发展。

在经济建设方面，数字经济的健康发展推动了数字要素快捷流动，提升了资源配置效率，畅通了国内外经济循环，更进一步解放和发展了社会生产力。从供给端看，深度学习、云计算等数字技术促进生产端的数字化和智能化，准确预测生产需求的趋势与波动，避免了过度生产。数字技术还驱动去中介化，降低了交易成本，提高了交易信息的透明度，进而提升了经济社会发展效率。从需求端看，数字化赋能改变了消费方式，企业借助大数据共享平台能够有效识别不同个体或群体的不同诉求，真正实现差异化服务，在满足人们多元需求的同时推动实现要素的供需平衡。

在政治建设方面，数字技术赋能政府管理的各项服务，实现政府数字化、智能化运行。数字政府建设不仅能完善政府服务方式，为人民打造一个泛在可及、智慧便捷的数字化服务体系，以实现政务服务与人民群众需求的精准匹配，提高人民的满意度，而且政府数字化转型驱动社会治理方式变革，全方位地推动政府治理流程和模式优化，有效提高政府决策能力和社会治理水平，为推进国家治理体系和治理能力现代化提供支撑。

在文化建设方面，数字文化产业与金融、物流、农业、电子商务、教育等领域融合发展，让文化活动搬上"云端"，加之连接生产者和消费者的互联网平台繁荣发展，满足了人们的线上文化消费需求。同时，文化与"互联网+"战略的深度融合，以数字共享的形式提升了公共文化服务的资源供给水平，为人们提供了丰富的数字图书馆、虚拟博物馆、慕课等数字资源，满足了人们的精神文化需求。对文化传播来说，借助数字技术与文化融合的方式，延伸了文化产业链，有利于推动中华文化在世界范围内的数字化共享，实现文化产业价值链攀升，为中华文化走出去提供重要支撑。

在社会建设方面，互联网、大数据、物联网等数字技术在人们生活中的广泛应用，为人民提供了智慧便捷的公共服务，特别是在教育、医疗、就业、养老等民生保障重点领域，实现了数字化服务和公共服务机构资源数字化，极大提升了公共服务品质。在城乡建设上，数字技术助力智慧城市和数字乡村建设，推动城乡发展和治理模式创新，城市数据大脑建设、城市治理智能化等实践活动，有力推进了新型智慧城市建设。在乡村数字基础设施不断完善的基础上，数字技术赋能农村数字化治理，新技术被广泛应用于农业、林业、牧业等诸多领域，全面提高了乡村宜居度。随着数字化生活新场景的构筑，数字技术给人们的生活带来了诸多便利，增强了人民群众的获得感、幸福感、安全感。

在生态文明建设方面，具有便捷、实时、共享特点的数字技术，可以消除生态环境治理中的信息不对称和数据孤岛等难题。如生态环境治理数字化平台建设，有助于实时动态监测生态环境指标，并对人类行为的生态风险进行评估，创新原有生态环境治理机制，提升生态治理能力。数字平台、移动互联网具有受众群体广、传播速度快的特点，有助于提升人们的生态文明意识，有助于人们形成节约资源、保护环境的绿色生产和生活方式，在全社会范围内实现发展方式的绿色转型，实现人与自然和谐共生的现代化。

中国式数字文明彰显了全人类的共同价值取向，为人类文明发展提供了中国智慧和中国方案。

当今世界依然处于马克思主义所指明的时代，但当今时代与马克思、恩格斯所处的时代相比又有巨大而深刻的变化："百年变局和世纪疫情交织叠加，世界进入动荡变革期，不稳定性不确定性显著上升。"① 世界格局呈现"东升西降"的趋势，对人类文明发展来说，出现了历史性重构的契机。特别是在数字时代，数字技术的迅速发展不断重塑制度、催生变革，并影响社会文明进程，这是不可逆转的时代发展趋势。面对数字文明向何处去的新课题，东西方文明给世界提供了截然不同的方案。西方文明依旧坚持理性人假设的思维定式，寄希望于利用数字技术实现数字资本在全球的增殖，坚持认为存在"修昔底德陷阱"，以对抗的零和思维"分裂"世界，并借助其在知识体系和话语体系方面确立的统治地位，主导全球性议题的话语权，推动西方文明世界化。但是，随着中国的和平崛起以及新兴市场国家的发展，人类文明发展中的非西方元素不断增加，非西方世界逐渐摆脱对西方文明的盲从

---

① 《同舟共济克时艰，命运与共创未来——在博鳌亚洲论坛 2021 年年会开幕式上的视频主旨演讲》，《人民日报》2021 年 4 月 21 日。

和畏惧，在此背景下，中国贡献的文明方案是："让数字文明造福各国人民。"① 这是一种集中国传统文化底蕴和社会主义文明于一体的中国式数字文明，是内含中华优秀传统文化元素和社会主义思想的新型数字文明，它不仅符合共同发展、合作共赢的全人类共同价值，体现了中国智慧，而且超越了西方资本主义文明奉行的"文明冲突论""文明优劣论"，有利于消除各种中心主义，促进世界各国携手共建符合全人类共同价值的数字文明。

　　中国式数字文明作为人类文明新形态的重要组成部分，超越了文化、国家、种族和意识形态界限，秉承人类文明新形态的理念，为人类文明走向更高阶段提供新思路和新方案。一方面，我国数字经济发展成果丰硕，比如，拥有全球领先的新一代信息基础设施、全球规模最大的 5G 网络建设等，数字经济的健康发展不仅为我国构建现代化经济体系奠定了物质基础，而且有助于构筑国家竞争新优势。另一方面，我国坚持在推动数字文明发展的同时，致力于将自身发展优势转变为世界各国发展机遇，激发全球数字经济发展活力，维护全人类共同价值。人类文明在人类交往过程中得以延续和发展，中国将通过不断深化数字经济的国际合作，实施开展"丝路电商"合作、举办进博会、设立亚投行以及签订《二十国集团数字经济发展与合作倡议》等举措，推动国际社会逐步树立"你中有我、我中有你"的人类命运共同体意识，共同重构人类通往现代化的文明逻辑。正如习近平总书记所强调的："要尊重世界文明多样性，以文明交流超越文明隔阂、文明互鉴超越文明冲突、文明共存超越文明优越。"② 我们所追求的不是资本主义文明所掌控的"从属"世界体系，而是人类文明新形态所倡导的、世界各国交流互鉴的、符合人类社会发展规律和全人类价值追求的一种人类文明新图景。

（作者单位：广西师范大学）

原文《中国式数字文明的形成、特质与意义

——基于历史唯物主义的视角》，

原载《学习与探索》2022 年第 7 期，收入本书时有改动

---

① 《习近平向 2021 年世界互联网大会乌镇峰会致贺信》，《人民日报》2021 年 9 月 27 日。
② 习近平：《决胜全面建成小康社会 夺取新时代中国特色社会主义伟大胜利——在中国共产党第十九次全国代表大会上的报告》，人民出版社，2017，第 59 页。

数字劳动者的主体性悖论

程　晓

随着信息和互联网技术的发展，数字劳动作为一种新型的劳动形式产生并发展起来。虽然学术界对于数字劳动的定义有不同解释，但都不否认这种劳动形式与以往的劳动形式在劳动者、劳动对象、劳动资料方面都有很大不同。这些变化挑战着马克思的现代生产中"劳动从属于资本"的论断。一些观点认为，数字劳动凸显了劳动者的主体性，劳动就不再从属于资本。哈特、奈格里认为，新的劳动形式是一种劳动者对自身劳动的自我管理和控制，这为共产主义的实现提供了可能。① 这种观点看到了数字劳动者在生产和消费中的重要作用，却忽视了其主体性存在的边界。另一些观点则强调了数字劳动与马克思剩余价值理论的一致性。福克斯在《数字劳动与卡尔·马克思》中认为，数字劳动在资本支配下不仅生产绝对剩余价值，而且还生产了相对剩余价值。② 这种观点在捍卫马克思剩余价值学说的同时，也不可避免地陷入劳动者的独立何以可能的发展困境。分析数字劳动者在现代生产中的地位，不仅有助于合理地继承和发展马克思的剩余价值理论，而且有助于引导数字劳动向着促进劳动者真正"独立和自由"的目标发展。

---

① 麦克尔·哈特、安东尼奥·奈格里：《帝国——全球化的政治秩序》，杨建国、范一亭译，江苏人民出版社，2005，第341页。

② 克里斯蒂安·福克斯：《数字劳动与卡尔·马克思》，周延云译，人民出版社，2020，第134页。

一　数字劳动者智力的强化与削弱

20世纪60年代开始，随着信息和互联网技术的飞速发展，数字已经不再仅仅是被动计数和数控，而是成为一种能够主动发起、实时监控的数据网络。数字劳动正是在数据网络技术发展条件下形成的一种新型劳动形式。根据数字技术在劳动过程中的不同作用，数字劳动分为三种类型。第一种是"受众劳动"，广大媒体的受众者，也是消费者，他们通过互联网、手机、电视等电子产品进行购物、交际、游戏等活动，他们每一次点击、浏览都在生产大量个人信息。各传媒企业将这些用户的使用偏好信息出售给不同广告商。在这个过程中，数字技术是作为受众者的劳动对象出现的。第二种是劳动者比如网约司机、外卖骑手等运用信息技术平台进行的生产活动。在这类劳动中，数字技术是作为生产资料出现的。第三种是程序员、网络工程师等的计算机软件开发、游戏开发设计等劳动。在这类劳动中，数字技术是作为劳动产品出现的。尽管数字劳动的类型多样，但都是对数字技术的运用和开发。"生产方式的变革，在工场手工业中以劳动力为起点，在大工业中以劳动资料为起点。"① 数字作为一种新的劳动资料成为当代生产的主要特征，也成为数字劳动的基础。因此，从生产方式的角度看，数字劳动就是以大量数据信息为生产对象，以数字平台为生产资料生产数字化产品和信息的劳动。

数字劳动最大的特点是非物质性。尽管像计算机、芯片、电缆等技术都有具体的物质形式，但它们只是用于大量非物质的数据、信息分析的工具。例如，在基于计算机网络技术的大数据技术出现之前，城市中也有各种物质形态的物流服务。但只有在运用大数据的情况下，物流才从简单点对点具体的运输，转变为集商品、配送员、消费者、物流公司信息于一体的网络，才能实现精准选择、匹配、评价的全面功能。哈特和奈格里就看到基于信息技术的劳动的特殊性，并用"非物质劳动"来定义，"我们将这一生产所涉及的劳动定义为非物质劳动——即生产一种非物质商品的劳动，如一种服务，

---

① 《资本论》（第1卷），人民出版社，2004，第427页。

一个文化产品、知识或交流"①。劳动的对象和产品已不再是有形的矿石、钢铁或某个具体的商品，而是信息、品牌、模式等非物质品。

具有非物质特性的数字劳动促进了劳动者智力发展。机器在机器大工业时代起到了决定性作用，产业工人逐渐被机器取代并不断被排挤出生产领域。留在生产领域中的劳动者大部分也不需要从事复杂的劳动，只是终身从事简单操作。大多数人没有机会发展和运用自己的智力，"机器劳动极度地损害了神经系统，同时它又压抑肌肉的多方面运动，夺去身体上和精神上的一切自由活动"②。技术的发展只是加速机器取代工人，使工人从属于机器，进而实现"劳动对资本的实际上的从属"③。一方面，劳动者劳动的节奏必须按照机器的技术需求来定；另一方面，操作的简单化使单个工人看管更多数量的机器成为可能。无内容的重复劳动使人的精神和肉体都变得空虚，更长时间和更高强度的劳动损害了劳动者的身体和智力。数字劳动的对象和成果是劳动者的文化、情感组成的数据，这些数据在劳动者的头脑和行动中。因此，生产紧密依靠劳动者的智力。例如智能机器必须在与人的互动中不断进行学习、感知、推理才能形成特定的功能。除了有物质形态的智能机器，还有无形的智能机器。比如，社交媒体是一个由众多互联网用户信息组成的数据平台。用户在这个平台上的每一次娱乐活动都是在进行生产。"用户在商业社交媒体上花费的时间越长，获得的关于她或他的兴趣和活动的数据就越多，向她或他展示的广告也越多。"④ 数字劳动者智力、情感投入得越多，其生产的剩余价值就越大。劳动者的智力在机器大工业时代和数字劳动中的地位截然不同。

数字劳动者的智力提高是否能使其获得劳动的自主性？创意、数据分析、品牌这些基于劳动者智力的产品本身具有价值。在机器大工业时代，智力的价值是通过机器体现的。在数字劳动中，智力产品作为独立的生产资料进入生产环节。这在当代市场中以研发为主的创新型企业、以品牌管理为主的市场型企业、以风险控制为主的投资型企业中表现得尤为明显，这些类型

---

① 麦克尔·哈特、安东尼奥·奈格里：《帝国——全球化的政治秩序》，杨建国、范一亭译，江苏人民出版社，2005，第 337 页。
② 《资本论》（第 1 卷），人民出版社，2004，第 486~487 页。
③ 《资本论》（第 1 卷），人民出版社，2004，第 583 页。
④ 克里斯蒂安·福克斯：《数字劳动与卡尔·马克思》，周延云译，人民出版社，2020，第 161 页。

企业的主要生产资料和产品都直接是知识、创意、品牌、消费网络等。这使得数字劳动者看起来不再是一无所有的无产者，而是具有相当财产的生产者。他们可以自我激励和管理生产，"毋庸置疑！就是你！由你控制信息的时代，欢迎来到你的世界！"[①] 生产中没了老板的控制，或者人人都是老板，"其终结了劳动的剥削和异化的本质"[②]。劳动及其产品似乎都不再受资本支配，而是回归到劳动者手中。

然而，数字劳动者并没有获得真的自主性。以数字依赖为基础的人的智力发展使智力跌入了对数字的崇拜。数字技术使劳动者摆脱对固定机器的依赖，走向充分发挥自身创造力的阶段，但正是以智力为核心的数字技术的发展使人又进入对固定的、可算计的抽象物的崇拜，只不过崇拜的对象不是有形的机器，而是无形的算法、数字。"互动的和控制论的机器融入我们的身体、思想和眼球晶体，从而成为了一种新的修补术，通过它们对我们的身体和思想本身进行了再定义。"[③] 如果说在机器大工业时代是劳动者的智力融入机器来生产剩余价值，那么在数字劳动中，则是机器的力量融入人的身体，通过人的身体生产剩余价值。一方面，具有创造性、生命性的智力被抽象化了。人们自觉地将数据奉为真理，将数据嵌入人的身体，甘愿被数据平台跟踪和分析。例如，各种可以穿戴到人身上检测身体健康的电子设备和平台，将人运动的时间、心率、步数量化为一系列数字。人们主动佩戴这些设备，依赖设备提供的数据来进行具有生命体征的运动。人们包含杂多情感的智力被智能化的数字设备代替了。在机器大工业时代，劳动者因为不像机器可以量化而被排除在生产环节之外，数字劳动者则因为可以被量化而重新进入生产环节。另一方面，数字劳动者的智力呈现片面性发展。劳动者自认为的基于自己需求做出的选择，其实都是被算法预测的结果。互联网用户通过浏览网页形成大量信息，平台通过算法分析处理这些杂多的信息从而生成反映用户兴趣、行为、情感的数据，这些数据又成为给用户投放新信息的基础。因此，用户从互联网上看到的信息就总是和自己固有的见识和偏好一

---

① 凯瑟琳·麦克切尔、文森特·莫斯可编《信息社会的知识劳工》，曹晋等译，上海译文出版社，2014，第238页。

② 凯瑟琳·麦克切尔、文森特·莫斯可编《信息社会的知识劳工》，曹晋等译，上海译文出版社，2014，第207页。

③ 麦克尔·哈特、安东尼奥·奈格里：《帝国——全球化的政治秩序》，杨建国、范一亭译，江苏人民出版社，2005，第338页。

致。用户在互联网上浏览的信息越多,越认为自己获得了丰富性,但实质却是其智力被固化了。

劳动者崇拜数字,而数字又从属于资本。可见,劳动者智力提高并没有改变劳动对资本的从属。"剩余价值是剩余劳动和生产力发展的界限。"[1] 社会生产总是在积累剩余劳动,这体现了社会生产能力。但在以剩余价值转化为利润或者说是交换价值为目的的生产下,剩余劳动如果没能在市场上获得价值实现就不是剩余价值,就会被资本抛弃。发展劳动者的智力是生产力提升的重要手段,只有在能够生产出剩余价值并能转化为利润的时候,劳动者的智力才被容许发展起来。劳动者单纯的智力发展是以破坏利润增长这个社会目标为前提的,而以利润为目的和基础的社会发展是以牺牲劳动者智力发展为代价的。

二 数字平台中劳动者的自我雇佣与规训

劳动者的主体性不仅表现为其智力、知识、技术具有独立的价值,而且表现为劳动者拥有劳动资料。"不论生产的社会的形式如何,劳动者和生产资料始终是生产的因素。但是,二者在彼此分离的情况下只在可能性上是生产因素。凡要进行生产,它们就必须结合起来。实行这种结合的特殊方式和方法,使社会结构区分为各个不同的经济时期。"[2] 机器大工业改变了过去自给自足的劳动方式,形成了雇佣劳动制的生产方式。劳动者与生产资料分离并从属于资本,劳动者为了生存必须通过出卖劳动力,进入资本家的工厂与生产资料结合来完成劳动。从生产的过程来看,机器大工业越发展,劳动者的活动就越固定和封闭。当巨型机器设备只能放置在特定的工厂空间时,劳动者也只能被固定到工厂中的流水线上,进而从属于资本。从生产与消费的关系来看,机器大工业的流水线、标准化的生产使生产与消费之间脱节。生产什么、怎么生产都是生产的事,市场和消费只需要接受就可以了。从单个生产与社会总生产的关系来看,劳动者之间的联合与合作是被动的、外部强加的。劳动者之间的联合并非基于人的情感的交流,而是基于机器的需要。因此劳动也并非出自劳动者的禀赋和意愿,而是在雇佣劳动关系下从属于资本。

---

[1] 《马克思恩格斯全集》(第30卷),人民出版社,1995,第397页。
[2] 《资本论》(第2卷),人民出版社,2004,第44页。

对于处于明确雇佣关系中的数字劳动者，其受到资本的规训与在机器大工业时代并没有实质不同。从事软件和网络开发的码农，尽管其劳动对象和产品需要投入较高智力，但他们并没有因此走向独立，而是犹如生产线上的被分工限制的工人，成为编码的机械工人。机器大工业中工人的流水线转变成码农的格子间。码农看似是独立的数字劳动者，具有能动性，实则是数字化生产线上的"螺丝钉"，而服从于资本力量的宰制。从内容上看，码农劳动时间、标准、流程与机器大工业时代一样都是被规定并被要求严格执行的。但从形式上看，他们并不受外在强力的压迫，而是有着自愿的内驱力。例如，一些公司虽然没有明文规定要求员工加班，但会提供免费咖啡、丰富的晚餐、便利的交通等来鼓励员工工作更长时间，加班逐渐成为公司文化的一部分，导致更多员工在其他同事加班的压力下选择工作更长时间。

另外一种数字劳动者是以自我雇佣的方式来进行生产的。数字平台将劳动者与其劳动资料结合起来，使劳动者实现自我雇佣。首先，数字平台使单个劳动者可以自由地选择劳动时间、地点。"在通往信息经济的道路上，流水线已被作为生产的组织模式的网络所代替，在每一个生产地点和众多生产地点之中改造了合作和通讯的方式。"[1] 数字劳动者通过互联网平台管理和使用属于自己的"闲置资产"。比如，顺风车司机通过网络平台将自己的私家车转化为劳动资料，用来提供客运服务。在整个劳动过程中，顺丰车司机自行管理客运时间、规划行程轨迹、选择服务对象。平台利用网络空间，不仅仅大大缩减了地理空间对劳动的限制，而且可以精准地实现数据搜集、分类、配送，也大大降低了劳动的难度。

其次，平台大大促进了不同劳动者以及生产者与消费者之间的合作。数字劳动者必须时刻与消费者保持联系，一方面，劳动者在生产数据的同时也是消费者。比如，媒体受众在看视频、玩游戏的时候生产大量数据，同时也在消费。另一方面，数字劳动者必须通过对消费者的了解，才能更好地劳动。"非物质劳动的另一面则是人类交际和互动的情感性劳动。"[2] 数字劳动者需要通过自己的情感和情绪的创造和控制才能形成生产网络、合作群体、

---

[1] 麦克尔·哈特、安东尼奥·奈格里：《帝国——全球化的政治秩序》，杨建国、范一亭译，江苏人民出版社，2005，第341页。

[2] 麦克尔·哈特、安东尼奥·奈格里：《帝国——全球化的政治秩序》，杨建国、范一亭译，江苏人民出版社，2005，第339页。

产品渠道。例如，顺风车司机往往需要向服务对象提供关怀和热情，游戏玩家生产数据的过程本身也是放松、幸福、兴奋等情绪输出的过程。情感的投入使劳动者之间的结合不再是形式上彼此聚合、实质上却彼此分离、没有意识的机器零部件组合，劳动者之间通过情感交往形成紧密联系的共同体。"非物质劳动在展现其自身的造性能量中似乎为一种自发的和基本的共产主义提供了潜能。"① 数字劳动者在劳动过程中可以真正发言，主动积极地规划劳动过程，这将颠覆资本控制的等级管理秩序，实现劳动自我组织和管理。

数字劳动者的自我雇佣真的摆脱了资本的控制，而走向自我管理吗？数字劳动者实际依靠平台，进而从属于资本。从劳动者与生产资料结合的方式看，数字劳动者仍然是通过雇佣或者说购买的方式与生产资料结合的。在顺风车司机的例子中，私家车只是劳动者积累起来的劳动，是一种劳动工具，如果这个工具要变成生产资料，私家车主必须通过支付一定费用进入网约车平台。这个时候，私家车主才能利用平台提供的信息进行客运工作。可见，网约车平台搜集、整理、分析的数据、信息等才是真正的生产资料，这个生产资料并不属于数字劳动者而是资本。一方面，平台通过向使用者抽成来获取利润。"由协作和分工产生的生产力，不费资本分文"②，平台无需向使用者支付任何费用，但占有了使用者的活劳动以及积累起来的劳动。而且，劳动者觉得是在给自己劳动，所以更愿意花更多的时间劳动。这导致劳动者实际劳动时间增加了，但资本家因没有雇佣任何劳动者，不用支付工资和提供任何福利。另一方面，平台将数字劳动者生产的大量信息进行分析，形成具有较高品牌估值的数据。这些数据成为资本市场上获利的来源。在这个过程中，资本积累的模式又成了马克思分析的"G—G'"，数字劳动者创造的价值直接成了资本的自我增殖，在这个过程中劳动者消失了。数字劳动者的自我雇佣，并没有使劳动者脱离资本的管理，而是资本提高相对剩余价值的一种策略。资本不仅可以使数字劳动者的必要劳动时间成为零，以相对提高剩余劳动时间，而且可以通过平台将劳动者手中积累起来的劳动再次集中并用于资本积累。

---

① 麦克尔·哈特、安东尼奥·奈格里：《帝国——全球化的政治秩序》，杨建国、范一亭译，江苏人民出版社，2005，第341页。

② 《资本论》（第1卷），人民出版社，2004，第443页。

资本对数字劳动的规训也更加隐蔽和稳固。机器大工业下资本对劳动的规训是直观的，只要外在的强迫一停止，人们就像逃避瘟疫一样逃避劳动。因为劳动者可以直接感受到，一方面机器大工业不断分解劳动过程，使劳动者去技能化，另一方面泰勒制的管理方式将劳动者固定在局部工序和固定空间，劳动者只作为没有情感的零件从属于资本。数字劳动者则在劳动中享受到快乐，这是否说明资本支配力在减弱呢？首先，数字劳动者不只是通过外部环境被规训，还通过自身的大脑和身体。"这种机制通过公民的大脑和身体传播，符合统治要求的社会融合和排斥行为因此也越来越内存于主体自身。"① 数字劳动者是自愿参加劳动，并认为是在按自己的意愿来控制劳动。例如，媒体受众在浏览网页的时候都是根据自己的兴趣爱好自己选择，因此他们并不会察觉数字平台已通过特定算法，精准定位受众的兴趣、职业、性别、位置，并给其推送个性化的新闻和广告。外卖骑手争分夺秒，却不知道他永远也跑不过算法。如果说工厂里的劳动者困在流水线上，那么数字劳动者则困在算法中。他们以为自己在网上看到的是世界的全部，其实是算法营造的一个狭隘空间。其次，规训的过程是愉快的，这增加了劳动对资本的黏度。"互联网和媒体的观看、阅读、倾听是一种创造价值的劳动"，"受众时间是创造价值的劳动时间——资本剥削无酬受众"。② 例如，平台上的游戏玩家不只是消费一款游戏，还被容许改编游戏人物、装备、故事结构等。这个机制大大提升了玩家参与度，使"游戏"这种数字劳动不再像瘟疫一样让人躲避，而是让人热爱。资本对数字劳动者的规训不是更弱了，而是更强了，成为劳动者身体的内驱力。

三　数字劳动者成果的共享与财富鸿沟

由于劳动对资本的从属性，生产一方面是财富的积累，另一方面是贫困的积累。劳动者贫困的原因并不在于资本绝对占有财富，而是即使在劳动者能够分享社会财富的情况下，与资本相比，仍然处于相对贫困的地位。就算劳动者与资本家享受同样的美食和音乐，也不能摆脱贫困。马克思并不否认在资本主

---

① 麦克尔·哈特、安东尼奥·奈格里：《帝国——全球化的政治秩序》，杨建国、范一亭译，江苏人民出版社，2005，第29页。

② 克里斯蒂安·福克斯：《数字劳动与卡尔·马克思》，周延云译，人民出版社，2020，第179页。

义经济繁荣时期雇佣工人能够积累一些财富，他认为这种积累非常有限，"但是他超不出简单流通的范围，他只能通过暂时扩大自己的享受范围来实现所积蓄的东西"[①]。劳动力作为一种商品，其交换价值也就是其工资是有限的，只能服务于资本的需求。"必要劳动是活劳动能力的交换价值的界限"[②]，在资本营业旺盛期，资本会跟雇佣劳动者分享一部分利润以促进资本流通；在营业亏损期，劳动力价值仅限于最低生活资料的价值，甚至为零。数字信息技术的发展促使资本积累的同时，也扩大了资本与劳动之间的差距。"1991 年至2000 年间，硅谷最大公司中的前 100 位主要高管们的平均工资以百分之两千的速度增长着，而电子产品的普通生产工人的平均收入却下降了七个百分点。"[③] 雇佣劳动者是社会生产者的一部分，但社会生产的共同财富却并不属于劳动者。

虽然数字劳动的生产资料属于资本，但其劳动成果却似乎是全社会共享的。首先，数字劳动产品本身具有流动性、共享性。一方面，有形的生产资料及劳动产品总是占有一定的时间和空间，一旦形成则难以移动。数据以及对数据分析的某种算法、程序没有明确的物质边界，一旦形成很容易传播、复制。一个网络游戏公司搜集它的用户数据，并不妨碍快递公司、广告公司使用相同数据。同时，数据不会被消耗殆尽，而且比较容易存储、分销到不同的公司。另一方面，算法作为一种基础、普遍的技术也更能广泛运用于不同生产领域。"我们应该注意到信息化生产和非物质劳动的出现有一个后果，这一后果已成为劳动过程的一种真正的均质化。"[④] 在机器大工业下，纺织和印染尽管都是纺织领域的相关劳动，但两者涉及的具体劳动是极不相同的，只有当它们生产的产品在市场上出售时，它们才会抽象为人类一般劳动。抽象劳动或者说劳动的抽象化实现了包含不同劳动的商品之间的通约。基于数字技术的纺织和印染的具体劳动则可能都是控制符号和信息，通过生产的计算化，劳动从一开始就被抽象化了。劳动的完全抽象化也意味着其数字劳动产品流通性大大加强了。

---

① 《马克思恩格斯全集》（第 30 卷），人民出版社，1995，第 250 页。
② 《马克思恩格斯全集》（第 30 卷），人民出版社，1995，第 397 页。
③ 克里斯蒂安·福克斯：《数字劳动与卡尔·马克思》，周延云译，人民出版社，2020，第288 页。
④ 麦克尔·哈特、安东尼奥·奈格里：《帝国——全球化的政治秩序》，杨建国、范一亭译，江苏人民出版社，2005，第 339 页。

　　其次，数字平台也促进了信息的公共化。市场中不同主体如受众、生产商、广告商等，他们都有自己独特的知识、经验及其形成的相关信息。这些数据都是私有的、孤立的。特定的媒体平台将不同主体进行分类、整理，并通过条款让不同主体的信息在平台上出现。虽然这些信息本身仍然是存在于不同主体身上，但其使用权已经转移到平台手中。平台在完成了私人信息的集中之后，又推动私人信息的公开化。平台分析杂乱的原始信息，形成真正有交换价值的数据，并提供给特定的社会群体，比如广告商、监管机构等。从价值交换的角度看，平台打破了资源壁垒，使不同企业实现信息共享，大大降低了企业交易成本。从价值生产的角度看，平台实行去中心化、扁平化的管理。每一个平台用户都是价值的生产者，主要从事对信息数据的处理、传递工作。平台信息传递是"点对点"式的，每个用户都可以成为一个中心。传统生产链条的等级关系被打破了，不同活动主体之间形成了平等的劳动关系。从价值分配的角度看，平台不仅把社会闲置资源组织起来分享给更多有需要的人，而且还用各种奖励、补贴措施使平台使用者获得收益。例如网约车、网络文学平台会给表现优秀的使用者分成，或者给新用户补贴以激励他们更多地使用平台；打赏机制也造成了数字劳动者之间互相奖励共享财富的现象。

　　在生产资料属于资本的条件下，共享的本质是资本积累。资本控制着平台，占有着平台上的大量原始数据。"脸书并不归用户所有，而是由一些董事和公司拥有"[1]，平台可以通过制定条款规定使用者的权限，使其数据被用于实现经济目的。平台企业通过互联网将社会闲置资源如劳动力、教育、物品等集中起来，将其使用权剥离出来并转移出去。共享并没有改变资源的所有权，只是促进了资本积累。马克思曾分析指出，在资本流通的过程中，需要一部分资本独立出来促进商品销售，进而产生了商业资本；另一部分资本需要专门用于处理闲散资金，这就形成了生息资本，"只要处在流通过程中的资本的这种职能作为一种特殊资本的特殊职能独立起来，作为一种由分工赋予特殊一类资本家的职能固定下来，商品资本就成为商品经营资本或商业资本"[2]。可见，正是资本积累的需要发展出新的积累方式。传统实体资

---

① 克里斯蒂安·福克斯：《数字劳动与卡尔·马克思》，周延云译，人民出版社，2020，第337页。

② 《资本论》（第3卷），人民出版社，2004，第298页。

本的积累总是遇到生产过剩、比例失调等危机。数据共享机制可以实现生产和消费之间的精准定位，规模化与个性化并行的生产机制，大大缓解了实体生产企业的危机。当代金融企业的发展也需要数据平台提供信用担保、支付手段等。资本积累的需要使数字平台出现成为一种必然，并使其在经济活动中发挥重要作用。

数据共享没有改变资本对劳动及其成果的占有，而是将占有变得更加隐蔽。马克思劳动价值理论分析了资本与劳动等价交换背后隐藏的是剩余价值产生，并被资本占有。数据共享是否实现了劳动者对剩余价值的共同占有？在无酬劳动中，数字劳动者的劳动被资本完全占有。"脸书用户的劳动是无酬的，他们是无薪工人。对于马克思来讲，剥削并不必须预先假定工资的存在"①，劳动者在大量的社交媒体上游戏、娱乐，付出大量的时间，产生大量数据，但是他们不但没薪资，而且还需要向媒体平台交纳费用。从表面看来，游戏作为一种劳动与资本的关系是平等的，甚至可以说玩游戏的数字劳动者地位更高，因为看上去资本需要服务并时刻满足游戏玩家的需求，劳动才能进行下去。但其背后隐藏的仍然是马克思批判的资本生产的逻辑：随着技术的发展，劳动时间和强度不是减少了而是增加了。平台通过激励机制延长玩家在社交媒体上的时间。这种激励机制不仅包括平台制定的机制，还有整个社会形成的市场氛围，"这是一种社会胁迫形式，威胁用户孤立并处于社会劣势"②。玩家在网上花费的时间越长，平台获得的玩家数据就越多。数据被分析处理后成为数据商品被平台卖给各种机构并获利。数字劳动者不仅通过浏览各个媒体网站的共享内容获得了快乐，而且还通过登录、点击、浏览等活动创造了价值，但他们并不能从中得到工资。在机器大工业生产下，资本只是在生产领域延长劳动时间，劳动者在消费领域还有自己的空闲时间，数据共享的生产则将这些空闲时间也转化为剩余价值生产的时间。

那些可以获得劳动报酬的数字劳动者所获得的薪资也低于他们创造的价值。被资本雇佣的数字劳动者的薪资是有限的。从事软件开发、数据分析的数字劳动者付出大量的智力，其劳动是复杂的，与从事简单劳动的雇佣劳动者相比，他们的工资较高。"比社会的平均劳动较高级、较复杂的劳动，是

---

① 克里斯蒂安·福克斯：《数字劳动与卡尔·马克思》，周延云译，人民出版社，2020，第336页。

② 克里斯蒂安·福克斯：《数字劳动与卡尔·马克思》，周延云译，人民出版社，2020，第336页。

这样一种劳动力的表现，这种劳动力比普通劳动力需要较高的教育费用，它的生产要花费较多的劳动时间，因此它具有较高的价值。既然这种劳动力的价值较高，它也就表现为较高级的劳动，也就在同样长的时间内对象化为较多的价值。"① 但资本总是在缩短必要劳动时间，也就是降低劳动者的薪资，只有这样才会有更多的剩余价值，进而资本所有者才有利润。"真正的商业工人是属于报酬比较优厚的那一类雇佣工人，他们的劳动是熟练劳动，高于平均劳动。不过随着资本主义生产方式的进展，甚至同平均劳动相比，工资也有下降的趋势"②，具有特殊技能和受过教育的数字劳动者获得的薪资会高于其他普通劳动者，甚至会高于社会平均薪资。这是因为他们从事的劳动比较复杂，这种劳动要花费的生活资料比较多，因此劳动者需要更多补偿。但工资的提高也仅仅限于必要劳动时间之内，即劳动者用于生产维持自身及其家庭生活所必需的产品的时间。只要劳动还是被资本雇佣的，就没有超越机器工业时代下资本主义剩余价值生产的逻辑。在绝对剩余价值生产上，数字劳动者会被动或主动地延长工作时间。在相对价值生产上，随着信息技术更新速度加快，数字劳动者时刻面临被新技术和机器取代的风险。

总之，资本控制下的共享是以资本积累为目的分配方式，只能造成财富的鸿沟。一方是资本的积累，而另一方是贫困的积累。"大多数网络使用都是数字劳动，它创造了私人公司拥有的商品和利润，互联网在很大程度上以剥削数字劳动为主。"③ 数字平台的出现带来社会财富的增加，财富能否真正为社会成员共享，取决于平台被谁控制。"基于公有的互联网将是一种真正的社会媒介，它不同于企业互联网是由社会生产和私人拥有的，前者是共同生产、再生产和共同控制的。"④

四　结语

从劳动的主要对象、劳动资料的使用方式、劳动成果的分配上看，数字

---

① 《资本论》（第1卷），人民出版社，2004，第230页。
② 《资本论》（第3卷），人民出版社，2004，第335页。
③ 克里斯蒂安·福克斯：《数字劳动与卡尔·马克思》，周延云译，人民出版社，2020，第388页。
④ 克里斯蒂安·福克斯：《数字劳动与卡尔·马克思》，周延云译，人民出版社，2020，第452页。

劳动都使劳动者获得了极大的主动性，但这并不是说数字劳动者就已经摆脱对资本的从属地位，实现自我管理和控制了。首先，从劳动对象上看，知识、情感成为劳动对象，这给劳动者智力发展提供了相对独立、自由的空间。但在资本逐利目的的驱动下，一切智力的发展又都指向了资本增殖，从而使劳动者变得单一、片面。其次，数字劳动者还可以自己安排智力的运用，以自我雇佣的方式完成劳动。这主要是因为平台使劳动者获得自主经营权。但这只是在资本范围内促进积累的一种方法，并没有改变生产资料与剩余价值的所有权。最后，数字劳动者通过共享数据信息获得收入，也并不等同于共享了社会财富。无论是从事无酬劳动还是有酬劳动，与资本积累时期相比，数字劳动者的能力提高了，但薪资却下降了。数字劳动改变了资本支配劳动者的方式，使劳动者看起来获得更多自主性，实际上则是使资本加强了对劳动的支配。

数字劳动者的主体性如何实现？"一种历史生产形式的矛盾的发展，是这种形式瓦解和新形式形成的惟一的历史道路。"① 尽管数字劳动没有脱离资本积累目的，这导致了劳动者愈发从属于资本，但这并不是说废除数字劳动，劳动者就能获得主体性。数字劳动作为社会生产发展的一种历史形式，其本身蕴含着劳动者实现主体性的条件，但数字劳动者作为资本的从属很难超越资本的目的。这就需要国家发挥制度优势，以人民的利益为出发点和目的，引导、调控资本，发挥其在培养劳动者主体性方面的积极作用，不断塑造出、培养出符合更高社会形态要求的劳动者。

（作者单位：上海财经大学）

原文《数字劳动者的主体性悖论》，

原载《思想理论教育》2022 年第 5 期，收入本书时有改动

---

① 马克思：《资本论》（第 1 卷），人民出版社，2004，第 562 页。

资本逻辑下的"数据殖民"风险 及数字中国建设

李梅敬

一　引言

2021 年 9 月 1 日,《中华人民共和国数据安全法》《关键信息基础设施安全保护条例》《网络产品安全漏洞管理规定》三部法规文件正式施行,《个人信息保护法》也即将实行,这套法规"组合拳",标志着我国在网络安全、信息安全和数据安全领域的顶层设计基本建成,也是中国进行数字中国建设的一项重要举措。数字时代已经来临,势不可挡,在蒂姆·梅的眼中,一盘普通的音乐数字带中可以藏下一个电脑硬盘中所有数据的编码信息,这意味着"要阻止信息的越界流动是一件毫无希望的事情"①,因此我们需要正视这一问题,因为"从长远和根本上说,中国必将是世界上最大的数字数据生产国与需求国"②。伴随数字时代来临的还有数字资本主义、数据垄断、数据殖民等一系列新的风险。外媒显示,"数字帝国主义"③ 时代已经到来,数字帝国主义通过技术传播价值,通过高科技的数字产品和网络主动传播其文化,数字帝国主义相对于老式帝国主义而言,"圣经和枪是

---

① 凯文·凯利:《失控:全人类的最终命运和结局》,张行舟等译,电子工业出版社,2017,第 321 页。
② 李慎明:《数字中国与新时代中国特色社会主义——兼论建议成立国家数字科学实验室及国家生命科学实验室、国家海洋科学实验室、国家太空科学实验室》,《世界社会主义研究》2019 年第 2 期。
③ 闫勇、吕泽华:《"数字帝国主义"背后的文化侵蚀》,《中国社会科学报》2015 年 6 月 24 日。

一起传播的"①，他们热衷于在数据空间推行数据殖民主义。2016 年，Facebook（脸书）在印度遭禁，安德烈森被批判，麻省理工学院伊桑·朱克曼站出来说："我认为，这个项目既有殖民主义色彩，又有欺骗性。"② 埃默里大学教授迪皮卡·巴赫总结了脸书与殖民主义的相似之处："1. 像救世主一样驾临；2. 漫不经心地使用平等、民主和基本权利等字眼；3. 掩盖长远的利润动机；等等。"③ 可见，数据殖民塑造新型帝国主义，在大数据时代，帝国主义的掠夺范围从现实世界扩张到虚拟世界，从物质领域扩张到数字领域。党的十九大报告提出建设数字中国，以信息化驱动现代化。面对当今世界新一轮的科技革命和产业变革，习近平总书记多次提出"数字经济是全球未来的发展方向""要运用大数据促进保障和改善民生""从数字化到智能化再到智慧化"④ 等，因此，"以人民为中心"的数字中国建设不得不警惕"以资本为中心"的数据殖民风险，积极"消弭数字鸿沟"，让大数据彻底为保障和改善民生服务。

二 资本逻辑下的"数据"与"殖民"

在数字时代，数据成为人类的另一种存在方式，大数据和信息成为人类日常生活的伴随物，人类每天产生的数据和信息保持爆炸式的持续增长，使得人类生活越来越数据化。数据体量的庞大在让人们意识到数据获取和数据分析重要性的同时，也对数据产生了信仰式的迷恋，"大数据正成为核武器，美国由黑客帝国走向数据殖民"⑤，"中国变成大数据殖民地的可能很近了"⑥ ……那么，殖民主义作为人类社会现象的过去式，在大数据时代会重

---

① 《外媒：欢迎来到数字帝国时代》，http：//www.nytimes.com/2015/06/07/magazine/welcome-to-the-age-of-digital-imperialism.html。

② 《"脸书"带来数字殖民主义?》，http：//www.xinhuanet.com/world/2016-02/16/c_ 12872 3724.htm。

③ 《"脸书"带来数字殖民主义?》，http：//www.xinhuanet.com/world/2016-02/16/c_ 128723 724.htm。

④ 《习近平心中的"数字中国"》，https：//baijiahao.baidu.com/s? id = 1698013332166794 718&wfr=spider&for=pc。

⑤ 《大数据正成为核武器，美国由黑客帝国走向数据殖民》，https：//www.sohu.com/a/ 377217795_ 425345。

⑥ 《谢文：中国变成大数据殖民地的可能很近了》，http：//opinion.caixin.com/2014-08-15/ 100717187.html。

现吗？传统的殖民主义与资本逻辑密切相关，那么，在大数据时代，资本逻辑会带来什么新的内容，会不会形成新形式的数据殖民？这个问题需要放到一个较长的时间线中来看待。

（一）殖民地的功能变迁

回顾殖民主义的历史可知，帝国主义从来没有放弃过他们的殖民政策，因为殖民地对宗主国的重要性不容置疑。我们知道，传统的殖民政策从实行奴隶制的罗马就开始了，列宁明确指出："以奴隶制为基础的罗马就推行过殖民政策。"[①] 在奴隶社会时期，殖民地主要为宗主国提供贡纳和奴隶；在资本原始积累时期，殖民地主要为宗主国提供货币和黄金。随着产业革命的迅速发展，殖民地对于宗主国的经济发展越来越重要，尤其是在经济危机发生后，面对日益严重的资本过剩问题，威克菲尔德提出把殖民地作为投资地的理论。在这一时期，殖民地成为金融资本实现额外利润的场所和垄断利润的重要来源地。在利益驱使下，各宗主国极力争夺更多的殖民地，不断加强殖民政策，并与殖民地一起组成殖民帝国。

帝国主义的殖民方式发生了变化：从让殖民地提供贡纳、奴隶、货币和黄金，到从殖民地进口粮食、与殖民地进行自由贸易、通过殖民地解决生产和消费之间的矛盾，再到把殖民地作为投资地……殖民地功能的变迁，既是社会发展的结果，也是世界分工的结果，更是阶级压迫和阶级剥削的派生物。恩格斯指出："社会分裂为剥削阶级和被剥削阶级……分工的规律就是阶级划分的基础。"[②] 而阶级差别的消除有赖于生产力的发展。

（二）殖民地的独立历程

1. 殖民地政治形式上的独立

第二次世界大战后，亚洲和非洲的一大批殖民地、半殖民地的国家纷纷获得独立，摧毁了殖民帝国，至此，政治意义上的殖民地已经不存在了，几乎所有的殖民地国家都获得了独立，成为主权国家。但是马克思早就在《现代殖民理论》中指出，殖民地的政治独立不等于经济独立，因此尽管美

---

① 列宁：《帝国主义是资本主义的最高阶段》，人民出版社，1964，第74页。
② 《马克思恩格斯文集》（第3卷），人民出版社，2009，第562页。

国在 1776 年就宣布独立，但"从经济上来说，美国仍然是欧洲的殖民地"①。正是在这个意义上，恩格斯指出，1866 年以来，美国即使成为世界第二工业国，也没有完全除掉它的殖民地性质。② 帝国主义国家修改殖民政策，采取隐蔽而具有迷惑性的方式来继续谋求殖民利益。他们在承认殖民地政治独立的同时，采取实行代理人制度、经济援助、军事援助、不平等贸易、文化侵略、科技垄断、建立跨国公司等手段，在经济上继续殖民落后国家，使其充当商品市场、原料产地和投资场所，最大限度地榨取落后国家的财富。除此之外，他们还最大限度地延长落后国家工业化的过程，限制和阻碍落后国家的技术发展；当落后国家纷纷独立建立自己的民族国家时，帝国主义国家却大肆宣扬世界主义和全球意识，认为民族主义和国家主义已经过时了，为了全球利益，应建立世界政府。

2. 殖民地经济形式上的独立

对于民族独立国家而言，他们在政治独立之后十分乐观。因为"政治独立后，殖民地就可以不再受那些旨在为宗主国及其在殖民地的臣民谋利的框框调调所束缚……国民政府可以调动殖民统治者无法利用的人力和物力来发展经济"③。但实际上，他们政治独立之后的发展战略，无论是进口替代战略还是出口替代战略，仍然是使发达国家受益，落后国家受损。因为就进口替代战略而言，他们不得不高价进口工业品，最后又因机器、原料、技术、市场等无法与之匹配，不得不放弃这一战略。而就出口替代战略而言，虽然他们尽量避免或者减少农产品和初级产品的直接出口，而是将其加工之后再出口，但随着发达国家把传统工业或劳动密集型的工业转移到落后国家，落后国家就成了发达国家的廉价劳动力市场。那么，独立国家到底该如何发展？刘易斯的观点不容忽视："经济增长的动力应该是技术变化，国际贸易是润滑油而不是燃料。达到技术变化的途径是农业革命和工业革命……如果我们能在国内进行这种变革，那么，国际经济新秩序就会自然而然地产生。"④ 实际上，历史的发展在一定程度上验证了刘易斯观点的正确性，国际经济新秩序的建立，以及殖民国家和被殖民国家在经济发展差距上的逐渐缩小，意味着殖民主义在经济形式上也终结了。

---

① 《马克思恩格斯文集》（第 5 卷），人民出版社，2009，第 876 页。
② 《马克思恩格斯文集》（第 5 卷），人民出版社，2009，第 520 页。
③ 高岱：《殖民主义的终结及其影响》，《世界历史》2000 年第 1 期。
④ 阿瑟·刘易斯：《国际经济秩序的演变》，乔依德译，商务印书馆，1984，第 52 页。

(三) 资本逻辑下的"数据"

1. 数据成为数据资本

数据如同货币一般,并非天然就是资本。数据从数值到素材,从样本数据到大数据库,从技术到资本……日益成为"核心竞争力",引发了生活、工作和思维的大变革。数据作为资本,与作为资本的货币截然不同,数据涵盖人类日常生活的方方面面,数据使得人类的日常生活变成了开放的资源,成为可以创造价值的资本,并且这种资本只会增加不会减少,因此可以任意取用,并且使用起来简单便捷,这就为金融资本主义打开了一片新的天地,开启了数据资本主义的历程。数据资本是对大量数据进行分析后获得的价值,如果这些分析数据和结果可以被垄断平台无偿独自占有,它们就会成为资本家抢夺的对象,因为对数据资本的占有会让数据资本家拥有云端的数字权力、数字力量和数字社会关系,从而开辟一片广阔的"云帝国"。资本主义在数字时代开启的新一轮数据圈地运动,使传统的殖民政策也摇身一变成为数据殖民政策。

2. 数据资本不断逐利

当数据成为资本,便继承了资本的逐利性,数据成了获取利润的资财。马克思指出,资本主义的生产过程,"作为劳动过程和价值增殖过程的统一"[①],主要是为了实现价值增殖,而资本的增殖要通过资本的持续运动来实现,资本增殖依靠环环相扣的资本循环运动,其中任何一环出了问题,都会影响资本周转和资本增殖,从而导致资本主义的生产和再生产过程都无法持续。因此资本只能处于永不停歇的循环运动中,才能实现资本对利润的无限追求。当数据成为资本,同样会成为权力、力量、手段和生产关系,其特征也是对利润和价值的无限追求,数据资本帮助殖民方获取额外利润、垄断利润,本质上是一种剥削关系。如果不对数据殖民进行有效应对,势必会出现剥削方不断加大剥削、被剥削方受剥削程度不断加深的趋势,从而造成数据贫困和生存价值贫困,进而影响人类命运共同体的形成和实现。

3. 数据资本开启新的逐利场

科幻小说家威廉·吉布森曾说,网络空间所包裹着的巨大的电子网络正在工业世界的地下暗暗地扩张,就如同伸展开来的触手或者藤蔓。网络空间

---

① 《马克思恩格斯文集》(第5卷),人民出版社,2009,第230页。

不仅是一个由数据库和网络构成的隐形帝国，也是一个包含任何无实体存在和所有数字信息的完整世界。数据驱动使得帝国主义得以通过纯数据手段实现全球统治。数据空间作为新的空间形态，成为资本主义国家争抢的对象，为了获得数据空间的数据霸权，资本主义国家有意制造数字技术领域新的不平等，进而开启新的压迫和掠夺，进行数据殖民。数据空间作为新的逐利场地，既有政治经济利益的争夺，也有文化领域和意识形态领域的和平演变。"利润报表显示，脸书 2015 年的广告收入超过 58 亿美元，其中有 80% 以上来自移动广告。"① 除了把数据作为商品，开采新的数据进行获利外，数据殖民也把整个数据社会日益资本化。

三 资本逻辑下的"数据殖民"风险

（一）"数据殖民"的内涵

对于数字时代帝国主义的殖民风险，学界有着不同的提法，比如数字殖民、数据殖民、信息殖民等。数字最初的含义是数码，是用来计数的符号。数据可以有数字、图表、符号、文字、曲线等多种形式，在计算机科学中，数据是指所有能输入计算机并被计算机程序处理的符号的介质的总称，包括数字、字母、符号和模拟量等。可见，数字是数据的一种形式，数据包含数字数据，而数字数据的出现代表着真正的数据时代的开启；信息则与数据的相关关系和因果关系相联系，在一个数字网中，将时间上或空间上分散的数据源的数据收集在一起进行分析就能够生成信息。因此，数字殖民、数据殖民、信息殖民是在不同层次上对数字时代的理解。本文主要使用"数据殖民"的提法，因为数字殖民、数据殖民、信息殖民事实上都是数据殖民，本质上都是数据垄断。

从殖民地的功能变迁和独立历程可见，帝国主义任何时候都不会主动放弃从殖民地获利。如果说殖民地在政治和经济上的独立标志着殖民地在物能时代的终结，那么，在信息时代，数据空间的打开会不会使殖民主义反弹？在数字时代，帝国主义国家将如何继续夺取和瓜分外部市场和世界资源？换句话说，是否存在新形式的殖民主义？"数据殖民"会不会成为殖民政策在数据时代的另一种表现形式？

---

① 《"脸书"带来数字殖民主义？》，http://www.xinhuanet.com/world/2016 - 02/16/c_128723724.htm。

　　在尼克·库尔德里（Nick Couldry）和尤利西斯·A. 梅西亚斯（Ulises A. Mejias）那里，对这些问题的回答都是肯定的。库尔德里与梅西亚斯在《连接的成本：数据是如何殖民人类生活并使其为资本主义所用的》一书中，把"殖民"这一历史概念重新拉回到现实中，将其置于数据化的空间中，并提出了"数据殖民"①的概念。库尔德利将历史殖民主义的掠取行径与抽象的计算方式结合在一起，指出"随着当前对数据的收集、处理和提取价值的普遍化"，会形成"一种新的分配世界资源的方式，一种促进经济增长的新的资源获取方式"，"这种新的掠夺方式就是数据殖民主义"②。库尔德利进一步指出，"数据殖民主义将带来一种新的资本主义形式，这种资本主义的核心必定是通过数据控制人类"③。中国学者认为："垄断资本对数据的剥夺性占有，本质上就是一种数据殖民。"④ 从广义上来说，在数字时代，对数据的剥夺性占有、剥削性垄断等都是数据殖民的表现，但需要注意的是，"殖民"概念在数据时代的重现不是简单的再现，而是内含着数据的独特性。如前所述，宗主国对殖民地资源的占有和使用方式是不断变化的，从武力征服、直接统治的海盗式掠夺，到通过贸易方式把殖民地变为商品市场、原料产地和廉价劳动力的来源，再到资本输出……有着其独特性，"数据殖民"也是如此。可以说，大数据时代的"数据殖民"，主要表现为掌握数据技术或处于领先、垄断地位的各类主体，通过自身所掌握的数据资源，对数据技术发展相对落后的国家实行数据控制、数据渗透和数字产品倾销，目的是从中获得政治、经济、意识形态等的把控权。

（二）"数据殖民"风险

　　数字鸿沟的存在使"数据殖民"风险也一定是存在的。美国著名未来学家托夫勒曾指出，发达国家与发展中国家之间在经济和技术上的差距将会进一步拉大，弱国对强国的依赖将进一步增强。"未来世界政治的魔方控制在拥有信息强权的人手里，他们会使用手中掌握的网络控制权、信息发布权，利

---

① 《"数据殖民"影响未来经济社会走向》，https：//m. thepaper. cn/baijiahao_ 4277377。
② 常江、田浩：《尼克·库尔德利：数据殖民主义是殖民主义的最新阶段——马克思主义与数字文化批判》，《新闻界》2020 年第 2 期。
③ 常江、田浩：《尼克·库尔德利：数据殖民主义是殖民主义的最新阶段——马克思主义与数字文化批判》，《新闻界》2020 年第 2 期。
④ 杨嵘均：《要数据安全，不要"数据圈地"》，《光明日报》2020 年 9 月 25 日。

用英语这种强大的文化语言优势，达到暴力、金钱无法达到的征服目的。"①数据伴随网络成为社会的中枢神经系统，每个国家都成为全球互联网的子系统，数据的控制权掌握在谁的手里，谁就有了管理权和话语权。美国作为世界强国，其很多方案都带有"全球"字眼，如 1995 年提出"全球信息高速公路"方案，1997 年推出的《全球电子商务政策框架》……数字平台的出现为人类社会成为数字社会提供了条件，人类生活被数字化的同时也被商业化和市场化，这就为某些霸权主义大国提供了新的、更隐蔽的、更富欺骗性的殖民手段。

具体而言，"数据殖民"风险主要表现在以下三个方面。

1. 数据圈地获取殖民利益

如同资本主义初期的圈地运动一样，数字时代掀起的新一轮的数据圈地运动，将通过对数据的剥夺性占有和剥削性使用获得殖民利益。如同传统殖民主义对贡纳、土地、货币、黄金，新殖民主义对原料、市场、劳动力的攫取和使用一样，数据殖民主要是通过科技等手段对数据进行攫取、占有和使用，从而满足自身发展需要和利益需要。与传统殖民主义和新殖民主义不同的是，数据殖民不再局限于先进的工业化的宗主国和落后的农业化的殖民地之间，而是扩展到所有社会成员和社会关系中，这正是数据殖民应引起我们重视的地方。目前，有些数字巨无霸经济体占有大量的数据信息，若形成垄断，势必会通过占领和扩张数据领地来提升竞争优势，因此让数据安全、可控的强监管时代已经到来。

2. 数据垄断把控数据空间

数据垄断是个新词语，数据却是个历史悠久的词语，从人类用绳子打结记事就存在了。按照资本逻辑，当数据只有文化价值的时候，是不会被过度重视的，而当数据有了政治甚至经济价值的时候，资本逻辑就要大显身手了。随着物联网和信息技术的发展，数据从具有文化价值走向具有经济价值，甚至具有政治价值，拥有了生产和指导实践的能力，成为重要的生产要素。数据承载的信息更成为竞相争夺的"新时代的石油"②。在这里我们看到，把数据比喻成石油，体现了数据的珍贵性、重要性、竞争性、有限性，但这些其

---

① 曾伟明：《再论影响因子泛滥及其负面影响——兼复陶家柳先生》，《中国社会科学报》2014 年 8 月 6 日。

② 《当数据成为"新时代的石油"，如何在应用数据时保护隐私?》，https://www.thepaper.cn/newsdetail_ forward_ 14682728。

实并非数据本身的特质，数据本身是非竞争、不排他、非零和、不垄断的,[①]因此数据殖民实质上背离了数据本身，在对数据进行垄断的基础上进一步把控数据空间，获取利润。所谓数据空间，即数字化空间，是由数据驱动的，以网络、云计算等信息技术为手段的人类数据库，是集数据搜集、数据分析、数据应用、数据服务于一体的特大虚拟空间。在数据空间，"所有的大数据都会搜集起来，你可以用更好的方式去组织，通过地理的实际方式去分布，就像现实的物理世界中，真实的地理位置分布一样"[②]。未来，"大数据会缔造大公司，十年、二十年之后，在全世界最大的公司就是有最多数据，最大数据的公司。将来谁在数据方面能胜出，谁有最大的数据公司，谁就是最大的胜者"[③]。"随之而来的是垄断，这意味着大角色大企业会自然而然地变得更大，越做越大，越大越强。越多的人加入网络当中，网络就越值钱、越有价值。"[④]数据空间给了资本发挥作用的第二个空间，在这里所有的数据都可以被提取使用，并计算价值，产生新的价值，而且这种数据的攫取和使用不限于发达国家对落后国家，社会精英对弱势群体，而是针对所有掌握了数据资源的人和国家而言的。

3. 数据获利殖民日常生活

"数字化时代的到来，将极大地改变人类的生产方式、生活方式和思维方式，人类的衣、食、住、行、用等日常生活的各个方面也必将发生重大的变革。"[⑤] 数据殖民不但会带来新的殖民形态，而且会渗透到人民大众的日常生活中。个人数据不断被裹挟在大数据中持续滚动，"如果你拷问数据到一定程度，它会坦白一切"[⑥]，因此信息泄露、隐私保护等问题日益受到人们的关注。日常生活有被数据殖民的可能，一方面，人类的日常生活世界越来越

---

① 为了反对把数据比喻为石油，有学者将数据比喻为阳光，实际上阳光作为自然之物还是不同于数据的。

② 《凯文·凯利：大数据的垄断是未来十年的趋势》，https://www.sohu.com/a/252919098_115124。

③ 《凯文·凯利：大数据的垄断是未来十年的趋势》，https://www.sohu.com/a/252919098_115124。

④ 《凯文·凯利：大数据的垄断是未来十年的趋势》，https://www.sohu.com/a/252919098_115124。

⑤ 李慎明：《数字中国与新时代中国特色社会主义——兼论建议成立国家数字科学实验室及国家生命科学实验室、国家海洋科学实验室、国家太空科学实验室》，《世界社会主义研究》2019年第2期。

⑥ 新制度经济学的鼻祖、诺贝尔奖获得者罗纳德·哈里·科斯的经典名言。

数据化，数据化就是对人类日常生活方式的抽象化处理，数字技术极大地改变了人类的生活方式和行为方式，甚至改变着人类的生存模式和价值模式，当"个人的日常生活被视作数据资源，其日常生活流需要能够以数据的形式被重新调配与呈现"① 的时候，人类日常的数字化生活就有了被殖民的可能性；另一方面，在数据从数据变为大数据、从大数据趋向全数据②的过程中，数据的多维甚至全维性凸显，数据之间的相互关系产生了越来越多可提取的价值，包括个人偏好、未知关联、发展趋势等，因此生活数据符合资本逻辑变得有利可图。当数据殖民者采用数据分析方式从人类的生活流中获取利益的时候，不知情的人们的日常生活就被殖民化了。

四 建设数字中国，积极应对"数据殖民"风险

"未来已经到来，只是分布不均。"③ 如今，人类生活在全面面向资本主义和社会主义共存的数据世界，这个数据世界是自然与人类、人类与计算机、机械体与生物体共存的，无定形的，无中心的世界，我们需要用新的数据思维方式积极应对"数据殖民"风险。

（一）大力发展数字技术，消弭数字鸿沟

2000 年，时任福建省省长习近平提出建设"数字福建"的科教兴省战略；2015 年，习近平总书记在第二届世界互联网大会开幕式上强调"中国正在实施'互联网+'行动计划，推进'数字中国'建设"④；2017 年，党的十九大报告提出"建设数字中国"；2018 年，首届数字中国建设峰会把主题确定为"以信息化驱动现代化，加快建设数字中国"，建设数字中国，旨在"适应我国发展新的历史方位，全面贯彻新发展理念，以信息化培育新动能，用新动能推动新发展，以新发展创造新辉煌"⑤；2020 年，习近平在亚太经合组织

① 常江、田浩：《尼克·库尔德利：数据殖民主义是殖民主义的最新阶段——马克思主义与数字文化批判》，《新闻界》2020 年第 2 期。
② 王天恩：《大数据、人工智能和造世伦理》，《哲学分析》2019 年第 5 期。
③ 《未来已经到来，只是分布不均》，https://www.sohu.com/a/376845436_262582。
④ 《习近平在第二届世界互联网大会开幕式上的讲话》，http://www.xinhuanet.com/politics/2015-12/16/c_1117481089.htm。
⑤ 《以信息化培育新动能 用新动能推动新发展 以新发展创造新辉煌》，《中国青年报》2018 年 4 月 23 日。

第二十七次领导人非正式会议上指明"数字经济是全球未来的发展方向"①。数字中国建设，是我们积极拥抱数字时代的重要举措，也是有效反对数据殖民的重要基础。

反对数据殖民，技术是破局的关键。习近平指出："互联网核心技术是我们最大的'命门'，核心技术受制于人是我们最大的隐患。""我们要掌握我国互联网发展主动权，保障互联网安全、国家安全，就必须突破核心技术这个难题，争取在某些领域、某些方面实现'弯道超车'。"② 因此，我们要大力发展数字技术，"突出关键共性技术、前沿引领技术、现代工程技术、颠覆性技术创新"③，消弭数字鸿沟，发展数字经济新业态；加强数字信息基础设施建设，并与传统的基础设施建设有效链接；加强数字科技支撑，强化数字经济和实体经济的深度融合；发展智能教育，为数字中国培养专业人才。本·格尔茨（Ben Goertze）不无担忧地指出："如果今天的年轻人没有受过新兴技术教育，那么未来极可能出现非常严重的'数字殖民主义'问题。"④ 在数字中国建设方面，要加强对关键性技术创新方面的投入，既要充分发挥市场的决定性作用，也要发挥好政府的主导作用，只有这样才能在数字世界既顺应时代发展，办好自己的事情，发展好自己，又不至于陷入资本逻辑的陷阱。

（二）坚持党管数据，保障数据安全

"数据安全，是指通过采取必要措施，确保数据处于有效保护和合法利用的状态，以及具备保障持续安全状态的能力。"⑤ 2020 年，中共中央、国务院颁布的《关于构建更加完善的要素市场化配置体制机制的意见》已经把数据作为与土地、劳动力、资本、技术并列的五大生产要素之一。这在一定程度上表明，数据已经成为我国经济增长的核心力量。《中华人

---

① 习近平：《携手构建亚太命运共同体——在亚太经合组织第二十七次领导人非正式会议上的发言》，《人民日报》2020 年 11 月 21 日。

② 习近平：《在网络安全和信息化工作座谈会上的讲话》，《人民日报》2016 年 4 月 26 日。

③ 习近平：《决胜全面建成小康社会　夺取新时代中国特色社会主义伟大胜利——在中国共产党第十九次全国代表大会上的报告》，人民出版社，2017，第 31 页。

④ 《如何防范"数字殖民主义"问题？联合国拟从推动区块链等新兴技术教育入手》，https://www.it-bound.com/archives/34912。

⑤ 《中华人民共和国数据安全法》，http://www.cac.gov.cn/2021－06/11/c_1624994566919140.htm。

民共和国数据安全法》中明确指出，维护数据安全，应当坚持总体国家安全观。在这一战略视域下，要保障数据安全，必须坚持党管数据。这是因为数据作为一种新型的生产要素，具有公共属性，纵向上涉及人民生活的方方面面，横向上关涉世界范围的所有国家，只有坚持党管数据，才能"打通信息壁垒，形成覆盖全国、统筹利用、统一接入的数据共享大平台，构建全国信息资源共享体系，实现跨层级、跨地域、跨系统、跨部门、跨业务的协同管理和服务"①。当"数据已经跟劳动力、跟资本一样，构成了基本的生产要素，数据已经跟石油、电力一样构成了基本的驱动社会运转的能源，数据已经跟物质和能量一样，成了某种事物的结构，数据已经跟枪杆子、笔杆子一样，成为重要的执政资源"② 的时候，只有坚持党管数据，才能具有全局性、安全性和可控性。

（三）超越资本逻辑，遵从人的逻辑

资本逻辑推动了资本主义的发展，也是整个资本主义系统发生冲突和危机的根源。因此长期以来，资本与人的关系是我们着重思考的关系之一，"资本天生具有剥削、'吃人'、扩张、掠夺的本性，资本扩张到哪里，资本就会在哪里'吃人'，资本的战车也会开到哪里"③。资本逻辑已经为资本主义和人类带来了不同程度的"麻烦"，但在中国，我们却可以很好地把资本逻辑控制在一定的范围之内，有效抑制资本逻辑的发展空间。这是因为我们坚持了人的逻辑，超越了资本逻辑。我们党和国家坚持"以人民为中心"，并以此为奋斗目标，宣示以人民为中心的执政立场，践行以人民为中心的工作导向，以人民为中心的价值追求；在发展目的上坚持一切为了人民，在发展主体上坚持一切依靠人民，在发展方法上坚持一切从人民的问题出发，在发展效果上坚持一切由人民检验，这是我们社会主义制度的优越性。新中国成立之初，我们一度是排斥资本的，直到邓小平同志明确市场经济不是社会主义与资本主义的本质区别后，我们才开始在经济领域利用资本，这在当时对我们解放和发展生产力是十分必要的。随着改革开放的不断深入，资本逻辑在我国政治、民生等部分

---

① 《习近平：实施国家大数据战略加快建设数字中国》，http：//jhsjk.people.cn/article/29696290。
② 《如何理解"党管数据"？人民网总裁叶蓁蓁最新解读！》，http：//m.people.cn/n4/2018/0127/c203-10465439.html。
③ 韩庆祥：《从资本逻辑走向人的逻辑》，《光明日报》2017年9月18日。

领域也有所表现，但在我们有为政府的宏观调控下，并没有出现资本逻辑主导整个社会发展的现象。所以习近平总书记指出："在社会主义条件下发展市场经济，是我们党的一个伟大创举。我国经济发展获得巨大成功的一个关键因素，就是我们既发挥了市场经济的长处，又发挥了社会主义制度的优越性。"①

2018年，习近平总书记会见美国国防部长马蒂斯时指出："我们坚持走和平发展道路，不会走扩张主义和殖民主义道路，更不会给世界造成混乱。"② 目前的中国已经摆脱强权，成为名副其实的世界大国，但中国摆脱强权不是为了加入新强权行列，社会主义的本质属性决定中国没有殖民基因，不会殖民他国，也不会称霸世界。在大数据时代，面临数据殖民风险，我们依然要坚持中国共产党领导和社会主义制度，坚持以人民为中心，坚持"解放生产力，发展生产力，消灭剥削，消除两极分化，最终达到共同富裕"，任何时候都不能忘记"社会主义"这个定语，这是伴随新中国的重要定语，不能忘记人民主体地位，努力在实践中破解数据殖民风险，保障数据安全。

（四）关注人的生存意义和价值，构建人类命运共同体

习近平总书记指出："面对各国对数据安全、数字鸿沟、个人隐私、道德伦理等方面的关切，我们要秉持以人为中心、基于事实的政策导向，鼓励创新，建立互信……携手打造开放、公平、公正、非歧视的数字发展环境。"③ 殖民主义与资本主义纠缠了数百年，如今殖民主义虽然依旧以各种隐蔽的方式存在，资本逻辑也看似入侵了人类生活的各个领域，如政治、经济、文化、社会等领域，但实际上，资本逻辑是在各个领域的浅层、表面运作。在资本逻辑下，生活就是为了更好地生活，生活本身就是目的，生活背后的生命意义和生存价值问题被忽略了。人类对数据的获取，最初可能是动物出门觅食一般，主动去寻找；而现在却是诸多数据主动送上门来，让我们应接不暇，在这频繁的迎接数据过程中，我们的生活越来越碎片化，越来越他者化（处于自我遗忘状态），这实际上更加凸显了人的生存意义和全面发展的重要性。在大数据时代，数据殖民与人的自由全面发展背道而驰，与智能时代人的解放构成悖论。网络和数字技术对人类社会的全面渗透和影响已

---

① 《习近平：不断开拓当代中国马克思主义政治经济学新境界》，http://jhsjk.people.cn/article/31823519。
② 《习近平会见美国国防部长马蒂斯》，http://jhsjk.people.cn/article/30091954。
③ 《习近平关于网络强国论述摘编》，中央文献出版社，2021，第170页。

经有目共睹，互联网和大数据作为人类日常生活和工作的必需品，已经远远超出了工具的范畴，而成为与人类水乳交融的伙伴，影响甚至改变着人类的运行轨迹。人类正在信息化、机器正在生物化、生物正在工程化……从一定程度上来说，是技术的发展使生命与机器联姻，也恰恰是技术的局限性使生命与机器被迫联姻。而我们要时刻记住，中国大力推进数字中国建设是为了坚持和发展中国特色社会主义，为了实现中华民族伟大复兴，为了实现国家富强、民族振兴、人民富裕。从人类视野来看，是为了最终推动人类命运共同体的构建。

在人工智能时代，人类在获得体力劳动和部分脑力劳动解放的同时，也面临失业和生存价值缺失等问题，这在资本逻辑下是无解的，而在中国，我们坚持幼有所育、学有所教、劳有所得、病有所医、老有所养、住有所居、弱有所扶，保证全体人民在共建共享发展中有更多获得感。这样保障民生的制度安排让中国人民确认了社会主义的本质就是"解放生产力，发展生产力，消灭剥削，消除两极分化，最终达到共同富裕"，而不是一部分人的"获得感"建立在另一部分人的"失落感"甚至"被剥夺感"的基础上，这样的民生保障在解放人民的同时有效保障了人民群众的价值感，体现了中国对资本逻辑的摒弃，对人的逻辑的遵从。这个世界本来只有自然史，人类出现之后，在自然史之外有了人类史，人类运用自己强大的智力和治理能力，使人类世界发展得过于高级和复杂，以至于最后不得不向自然界寻求治理方法。在生物化大于机械化的人类早期，人们期盼机械化带来的美好和便利，在机械化大于生物化的未来，人类会越来越期盼或者需要回归生物化。生物世界的钢铁侠让人羡慕，钢铁时代的生物侠一定会更加珍贵并为人类带来新的生物文明。纯而又纯的技术只能制造简单的机械，如果让机器思考则必须遵循人的逻辑，即关注人的生存意义和全面发展，在人与自然的关系上坚持生命共同体，在人与人的关系上坚持人类命运共同体。

（作者单位：上海理工大学）

原文《资本逻辑下的"数据殖民"风险及数字中国建设》，

原载《理论月刊》2021 年第 10 期，收入本书时有改动

"数字丝绸之路"：应对西方数字帝国主义的中国方案

陈 健

一 问题的提出

　　数字技术、数字经济在为全球经济带来巨大发展机遇的同时，也为西方发达资本主义国家实施数字帝国主义提供了契机。综观历史上历次科技革命，每一次科技革命都催生出国际秩序的领导者和变革者，而这一领导者和变革者往往是掌握新技术、新科技的主导者。以数字技术、数字经济为主要特征的新科技革命的发展也不可避免地受这一规律制约。二战以来，美国抓住了以计算机、新材料等的发明与应用为主要标志的第三次科技革命的契机，实施技术垄断，打造强大的技术垄断体系，试图把广大发展中国家控制在全球价值链中低端。尤其是随着数字技术、数字科技的发展，美国等西方大国仍试图掌握第四次科技革命的主导权，以此实施数字霸权，形成以美国为主导的西方数字帝国集团。自 20 世纪 80 年代起，美国就开始实施数字帝国主义，通过在信息技术方面的不断积累，其在互联网方面具有绝对控制权，"互联网自诞生之日起就由美国牢牢掌控，目前全球互联网根服务器有13 台，其中唯一的主根服务器在美国，其余 12 台辅根服务器中有 9 台在美国。所有根服务器均由美国政府授权的 ICANN（互联网名称与数字地址分配机构）统一管理，负责全球互联网域名根服务器、域名体系和 IP 地址等的管理"①。这一优势为美国等极个别西方大国实施数字帝国主义奠定了坚

---

　　① 《美国要打什么牌?》,《人民日报》（海外版）2010 年 1 月 27 日。

实基础，美国等西方发达资本主义国家凭借这一优势，不断攫取物质财富，侵犯他国网络空间主权。随着以计算机、物联网、人工智能、大数据等数字科技为代表的第四次工业革命的来临，数字科技与西方发达资本主义国家以资本为中心的资本逻辑的结合，使美国等西方发达资本主义国家实施垄断的形式更加隐蔽化、剥削的程度更加严重化、不平等性更加凸显，加速了美国等西方发达资本主义国家数字资本的积累，导致南北国家发展差距日益扩大，数字鸿沟凸显。对于西方发达资本主义国家实施数字帝国主义等新帝国主义造成的这些问题，我们应从政治经济学视角进行深入批判，这也是马克思主义资本批判的根本要求和现实回应。当前西方左翼学者从政治经济学领域对西方数字帝国主义等新帝国主义进行了批判，如佩里·安德森认为，在这些领域的研究"已经有越出他们前辈的哲学界线而转向更多地关心经济和政治理论的趋向"。[①] 西方左翼学者对数字帝国主义等新帝国主义的政治经济学批判，对于我们深入批判西方数字帝国主义有一定借鉴作用。因此，我们要做好对西方数字帝国主义的深入批判，揭示西方数字帝国主义的主要表现和造成的后果，如揭示西方数字帝国主义打着数字生产自由的幌子实施数字生产的全球垄断、揭示西方数字帝国主义借助数字的私有化逻辑实施全球数字资源的掠夺等问题，同时还应加快发展中国家数字技术、数字科技等的发展。数字经济新业态的发展有利于促进社会生产力的发展和物质财富的积累，如何促进数字技术、数字科技等新经济新业态惠及整个人类是当前面临的主要问题。中国为回应和解决这些问题贡献了共建"数字丝绸之路"国际合作倡议这一方案，如习近平总书记指出："我们要顺应第四次工业革命发展趋势，共同把握数字化、网络化、智能化发展机遇，共同探索新技术、新业态、新模式，探寻新的增长动能和发展路径，建设数字丝绸之路、创新丝绸之路。"[②] 鉴于此，"一带一路"国家应加强合作，加快共建"数字丝绸之路"，以应对西方数字帝国主义，这有利于实现南北国家共享数字科技、数字技术等新经济新业态的发展成果，实现南北国家共同发展繁荣。但是共建"数字丝绸之路"为何能够有效应对西方数字帝国主义呢？我们有必要深入揭示其历史、理论与实践等深层逻辑。

[①] 佩里·安德森：《西方马克思主义探讨》，高铦、文贯中、魏章玲译，人民出版社，1981，第 129 页。

[②] 《齐心开创共建"一带一路"美好未来——在第二届"一带一路"国际合作高峰论坛开幕式上的主旨演讲》，《人民日报》2019 年 4 月 27 日。

二　共建"数字丝绸之路"应对西方数字帝国主义的历史逻辑

（一）古丝绸之路中互利共赢精神的历史积淀

自汉代张骞开辟出横贯东西方、连接欧亚的古丝绸之路后，古丝绸之路精神经过历史的积淀，已经内化为人类宝贵的精神财富，其包括的开放合作、互学互鉴、和平共处等精神内核，时至今日仍然具有重要的现实意义。古丝绸之路之所以能够绵延千年、经久不衰，关键在于其蕴含的互利共赢精神，这一精神经过历代的实践与发展不断被赋予新的内涵，并成为古丝路精神的核心内涵。如早在汉代，就通过丝绸之路实现了商品的互通有无，这种互通有无就是一种互利共赢交往模式，这种交往模式主要表现在如下方面。一是生产生活技术、文化等的互通有无。中原地区的商队通过丝绸之路把中原的先进生产生活技术传入西域，有力地促进了西域的发展，而西域将其民俗文化等传入中原，丰富了中原的生活文化。在汉代，中原的冶铁技术等传到了中亚，中亚的汗血宝马及葡萄、苜蓿、胡桃、胡萝卜等有利于提高人民生活品质的动植物也传入中国。二是商品互通。如中原的丝织品不仅传入西域，还传入如今的印度地区，而西域的葡萄等水果和马匹等动物则传入中原内地。汉代之后的历朝仍经营古丝绸之路，到唐朝后期，随着中亚地区阿拉伯帝国的兴起，唐朝基本放弃了对陆上丝绸之路的经营，这使得陆上丝绸之路开始衰落。在古代，海上丝绸之路也有所发展，我国古代海上丝绸之路形成于秦汉时期，在三国两晋南北朝和隋朝时期得以发展，在唐宋时期实现繁荣发展，但到了明朝中期，由于明朝政府实行海禁，海上丝绸之路发展受到了限制。从古丝绸之路的发展脉络来看，古丝绸之路之所以能够延绵千年，关键在于坚持互利共赢的原则，这种原则时至今日仍然具有重要意义。习近平总书记提出共建"数字丝绸之路"国际合作倡议，正是对古丝绸之路互利共赢精神的历史传承。

（二）马克思主义政党应对帝国主义的历史担当

马克思主义的实践史是一部反对帝国主义的历史。马克思、恩格斯不仅在理论上，也在实践上对资本主义进行了辛辣的批判，并指出要想实现人的解放，必须进行革命，推翻资本主义制度，正如马克思和恩格斯在《共产党宣言》中指出："共产党人不屑于隐瞒自己的观点和意图。他们公开宣布：他们的目的只有用暴力推翻全部现存的社会制度才能达到。让统治阶级在共产主义革命面前发抖吧。无产者在这个革命中失去的只是锁链。他们获得的将是整个世界。"① 列宁为了人类解放进行实践探索，领导俄国人民推翻资产阶级临时政府，建立苏维埃政权，面对来自西方资本主义国家的疯狂挤压，实施了系列举措，领导人民进行反对西方帝国主义的斗争，实施了战时共产主义政策、新经济政策等，有效抵御了西方帝国主义的战略挤压。这为中国共产党开展反对帝国主义、反对封建主义等斗争提供了重要历史经验。中国共产党自 1921 年成立以来，一直在进行反帝斗争，从抗日战争的胜利到新中国的成立都是反对帝国主义斗争取得成功的典范性案例，这些反帝斗争的胜利离不开以毛泽东同志为主要代表的中国共产党人提出的正确论断的指导。毛泽东同志曾指出："那时，我们说美国和蒋介石是纸老虎。我们也说，希特勒是纸老虎，他最后倒了嘛，死了嘛。现在我们说有两个大纸老虎，就是美国和苏联。我说得灵不灵将来瞧。"② 新中国成立初期，针对帝国主义对中国经济的封锁和安全空间的挤压，以毛泽东同志为主要代表的中国共产党人与帝国主义进行了系列斗争，有效维护了新生的人民政权。如毛泽东同志丰富和发展了一切反动派都是纸老虎的论断，他于 1958 年 12 月 1 日发表了题为《关于帝国主义和一切反动派是不是真老虎的问题》的文章，指出："从本质上看，从长期上看，从战略上看，必须如实地把帝国主义和一切反动派，都看成纸老虎。从这点上，建立我们的战略思想。"③ 在实践中，以毛泽东同志为主要代表的中国共产党人果断出兵抗美援朝，打破了美帝国主义试图通过出兵朝鲜达到进一步侵犯中国的目的。为了团结一切可以团结的力量共同反对帝国主义，毛泽东同志还提出了"三个世界"划分思想。1978 年实行改革开放后，以邓小平同志为主要代表的中国共产党人也为反对西方帝国主义提出了系列论断和进行了系列实践，这一时期，尽管和平与发展已经成为时代的主题，但是霸权主义和强权政治仍然存在，正如邓小平同志指出："可能是一个冷战结束了，另外两个冷战又已经开始。一个是针对整个南方、第三世界的，另一个是针对社会主义的。西方国家正

---

① 《马克思恩格斯文集》（第 2 卷），人民出版社，2009，第 66 页。
② 《毛泽东文集》（第 8 卷），人民出版社，1999，第 372~373 页。
③ 《毛泽东文集》（第 7 卷），人民出版社，1999，第 456 页。

在打一场没有硝烟的第三次世界大战。"① 改革开放进入新阶段，以江泽民同志为主要代表的中国共产党人在反对帝国主义方面进行了系列实践探索，正如江泽民同志指出："在相当长的时期内，避免新的世界大战是可能的，争取一个良好的国际和平环境和周边环境是可以实现的。但是，冷战思维依然存在，霸权主义和强权政治仍然是威胁世界和平与稳定的主要根源。"② 为了有力地反对帝国主义，江泽民同志还在国际场合多次强调推动构建国际新秩序。进入 21 世纪，以胡锦涛同志为主要代表的中国共产党人面对世情、国情出现的新特点，为深入推进反对帝国主义提出了系列论断，进行了系列实践，正如胡锦涛同志指出："霸权主义和强权政治依然存在，局部冲突和热点问题此起彼伏，全球经济失衡加剧，南北差距拉大，传统安全威胁和非传统安全威胁相互交织，世界和平与发展面临诸多难题和挑战。"③ 针对这些全球性问题，胡锦涛同志还倡导构建和谐世界，以和谐世界的构建推动世界包容性发展，消减西方帝国主义以资本为中心逻辑造成的负面影响。进入新时代，习近平总书记在多个场合强调要"坚决反对霸权主义和强权政治"④。可见，马克思主义政党自诞生以来进行了系列反对帝国主义的实践，为新时代应对西方数字帝国主义提供了重要历史经验。

（三）中华民族的和合基因

中华民族经过五千多年的发展，在实践中形成了中华民族优秀传统文化，这些文化时至今日仍然具有重要意义，正如习近平总书记指出："中国特色社会主义文化，源自于中华民族五千多年文明历史所孕育的中华优秀传统文化，熔铸于党领导人民在革命、建设、改革中创造的革命文化和社会主义先进文化，植根于中国特色社会主义伟大实践。"⑤ 因此，新时代的中国之所以能够提出共建"数字丝绸之路"国际合作倡议，其中重要的一点在于其对中华五千多年优秀传统文化中相关文化的传承，如和合文化。中华民族始终发扬和传承这一文化，不管是大唐盛世，还是中国共产党领导的新中

① 《邓小平文选》（第 3 卷），人民出版社，1993，第 344 页。
② 《江泽民文选》（第 2 卷），人民出版社，2006，第 39 页。
③ 《胡锦涛文选》（第 2 卷），人民出版社，2016，第 649 页。
④ 习近平：《在纪念中国人民志愿军抗美援朝出国作战 70 周年大会上的讲话》，人民出版社，2020，第 13 页。
⑤ 习近平：《决胜全面建成小康社会　夺取新时代中国特色社会主义伟大胜利——在中国共产党第十九次全国代表大会上的报告》，人民出版社，2017，第 41 页。

国，中华民族在各个时期都坚持和其他国家和平相处，坚持和合理念，这也表明中华优秀传统文化中的和合文化已经融入中华民族的血脉之中。可见，中华传统文化中的"和合"强调人与自然、人与社会、人与人之间的和谐相处，强调和平合作。我国古代倡导的天人一家、天下大同思想强调的不是"同"，而是一种天下和平与和谐的"和"，因此，古代追求的大同理想社会究其实质也是中华优秀传统"和合"文化的重要体现。可见，中华优秀传统文化内含和合文化，正是基于对这一文化的传承，中国共产党不管是处于"站起来"的发展阶段，还是处于"富起来"和"强起来"的发展阶段，始终强调和平共处对外交往原则。同时，我们在自身发展中充分观照世界的发展，实现中国的和平崛起、和平地"强起来"，而不是遵循西方发达资本主义大国的那种霸权逻辑，这也是习近平总书记针对南北国家数字鸿沟差距日益扩大而提出共建"数字丝绸之路"的重要原因。因此，习近平总书记提出共建"数字丝绸之路"国际合作倡议是以中华民族和合基因为历史积淀，是对中华民族和合基因的承继与发展。

三　共建"数字丝绸之路"应对西方数字帝国主义的理论逻辑

（一）列宁帝国主义资本扩张批判理论

西方发达资本主义国家凭借在数字科技等领域的优势，不仅对本国劳动者、生产者进行剥削，还对发展中国家进行资本扩张，实施经济掠夺，侵犯他国经济主权，对此，西方左翼学者也进行了深刻批判——以美国为代表的西方发达资本主义国家借助其跨国公司对发展中国家实施经济霸权，掠夺发展中国家经济财富，这是数字帝国主义时代数字霸权的一种典型表现。在这一过程中，西方主导下的跨国公司借助数字技术和国家力量得以不断发展壮大，不断进行资本扩张，使得跨国公司呈现出国际化程度和垄断程度更高、垄断资本积累加快、控制着全球生产网络等特点，这种垄断也加速了金融资本的数字化，加速了西方实施数字资本霸权的进程。对此，列宁在很早就有论述："生产的集中；从集中生长起来的垄断；银行和工业日益融合或者说长合在一起，——这就是金融资本产生的历史和这一概念的内容。"① 而现

---

① 《列宁全集》（第 27 卷），人民出版社，2017，第 362 页。

在不仅仅是列宁所指的银行和传统工业的融合，西方发达资本主义国家将数字科技、数字技术等新经济新业态融合进资本扩张之中，加速了实施垄断霸权，形成新的垄断趋势和竞争。垄断与科技存在一种相互促进关系，再加上资本主义主导的数字帝国主义生产逻辑让位于投机逻辑显著缺陷的存在，这就容易诱发经济危机。资本的消极性是显而易见的，尤其是在西方主导下，资本逻辑所带来的消极性会进一步增强，而其消极性主要表现为资本为了最大限度地获得增殖，必然要最大限度地压低工人的工资。这一过程不仅存在于资本主义国家内部，也存在于西方资本主义国家与南方国家的交往之中，西方资本主义企业在劳动力成本低的落后国家进行投资，以低工资付出等方式最大限度地攫取剩余价值。随着数字技术、数字科技等数字经济新产业新业态的发展，坚持以资本为中心逻辑的美国等西方大国凭借其在这些领域的优势，以更加隐蔽的剥削方式实施数字霸权，从而达到资本积累的目的，打造基于资产阶级利益的美好世界。对于西方发达资本主义国家对发展中国家实施的这种剥削，西方左翼学者也持批判态度，认为在数字经济时代，西方发达资本主义国家通过资本控制等方式不断获取软件业等行业的利润，这是数字帝国主义资本中心逻辑的典型表现。因此，从本质来看，西方数字帝国主义和传统形式的帝国主义没有本质差别，只是在程度上对发展中国家的剥削和掠夺更加严重，这造成了西方发达资本主义国家与发展中国家的数字鸿沟日益扩大。这些问题要如何破解？

　　以习近平同志为核心的党中央遵循列宁帝国主义资本扩张批判理论逻辑，一方面加强对西方主导的数字资本的全球扩张进行批判，如深入批判西方数字帝国主义借助数字私有化的逻辑实施数字资本的全球化扩张和全球性掠夺；另一方面又为发展中国家发展数字科技、数字技术贡献中国智慧和中国力量，促进数字科技、数字技术等新经济新业态向基于人类整体利益的方向发展。习近平总书记关于共建"数字丝绸之路"的重要论述是习近平新时代中国特色社会主义思想的重要组成部分，是马克思主义政治经济学中国化最新成果的组成部分，我国在共建"数字丝绸之路"的实践中必然能够遵循人的解放和自由全面发展逻辑。共建"数字丝绸之路"的发展倡议坚持以人类整体利益为中心，因此，其实践必然能够有效应对西方数字帝国主义，建立以人类整体利益为中心的数字经济发展空间。综上，习近平总书记关于共建"数字丝绸之路"的重要论述遵循了列宁帝国主义资本扩张批判这一理论逻辑。

（二）列宁帝国主义垄断同盟批判理论

列宁指出："最新资本主义时代向我们表明，资本家同盟之间在从经济上瓜分世界的基础上形成了一定的关系，而与此同时，与此相联系，各个政治同盟、各个国家之间在从领土上瓜分世界、争夺殖民地、'争夺经济领土'的基础上也形成了一定的关系。"① 列宁的批判为今天批判西方发达资本主义国家的数字帝国主义同盟提供了经典范式。在当今世界，西方发达资本主义国家不仅在政治、军事等领域已经结成了同盟，也在经济、科技等领域结成了同盟，试图通过同盟关系的确立维护其主导世界的既得利益，即使在数字经济时代，西方发达资本主义国家仍然会通过结盟等方式维护其政治统治权力和经济统治权力。具体来讲，在数字时代，这种同盟关系主要表现在如下方面。第一，西方发达资本主义国家借助数字技术等优势，结成文化霸权同盟，共同宣扬其所谓的"普世价值"，控制国际舆论场。西方传播这种数字意识形态，其危害性非常大，西方左翼学者大都意识到了这一问题，认为数字平台的寡头化趋势造成数字帝国主义的危害性日益增大。西方左翼学者还认为新自由主义已经实现了演变，即由原来的经济理论与经济实践等演变为新帝国主义统治世界的意识形态，因此，必须进行深入批判。第二，西方发达资本主义国家凭借在数字技术等方面的优势结成科技同盟，对发展中国家实施数字技术垄断。西方的这种行径实际上是一种独占或者独享，他们不与发展中国家分享数字科技等前沿技术，同时，还联合起来打压发展中国家的数字技术和数字产业发展，如一些西方大国对华为等企业的打压。第三，西方发达资本主义国家还通过组建各种经济同盟等方式对发展中国家实施霸权主义。随着数字技术的发展，西方国家通过数字技术等控制着全球的生产贸易网络，维持着一种西方主导的不平等经贸交往关系。西方发达资本主义国家对发展中国家进行数字剥削，剥削的程度随着西方发达资本主义国家对数字技术掌握程度的提升而不断加深，这种数字平台究其实质也是西方帝国主义垄断组织结盟实施数字霸权主义的"舞台"，他们利用各自在数字技术方面的技术优势，获取海量信息，实施数字霸权，在这一过程中极个别国家的数字寡头权力增大，加剧了数字霸权主义的危害。习近平总书记提出了共建"数字丝绸之路"的国际合作倡议，建立基于人类整体数字权益的数字经济发展模式。

---

① 《列宁全集》（第 27 卷），人民出版社，2017，第 389 页。

通过实践习近平总书记关于"数字丝绸之路"的重要论述，必然能够消除南北国家之间的数字鸿沟和全球发展的不平衡性，对此，习近平总书记指出："发展不平衡是当今世界最大的不平衡。在共建'一带一路'过程中，要始终从发展的视角看问题，将可持续发展理念融入项目选择、实施、管理的方方面面。"① 可见，在共建"一带一路"高质量发展中，习近平总书记始终强调破解全球发展的不平衡性，而"数字丝绸之路"建设作为共建"一带一路"高质量发展的重要举措，也着眼于对全球发展不平衡性的破解。一方面深入批判西方发达资本主义国家的数字垄断集团独享数字发展红利，另一方面注重通过共建"数字丝绸之路"，进而从根本上打破西方发达资本主义国家造成的数字垄断，实现全球数字经济均衡发展。因此，习近平总书记关于共建"数字丝绸之路"的重要论述继承和发展了列宁帝国主义垄断同盟批判理论。

（三）列宁帝国主义生产垄断批判理论

西方发达资本主义国家主导的全球化数字生产过程，究其实质是打着数字生产的旗号在全球范围内实施垄断数字生产的过程，最终建立起服务于、屈从于数字帝国主义的全球数字生产体系，达到剥削其他国家数字权益的目的。在数字时代，帝国主义的本质仍然没有变。"（1）帝国主义是垄断的资本主义；（2）帝国主义是寄生的或腐朽的资本主义；（3）帝国主义是垂死的资本主义。"② 列宁对帝国主义特性的分析为批判帝国主义，建立基于人类整体利益的美好世界提供了重要的理论依据。列宁认为，垄断是帝国主义得以存在的经济基础。20 世纪初，资本垄断地位得以迅速提升，如垄断联合代替自由竞争成为主导形式，生产活动日趋集中于资本主义大企业手中。这种情况在当今时代进一步凸显，一些西方大国凭借其在互联网、数字技术、数字科技等方面的优势，在数字生产的各个环节、各个领域进行垄断布局，加速对数字技术的生产和流通的控制，打造数字边界，试图占有和干涉其他国家数字权益和网络主权。美国等西方发达资本主义国家打着数字自由化等幌子实施数字霸权主义，数字生产空间扩张也必然导致数字生产由自由化向垄断化、掠夺化方向演变。数字技术等的发展加速了生产和流通过程，为西方发达资

---

① 《齐心开创共建"一带一路"美好未来——在第二届"一带一路"国际合作高峰论坛开幕式上的主旨演讲》，《人民日报》2019 年 4 月 27 日。

② 《列宁全集》（第 28 卷），人民出版社，2017，第 69 页。

本主义国家，尤其是西方大国实施数字帝国主义提供了现实土壤。西方发达资本主义国家主导下的数字科技、数字产业类跨国公司规模日益扩大，通过权力与资本的融合迅速在全球扩张，建立全球性生产网络，实现对全球的生产控制。这种数字跨国巨头的一个显著表现就是资本积累迅速且规模惊人，并在各自领域居于垄断地位，这种情况的发生增强了全球生产布局的不平等性。这些数字巨头在全球范围内大规模兼并其他相关企业，不断地提升其利润增长点，攫取超额剩余价值，实现对发展中国家的数字剥削。美国等西方国家在智能手机和平台电脑等生产方面占据优势，这种优势使其能够抢占数字生产先机。目前在智能手机等移动平台的生产方面，尤其是在关键核心技术的生产方面大都由西方发达资本主义国家控制，这就使得西方发达资本主义国家实施数字生产垄断有了可能。西方发达资本主义国家坚持以资本为中心逻辑，必然进行数字生产扩张和垄断，使广大发展中国家在数字生产等高科技领域始终处于不利地位，造成南北国家之间的数字鸿沟日益扩大。为了解决这些问题，以习近平同志为核心的党中央贡献了中国方案，提出了共建"数字丝绸之路"国际合作倡议。这一倡议遵循列宁帝国主义生产垄断批判理论逻辑，一方面坚持对西方数字帝国主义在全球范围不断地进行生产和研发垄断造成的数字鸿沟和日益严重的数字剥削进行批判，揭示西方发达资本主义国家实施数字帝国主义的主要手段就是打着数字生产自由化的幌子，进行数字生产和研发垄断，以实现全球性数字财富的掠夺和占有；另一方面针对西方发达资本主义国家造成的数字鸿沟、数字剥削、数字生产垄断等提出破解方案，促进南北国家之间数字鸿沟的缩小，减少西方发达资本主义国家的数字剥削，变革屈服于西方数字帝国主义的全球数字生产垄断秩序。

四　共建"数字丝绸之路"应对西方数字帝国主义的实践逻辑

（一）实现南北国家共同繁荣发展

当今世界南北国家之间的发展差距随着西方数字霸权的实施日趋扩大，主要原因如下。一是西方发达资本主义国家主导的数字化是实现其资本积累的数字化，并不能惠及所有国家和人民。即西方发达资本主义国家主导的数字帝国主义发展模式必然会造成技术和科技异化，在这一过程中尽管生产力水平和劳动生产率获得提升，但是劳动人民和真正的科技创造者并未从中获得更多益处，其生活并没有实质性改善，其被奴役的地位没有发生变化。对此，马克思也有论述："因为机器本身增加生产者的财富，而它的资本主义应用使生产者变成需要救济的贫民，如此等等。"① 因此，资本主义国家主导下的数字帝国主义是数字服务于帝国垄断、服务于资产阶级利益的霸权主义模式，这种模式必然造成南北国家之间的数字鸿沟日益扩大。二是西方发达资本主义国家牢牢占据数字产业最高端，并实施数字霸权主义，造成广大发展中国家长期处于弱势地位。西方发达资本主义国家长期占据数字科技、数字产业高端地位，把数字产业链中利润较少的任务下包给广大发展中国家，并附加系列霸王条款。三是西方数字帝国集团制定基于维护西方数字霸权的标准体系，试图继续维持传统产业的"中心—外围"格局。针对这一现实，习近平总书记提出了共建"数字丝绸之路"国际合作倡议。具体举措如下。一是加快"数字丝绸之路"顶层制度设计。加快建立"数字丝绸之路"国际合作政策体系，以政策体系的建立和完善为"一带一路"国家"数字丝绸之路"合作提供政策制度保障。二是在推进南北国家之间缩小数字鸿沟、实现共同发展繁荣方面展现中国担当。中国近年来在数字科技、数字产业方面发展迅猛，尤其是掌握了 5G 等前沿科技，凭借这方面优势，以"数字丝绸之路"建设为契机，中国将这些技术优势更好更多地惠及广大发展中国家，从而推动南北国家之间实现共同发展繁荣。三是建立"数字丝绸之路"合作利益共同体。在"数字丝绸之路"建设中通过切实举措充分观照各合作方利益，减少一些"一带一路"国家和地区地方政权更迭频繁造成的利益损失，更重要的是有助于共同发展、共同繁荣。这些举措有助于实现南北国家数字经济均衡发展，从而在根本上应对西方数字帝国主义。

（二）推动全球数字经济治理体系变革

西方实施数字帝国主义之所以会造成南北国家之间数字鸿沟日益扩大，主要在于西方发达资本主义国家主导的全球数字经济治理体系的单向度、狭隘性，其危害具体表现如下。一方面，大多数发展中国家的数字安全、网络空间主权得不到保障。西方发达资本主义国家坚持以资本为中心的霸权逻辑，造成其不断以全球数字治理为名侵犯其他国家网络安全，不断实施数字

---

① 《马克思恩格斯文集》（第 5 卷），人民出版社，2009，第 508 页。

技术垄断，造成广大发展中国家在数字经济方面不能得到很好发展。另一方面，全球数字治理规则是基于西方发达资本主义国家利益的，因此，带有明显的帝国主义性质，这一性质是造成全球治理规则不能代表广大发展中国家利益的主要因素。可见，必须通过切实举措推动全球数字经济治理体系变革。一是广大发展中国家应形成合力，积极推动全球数字治理体系向包容性方向发展。"一带一路"国家可以率先建构包容性发展的区域数字经济治理体系。"一带一路"区域率先实践包容性发展数字经济治理，不仅可以推动该区域广大发展中国家数字经济发展，缩小南北国家之间的数字鸿沟，也可为西方发达资本主义国家树立典范，让这些国家看到建构包容性数字经济全球治理体系对于任何国家都有益处，且益处将会超过在西方发达资本主义国家主导的狭隘、单边的全球数字经济治理体系下所能获得的，从而主动参与到建构这一全球经济治理体系之中。二是加紧制定以人类整体利益为中心的数字经济规则体系，提升广大发展中国家在数字经济治理中的话语权和影响力。当前西方主导的数字经济规则体系只会扩大南北国家之间的数字鸿沟，基于此，广大发展中国家必须加快合作，建立基于人类整体利益的数字经济规则体系，把数字经济领域公平的发展权等充分融入数字经济规则体系之中，从而有效抵御西方数字帝国主义。三是中国应在促进全球数字经济治理体系变革中展现大国担当。中国具备促进全球数字经济治理体系变革的优势，也能够代表广大发展中国家利益进行数字经济治理体系变革。近年来，中国实施的智慧制造等战略有力促进了中国工业体系与数字科技的融合，中国形成了完善的跨境电商与实体经济融合的现代化工业网络体系，可见，中国在数字经济治理方面积累了丰富经验。因此，中国应充分利用自身经验优势，以实际行动促进全球数字经济治理体系变革。四是中国应建立应对西方数字帝国主义的治理体系。西方发达资本主义国家遵循的以资本为中心的霸权逻辑，导致其会持续地对发展中国家实施数字霸权，正如马克思在《资本论》中引用《评论家季刊》中的话指出："如果有 10% 的利润，它就保证到处被使用；有 20% 的利润，它就活跃起来；有 50% 的利润，它就铤而走险；为了 100% 的利润，它就敢践踏一切人间法律；有 300% 的利润，它就敢犯任何罪行，甚至冒绞首的危险。"[①] 基于此，"一带一路"国家在加强共建"数字丝绸之路"合作的同时，应加紧合作应对西方数字帝国主义的数

---

① 《马克思恩格斯文集》（第 5 卷），人民出版社，2009，第 871 页。

字侵略和网络主权侵犯。五是"一带一路"国家应充分利用数字技术、数字科技服务于经济社会形势的预判和研判，为经济治理和经济整体发展服务。

(三) 提升"数字丝绸之路"建设意识

"一带一路"国家大都属于发展中国家，在发展方式上还倾向于粗放式发展，对数字科技、数字经济等新经济新业态的认识还不够，基于此，必须通过切实举措，提升其"数字丝绸之路"建设意识。一是建立共建"数字丝绸之路"交流互动机制，以交流互动让"一带一路"国家充分认识到"数字丝绸之路"建设对提升国家综合实力的重要作用。二是加快对西方数字帝国主义的揭露，让广大发展中国家认识到西方数字帝国主义的剥削本质及其对发展中国家主权的影响。不仅"一带一路"国家的官方政府，"一带一路"区域内的各高校、科研院所等也应以实际数据揭露西方数字帝国主义的本质，使广大发展中国家意识到如果不加快共建"数字丝绸之路"，广大发展中国家将面临与西方发达资本主义国家新的不平等交往。三是加强"数字丝绸之路"合作成效的宣传，以合作成效作为示范，引领更多国家参与到"数字丝绸之路"建设之中。四是"数字丝绸之路"建设也是广大发展中国家探寻适合自身可持续发展道路的一种实践，应通过切实举措使得广大发展中国家意识到这种实践是引领其可持续发展的正确道路。第二次世界大战后，大多数发展中国家走上了民族独立道路，但是在发展道路上还处于对西方以资本为中心的粗放式模式的模仿阶段，随着这些国家经济的发展和人民生活水平的提升，原来的那种模仿式的道路，已经不能适用于现实的发展，这些国家也迫切希望能够有一条可持续经济发展之路，共建"数字丝绸之路"为这些国家探寻可持续经济发展之路提供了现实方案。因此，应通过切实举措让"一带一路"国家意识到"数字丝绸之路"和传统粗放式经济发展道路的区别，进而增强这些国家共建"数字丝绸之路"的意识。五是以中国数字经济发展成就引导"一带一路"国家树立数字科技、数字技术等战略发展意识。应在"数字丝绸之路"建设中充分展现中国数字经济发展成就，让"一带一路"广大发展中国家切实感受到数字经济对于人民生活方式变革和经济发展的巨大作用。六是中国数字企业应积极在"数字丝绸之路"建设中贡献力量，以实际成效调动各国政府和企业主动参与到"数字丝绸之路"建设之中。中国数字企业一方面应为"一带一路"国家政府提供数字化政府建设服务，为其制造企业进行数字化改造、为民众智慧生活提供便利，通过这些实际举措让"一带一路"各国企业和民众认识到数字科技的重要性；另一方面应加快在"一带一路"各国进行投资布局，并更多地采用和当地政府或者企业合资经营的方式实现利益共享，从而让这些国家看到发展数字经济的益处，并主动把数字经济发展提升到国家战略地位；等等。通过以上举措，提升"一带一路"广大发展中国家的"数字丝绸之路"建设意识，进而有效防范西方数字帝国主义。

五 结语

数字技术、数字科技的发展为人类带来了巨大发展成就和提供了千载难逢的发展机遇，促进了全球生产力的发展、科技水平的提升，推动了全球经济治理体系的变革。同时，我们还要看到数字技术、数字科技也带来了巨大挑战，如长期秉持霸权逻辑的西方资本主义大国利用在数字技术、数字科技等方面的优势实施数字霸权，推行数字帝国主义，造成了南北国家发展差距日益扩大、数字鸿沟日益扩大等系列全球性问题。西方资本主义大国实施的数字帝国主义也使得跨国公司垄断的形式更加隐蔽，对发展中国家剥削的程度加深。在此背景下，人类发展的空间正义如何彰显？人类的整体利益如何维护？人类如何共享数字技术、数字科技等新经济和新业态的发展权益？为解决这些问题，习近平总书记提出了共建"数字丝绸之路"国际合作倡议这一展现大国担当的中国方案，这一倡议是坚持合作共赢理念，并在实践中以人类整体利益为中心的中国方案，因此，其在实践中必能为应对西方数字帝国主义造成的全球性负面问题提供可行的方案。基于此，世界各国，尤其是"一带一路"国家应加快共建"数字丝绸之路"，以合作成效吸引更多国家参与进来，促进人类共享数字技术、数字科技等新经济新业态的发展权益，助力南北国家均衡发展，最终实现各国的共同发展繁荣，使得美好世界建设取得新进展。

（作者单位：东华大学）

原文《"数字丝绸之路"：应对西方数字帝国主义的中国方案》，

原载《东南学术》2021 年第 4 期，收入本书时有改动

数字媒介时代的马克思生产力理论创新认知

熊　亮

马克思生产力理论是历史唯物主义原理的重要内容。马克思的生产力理论不仅揭示了机器大工业时代社会发展的驱动力，也揭示了人类社会发展的规律和驱动力。从媒介发展的角度来看，人类社会生产力经历了农耕时代的自然媒介、工业时代的纸质媒介、电力时代的广告媒介、信息时代的电子媒介以及当前智能时代的数字媒介。在《传播政治经济学》一书中，文森特·莫斯可提出："传播不再局限于数据或信息的传输，而是一种组成某种关系的意义的社会生产。"① 其言所指，实质上就是在马克思主义政治经济学的基础之上，借助于数字媒介智能技术而形成的传播政治经济学，传播政治经济学的核心就是依托于数字智能传输而产生指数式的生产力。

诚然，马克思所处的时代是大机器工业时代，马克思生产力理论虽然难以预言到智能时代数字媒介所产生的指数式生产力，但是指出了人类社会未来的发展方向。不仅如此，数字媒介时代迭代发展对社会生产力、生产关系以及生产方式变革起推动作用，这不仅没有脱离马克思生产力理论的规律轨道，反而不断发展和创新马克思生产力理论。因此，面向数字传媒时代出现的新变化、新特征和新态势，从内涵创新、价值创新、实践创新以及世界历史观创新等四重维度探讨马克思生产力理论

---

①　文森特·莫斯可：《传播政治经济学》，胡春阳、黄红宇、姚建华译，上海译文出版社，2013，第 8 页。

的创新和发展，不仅可以进一步加深对马克思生产力理论的认识和理解，而且可以进一步强化马克思生产力理论的历史性和预判性，更为重要的则是使得马克思生产力理论在数字媒介时代进行创造性发展和创新性转换。

一 数字媒介时代马克思生产力理论的内涵创新

在批判的基础上，马克思生产力理论在吸收了重农学派代表人物魁奈的"自然生产力"理论，英国古典经济学代表人物斯密的"市场生产力"、李嘉图的"劳动生产力"以及李斯特"国家生产力"等理论素养的基础之上，科学界定了生产力的概念以及范畴，诠释了生产力内涵的二重关系。马克思认为，生产力是人类改造对象世界而实现自己的目的劳动所公开展现出来的本质力量，劳动者、劳动对象和劳动工具构成了劳动的全过程，任何劳动成果的产出都离不开这三个要素的相互作用。在今天的数字媒介时代，生产力三要素的表现形式，虽然与马克思所处机器大工业时代生产力三要素的表现形式不同，但是其实质并没有发生变化，在一定意义上，它创新性地丰富了马克思生产力理论内涵。数字媒介时代生产力三要素即数字媒介时代劳动者、劳动对象和劳动工具的形式变化如下所述。

首先，我们来探讨数字媒介时代劳动者概念内涵的变化。劳动者是马克思生产力理论的核心概念，深刻理解马克思的劳动者范畴以及意义，不仅有助于理解马克思终其一生围绕劳动者解放而斗争的意义，也有助于理解数字媒介时代劳动者多层含义的内核。在马克思生产力的理论领域，马克思将劳动者定义为从事物质劳动的生产者，而且是能够从事两重关系生产的劳动者："生命的生产，无论是通过劳动而生产自己的生命，还是通过生育而生产他人的生命，就立即表现为双重关系：一方面是自然关系，另一方面是社会关系。"① 劳动者发挥能动性通过对自然的改造以及对社会的改革，推动着生产力的发展。可以看出，劳动者在不同历史阶段呈现不同的特征：在大工业时代，劳动者呈现出机械式和重复性工作特征，在工厂车间的泰勒制下改造着大自然物质资料的存在样态，供给工业革命所需要的物质材料；在电力时

---

① 《马克思恩格斯文集》（第 1 卷），人民出版社，2009，第 532 页。

代，劳动者呈现出扁平化和依赖性，利用电力能源改造着大自然的发展样态，提高能源产业的生产效率；在信息时代，劳动者呈现出自动化以及多样性特征，通过信息传输来实现商品和产业的转移，加速了信息产业的换代升级；在数字媒介时代，劳动者的形式发生了变化，他们具有两重身份，既是数字的生产者，也是数字的消费者，而这一形式，不同于马克思机器大工业时代劳动者作为机器车间里为资产阶级创造剩余价值生产者的形式。对此，福克斯认为，数字劳动者是一种产消者——生产性消费者，"在企业社交媒体平台诸如脸书、推特、YouTube 和谷歌上，用户不只是信息的消费者，而是产消者——生产性消费者，他们生产文档、内容、联系、社会关系、作为使用价值的网络和社区。他们是具有创造性、积极性、网络化的数字工人"①。同样，奈格里认为，数字劳动者是一种"社会工人"，现在已经拓展到整个生产和再生产领域。数字劳动者具有复杂性以及多重身份，尤其是作为数字工人，通过数据传输的商品来获取剩余价值，劳动者的价值体现在数字商品输出中，这使得劳动者创造着无形的市场价值。在数字媒介时代，劳动二重性仍然具有现实意义，也就是说，具体劳动创造使用价值而抽象劳动创造价值，劳动者通过数字媒介的具体传播创造着价值，就此而言，数字媒介时代的劳动者拓展了马克思劳动者这一要素的内涵。

其次，我们来探讨数字媒介时代丰富劳动对象的外延。马克思指出，劳动对象是生产力三要素的重要组成部分，劳动对象是人类从事生产劳动实践的重要前提。在马克思所处的机器大工业时代，劳动对象就是生产资料，主要是来自大自然的物质材料，要想使物质资料满足社会的需求，就需要劳动者充分激发大自然的潜力和活力。然而，劳动对象在马克思所处的时代被资本家占有，成为剥削无产阶级的物质资料来源。随着科学技术的发展，劳动对象的质料也发生了转变，劳动对象从第一自然的物质材料转化为第二自然的物质材料，这使得物质材料具有更丰富的价值；劳动对象的形态也发生了变化，从简单的机械式形态发展到复杂的智能式形态，这使得形态具有多样性的新特征，比如机器大工业时代的劳动对象是大自然的木料，电气时代劳动对象是经过劳动者加工的能源，信息时代的劳动对象是信息筛选的媒介，数字媒介时代的劳动对象主要是数字信息或者海量数据，劳动对象的使用价值和价值体现在劳动的总过程中。由此可见，随着科学技术的变革而出现的

① 克里斯蒂安·福克斯：《数字劳动与卡尔·马克思》，周延云译，人民出版社，2020，第369页。

新的劳动对象的形态，不断推动着社会生产力的发展。在数字媒介时代，劳动对象形态的作用更加凸显，拥有大规模数据的公司可以通过数据采集、存储、挖掘等数字劳动，让数据产生新的价值。① 数字平台对海量的数字信息进行处理，就是在创造"活"价值，其本质在于将海量的数字信息转化为商品。正如福克斯所说："所有这些平台的共同之处在于，它们使用的商业模式是以定向广告为基础的，将用户的数据（内容、个人资料、社交网络、在线行为）转化为商品。"② 也就是说，劳动对象的价值体现在海量数据信息里，海量数据信息已经成为社会生产要素的重要组成部分，不仅具有了市场价值，而且这种市场价值在数字媒介时代叠加式传播，因此数据信息具有了隐藏的高度市场价值。为此，美国学者玛丽·L.格雷等指出："真正驱动许多手机应用程序、网站和人工智能系统运行的竟是人类的劳动力，但我们很难发现——事实上，这些劳动力往往是被故意隐藏起来的。这是个不透明的雇佣世界，我们称之为幽灵工作。"③ 这一幽灵工作的劳动对象就是数字信息或海量数据，数字信息或者海量数据的传播，使得劳动对象具有丰富的内涵以及价值。

最后，我们来探讨数字媒介时代强化劳动工具的功能。马克思认为，劳动工具在人类历史社会发展进程中有重要作用，也是社会发展动力的显著标志，"手推磨产生的是封建主的社会，蒸汽磨产生的是工业资本家的社会"④。生产工具对社会动力的发展起着非常重要的作用，它不仅改变着人类的生产方式、行为方式和生活方式，也对人类的时间和空间变革产生影响。在《资本论》中，马克思诠释了劳动工具即机器与大工业的关系。他认为，在机器大工业时代，机器作为人类肢体的延伸，解放了人的体力劳动，提升了劳动工作效率，推进了社会生产力的发展。然而，马克思也看到，一方面作为生产工具的机器促进了社会生产力的发展，另一方面作为固定资本和不变资本的机器是资本家剥削劳动者的手段和工具，机器不但没有降低和减轻劳动者的工作强度和压力，反而使得劳动者被剥削的程度更高，使资本家获取更多的剩余价值，还导致出现了"机器排挤工人"的现象。

---

① 王永章：《数字劳动的马克思主义政治经济学分析》，《思想理论教育》2022 年第 2 期。

② 克里斯蒂安·福克斯：《数字劳动与卡尔·马克思》，周延云译，人民出版社，2020，第 324 页。

③ 玛丽·L.格雷、西达尔特·苏里：《销声匿迹：数字化工作的真正未来》，左安浦译，上海人民出版社，2020，第 1 页。

④ 《马克思恩格斯文集》（第 1 卷），人民出版社，2009，第 602 页。

由此可见，随着科学技术的发展，劳动工具的形态也在发生着转变，劳动工具提高了劳动生产效率，也推动着社会生产力的快速发展。显然，劳动工具的信息化以及数字化是数字媒介时代劳动工具的重要特征。当前，手机App、互联网平台、网络基站都是重要的劳动工具，这些劳动工具为"受众者"商品化、结构化以及空间化提供条件，劳动工具形式上发生了变化，也丰富着马克思生产力劳动工具的内涵。在数字媒介时代，只有将手机App、互联网平台等劳动工具的使用技术大众化，每一位劳动者才能够平等地享受数字媒介工具所带来的工作、学习和生活的便捷，才能真正平等地享受到数字技术改变生活的福祉。如今，面对数字媒介工具所带来的便捷，一些学者纷纷提出质疑，认为数字媒介工具异化了用户的大脑和信息的传输。对此，福克斯指出，"脸书的主要劳动工具是平台本身及其人类用户的大脑。用户大脑的异化意味着有人试图传播一些意识形态"①。然而，辩证地来看，劳动工具虽然存在着异化现象，但是劳动工具形态的变化推动着技术的革新以及劳动效率的提升。数字媒介时代劳动工具的创新，激发了数字产业的活力，提升了社会劳动效率，这也体现了马克思生产力理论在数字媒介时代的创新和发展。

二　数字媒介时代马克思生产力理论的价值创新

在历史唯物史主义基本原理中，马克思生产力理论充分揭示了科学技术在生产力中的地位和作用，以及科学技术如何推动生产关系变革和创造价值，指出创造价值的最终目的在于促进分配的公平正义。从科学技术发展角度来说，作为生产力的重要组成部分，"科学技术是生产力"；为了强调科学技术的极端重要性，邓小平同志进一步指出，"科学技术是第一生产力"②。的确，在推动社会进步的同时，科学技术还被赋予了物质形态的价值，尤其是作为固定资本形态的智能技术，它创造出了更多的价值空间。对此，马克思早已给出了答案，认为"固定资本的发展表明，一般社会知识，已经在多么大的程度上变成了直接的生产力，从而社会生活过程的条件本身

---

① 克里斯蒂安·福克斯，《数字劳动与卡尔·马克思》，周延云译，人民出版社，2020，第336页。
② 《邓小平文选》（第3卷），人民出版社，1993，第274页。

在多么大的程度上受到一般智力的控制并按照这种智力得到改造"①。毋庸讳言,在数字媒介时代也是如此,人们利用数字媒介以及信息软件技术创造了比以往更多的价值,其目的是公平正义地分配数字媒介技术所带来的社会财富。

首先,我们来分析数字媒介时代价值的来源。在《资本论》中,马克思分析了大机器的投入以及应用如何促进资本主义生产力的发展,也对资本家获取剩余价值的方式进行了分析。资本家攫取剩余价值主要有两种形式。第一种形式是攫取绝对剩余价值,即通过延长劳动时间来获取,在马克思和恩格斯所处的第一次工业革命时期,资本家要获得绝对剩余价值,就要延长工人的劳动时间,这生动体现在恩格斯《英国工人阶级状况》、马克思《资本论》等著作中,表现为超长时间的工作、工厂环境的恶劣以及资本家的监控等,为了维持最基本的家庭开支,工人不得不延长劳动时间,而资本家则获得高额的利润。第二种形式是攫取相对剩余价值,即通过提高劳动生产率的方式来获取,这就需要资本家改造机器设备、提高劳动者工作效率以及降低生产产品成本。劳动生产率的提高,很大程度上取决于社会总劳动时间的积累和社会必要劳动时间的降低。由于科学技术创造价值的来源很大程度低于社会必要劳动时间,所以降低社会必要劳动时间是价值来源的重要形式,因为"社会必要劳动时间,它内在指向了这样一种劳动时间,为资本所需,也为资本主义的社会所需——只要在社会的建构中,价值依旧是财富的形式,剩余价值依旧是生产的目标"②。事实上,马克思的剩余价值理论不仅适用于机器大工业时代、电力和信息时代,也适用于数字媒介时代。在数字媒介时代,资本家攫取剩余价值也有两种方式,且剥削更具隐蔽性。在数字媒介时代,数字技术的发展延长了劳动者的劳动时间,例如,用户在Facebook等互联网平台上的浏览活动是一种劳动,但用户却没有获得劳动报酬,因此用户花费在互联网平台上的所有时间都是剩余劳动时间、额外劳动时间;互联网平台通过数字技术攫取更多的相对剩余价值,因为信息是一种特殊的商品,可以被无限制地分享和复制却几乎没有损耗,且数据信息基本由用户提供,被互联网平台无偿占有。用户在互联网平台上的劳动大都是无

① 《马克思恩格斯全集》(第31卷),人民出版社,1998,第102页。
② 莫伊舍·普殊同:《时间、劳动与社会统治:马克思的批判理论再阐释》,康凌译,北京大学出版社,2019,第350页。

酬劳动，小部分是有酬劳动。无酬劳动是数字媒体使用者在工作以外的休闲时间在互联网平台上进行的劳动，Facebook 等互联网平台直接占有劳动所生产的数据信息，并通过分析、处理，形成关于用户的兴趣、爱好以及消费欲望的预判信息，并将这些信息出售给广告公司从而实现广告的精准投放。也就是说，"价值创造从有酬到无酬劳动外包，必要劳动和剩余劳动时间之间的矛盾被消除而产生一种新质的东西：价值创造转化成无酬劳动；同时，矛盾处于一个新的层面上并加剧：一方面是劳动者的无财产性、贫穷和不稳定性；另一方面是资本财富的变本加厉"[①]。无论是有酬劳动，还是无酬劳动，都是在最大限度地占有劳动时间，创造低于社会必要劳动时间的价值，才能获得利润报酬，这很大程度上都是来自科学技术的革新。随着社会生产力的不断发展和数字技术的不断变革，数字劳动创造出比以往时代更多的价值，但是价值创造的前提必须符合人的基本身体机能和满足人的基本生活需要，这样的劳动所创造的价值才有意义。

其次，我们来探讨数字媒介时代数字技术创造价值的本质。在马克思看来，生产力是人类改造对象世界并实现自己的目的的劳动所公开展现出来的本质力量。人类通过劳动实践对客观世界进行改造的行为过程，是人的本质力量对象化的过程。在《1844 年经济学哲学手稿》中，马克思对人的本质力量对象化做了深刻的诠释。他认为，劳动作为人对象化力量的存在，劳动产品正是人的本质力量对象化的显现。在马克思所处的机器大工业时代，机器所创造的价值是人通过体力劳动和脑力劳动所创造出来的，这是人对象化力量本质的显现。在电气时代，人的对象化本质力量是通过能源的聚集而形成的，能量的聚集形成了独特的价值，实现了由蒸汽时代单一的机械力量到能源聚集的电力力量，这也是人的本质力量的显现。在信息时代，人的对象化本质力量是通过计算机的信息来进行传输，计算机实现了人的信息相互转换，也是人的本质力量显现。到了数字媒介时代，数字、信息以及软件等技术依托数字平台载体，凝结着人类在改造对象化世界的脑力劳动结晶，是人的本质力量在数字化世界对象化的显现。数字技术创造价值的路径主要体现在：一方面是数字技术对产业的改造升级，提高了产业的劳动效率，使得个别平均利润率低于社会平均利润率，产业的利润空间在扩大，为产业创造了价值，数字产业的改造升级，也是人的本质力量在产业升级中的体现；另一

---

①　克里斯蒂安·福克斯：《数字劳动与卡尔·马克思》，周延云译，人民出版社，2020，第 146 页。

方面是数字技术对生产力三要素的改造，劳动者、劳动对象以及劳动工具深刻变化与迭代升级，使得技术创造更多的价值，生产力才得以指数式增长。因此，数字技术创造价值的本质就在于人对象化力量的显现，人类在认识世界和改造世界中通过数字技术来创造更多的价值。

最后，我们来探讨数字媒介时代数字技术创造价值的目的。数字技术创造价值的目的在于实现公平正义，这其中最为重要的是生产力和生产关系相适应的原理。西方国家出现占领华尔街、占领伦敦等运动，通过网站、博客、邮件等传播占领理念，以此来抗议不平等的社会以及社会经济不平等现象。自 2000 年开始，美国个人劳动力收入份额从 67% 下降到 47%，近几年随着大数据的应用和自动化的生产，劳动力收入份额下降到 30% 左右，绝大多数行业的劳动力收入份额下降，劳动力在行业的收入已经明显不占优势。不仅如此，收入最高的 1% 的资本家所占份额不仅没有出现大幅下降，[①]反而出现了财富收入逐年增长的趋势，其根本原因还是在于近年来资本家充分利用数字技术攫取了社会巨额财富，这导致社会不平等以及非公平正义现象出现。为数字工作而战，就是要充分利用社交媒体，呼吁全社会来共同抵抗由数字财富所带来的贫富两极分化现象。然而，仅仅通过社交媒体的聚众来抵制社会财富分配的不均，进而推进政府体制改革，不能从根本上实现公平正义。因此，数字技术之所以能够创造价值的核心原因仍然是非公平正义的劳资关系问题，数字技术在资本主义社会不仅没有解决劳资问题，反而激化了劳资矛盾，更为关键的是加速资本集中和资本积累。Facebook、Twitter、YouTube 等寡头互联网公司将数字生产—消费者的信息纳入数字库，监控数字生产—消费者的一举一动，使得财富日益流向少数人手中，这种现象愈来愈普遍，其结果必然是社会两极分化日益加剧，这也引发对公平正义价值的深层次思考。在数字媒介时代，数字技术在社会主义制度下创造价值的真正目的在于实现公平正义，真正能将数字红利释放给绝大多数人民群众，这也是科学技术所带来的真正价值之所在。

三 数字媒介时代马克思生产力理论的实践创新

在马克思看来，生产力在人类社会发展的历史实践中起着决定性作用。

---

① 维克托·迈尔-舍恩伯格、托马斯·拉姆什：《数据资本时代》，李晓霞、周涛译，中信出版集团，2018，第 178 页。

在《德意志意识形态》中，马克思、恩格斯写道："一定的生产方式或一定的工业阶段始终是与一定的共同活动方式或一定的社会阶段联系着的，而这种共同活动方式本身就是生产力；由此可见，人们所达到的生产力的总和决定着社会状况。"[1] 一定的物质生产力总和决定着一定的生产关系和其他社会关系，物质生产推动着人类历史的进步，也在变革着生产关系和生产方式。物质生产引起资本积累，在资本主义制度下，资本积累到一定程度就会引发整个社会周期性危机，社会周期性危机引发社会形态的变迁。在《资本论》里，马克思也分析了在机器大工业时代，物质生产形成社会动力的机制，物质生产推动着人类社会的进步与发展，也促进社会关系的调整。在数字媒介时代，由信息生产力决定的生产关系表现为人与人、人与数字和数字与数字之间的三重社会关系。

　　首先，数字媒介时代的生产关系揭示了数字媒介时代数字媒介产业的实质。在马克思看来，物质生产在人类社会历史发展中起着基础性作用，也决定了社会生产力的发展状况。物质生产决定着社会生产的发展进程，在物质生产发展进程中，社会的产业进行迭代转换，在转换中实现产业的升级换代。马克思所处的时代是机器大工业时代，由工业革命引发产业资本之间形成资本积累，而引发了周期性经济危机，也产生了对立冲突的两大阶级即资产阶级和无产阶级。马克思揭示的这一原理同样适用于电气时代和信息时代，电气时代对资本积累的需求，也是产业对能源的供给需求，能源积累到一定程度，也就引发资本积累的危机；信息时代对资本积累的需求，也是对信息产业传输的形式和要求，并且能够对信息进行筛选并创造价值。在数字媒介时代，数字媒介产业依赖于数字生产，物质生产是通过商品信息和数据的输出来实现的，数字资本家对数字平台的垄断，受众劳动者的商品信息和数据成为平台垄断的数据资料。与传统的第三产业服务业相比较，数字产业具有潜在的数字价值和数字利润，也正是这一价值本身，才使得数字媒介得到风投资本的青睐。数字产业的全链条发展，就是物质生产材料在数字化空间里，由原子式的形态转向了比特式的形态，[2] 比特式的数据、信息以及软件都实现光速似的传播，资本周转以及收益在瞬间得以实现，资本积累在时空里加速运行，资本积累具有更广阔的利润空间。数字媒介产业的本质也是

---

① 《马克思恩格斯文集》（第 1 卷），人民出版社，2009，第 532～533 页。
② 尼古拉·尼葛洛庞蒂：《数字化生存》，胡泳、范海燕译，海南出版社，1997，第 24 页。

数字资本积累的后果，数字资本的无限扩张使得资本积累的两极分化更为凸显，这也是物质生产力达到一定水平的直接后果，正如福克斯所说："信息生产力是由阶级关系来斡旋的，而这意味着信息技术的建立（作为生产工具的一部分）和知识工作（其特点是劳动的构成，精神和交往特征高于人工特征）作为经济生产的特征是促进剩余价值剥削，减少可变和不变资本的战略。"① 可以看出，数字媒介时代数字媒介产业的发展以及其本质，就是数字媒介资本家对数字资本的占有，并且这一占有使得工作的效率不断提高，另外，也要警惕垄断资本对数字媒介技术的占有和使用。事实证明，马克思生产力的物质生产范畴，在数字媒介时代，通过对数字的采集、传输、分析以及挖掘数字背后体现物质生产的本质，激发了物质生产在数字化领域的市场价值。

其次，数字媒介时代的生产关系解析了数字媒介时代数字劳动异化的本质。在马克思生产力理论中，生产力与劳动实践相钩连，劳动实践在社会历史进步中起着非常重要的作用，在劳动实践变革着生产力发展的同时，劳动也发生着异化，劳动异化是人本质力量异化的表现，更是物质生产发展到一定阶段，劳动使人的异化理论产生的变化。在《1844 年经济学哲学手稿》中，马克思指出了异化劳动的四种状况，异化劳动既属于劳动价值论范畴，也属于生产力理论范畴，异化劳动表现为：劳动产品与劳动者之间的异化、劳动本身的异化、人同类本质相异化、人与人相异化。异化劳动理论既揭示了资本主义制度下劳动的本质以及剩余价值的秘密之所在，也分析了异化劳动的形态以及所产生的影响。不仅如此，马克思的异化劳动理论同样适用于电气时代和信息时代，劳动并不是为劳动者本身所有占有，而是被对象化物体所奴役，尤其是在信息时代，信息来自劳动者本身，然而劳动者却受到信息的约束。事实上，我们看到，在数字媒介时代，数字所产生的劳动也发生着异化，数字劳动异化表现在四个方面。第一，主体与劳动对象的关系异化。如果离开垄断资本平台，比如脸书、微信等，受众就受到陷入孤立和社会弱势的胁迫，垄断资本平台的数据来自受众，而受众的行动受到平台的规制，使得受众的任何痕迹都成为垄断资本攫取利润的信息点。第二，受众与劳动工具的关系异化。他们的人类经验在资本的控制之下，受众者的任何数字信息都被资本所捕捉，劳动工具本来是受众创造的，但是受众反而被劳动

---

① 克里斯蒂安·福克斯：《数字劳动与卡尔·马克思》，周延云译，人民出版社，2020，第 201 页。

工具所奴役，也被资本所宰制。第三，受众与劳动产品的关系异化。平台不是由用户拥有，而是由私营公司拥有，私营公司也对用户数据进行了商品化，劳动产品本来是受众所使用和提供的，结果被私营公司所垄断。第四，货币利润由平台所有者单独控制，数字劳动的利润是通过受众使用数据而产生的，平台所有者却对货币利润实现全部占有。可以看出，在数字媒介时代，马克思生产力理论同样适用于分析数字劳动异化，数字劳动异化的本质仍然是数字资本家通过平台垄断而剥削数字工人的剩余价值。要实现对数字劳动异化的扬弃，就需要数字产业实践在社会主义制度下得以发展，在社会主义制度下，数字产业实践对主体、劳动对象、劳动工具以及受众商品的数字化，通过数字化的共享，将数字潜在的生产力转化为一种发展的合力，真正将数字劳动的红利释放给主体本身，这也是马克思生产力理论在数字媒介时代的创新性发展和创造性转换。

最后，数字媒介时代的生产关系预判了数字媒介时代数字信息的发展趋势。马克思处在机器大工业时代，无法预测到数字媒介时代数字信息的发展趋势，然而，马克思的生产力理论却揭示了物质生产的本质，物质生产的未来发展趋势是根据科技革命的变化来进行适应性调整。在《资本论》中，马克思揭示了机器大工业时代资本主义社会的发展趋势，机器是物质生产工具的形态，机器的应用以及推广促进了生产力的发展，也推动了社会产业的结构调整。随着科技革命的发展，物质生产的实质没有改变，形式却发生了变化，物质生产已经不再局限于单一的物质资料本身，而是结合能源和信息特征；产业也发生了变化，在每一次科技革命都抓住物质生产的机遇，才能获取产业的利润空间和发展机遇，每一次产业的升级都是物质生产的快速推进过程。到了当前的数字媒介时代，数字信息的发展趋势成为未来经济的风向标。未来数字信息所带来的生产力指数式增长，也是物质生产力发生的高级阶段。随着信息和通信技术的发展，数字信息将成为未来经济的主导力量，数字信息变革着社会生产总过程的四环节。在生产领域，传统的依赖低于社会平均劳动时间获取利润的生产方式已经发生变化，生产已经跨越时空的限制，通过信息和数字的快速输出，生产效率呈指数式提升。在交换领域，不再局限于单一的、面对面的交换，而是通过信息和数据的形式来进行交换，交换价值也呈指数式上升，交换的形式和手段发生了变化。在分配领域，物质生产资料分配不再依赖于按照劳动力要素的价值来分配，而是通过信息和数字要素所创造出的价值分配，价值分配在数字共享中实现利润的最大化，也实现分配的公平正义。在消费领域，信息和数字消费的空间不断被打开，瞬时消费成为重要的消费方式，数字只是消费的一种载体，就数字产业而言，消费具有巨大的市场空间，迸发出未来的指数式利润。事实证明，在数字媒介时代，社会生产总过程的四环节体现出数字产业实践的创新发展趋势，可以看出在社会全链条中推进物质生产的发展，同时也促进生产力的创新式发展。

四　数字媒介时代马克思生产力理论的世界历史观创新

由于生产力和生产关系的发展，历史已经转变为世界历史，并且具有强大的开放性和广阔的市场空间，各民族、地域和国家之间也已经联结成为世界历史发展的总体网络："不断扩大产品销路的需要，驱使资产阶级奔走于全球各地。它必须到处落户，到处开发，到处建立联系。资产阶级，由于开拓了世界市场，使一切国家的生产和消费都成为世界性的了。"① 只有从世界历史的角度，才能把握一个民族、地域和国家在世界历史体系中所处的地位，才能正确把握历史发展的方向和未来的道路。在数字媒介时代，依托数字媒介信息的高速传播和流转，世界历史和世界市场空间不断被打开，这归因于生产力的指数式发展，所以，马克思生产力理论不仅剖析了机器大工业时代民族、区域和国家的发展趋势，也对数字媒介时代民族、区域和国家之间的秩序、格局构建和交往具有重要的指导意义。其具体体现在以下几个方面。

第一，数字媒介时代马克思生产力理论的世界历史观创新性地展现了世界历史发展进程的根本性变革。在《德意志意识形态》中，马克思提到："历史不外是各个世代的依次交替。每一代都利用以前各代遗留下来的材料、资金和生产力；由于这个缘故，每一代一方面在完全改变了的环境下继续从事所继承的活动，另一方面又通过完全改变了的活动来变更旧的环境。"② 可以看出，世界历史发展既受外部因素，也受内部因素影响，正是由于外部因素和内部因素的差异，各民族、地域和国家呈现不同的发展水平，同时，各民族、地域和国家在特定历史阶段选择了不同的发展道路，也使得世界历史发展进程呈现了多样性特征。回顾世界历史发展进程可知，各

---

① 《马克思恩格斯文集》（第 2 卷），人民出版社，2009，第 35 页。
② 《马克思恩格斯文集》（第 1 卷），人民出版社，2009，第 540 页。

民族、地域和国家都牢牢把握生产力这一核心驱动力，在机器大工业时代，形成了以蒸汽机为核心推动力的英国机器大工业体系，进而形成了以英国为核心的工业群；在电力时代，形成了以电力为动力的欧洲电力大工业体系，进而形成了电力工业群；在信息时代，形成了以计算机技术为核心的美国信息技术体系，全球进入了计算机信息技术时代。可以看出，各民族、地域和国家历史进程，与所处时代的生产力有着必然的联系，不管是自觉主动融入世界历史进程，还是外部被动干预世界历史进程，都是抢抓了生产力，通过拓展商品销路和加快资本输出，不断拓展世界市场，从而在世界历史进程中占据主动地位。事实上，在数字媒介时代，商品销路和资本输出已经通过数字信息媒介，通过数字化的"比特"速度来拓展世界市场，各民族、地域和国家已经融入全球数字一体化进程，数字一体化进程将深刻变革人类的生产方式和生活方式，正如尼葛洛庞帝所说，"数字化生存的和谐效应已经变得很明显了：过去泾渭分明的学科和你争我斗的企业都开始以合作取代竞争。一种前所未见的共同诞生了，人们因此跨越国界，互相了解"[1]。可以看出，在数字媒介时代，各民族、地域和国家历史进程与数字信息相关联，不同于前三次科技革命改变世界历史进程，第四次科技革命依赖于一个民族、地域和国家先天的"材料、资金和生产力"。如今，世界各国生产力的发展进入了弯道超车时代，各民族、地域和国家谁掌握了数字媒介的信息权，谁就能在世界历史进程中获得主动权，就能够影响世界历史发展进程。

第二，数字媒介时代马克思生产力理论的世界历史观创新性地展现了世界交往的时空加速。在马克思看来，世界历史变革是通过人类的生产方式以及相互之间的交往形式来实现的，而交往也是随着社会生产力的发展而进行着改变与调整，正如1846年马克思在致安年科夫的信中所说："为了不致丧失已经取得的成果，为了不致失掉文明的果实，人们在他们的交往［commerce］方式不再适合于既得的生产力时，就不得不改变他们继承下来的一切社会形式。"[2] 这里的社会形式就是交往，包括商品与商品之间的交换，也包括行业与行业之间的交易、人与人之间的社交等。在人对人的依赖形式下，交往主要表现为血缘和种族关系，依赖于血缘和种族关系，人与人之间交往等级森严，交往形式单一，地域交往有所限制；在人对物的依赖形

---

① 尼古拉·尼葛洛庞蒂：《数字化生存》，胡泳、范海燕译，海南出版社，1997，第272页。

② 《马克思恩格斯全集》（第47卷），人民出版社，2004，第441页。

式下，也就是在商品经济下，交往主要表现为交换和市场关系，自 15 世纪末到 16 世纪初，由于世界市场的扩大，人与人之间的关系表现为由商品、市场和资本所产生的交换关系，交往形式多样，跨地域交往加强，直到 20 世纪初，由于科学技术的发展，交往方式主要为高科技、高手段以及高智能化方式，交往更加密切。尤其是在数字媒介时代，由于生产力指数式增长，所以人与人之间的交往在数字、信息以及传媒中不断地加深与强化。以往的交往在一定的时间和空间内进行，而数字媒介时代已经实现时空的跨度压缩，交往的时空在不断压缩。哈维从时间空间的角度考察资本积累，认为时间空间的变化改变了资本积累的方式，从而赋予了时间空间特殊的意义。在他看来，空间和时间的心灵概念的建构与物质实践对于社会再生产具有根本性意义："空间与时间的社会定义，跟任何人和制度皆须回应的客观事实的全体力量一起运作。这种时空的定义深深纠结在社会再生产的过程中。每个社会形构都建构客观的空间与时间概念，以符合物质与社会再生产的需求和目的，并且，根据这些概念来组织物质实践。"① 随着资本由福特主义的刚性积累发展到当下的弹性积累，人们对时间和空间的经验方式也发生了巨大转变。全球自由流动的资本、快捷的电子通信技术、不断加快的传播速度、爆炸式的知识扩张，彻底改变了人们对全球时间和空间的知觉，社会生活空间被大大压缩，从而给人们一种空间的压缩感。可以看出，数字媒介时代交往已经加速了时空的转换，工作以外的时间被大量占用，空间的距离感被压缩，数字空间的在场性比实体空间的在场性显得更为重要。数字劳动利用信息和通信数字技术在全球产业链条范围内，通过跨越空间的距离和压缩空间的尺度，使产业链的每个环节在短时间内实现成本的最小化，从而使得资本家攫取巨额的剩余价值，比如信息通信行业产品所需的矿产来自非洲刚果矿工在矿厂的日夜挖掘，但他们只能获得低额的劳动报酬；信息通信行业产品的制造和装配来自中国富士康在车间的高压流水线作业，但其工人也只能获得较少的劳动报酬；信息通信行业产品所需的程序软件，来自印度软件工程师的 24 小时编程，但他们获取的劳动报酬远低于在工作时间所创造的价值；信息通信行业产品的软件创新，来自美国硅谷工程师的即时改造，他们能够获得相对较高的劳动报酬；等等。所有这些由数字劳动而构架的信息和通信技术全链条已经延伸到全球市场的各个角落，也使得资本积累永不停歇、永

---

① 包亚明主编《现代性与空间的生产》，上海教育出版社，2003，第 377 页。

不止步，正如福克斯指出，"当今资本主义的全球化已经推翻了遍布世界各地的雇佣劳动的围墙；因为资本不能只存在于没有非雇佣劳动的地方，还剥削所有人创造的公地，于是社会就成了一座工厂。而当今的整个星球也是一座资本家的工厂"①。这与其说是全球化所造成的资本家工厂，不如说是资本积累所造成的数字化工厂，将全球生产和生活空间聚焦在数字劳动所创造的社交媒体与软件之上。

　　第三，数字媒介时代马克思生产力理论的世界历史观创新性地展现了人类命运共同体的指向及趋势。人类命运共同体是人类共同追求的价值目标，只有在人类命运共同体的引领下，人类才会走向更美好的未来。人类命运共同体建立的基础就是世界各国生产力的高度发展，人类有着的共同价值目标追求，正如马克思在批判和吸收李斯特的"国家生产力"理论基础之上，认为生产力不单单是国家生产的总值，而且也是生产关系的体现，更重要的则是生产关系下的共同价值目标追求。尤其是在数字媒介时代，数字媒介充当着世界各国的交往纽带，不仅实现了经济的快速提升，而且也实现了政治、文化以及社会的加速融合。在《共产党宣言》中，有着这样的论断："共产党人到处都支持一切反对现存的社会制度和政治制度的革命运动。在所有这些运动中，他们都强调所有制问题是运动的基本问题，不管这个问题的发展程度怎样。……无产者在这个革命中失去的只是锁链。他们获得的将是整个世界。全世界无产者，联合起来！"② 无产者如何改变世界？人类世界将走向何处？在数字媒介时代，习近平总书记提出的构建人类命运共同体是对这些问题的有效回应，在时间和空间的快速流转过程中，世界各国之间的相互交往与共同发展已经实现，全世界无产者大联合和人的自由而全面发展也必将实现。

五　结语

　　"无论哪一个社会形态，在它所能容纳的全部生产力发挥出来以前，是决不会灭亡的；而新的更高的生产关系，在它的物质存在条件在旧社会的胎胞里成

---

① 克里斯蒂安·福克斯：《数字劳动与卡尔·马克思》，周延云译，人民出版社，2020，第151页。
② 《马克思恩格斯文集》（第2卷），人民出版社，2009，第66页

熟以前，是决不会出现的。"① 马克思生产力理论深刻阐释了人类社会历史发展中生产力和生产关系的辩证原理，这一原理同样适用于数字媒介时代。纵观人类历史发展进程，哪一个国家抢抓了科学革命的机遇，其就能得以快速发展，就能进入世界经济前列。数字媒介时代更是如此，数字和信息的快速转换，使得世界各国成为一个整体，在推动生产力发展的同时，也在变革着社会的生产关系。可以看出，以美国为代表的发达国家就是利用数字媒介时代的技术，实现自身的产业升级，从而在世界中处于领先地位；而对于中国而言，更是将数字媒介的技术发展作为战略目标，来对产业进行调整与升级，通过数字的采集、使用、挖掘以及跟踪等来实现数字化产业利润空间的最大化。

在数字媒介时代，劳动者、劳动对象以及劳动工具发生了深刻的变革，数字产业的发展加速全要素的流动与全产业利润的流转，可以畅通国内外两大循环，也必然带动着世界政治经济格局的深刻变化，正如习近平总书记指出："数字经济可以推动各类资源要素快捷流动、各类市场主体加速融合，帮助市场主体重构组织模式，实现跨界发展，打破时空限制，延伸产业链条，畅通国内外经济循环。"② 马克思生产力理论不仅揭示了生产力在人类历史发展进程中所发挥的作用，而且也预判了世界政治经济格局的发展趋势，这一理论在不断地进行创造性发展和创新性转换。

（作者单位：上海应用技术大学）

原文《数字媒介时代的马克思生产力理论创新认知》，

原载《江苏社会科学》2022 年第 4 期，收入本书时有改动

---

① 《马克思恩格斯文集》（第 2 卷），人民出版社，2009，第 592 页。

② 习近平：《不断做强做优做大我国数字经济》，《求是》2022 年第 2 期。

重要学术会议综述

"数字劳动与马克思的政治经济学批判" 经济哲学工作坊观点评述

谭惠灵

2021 年 12 月 15 日，由全国经济哲学青年论坛主办、上海财经大学哲学系承办的"数字劳动与马克思的政治经济学批判"经济哲学工作坊在上海召开。来自全国 20 余所重点高校、科研单位及企业的学者们齐聚一堂，共同探讨中国马克思主义哲学研究的新问题——数字劳动，以及马克思主义政治经济学批判精神的当代延续。

克里斯蒂安·福克斯的《数字劳动与卡尔·马克思》近年来在国内哲学界引起了极大的关注，原因在于中国的马克思主义研究也遇到了新的问题，在信息化、智能化、数字化的世界变化中，如何将马克思主义哲学与当代实际相结合，把握世界历史发展进程，发展马克思主义中国化是当代哲学社会科学迫切需要研究的重大课题。而保持与国外学术界的对话和交流是我们发展和充实自身理论的必然途径。要想深入理解和认识 21 世纪的数字劳动范畴，同样离不开马克思的传统文本对劳动范畴的政治经济学批判的哲学思考。

一 中国马克思主义经济哲学研究 要自觉把握世界历史进程

要想做好中国马克思主义哲学的当代研究一定要自觉把握世界历史进程，关注国际学术发展最新动态及前沿问题，积极与国外的专家学者进行对话、交流，从而防止我们的研究格局过于狭窄，视界短浅，做到西体中用、开拓创新，既从中国看世界，更从世界看中国。

当今世界，人类仍然面临着一些同样的问题：如何调和经济效率、社会公平和个人全面发展的矛盾？如何防止全球化及贸易、金融开放带来的收益被少数人占有？如何避免自然资源的极大浪费？这些问题激发了国内外学术界对资本范畴、劳动范畴、资本与劳动异化的研究热情。法国学者托马斯·皮凯蒂的《21 世纪资本论》自 2014 年出版以来一直是学术界讨论的焦点，英国学者克里斯蒂安·福克斯撰写的新作《数字劳动与卡尔·马克思》同样引起了国内外学者的广泛兴趣与思考。"资本和劳动的关系，是我们现代全部社会体系依以旋转的轴心"，劳动范畴是理解资本范畴的重要前提，劳动与资本有着实存的内生关系。研究 21 世纪的资本范畴，应当首先回到解剖 21 世纪劳动范畴的基点上。

作为《数字劳动与卡尔·马克思》的中文版译者，西安交通大学教授周延云分享了她与福克斯及其著作结缘和翻译的过程，阐述了她对这本著作的思考和理解。在她看来，福克斯运用黑格尔的辩证法重建了马克思的劳动价值论，并从生产力和生产关系辩证统一的视域对各种形式的数字劳动进行了政治经济学批判和意识形态批判，揭示了 ICT 数字商品拜物教背后隐藏着的剥削性。福克斯站在数字劳动者的角度，呼吁全世界数字劳动者团结起来，通过新工人阶级的占领运动，去改变自己受剥削受压迫的命运。

二　数字劳动揭示 21 世纪人类劳动范畴新变化

随着 21 世纪计算机、互联网和社交媒体时代的到来，数字劳动作为有别于传统劳动的新形式已经成为现代生产力发展的驱动力量，构成了诊断当代人类生存境遇和精神状态的重要指标。福克斯在《数字劳动与卡尔·马克思》这部著作中，不仅提出了当代马克思主义政治经济学批判问题，而且提出了历史唯物主义劳动范畴如何创新发展问题。此书运用大量的实证分析和上市公司的企业伦理案例，结合马克思的劳动价值论、剩余价值论的原理分析，揭示了 21 世纪人类劳动范畴发生的新变化，为我们了解当代资本主义"市民社会"的劳动与资本逻辑，思考劳动经济学、劳动社会学、劳动伦理学等理论问题，提供了重要的分析工具。因此，一般认为这本书创建了系统的马克思主义数字劳动批判的理论，其被称为数字版的《资本论》。对数字劳动范畴的解析引发了与会学者的激烈探讨和思想碰撞。

从数据流量角度解读数字劳动背后的财富密码。上海财经大学副教授康翟认为，消费者在社交媒体平台上留下的痕迹生成为数据，经平台整合处理后卖给了需求方，从而平台赚取了利润。这个积累的过程实质上可以理解为对数据的访问权也就是对目标流量的访问。流量的经济价值已经得到市场的认可，数据已明确作为一种新型生产要素，参与市场化配置。而数据流量的本质在于对人们闲暇时间和注意力的控制，流量在创造财富的同时也导致人类陷入了碎片化时代，带来了一定的负面影响，如流量造假、恶性竞争等。

从马克思劳动范畴把握数字劳动范畴的本质。上海财经大学资深教授鲁品越认为，首先，数字劳动属于马克思在《资本论》中提到的对操作过程进行控制和管理的劳动；其次，数字劳动的极限就是人的自由意志；最后，数字劳动给人类带来了巨大挑战。数字劳动的核心是对劳动过程的各种层次的控制，从简单操作过程的控制延伸到对日常生活的控制，在这场数字化的工业革命中，中国面临的国际形势非常严峻，数字革命的成果关系到人类命运共同体能否形成。

从感性的社会存在论本体论对数字劳动范畴进行追问。西北工业大学副教授宁殿霞认为，对此追问可以分为三部分。第一，数字劳动在哪里？数字劳动存在于社区团购补贴、ofo共享单车退押金等各类现象中。第二，数字劳动如何实现？通过用户行为留下痕迹来兑换货币。第三，数字劳动产生了什么？生产了数据财富。

三　政治经济学批判视角下的数字劳动研究

作为世界青年马克思主义学者，福克斯从传媒政治经济学批判的视角对数字劳动进行研究，为中国学者重建数字经济时代马克思的劳动价值论，发展中国特色社会主义政治经济学提供了一定的理论参考。对此话题，学者们从不同的批判视角阐述了各自的观点。

从劳动范畴把握对数字劳动范畴的政治经济学批判。上海财经大学资深教授张雄认为，对21世纪的数字劳动范畴进行哲学向度的思考，离不开对整个劳动范畴进行系统的把握和认识，可以从两个维度进行思考。首先，应该从马克思所思考的生产力与生产关系的辩证运动，从生产力的发展对人自身的进步及遭遇所带来的变化，从马克思政治经济学批判的维度，将数字劳动范畴理解成人类文明进步的概念性工具。对于人类文明的发展程度，可以将劳动作为一个关键指标进行认识和考察。其次，坚持劳动是财富分配的一个根本性依据。劳动范畴是马克思主义理论的基石，是马克思进行政治经济学批判的重要范畴和逻辑出发点。

从数字劳动加速资本主义两极分化的维度进行剖析。上海应用技术大学讲师熊亮认为，数字劳动从三个维度加速了资本积累和贫困积累的过程。第一，时间维度。数字劳动挤占了所有时间的剩余价值，采取了绝对剩余价值生产和相对剩余价值生产两种方式。第二，空间维度。数字劳动攫取了世界市场的剩余劳动，基于数字空间的压缩，带来了数字鸿沟、数字陷阱与数字异化。第三，在数字劳动影响下，两极分化的走向涉及两个方面：所有制和阶级斗争。所有制问题不是简单的数据共享，互联网信息共享并不意味着实现了公有制，消除了两极分化；仅仅通过社交媒体的聚众来抵制社会财富分配的不均，推进政府体系改革，并不能真正消除数字劳动带来的不平等。

从劳动与资本的对立看数字劳动。全国经济哲学青年论坛主席申唯正概括性地提出了三个"变"及三个"不变"。"变"在于：资本的生存路径有变，社会关系更扁平化，劳动的外延发生变化。"不变"在于：资本对剩余价值的追逐秉性没变，资本追逐财富的杠杆效应没变，资本内在的本质没变。上海立信会计金融学院教授孙咏认为，虽然数字劳动的产品类型和使用方式有自己的新型特点和规则，可以创造巨大的使用价值和交换价值，是现在缺少的财富形式，但究其本质来讲，数字劳动在今天仍然服从资本的需要，仍然处于资本控制攫取这样的本质状态。

从劳动主体性的角度解读数字劳动。上海财经大学副教授程晓认为，劳动者面对资本时，这种主体性呈现出悖论式的发展状态：首先，数字劳动者越觉得智力得到发展，实际上他的智力更加固定和单一，被数字算法所控制和管理了；其次，劳动者似乎实现了自我管理和控制，但仍然依靠平台这样一种劳动资料，背后仍从属于资本；最后，数字劳动者的数据成果通过一种重新分配的方式促进了资本积累及贫困积累，最终仍会导致财富的鸿沟。复旦大学副教授林青认为，数字劳动没有表现出传统劳动在生产过程中主体性很强的特征，但从结果转化来看，产生了明显的社会价值。数字劳动依然是通过特定的社会关系及网络社会空间不断被主体化，这种主体化的内容表现为数据的商品化、生活的商品化。

对数字劳动中劳动异化的解析。上海社会科学院副研究员闫婧认为，可以从数字劳动中的权利关系入手思考劳动异化的问题，一是思考作为数字媒体的权力运作如何转化，二是思考国家与数字媒体的关系。可以看出，这是一个依靠于信息网络的多重权利结构，它的每一环节的参与者都是个体，但是组建起来的网络系统是异化的，使得数字劳动本身及劳动成果都不属于劳动者。

关于数字劳动政治维度的思考。企业家徐德忠认为资本主义生产方式的新变化，掩盖不了资本主义剥削的本质；资本主义采取的一些改良的方法并没有制度性消除贫富差距和两极分化，相反使之扩大和加剧，阶级斗争仍然是社会运动的重要方式。由越来越多的数字劳动者组成的新工人阶级，作为社会运动和资本主义革命的主要领导者，不是通过新媒体、新技术而是通过唤醒阶级觉悟来强化斗争的使命感。

从经济正义出发对数字劳动进行批判。华东政法大学副教授陆凯华认为，社交媒体的存在，使得数字劳动中的无酬劳动增多，这是因为：第一，劳动时间延长了；第二，社交媒体是对每个雇员人际关系网络的攫取，或者说对其人脉资源的攫取；第三，自媒体互动已经成为人们正式劳动方式以外的另一种生产方式，渗透到人们生产生活的各个方面。

四　数字经济与数字劳动的辩证关系

随着以大数据、云计算、互联网、人工智能等为代表的新兴数字技术的快速创新、加速成熟及商业转化，人类社会迎来了继农业经济时代、工业经济时代之后的数字经济时代，世界各国都把推进经济数字化作为实现创新发展的重要动能。党的十八大以来，以习近平同志为核心的党中央高瞻远瞩、把握大势，对建设网络强国、数字中国、智慧社会作出战略部署，力图把握数字经济发展新机遇，打造数字经济新优势。数字劳动作为伴随着数字经济全球化发展趋势应运而生的新型劳动形式，已成为数字经济时代人们生产生活不可或缺的新生变量，代表先进生产力的发展方向。充分激活数字劳动变量对于构建数字中国、发挥中国特色社会主义制度优势、推进共同富裕具有积极效应。对此，与会学者结合各自的研究领域及专业方向对数字经济与数字劳动的辩证关系进行探讨。

上海应用技术大学讲师熊亮认为，即使是数字劳动实现了数字分享和免费分享，仍难以消除社会和财富的两极分化，所以关键是要实行公有制为主的体制。只有在社会主义公有制的基础上，构建共享的数字劳动，才能促使数字所带来的公有财富实现人民共享。

中国浦东干部学院教授沈斐认为，对当下数字劳动理论的构建，我们可以在综合马克思的方法论及福克斯、莱博维奇的批判研究之上，从三个维度着手。一是建构马克思的雇佣劳动论。雇佣劳动论可以看作工人阶级的政治经济学，以需要为核心。二是主动从人类的发展和个人的全面发展出发，揭示资本主义的非人道性质。三是只要我们还没有实现人的自由全面发展，马克思主义就不会消亡。信息技术为人的全面自由发展创造了新的条件，因为这种新生产力使团结全体工人成为可能。

企业家孙洪钧认为，数字化对中国企业的发展至关重要：第一，数据化的中介有助于企业形成数据资产，增强竞争力；第二，企业的真正利润来自风险和不确定性，而数字化有利于企业在不确定中寻求确定；第三，数字化有助于解放体力劳动，使劳动者转向脑力劳动。

上海财经大学教授夏明月认为，为了更好地发展数字经济，维护劳动者的主体地位与市场经济的良好运行，首先，应提高劳动者的主体地位；其次，应遵循商品经济规律，正确处理好大资本数字平台之间、小资本企业之间，以及大资本与小资本之间的矛盾，使其在各个经济组织、市场经济体系中发挥最大的作用。

上海交通大学副教授周露平认为，面对数字资本的剥削，作为社会主义国家可以从三方面着手：第一个是制度设计，国家和法律应该保障数字劳动者；第二是技术控制，比如教育宣传等；第三是规范市场运作，保障劳动者的身心健康与休息时间。

上海师范大学教授贾淑品认为，在智能化时代，在社会主义制度的中国，我们应奉行人民至上的观念，遵循以人民为中心的逻辑，这样才可能克服资本的弊端，通过合理规划使人工智能朝着良性的方向发展，推进共同富裕，促进社会公平。

（作者单位：上海财经大学）

原文《跟踪世界学术前沿，讲好中国学术故事——"数字劳动
与马克思的政治经济学批判"经济哲学工作坊观点评述》，
原载中国社会科学网，2022年1月6日，收入本书时有改动

"数字化生存世界与中国经济发展"暨第二届中国马克思主义经济哲学 30 人论坛会议综述

谭惠灵

数字化生存世界的到来，标志着人类进入了 21 世纪历史发展的文明新形态。原子世界的原理，被比特世界原理替代，从而导致了生产方式、生活方式、价值观念的迅速改变，这为当代中国马克思主义经济哲学提出新的问题和挑战。鉴于此，2022 年 7 月 25~26 日，由中国马克思主义哲学发展史学会经济哲学分会、中国社会科学院哲学研究所主办，中国社会科学院大学哲学院、中国社会科学院哲学研究所《哲学研究》编辑部、上海财经大学人文学院哲学学科承办，《社会科学报》编辑部协办的"数字化生存世界与中国经济发展"暨第二届中国马克思主义经济哲学 30 人论坛在上海召开。来自全国 30 余所重点高校、科研单位及企业的专家学者们齐聚一堂，围绕数字化生存跨学科研究、数字化生存存在论追问、数字化生存与政治经济学批判、数字化生存与中国发展战略等四个议题展开深入而热烈的探讨。

一　数字化生存经济哲学思考，需要跨学科研究，贴近中国重大现实问题

改革开放以来，特别党的十八大以来，我国经济社会发展取得了开拓性成就，发生了历史性变革。然而中国马克思主义经济哲学的研究，尽管取得

了一定的丰硕成果，但在中国快速发展的经济实践面前，依旧任重道远。数字化生存所带来的各种理论和现实问题，已不仅仅是一门学科可以反思和解决的难题，而是需要各界学者的共同努力和探讨，这要求哲学与经济学、社会学等相互联合，构建起中国哲学社会科学的话语体系，让哲学社会科学的理论智慧和真理光芒，服务于推动数字经济的健康发展及构建人类美好生活的伟大事业。

著名经济学家、上海财经大学校长刘元春认为，近年来，我国数字经济发展较快，成就显著，目前，我国数字经济规模已经连续多年位居世界第二。一方面，数字经济推动了各类资源要素高效便捷流动，各类市场主体加速融合，帮助市场组织重构模式，打破时空壁垒，畅通国内经济循环；另一方面，数据作为新型生产要素，对传统生产方式变革具有重大影响，数字经济具有高创新性、强渗透性、广覆盖性，不仅是新的经济增长点，而且是改造提升传统产业的支点，可以成为构建现代化经济体系的重要支撑。但是，我们也要看到，在数字经济发展、数字资本积累的过程中，一些不健康、不规范的苗头和趋势正在显现。讨论数字化生存与数字经济发展遇到的问题，应该结合经济学界、哲学界、新闻传播学界、社会学界的力量。现代学术在高度分化的基础上，呈现出亟须深度综合的取向。哲学应该对一个时代人类所面临的重大问题有所观照，保持宽容的心态和开放的精神，以问题为导向，接纳不同的学说流派，实现反思与超越，为此哲学研究不仅要打破哲学跟二级学科之间的隔膜，而且要彻底打破哲学学科与其他学科之间的壁垒，这样才能把握社会历史变迁和人类社会演进的规律，才能打造有中国特色、中国气派的中国哲学。

中国社会科学院哲学研究所党委书记、副所长，中国社会科学院大学哲学学院院长、研究员王立胜认为，数字化、智能化从技术发展看是不可逆转的趋势，问题的关键是我们应该如何利用数字化、智能化，如何推动数字化、智能化。这些问题，从表面上看是技术层面的问题，但从深层次看，我们必须进行经济哲学层面的探讨。2022 年 4 月 29 日，习近平同志在主持中共十九届中央政治局第三十八次集体学习时指出，资本同土地、劳动力、技术、数据等生产要素共同为社会主义市场经济繁荣发展作出了贡献。[1] 资本应该回归其作为生产要素的功能，要防止资本野蛮生长、无序扩张，防止平

---

[1] 《习近平谈治国理政》（第 4 卷），外文出版社，2022，第 218 页。

台垄断,这是对资本要素在中国发展的限度,对资本研究做出的规范性要求,实际上也为我们的经济哲学研究提出了一个非常重要的命题。其次,关于数字化生存与中国经济发展,必须要正视数字资本化和资本数字化。随着数字化、智能化发展,越来越多的人类劳动实现了从人的聚生化向离场化的转变,从物质生产领域的活劳动转变为数字的活劳动,出现了更多的数字劳工和数字穷人。传统认知上的劳动时间与非劳动时间的边界变得越来越模糊,这种灵活的工作、自主的工作,使得工作和生活不分,却让人们乐在其中,数字时代的离场化和去时空化的劳动,被认为是合理的,甚至是优越的。这背后的资本逻辑和马克思在资本论中的资本逻辑有什么关系,如何利用数字化实现产业升级、实现结构优化,如何推动数字技术、数字资本、数字经济健康发展,进而为实现人类全面发展、人的解放服务等都是需要深入探讨的问题。应通过跨学科的协作来寻找这些问题的一些解答,至少为解决这些问题探讨出一些可能的思路。

上海市哲学学会会长、复旦大学文科资深教授吴晓明认为,数字化生存是一个哲学范畴。它的寓意是,讨论数字化生存世界所带来的人类的遭遇和境遇问题。自从海德格尔把"生存"这个词提高到哲学的高度以后,对"数字化生存"的理解也应该站在哲学的高度。数字化生存应该与当代人类的生存方式以及人类生存的前景非常紧密地联系在一起。关于数字化生存与中国经济发展,应该体现出两个结合:第一个是经济学和哲学的综合,在经济发展中,数字化被多次提出,但是数字化生存不仅仅涉及经济学领域,更应该有哲学的高度;第二个是经济哲学与中国整体经济的结合。数字化生存应该特别和中国经济发展、中国整体发展战略密切联系。我们需要持续关注经济哲学的最新发展,马克思对资本和现代性批判的形而上学理论为我们深入思考如今的经济哲学问题、深入思考数字化生存、思考中国经济发展提供了强有力的批判武器。中国经济的发展,关键在于做好这两个结合,不仅要思考某些经济现象,而且要和哲学,特别是要和人类的生存联系在一起,也和整个中国的发展,以及这种发展可能开启的人类文明的新形态联系在一起。

《解放日报》党委副书记周智强认为,在经济发展中,关于数字化转型、数字化改造、数字化赋能,需要我们在技术、经济、人文、社会、伦理学等领域协同创新,构建良性高效、以人为本的数字化大环境,否则数字化必然挤压人的生存空间,造成某种社会异化。数字化开启了新的生产力,但是这种优势如何激发出更为广泛的高质量发展和高品质生活，周智强认为不是"技术+""互联网+""人工智能+"简单地深入融合，而是需要多学科、多专业、多视角的聚焦，在深度融合当中形成数字化生成的总体生产和数字化转型构建。数字化带来一些新问题，比如，人与人工智能将形成怎样的良性互动，机器人会不会对人的主体性提出挑战，或者将会提出怎样的挑战；数字化时代的价值观，包括文明形态，会不会发生新的变化；等等。哲学和经济哲学的研究方法，以及概念范畴、价值追求无疑都将发挥独特的作用。

二 作为哲学范畴的"数字化生存"

"数字化生存"（Being Digital），最初是由美国学者尼葛洛庞帝在其1996年出版的《数字化生存》一书中提出的，按他的解释，人类处在一个虚拟的、数字化的生存活动空间，在这个空间里，人们应用数字技术（信息技术）从事信息传播、交流、学习、工作等活动。如今，随着数字科技、数字经济的快速变革，数字化生存已然成为人类一种全新的社会生存状态。围绕"数字化生存"这个哲学范畴，学者们各抒己见。

上海财经大学人文学院资深教授张雄认为，数字化生存是人类长期追求自由、创造历史活动的产物。它有着三个鲜明的哲学特征：虚拟世界与真实世界共存、比特与原子同在、理性计算与非理性情感共生。严格地说，数字化生存问题既是技术向度深究的问题，更是哲学向度追问的问题。任何对宇宙自然密码的解读，也是宇宙的理性化、真理化的哲学认知过程。冰冷的数字逻辑运动，改变了人类传统的生产方式、生活方式、交往方式，人的认识世界、改造世界的能力获得极大提升。但数字化生存也给我们带来了新的忧患："人类的形式化"存在、数字决定论、数字化崇拜等认识幻象值得反思。马克思主义哲学的出场和在场势所必然。

民进中央前副主席、著名社会学家邓伟志认为，对数字化生存的追问，可以从元宇宙着眼，元宇宙作为数字化的最新形态，是在现实世界之外的虚拟世界，人类生存于两种形态之中。从社会学看，其一，社会学讲究互动论，即在角色互动中强调自我，这是社会学传统。虚拟世界中的人机互动会不会使"自我"的作用被弱化？人还是不是主体？其二，社会学更讲究社会交换理论，其中涉及公平正义问题。元宇宙是去中心化，有利于让社会扁平化，这是有利的，但同时会出现数字垄断、数字鸿沟、语权权重的大小不

一样等问题，这些会不会不利于社会的公平？程度如何？其三，社会学讲究
方法论。马克思主义的方法论，强调知识来源于世界。虚拟世界不是实践，
有助于丰富实践，有益于人们反观现实世界，更加清晰地分析和综合对现实
世界的认识。因此，随着元宇宙的兴起和普及，会不会进一步验证并丰富社
会学方法论？

中国人民大学哲学学院教授臧峰宇认为，数字化生存世界首先体现了现
代化进程中人们数字化生存样态和思维方式转变。今天，生活世界中遍布人
工智能、大数字、互联网、区块链等这些新型技术，我们的生存空间、生存
构成、生存媒介发生很大变化，这是对符号化的适应，是对虚拟空间和超现
实的生存体验。在一定程度上，数字化技术是被强势植入现代社会的，人类
的生产关系发生了比较大的变化，某种程度上可能会造成物质至上主义的问
题，导致物质欲望和人们真实世界的冲突。其次，从更现实的意义上来看，
数字经济是数字化生存世界的物质基础、实体性的内容，突出表现为数字产
品的生产、交换、分配，包括数字市场行为、场所、规则、货币等，以及其
中存在的竞争、诚信和各种伦理问题。从建构层面看，研究数字经济的现实
问题，不是否定数字化技术，而是为数字化生存世界的反思提供合理的建设
性方案，我们不能仅仅停留在批判的世界，我们还要建设更好的世界，积极
发展健康的数字经济。最后，数字化的生存世界，也可以理解为创造了人类
文明新形态物质存在样态，超越了物质世界的空间限制，为人们的自由和空
间发展创造了条件。

武汉大学哲学学院教授何萍认为，数字化时代必须具有不同的经济结
构、社会结构、思维方式和管理方式，要建立一个数字化时代，首先要了解
数字化是什么，基础是什么。第一，技术基础。数字化时代的技术不同于机
器生产，它的很重要的特点就是，机器生产产生实物物品，而数字化的生
产、技术生产产生的是信息；同时，数字化和信息化劳动，代替了人的脑力
劳动，是智力的延长，或者智力的变化，构成了人脑和电脑之间的区别。这
种变化带来了整个社会的变化。第二，社会逻辑和社会结构的变化。首先是
经济生活的变化。资本结构发生了变化，数字化的侵袭产生了信息资本，现
在信息本身就是一种相对独立的资本，这种资本把工业资本、商业资本和金
融资本都融合在一起。其次是政治生活方式的变化。政治生活当中最主要的
问题是民主生活的问题，由于网络的出现，民主生活平民化了，人与人之间
不再是原来垂直的上级下级之间的领导与被领导的权利关系。最后是思维方

式的变化。随着数字化经济的产生，人工智能发展，思维发生结构性变化，形成人脑、电脑、客体三维模式，这样就产生了实体性思维和虚拟空间的问题，空间和时间、因果相关性、创造性思维和工具思维等形成一系列的结构关系。

华东师范大学马克思主义学院教授速继明认为，随着数字化世界的生成，人类从原子转向了比特，数字化世界具有四个特征。第一，数字化改变了虚拟生存世界，打破了自然时间的作息模式，使得人类现在的交互，都可以按照同样的模式来进行生存。第二，数字化的虚拟关系代替了人和人之间的关系，使得人们的交互性大大提高，摧毁了传统的记忆、传统的现实、传统的约束。第三，虚拟空间的数据导向替代了主体价值的导向，现在的直播经济等，通过流量本身创造价值。第四，数据采集工作由电脑来完成，形成了所谓的假肢，如利用智能设备测量心率和睡眠状态。

《社会科学报》社长兼总编段钢认为，数字化生存带来了人类生存方式的改变，具体表现在：首先，数字劳动强化劳动形而上学的特征，数字劳动使得供求关系重构，信息通信技术（ICT）资本使劳动生产力、经济效益、人力基本回报率大幅度提升。数字经济带来了更大的规模经济，经济交易成本下降，这预示着新的经济融合体的诞生以及经济发展边界的拓展。数字劳动能力将成为新的竞争能力。其次，数字劳动是新时代的形而上学，这种新的形而上学必将引导人们重新设计设置意义、价值、游戏规则，这种新的联合、重组远非马克思所说的真正全体自由人的联合。数字劳动会使异化加深，这是不可回避的趋势。为了弥补数字经济产生的不断扩大的鸿沟，人们不断扩张数字劳动领域，在数字劳动支配下人的异化必然加剧。人的本性在网络当中消失，面对大数据，普通民众只是客体而非主体。如果资本不能被超越，这种状态永远不能终结。我们不能陷入数字经济发展的狂欢，要保持对资本逻辑的清醒。中国正在发展的数字经济，不能沦为资本主义造梦的工具，更不能成为资本主义的帮凶。

复旦大学哲学学院教授邹诗鹏认为，数字化生存世界涉及以下问题。其一，数字化世界的认识问题。当技术作为必需品时，我们免不了被机器、被工具操控，充满了无力感。在数字技术的不断革新中，人类有可能被抛弃。但在数字世界和人工智能时代，技术化世界是没有办法被抛弃的，它是网，我们没有办法逃避。关于知，已经不存在数字世界和真实世界二元的问题，所以我们应当思考怎样把自己带入数字世界并认识数字世界。其二，数字化生存中的人的生存问题。在数字化世界，数字化强势介入人与人之间的关系，相对数字化而言，人是客体。人的学习能力遇到前所未有的挑战，我们会拒斥数字化，但是现实不以我们的拒斥为转移，人类因此会产生生存的焦虑。

上海财经大学马克思主义学院副教授任瑞敏认为，资本追求最大化扩张而借助技术手段，将时间和空间从自然组合的约束中分离出来，形成虚拟的社会关系，使其能够超越现实的本体，重置、再造时间与空间的有效组合，生成新的社会关系，再将之嵌入现实中，重塑与这种生产力相适应的生产关系，从而形成将现代性的宏大叙事架构于数据库技术之上的数字化世界。

三　数字化生存与马克思政治经济学批判

数字化生存改变了人类传统的生存方式，提升了人类认识世界、改造世界的能力，但是数字化生存也给人类带来新的忧患。对数字化生存的辩证把握和思考，离不开马克思政治经济学批判的出场和在场。围绕这一主题，学者们从四个方面进行了探讨：数字劳动范畴、资本与数字经济、数字经济中的无形经济属性、数字化生存中的伦理问题。

（一）数字劳动范畴

从数字劳动的内涵解析，上海财经大学人文学院教授范宝舟认为，要遵循马克思从抽象上升到具体的思维路径来理解数字劳动。数字劳动是劳动主体遵循数字思维逻辑，以数字技术为支撑，运用数字要素等满足人的需要，促进人的全面发展和社会进步的一种活动，是人的一种生产方式和存在现状的展现。数字劳动展现的是人当下的一种生命状态。具体来讲：数字劳动是复杂劳动，从脑力和体力劳动分离开始，数字劳动就开始萌芽；数字劳动是创造性劳动，以创造性展开为基础的劳动；从历史的过程来理解，数字劳动已经成为经济、政治、文化活动的一个重要的支撑和内核，改变了社会的组织形式、制度模式；从结构性来理解，数字劳动有核心层、近层、远层、中层。数字劳动有其历史进步意义，表现在：数字劳动本身实际上是一种新的生产力，它提高了劳动的生产效率，提升了劳动产品质量，赋予劳动产品以审美文化的内涵，优化了产业结构，丰富了人们生活的形式和内容；数字劳动加速了现代性变革的进程；数字劳动不仅带来人与自然关系的优化，而且带来了社会关系扁平化的变革。

从异化劳动与数字生产方式的角度，复旦大学马克思主义学院教授马拥军认为，数字劳动是异化劳动，没有超越原来的生产方式，仍旧可以从劳动过程和价值增殖过程的统一来进行分析。劳动资料是私有化的，剩余价值给了资本家。对于如今数字经济的发展，是要引导、鼓励，而不是放纵，要强调资本仅仅是发挥生产要素的作用，而不是让资本垄断、剥削。从政策的变化就可以看出来，原来是放，现在是收。目前发展数字经济要依靠什么？要把资本家和企业家分开。要发挥数字劳工特别是企业家的作用，企业家具有经营管理才能，可以让劳动过程充分展开，价值增殖过程要顺着资本自我否定的逻辑，但需要为资本设置"红绿灯"。虽然要重视劳动的二重性，但不能机械地套用资本论，要研究透彻数字劳动和数字经济。既要认识数字劳动的积极作用，也要认识数字劳动的消极作用。党作为探路者和领路人、先锋队，要有理论领导的能力和理论武器，才知道怎么发展。

从"幽灵劳动"这个新概念着眼，复旦大学新闻学院教授姚建华认为，可以从幽灵劳动切入来反思更广义上的数字劳动。"幽灵劳动"是指驱动很多手机应用程序、网站和人工智能系统运营的劳动力，而且他们往往被故意隐藏起来，让我们很难发觉。"幽灵劳动"有双重特征：第一重特征，和其他概念不同，"幽灵劳动"强调了一种特殊的人机关系，就是在"最后一英里"悖论的背景下，虽然机器不能取代人，却催生出一种"人类渐成为机器延伸"的演进趋势；第二重特征，从劳动关系本身而言，是非标准的劳动关系，也就是说劳动者不得不服从于某些赋条件短暂的弹性化的雇佣安排，这也是这种劳动呈现出不稳定性的根本原因。那么，平台劳动和"幽灵劳动"有何概念差异性和相同性呢？通过对"幽灵劳动"与平台劳动进行具体的比较，得出如下结论："幽灵劳动"概念只是"旧瓶装新酒"。不断纠结于这些新出现的概念，容易导致研究陷阱，忽视对本质问题的思考。我们需要进一步持续思考的问题应该是，当我们习惯用批判武器的时候，是不是应对武器本身进行批判？

从数字劳动的制度层面，安徽财经大学马克思主义学院教授王程认为，数字劳动与制度的关系必须在实践的动态过程中综合性运用各学科的前沿方法加以思考。在理论层面，数字劳动突破了传统政治经济学的基本概念、底层逻辑、学科框架，它既为建构中国特色社会主义政治经济学拓展了新的研究空间，又是研究必须首先考察的基础性历史背景。在现实层面，数字劳动的共享性、普惠性、生态性等优势需要通过制度的微观设计加以释放，而面临的异化问题、价值危机等负面效果亦需要通过制度的顶层设计加以制约，在批判与建构的双重语境下建立起具有中国元素、制度优势和民族特色的数字劳动制度体系。

从"活劳动创造价值"的视角，上海应用技术大学计算机学院讲师熊亮认为，把握马克思"活劳动创造价值"这一基本原理，才能正确认识智能化时代数字劳动"变"与"不变"的本质。在智能化时代，数字劳动在生产要素、依赖平台、时空界限以及劳资关系方面发生了变化，但在劳动内容、剥削性质、异化本质以及社会矛盾方面并没有发生变化。通过把握马克思的"只有活劳动才能创造价值"这一原理，探析数字劳动的内涵、生产过程、社会属性以及阶级实质，提出数字劳动本身具有价值，可以转化价值，但它本身并不创造价值，只有负载着人的活劳动，才能创造价值。

从劳动与资本的关系界定着手，扬州大学马克思主义学院讲师平成涛认为，依循马克思理解经济范畴的历史唯物主义方法，需要将数字劳动概念置于劳动与资本的特定生产关系中来界定，而不能仅从单纯技术演变的维度对其做一种抽象泛化的理解。数字平台是数字资本主义阶段重塑劳资关系的经济空间，在这一阶段产生了平台资本这一资本新形态，数字劳动与平台资本的关系是这一阶段中轴心的生产关系，并带来"数字劳动异化"这一劳动异化新形态。在此基础上，数字劳动与平台资本之间形成一种新的权力结构。"虚拟个人"是在数字劳动中生成的一个新的主体概念，并在数字资本主义生产关系中形成对"现实个人"的"反向生产"。对数字劳动主体性的解放需要在马克思新唯物主义的社会历史向度中，推动"资本主体性"向"劳动主体性"回归。

（二）资本与数字经济

从资本一般的视角分析，清华大学哲学系教授夏莹认为："资本一般"中的"一般性"是一个不得不承认所有为了彰显资本而存在的事物，就是资本的当下呈现，因此是可以与特殊事物和个别事物并存的"现实形式"。资本的现实形态从来直接就是"资本一般"，即"存在着直接就是存在"。"资本一般"的这一当下呈现性是自资本诞生之日起就已经存在的一种特性，并非是伴随着资本逐渐复杂而多样的新形态的诞生才得以产生的。尽管资本逻辑并不否认实体资本运行的意义，但随着以欲望体系为表征的丰盛社会的到来，资本的金融化趋势势不可挡，它催生了一系列不同的资本表达方式。首先，"资本一般"的直接呈现方式，也即资本金融化较为激进的表达，即金融衍生品。其次，数字化资本的一个形态演变，目前最为鲜活和最具统治力的资本形态为平台资本。最后是技术资本化，它可以独立为一种资本形态，源于资本融资热词"元宇宙"的诞生。它以未来技术爆炸的许诺成为可吸纳资本的黑洞。三类不同的资本表现形态本质上都是资本金融化的不同表达方式。

从规范资本运行的视角，《哲学研究》编辑部主任、研究员周丹认为，生产力决定生产关系，经济基础决定上层建筑，很显然这不是平行观念。在社会生产力条件一定的情况下，我们要想实现所谓的先进的社会制度、先进的社会形态，只能调节所有制形式。我们现在的社会主义形态，我们讲的市场经济合理性逻辑，既不是批判资本的逻辑，也不是单纯的资本利润的逻辑，而是驾驭资本的逻辑。习近平总书记提出，要为资本设置"红绿灯"，要规范引导资本健康发展，防止资本无序扩张、野蛮生长，防止平台垄断。① 换言之，回到根本问题，我们的所有制形式需要起到压舱石的作用，在一定程度上规范引导资本的有序生长。在中国特色社会主义条件下来讨论数字化，确实张力是足够大的，需要凸显制度的优势，有效引导数字化、智能化。

从《资本论》蕴含的新文明出发，复旦大学哲学学院教授吴猛认为，资本主义文明的内涵并不是单一的，而是多维和复杂的，这些彼此矛盾甚至对立的维度共同构成了资本主义自我生产的方式。《资本论》的特殊理论生产方式即形式分析所产生的一个重要结果，就是马克思关于新文明的观念并不是简单地对旧文明（资本主义文明）的否定，而是植根于对旧文明的深刻认识而对新文明可能性所形成的理解。对于马克思来说，作为资本主义的"形式化"社会结构的实际承载者的"人"，并不是一种被动的因而具有抽象性的人，而是具体的"社会个人"。与人类的无限性力量直接相关的"社会个人"，将在特定历史性机遇中寻找借助社会生产力的巨大发展和工人间广泛联系而推翻资本主义私有制所表征的旧文明、建立"以每一个个人的全面而自由的发展为基本原则"的新文明的契机。

从《资本论》的当代价值出发，浙江大学马克思主义学院教授丁堡

---

① 《中央经济工作会议在北京举行》，《人民日报》2021 年 12 月 11 日。

俊认为，资本论就是唯物论、辩证法、逻辑学，但是资本论不是作为一般
方法论的唯物论、辩证法、逻辑学，而是资本主义生产方式及其运动的唯
物论、辩证法、逻辑学。马克思揭示了资本的本质：资本不是物，而是在
物的掩盖下的资本家和雇佣工人间剥削与被剥削的社会生产关系，资本表
现为能够带来剩余价值的价值。结合今天的数字资本、金融资本，我们不
仅应该将资本当作要素，更要把资本理解为一种关系。中国特色社会主义
进一步向前发展，我们要限制运用资本，不能搞资本崇拜，从这个意义上
来讲，正确认识资本，对于中国特色社会主义意义重大。

上海财经大学马克思主义学院副教授董必荣认为，与国民经济学相
比，马克思主义政治经济学是彻底的、革命的：它不仅对政治经济学的
对象提出问题，而且对政治经济学本身提出问题。通过对国民经济学的
整体性批判，围绕剩余价值规律的发现，去伪存真，去粗取精，揭露了
资本剥削的原罪，科学社会主义横空出世。在数字经济发展的今天，马
克思主义没有过时，它对商品、资本、劳动的分析与批判仍然具有普
遍性。

上海交通大学马克思主义学院副教授周露平认为，第四次工业革命加速
数字化与智能化世界的生成。数字化生存成为现代生活世界的重要内容，支
配着整个时代的生存走向。当数字资本与数字劳动"大行其道"时，数字
化生存似乎证明《资本论》的资本主义批判结论早已过时。但这种判断忽
视了这样的事实，即只要资本生产仍然以价值增殖为目的，那么数字化生存
还是资本生产积累的机械性扩张。换言之，数字化生存并未真正改变资本时
代的基本宿命：资本生产增殖与工人被强制剥削。故数字化生存并未脱离
《资本论》资本批判的理论地基，只有澄清资本问题，才能理解数字化生存
方式，为超越之提供准确路径。

武汉大学哲学学院副教授周可认为，阿尔都塞对《资本论》的导读
割裂了《资本论》的政治维度与理论维度，在实践中容易导致经济主义
和工联主义，在理论上也站不住脚。马克思本人的提示和当代学者的政治
式解读，都揭示了《资本论》商品篇与阶级斗争的紧密关联。虽然《资
本论》商品篇没有直接讨论现代社会的阶级斗争，但其中的阶级叙事表现
为：一方面，马克思的价值理论暗含着现代社会阶级理论的前提预设，勾
勒出作为商品占有者的个人所具有的独立、自由、平等和所有权等特征；
另一方面，通过考察商品交换关系的人格化、社会分工体系的作用，以及

商品的拜物教性质，马克思揭示了商品占有者背后起支配作用的经济关系。内含于价值理论的阶级叙事构成了《资本论》阶级理论的逻辑起点，划清了与资产阶级理论家的现代阶级理论的界限，因而具有理论意义和政治意义。

从广义范畴看数字经济，华东政法大学马克思主义学院教授杨嵘均认为，应该跳出经济看数字经济，跳出政治看数字经济，跳出政治经济看科技，跳出意识形态看数字经济。这是非常重要的，围绕这一主题，杨嵘均教授从三个方面进行了阐述。首先，从经济范畴谈资本与劳动的关系，其背后所体现的是所有制和分配体制的关系。对于数字经济未来向何处去，如何避开数字经济的陷阱，没有标准和尺度。同时，谈论资本和劳动，绕不开剥削。当我们把这个现实放在生存论的框架内思考时，将体现出哲学、社会学、法学种种学科的智慧。其次，资本与权利的问题，实际上就是经济和政治，或者说数字经济和政治的关系，本质上就是权利与资本的关系，中介就是科技。从二者的关系来看，权利控制资本、资本控制权利、权利和资本共融、权利与资本各行其是，这四种可能性中都有边界的问题，关键是监管，要为资本设置"红绿灯"，甚至政治上应考虑如何提升监管能力和管理能力。最后，数字经济在一定意义上也是科技创新，因为科技进步取决于创新，创新在我看来取决于教育。从意识形态来看，科技的发展有姓什么的问题，但从推动人类变革来看，科技的发展是中性的。对于这三方面关系的处理，应该回到解放思想、实事求是上，主动与世界主流对接。

从数字化与资本的关系维度看，中国人民大学哲学学院副教授刘志洪认为，虽然数字资本产生愈发强劲的影响，但没有在实质意义上构成资本的主导形态。立足当代现实，承继希法亭和列宁的思路，可以将广义金融资本理解为金融业资本和产业资本的融合体。转化为产业资本的金融资本至今仍拥有强大的支配性力量，有力地掌控着数字资本。更关键的是，数字资本和金融资本并不构成真正的对立关系，它们不仅相互联动，而且往往就是同一资本，只是划分标准有别而已。数字化垄断金融资本，才是对当前资本主导形态更恰当的表达。

从数字经济资本化的弊端及其公有化趋势分析，上海财经大学马克思主义学院教授夏明月认为，数字经济繁荣发展的同时产生了资本化的倾向，并滋生出新型的贫富分化、数字垄断、民生安全与主权安全等诸多弊端。从所有制的层面看，这些弊端根本上源自社会化大生产与数字生产资料私人占有

之间的矛盾。从数字经济资本化的过程看，这些弊端是数字经济要素资本化
和运行模式资本化的产物。从生产力与生产关系的视角看，区块链、大数
据、人工智能、云计算等先进数字技术的发展是一体两面的，在当前公有制
为主体、多种所有制并存的中国特色社会主义市场经济体制下，数字经济公
有化趋势与资本化色彩并存。但归根结底，从制度与技术两种视角来看，社
会主义公有制与先进数字技术的结合决定了公有化才是中国数字经济发展的
必然趋势。

（三）数字经济中的无形经济属性

从无形经济中"有"与"无"的矛盾辨析，上海财经大学马克思主义
学院资深教授鲁品越认为，无形经济是无，但是无要胜于有，有要胜于无。
无形经济固然是无，但离不开有，离开有是毫无力量的。芯片就是信息、数
据的载体。无必须以有作为基础，这样无才有生命。回到马克思的理论中，
无是空的东西，需要以有为载体；从数字经济领域来看，需要有芯片、计算
机等载体。数字经济将人高度社会化、高度控制化，关键性的技术只有掌握
在自己的手中，我国才能在国际竞争中占据优势。

从无形经济的政治经济学批判视角，西北工业大学马克思主义学院副教
授宁殿霞认为，在现实层面，无形经济兴起主要表现为资本形态从有形转向
无形、投资从以实物投资为主转向以创意投资为主、经济的主导力量从实体
经济转向意象性经济。在理论层面，无形经济的兴起关涉资本、劳动、阶级
等政治经济学核心范畴内涵的变化：无形资本的生成意味着资本自身存在状
态发生深刻变化，无形资本分割剩余更具隐秘性；劳动的非物质性凸显，创
意性劳动占据了主导地位；阶级矛盾发生了深刻变化，在"空间剥削"叠
加"时间剥削"基础上逐渐呈现出总体剥削。无形经济兴起带来三大难题，
一是不确定性上升，人类未来是否可控？二是两极分化与不平等加剧，在大
力发展共享经济的同时如何克服数字资本主义？三是面对高科技公司大而不
倒与金融崩溃的可能性，技术变好何以可能？总之，无形经济的兴起决定着
相关研究的整体性和"跨学科"性。

（四）数字化生存中的伦理问题

从数字劳动中分配公平的视角，中国社会科学院哲学研究所研究员魏小
萍认为，马克思政治经济学批判，集中在数字劳动话题上，数字劳动是高科

技时代伴随着人们日常生活、生产、教育、医疗、金融、社会交往领域的信息化、网络化发展而产生的新的社会劳动形态，从其最基本的内容来看，数字劳动包含着主动和被动两种不同的劳动形态，其一是互联网经营、管理和软件设计类劳动，其二是通过互联网受数字经济操控的劳动群体或者个体的劳动，这两种劳动都涉及分配公平的问题。学界关于数字劳动中的分配、剥削等问题争论很多，数字劳动未来应该向共享经济发展。当我们对中国特色社会主义的资本运营进行管理的同时，也需对数字经济、网络平台进行科学的管理，使其发挥促进社会主义经济发展、服务于全社会的作用，还要构建面向全社会提供免费服务的综合性、多功能、非营利性的公共服务平台，这对社会主义国家来说应该是能够实现的。

从经济发展的目的着眼，上海师范大学哲学与法政学院教授毛勒堂认为，发展经济到底为了什么，发展经济究竟为了谁，这是在资本现代性境遇中凸显的时代之问。在古代社会，经济在根本上从属于社会，发展经济的根本目的在于获取使用价值以满足人们的基本生活之需。随着经济交往的不断扩大以及商品经济的发展和市场社会的形成，经济关系从社会关系中成功脱嵌并成为主导社会关系的力量，经济活动也成为生产抽象交换价值以谋取无度利润的增殖活动，致使现代社会经济化、经济资本化，并因此呈现现代经济与人之自由本质之间的深刻悖论。由此，需要对现代经济方式进行深入的哲学反思和伦理介入，以摆脱狭隘的资本世界观，重建经济的人本属性和伦理之维，使现代经济朝着合乎人的自由本质和社会幸福的方向发展。以人民为中心的新时代中国经济实践，则是可贵的探索并取得了可喜的成果。同时，我们需要结合新的时代境遇和经济情势进行更深入的理论探索和实践解答，始终把人民的自由和幸福作为发展经济的根本价值目标。

从日常生活的数字化批判着眼，上海财经大学人文学院副教授康翟认为，数字技术在重塑社会生产方式的同时，也带来了包括基本需求满足、社会交往、意识形态建构等在内的日常生活的数字化。作为维系总体资本积累与流通秩序的重要环节，日常生活的数字化一方面直接反映了数字化时代的人类生存境况，另一方面，也是透视当代资本积累内在矛盾和演变趋势的重要窗口。垄断资本的过剩积累难题与风险资本的金融运作共同推动了数字平台的形成及日常生活的数字化。各类数字平台在一定程度上缓解了垄断资本的积累困境，却以平台经济领域更深刻的垄断及资本过剩为代价。究其实质，日常生活的数字化意味着人类主体性的丧失，意味着剥削的极端化以及一个全景式监控生存世界的到来。

四 数字化生存与中国发展战略

党的十八大以来，随着改革开放和社会主义现代化建设的深入推进，党中央高度重视发展数字经济，将其上升为国家战略。立足于新发展阶段，我国经济发展面临许多新的挑战和机遇。如何利用数字技术实现经济的产业升级，实现结构优化，如何推动数字技术、数字资本、数字经济健康发展，进而为实现人的全面发展服务等，这些都是长期困扰我们的理论和实践问题。围绕这些问题，与会学者结合自身的专业及研究领域进行了深入的思考。

复旦大学经济学院教授马涛认为，回顾人类的历史进程，先秦时期的中国和古希腊罗马同样辉煌，随后中国在汉唐时期引领世界，这一时期中国人的心智是开放的，而西方则处在基督教统治下中世纪的黑暗时期，其人的心智是被束缚的。但在中国封建社会晚期，人民的思想、心智被禁锢，而西方在这一时期却开展了文艺复兴运动等，进行了工业革命，解放了主体的心智，快速发展起来。改革开放以后，邓小平把我们思想主体的心智解放出来，中国经济才能有如今的成就。历史表明，民族、国家的繁荣，都与民族心智解放密切相关，中国在历史上的强盛，与民族意识的觉醒、民族文化的充分自觉及精神自觉相关。数字化时代意味着世界新的文明形态，抓住这一重大历史机遇，关键在于中国人的守正创新、民族精神的觉醒。

南京大学哲学系教授蓝江认为，数字经济的发展使得数字生产方式越来越神秘化，由此产生了数字拜物教。但是数据本身并不神秘，数字生产方式的核心仍旧是市民社会的逻辑，是现实的生产。我们今天研究数字主义，往往是正确的方法被颠倒了，也就是把最简单的东西描述成最复杂的东西，把最复杂的东西描述成最简单的东西，这也是当时马克思对黑格尔的批判。今天数字主义是不是也犯了同样的错误？最复杂的东西其实是数字，经过很多层次转化呈现在我们面前，我们下了订单，商品就出现在我们面前，我们以为这是最简单的东西，但这恰恰是最复杂的东西。对数字生产方式的考察不应只从个体数据再生产这方面进行，更确切地说，数字生产是这些个人在数字空间的一定的活动方式、生活方式，是他们在数字空间中表现自己生命的一定方式。

上海财经大学人文学院教授张彦认为，关于数字化，经济哲学要研究的一个重要问题是如何解决市场失灵和政府失灵，就是市场有心者和无心者的有机结合的问题。直至今天，这些问题仍然是存在的。在数字化经济发展的大潮流下，中国要屹立于世界民族之林，就要处理好市场和政府之间的关系，这要求我们做到两点：一是开放，中国要面向世界；二是充满活力，要激发主体的活力和激情。另一个问题是关于企业家的。目前企业家存在着数字化生存的问题，他们有着双重的压力，对此国家应该给予重视。

上海交通大学马克思主义学院教授卜祥记认为，有必要对习近平关于数字经济、数字中国的讲话进行梳理，虽然文献是现成的，但我们今天研究习近平经济思想及其关于数字经济的系列重要论述，必须重视文献梳理。我们应从经济哲学角度研究习近平经济思想，同样也应该从经济哲学的角度来研究他关于数字经济的系列重要论述。习近平关于数字经济的系列重要论述，实际上是习近平经济思想的重要组成部分，因此关于数字经济的系列重要论述可能要提到更高的高度来进行讨论。

中国浦东干部学院教授沈斐认为，可以从技术维度、数字维度、经济维度分析中国数字经济发展战略。技术维度：以"新"破旧，改造传统的生产力的三要素；以"快"赋能，畅通经济循环，推动构建新发展格局；开放融合、跨界发展，推动构建现代化经济体系；按需服务，形成"人人参与、共建共享"的普惠格局。数字维度：抓住先机，强强联合，推动构筑国家竞争新优势；数字产业化、产业数字化，数字经济和实体经济融合发展；加强关键核心技术攻关，加快新型基础设施建设；规范数字经济发展，完善数字治理体系，积极参与数字经济国际合作。经济维度：数字文明让城市更智慧，让人民更幸福。首先，如何看待数据要素化？构建怎样的数据要素市场？必须区分数据的经济性和社会性，数据蕴含价值，但是蕴含着何种价值至关重要。其次，如何看待数字治理？构建怎样的数据治理体系？数字治理体系涉及三个层次，即国家、行业、组织，包括数据资产地位的确立，这涉及领导体制机制、共享与开放、安全与隐私等内容，需要从制度、法规、标准、规范、应用、实践、技术等方面多管齐下提供支撑，还涉及人们的思维和价值观导向。对策在于通过构建数字治理体系，让"无形经济"现形，推动数字经济国际合作，维护和完善多边数字经济治理。

武汉大学马克思主义学院教授周绍东认为，中华优秀传统文化蕴含着丰富的共同富裕的基因，但这样一种隐性的文明基因，需要通过创造性转化、

创新性发展，才能够成为共同富裕的显性动力。这种共同富裕的基因涉及
"天下为公"这样一种共同的指向，且共同富裕不仅是物质层面的富裕，更
多的是一种精神富裕。在价值层面上，中华优秀传统文化和共产主义思想形
成了一种共鸣，而共同富裕实际上就是这样一种价值共鸣的体现。那么如何
在两个结合当中实现共同富裕？可能要从四个方面开展工作：第一，在经济
制度上，坚持公有制和按劳分配为主体；第二，在政府作用上，破除传统的
中央集权的行政体制，更好地发挥有为政府的作用；第三，在社会层面上，
使优秀文化当中的人和人之间共享互助成为基于亲情的、地缘的、血缘的人
情纽带；第四，在精神富裕上，要善于挖掘中华优秀传统文化当中的思想
资源。

东北财经大学马克思主义学院教授朱成全认为，数字经济引领生产关系
的重大变革，应该基于马克思主义基本理论认识与探索，从生产、分配、交
换和消费四个环节探讨数字经济对畅通国内大循环的重要意义。四个环节构
成整体，不可分割。数字经济可以调节生产环节以提高全要素生产率，最终
促进我国经济的高质量发展，在高质量发展的引领下优化分配制度以缩小贫
富差距。数字经济的虚拟化和超地域性弱化了交换环节中的市场壁垒，促进
市场一体化形成，最终可以丰富和创新大众的消费内容和消费方式。数字经
济搭载数字技术，以数据为核心生产要素，以人民群众的美好需求为导向，
在全新的组织方式和资源分配模式下促进我国国内大循环新发展格局的
形成。

山东大学经济学院副教授朱鹏华认为，在数字化生存世界中，中国特色
社会主义政治经济学的逻辑起点是中国共产党的领导。参照马克思把商品作
为资本论的逻辑起点，将中国共产党的领导作为中国特色社会主义政治经济
学的逻辑起点的根据在于：中国特色社会主义政治经济学的研究对象决定了
其逻辑起点是党的领导，中国特色社会主义政治经济学的构建方法决定了其
逻辑起点是党的领导，中国特色社会主义经济的本质特征决定了其逻辑起点
是党的领导。中国特色社会主义政治经济学的理论主线在于："三维一体"
的社会基本经济制度从突破"二元对立"到确定"二元并存"再趋向"二
元融合"的辩证运动。

上海财经大学人文学院副教授程晓认为，随着互联网、大数据技术发
展，数字劳动成为推动经济的重要劳动形式。与机器大工业时代的劳动者相
比，数字劳动者在个人智力和社会关系方面都有了很大发展。但是在资本主

义生产方式下数字劳动者的发展是有限度的。数字劳动者作为被支配的一方很难超越资本，这就需要国家发挥制度优势：一方面，给数字劳动生产创造条件，使劳动者在这种信息技术主导的生产中不断提升自身素质；另一方面，在关乎人民利益的公共事务的领域限制资本进入，保证财富流向全民。总之，需要国家以人民的利益为顶层设计的出发点和目的来引导、调控资本，使其为人的发展服务。

上海应用技术大学马克思主义学院讲师申唯正认为，数字化的社会生产方式、交换方式和生活方式与 21 世纪金融化生活范式高度融合，涌现出高创新性与高度经济理性、强渗透性与高度世俗化、广覆盖性与高度价值通约的耦合效应。既要利用耦合效应的积极作用激活数据要素市场、推动数字政府建设、推动数字经济高质量发展、推广普惠金融促进共同富裕，也要防范耦合效应所带来的国家数字安全风险，保护个人隐私权，防止平台垄断和资本无序扩张，防范数字化金融风险。做强做优做大数字经济，离不开对耦合效应的准确把握，离不开资本金融助力金融科技的深度发展，离不开数字化金融与金融数字化打造的普惠金融，更离不开关涉国家数据安全的规范化和防范市场化的数字金融风险。因此，正确理解和利用耦合效应对发展数字经济的国家战略选择具有重要意义。

北京理工大学马克思主义学院讲师宋珊珊认为，马克思扬弃了作为国民经济学理论出发点的"抽象的个人"，以"现实的个人"为切入点发动政治经济学批判革命，开创了一种全新的政治经济学理论范式。以"现实的个人"为理论起点，马克思将其融入特定的经济范畴、现实的经济关系、经济关系的历史性进展，将之剥离出拜物教经济现实的控制，历经从哲学层面向政治经济学批判视域的转移和沉降过程，在经济学和哲学双重理论视域互动中建构了马克思经济哲学。遵循马克思"具体—抽象—具体"的方法论原则，结合中国特色社会主义市场经济现实实践，可明确中国马克思主义经济哲学的理论起点是"中国人民"。

北京航空航天大学马克思主义学院讲师田英认为，党的十九届六中全会通过的《中共中央关于党的百年奋斗重大成就和历史经验的决议》提到了"坚持理论创新"和"坚持开拓创新"，创新在当今时代的作用更为明显。中国马克思主义经济哲学必然要以创新为研究对象并回应这一重大理论与实践主题。应重点关注以下三个对象：第一，经济领域（有时并非仅仅只有经济领域）中的创新；第二，经济理论的创新；第三，中国马克思主义经济哲学的创新。这三个对象之间并非各自孤立，而是相互联系，历史唯物主义的基本原理"社会存在决定社会意识，社会意识反作用于社会存在"可以解释第一个对象和后两个对象之间的关系；而中国马克思主义经济哲学对经济领域的创新及经济创新而带来的经济理论创新具有哲学审视与反思的责任，更需要凸显马克思主义哲学的基本立场、观点与方法。

（作者单位：上海财经大学）

原文《"数字化生存世界与中国经济发展"暨第二届

中国马克思主义经济哲学30人论坛会议综述》，

原发布于中国社会科学网，2022年8月10日，收入本书时有改动

数字化生存状态深刻影响经济发展

——第二届中国马克思主义经济哲学 30 人论坛在沪举行

吴　琼

随着改革开放和社会主义现代化建设的深入推进，党中央高度重视发展数字经济，并将其上升为国家战略，大力发展数字经济已经成为推动经济高质量发展的必由之路。2021 年全球数字经济大会数据显示，我国数字经济规模位居世界第二。这意味着中国数字经济的实践将深刻影响世界数字经济的发展。

近日，由中国社会科学院哲学所和全国经济哲学研究会联合主办、《社会科学报》协办的以"数字化生存世界与中国经济发展"为主题的第二届中国马克思主义经济哲学 30 人论坛在上海成功举办。与会者在研讨中碰撞出理论智慧的火花。

一　多领域探讨人类在数字时代的生存状况

自从尼葛洛庞帝提出"数字化生存"以来，这一概念一直备受关注。但目前学术界仍难以对其做出准确的概念界定、特性分析和系统认知。以跨学科视域多维度、全方位地探讨人类在数字时代的生存状况和发展规律，从而掌握行之有效的范畴工具，构建良性高效、以人为本的数字化大环境，是与会学者的共识。

上海财经大学校长刘元春教授强调，数字经济的迅猛发展具有双重社会效应。从积极方面来说，既有助于改造提升传统产业以形成新的经济增长点，也在支撑抗击新冠疫情、恢复生产生活等关乎人类生存的重大领域发挥作用。从消极方面来说，数字平台的垄断和数字资本的无序扩张抑制了数字经济本身的健康发展，数字技术的滥用导致人的主体性遭受严峻的异化危机。对此，需要跨学科的学术资源协同共振，共同面对社会重大现实问题，以推动数字社会的健康发展，构建人类美好生活的伟大事业。

中共十八大以来，党和国家出台的一系列关于数字经济的文件表明我们国家要发展以数据为观念要素的数字经济的决心。中国社会科学院大学哲学学院院长王立胜研究员指出，如何利用数字化实现产业升级和结构优化，逐渐以数字驱动形成人机协同、跨界融合、共创分享的新形态，如何推动数字化技术、数字资本、数字经济健康发展，进而为实现人类解放和人的全面发展服务，这些问题的解决需要彻底打破哲学学科与其他学科之间的壁垒，构建具有中国特色、中国气派、中国风格的经济哲学。著名社会学家邓伟志教授则提出，以元宇宙为代表的数字经济发展前景，是当前数字化实践可能企及的最高阶段，具有超越自然时空的系统和逻辑，以及重构时空的动力机制。这一新的存在样态必然导致人们的思维方式和价值观念的深刻变革，同时给人类的经济、政治、文化和社会带来一系列值得研讨的新课题。

二　数字化生存状态的哲学内省

千百年来，哲学存在论的追问，是人类精神自觉的内省状态，也是人类为了追求自由和解放所形成的深刻反思素养。特别是海德格尔将"生存"一词提高到哲学的高度以后，对人类生存境遇的思考无疑成为各学科领域不可回避的首要问题。

复旦大学哲学学院吴晓明教授认为，数字化生存的哲学寓意可以从两个维度加以把握。其一，理论的维度。由马克思所开启的对资本和现代形而上学的批判，以及后来韦伯在分析合理化方面所做的工作，包括海德格尔讲到对象性如何被可计算性所代替等，都为我们理解数字化生存提供了丰富的思想资源。其二，实践的维度。要从普遍性的视角出发，把数字化生存同当代人类的生存方式、人类未来的生存前景紧密地联系起来加以思考；要坚持普遍性与特殊性相统一的视域，在当前中国的整体经济发展，以及这种发展可能开启的人类文明新形态的语境中把握数字化生存世界的历史命运。

随着科技的发展，以"比特"为单位的数字化运动正在改变着以往以"原子"为基底的人类整体生存世界及其观念形态，这不仅意味着一种新的本体论的提出，也意味着以新的计量单位为中心的新型认识论、思维方式背后所反映的生产方式和生活方式的改变。上海财经大学人文学院张雄教授指出，数字化生存是人类长期追求自由创造历史活动的产物。对数字化生存的追问体现为三个鲜明的哲学特征：虚拟世界与真实世界共存、比特与原子同在、理性计算与非理性情感共生。人类不断通过技术手段自我完善，在追求文明进步的过程中，塑造了"善"的目的因，同时也滋生了对工具理性的崇拜和生存异化问题。人类的形式化和形式化的人类同在，这是由数字化生成提出来的突出的哲学思考命题，需要在数字经济发展实践中不断深化认识、加以检验和向前发展。

三　抢抓数字经济发展新机遇

发展数字经济是把握新一轮科技革命和产业变革机遇的战略选择。我国抢抓发展先机，深度开发大数据产业，推动数字技术的创新发展，使数字消费、数字生产、数字劳动、数字共享等成为现代人的基本生存内容。智能技术、数字信息、数据平台等正在加速发展与建设，国家在现代化进程中走向数字强国。

浙江大学马克思主义学院丁堡骏教授强调，应认真领会习近平总书记相关讲话的丰富内涵，充分认识资本作为生产要素和作为生产关系的双重角色，避免因对数字资本的片面认识而妨碍具体工作的落实，进而影响数字经济给人类社会带来的普惠性福利。中国要跨域"卡夫丁峡谷"，就必须学会驾驭数字资本，开辟人类社会新的文明形态。

经济的数字化转型，给现行国家治理体系带来了挑战。与会学者一致认为，应立足当代中国的具体实际，从中华优秀传统文化的思想宝库和马克思主义的经典论述中汲取智慧，不断开辟数字经济治理的新格局。中国人民大学哲学学院院长臧峰宇教授指出，数字技术和数字经济是构建我国现代化经济体系的重要引擎，应坚持马克思主义哲学与中国具体实际、与中华优秀传统文化相结合，秉持以人民为中心的价值原则，强调共同富裕和共同正义，以新发展理念促进数字经济和数字技术的进一步发展，彰显数字红利的普惠性，构建满足人类生存需要的现代化数字世界。复旦大学经济学院马涛教授认为，我国能否抢抓新一轮产业革命的机遇，取决于民族精神的内醒状态和自由心智的发展程度，始终坚持守正创新、民族自信和精神自觉。

四　数字化生存的政治经济学批判

数字化生存给人类带来了经济增长、分配平等、财富共享、生活便捷等的可能性，这是否意味着资本主义固有的矛盾如资本剥削、普遍贫困、社会不平等、阶级统治等都会因数字化生存得以解决？我国在发展数字经济过程中还面临哪些应该规避的风险和挑战，未来发展的方向和目标又是什么？对于这些问题，马克思主义的政治经济学批判提供了相应的理论启示和值得反思的维度。

第一，对"数字劳动"范畴的理解。西方学者以福克斯为代表，立足于资本主义社会，将数字劳动置于商品交换的视域中，视其为一种物质性劳动和生产性劳动。而我国学者则从不同角度提出了关于这一概念的见解。中国社会科学院哲学研究所魏小萍研究员认为，数字劳动是马克思主义政治经济学与数字经济实践相结合的创新性概念。数字资本通过网络平台创造数字民工及其新利己主义需要，体现出不同于传统物质性劳动的新型社会劳动特征。上海财经大学人文学院范宝舟教授更倾向于将其定义为"劳动主体遵循数字思维逻辑，以数字技术为支撑，运用数字要素及其应用对象而展开的，满足人的需要，促进人的全面发展和社会进步的活动形式"。与会学者的普遍共识是，数字劳动是通过数据、信息、技术、设备等劳动要素建构起来的，是具有体系化、结构性的劳动样式。

第二，关于马克思劳动价值理论与剩余价值理论的思考。信息技术成为资本主义积累的主要生产力，随之而来的是新的劳动形式和劳动内容的出现，体现为在人类高度社会化的过程中，生产、流通、日常生活等诸领域的劳动受到全方位的控制，乃至于人本身也被控制。可以说，马克思所处时代的资本对劳动的支配关系从根本上发生了改变。对此，南京大学哲学系蓝江教授指出，数字平台通过生产大量的数据—流量来从中获利，这是数字资本主义生产的关键所在。根据马克思的政治经济学批判理论，任何数字交换都是在具体的生产和交往实践中形成的，都要以市民社会当中现实存在的物质生产为前提。因此，仍应遵循马克思物质生产第一性的基本观点来解剖数字经济问题。武汉大学马克思主义学院周绍东教授则指出，资本似乎通过信息技术、人工智能、全球网络等新的发展形势不断超越它的增殖需要与发展目的，创造出一个与之相适应的生存方式，从而获得永恒的技术条件与生产本能。但在根本上，数字化生存仍然是资本主导的谋生方式，并未真正改变资本生产增殖与工人被强制剥削的基本宿命。

第三，数字劳动的伦理学关切。数字技术的广泛应用使得人们的生活更加依赖于信息，重塑着人的价值观、情感、思维结构、抉择习惯等方方面面，人的精神世界被置换为由符码操控的虚拟空间。对此，要始终明确数字经济的飞速发展到底为了什么，究竟为了谁。上海师范大学哲学与法政学院毛勒堂教授指出，发展数字经济是人类通过科技创新、技术发明、运用新的生产工具以较少的资源消耗获得更多经济产出的内在要求。有必要通过更具公平正义价值的制度设计和伦理安排，合理分配财富所得，实现经济效率、分配公平与生态正义的有机统一，使数字经济成为推动社会进步、成就人的自由发展和促进生活幸福的重要方式。安徽财经大学马克思主义学院王程教授进一步指出，数字劳动通过网络平台对劳动者的信誉、评级、口碑等进行排名，使劳动者受算法的控制。这是资本榨取剩余价值的新场域，对劳动伦理提出更大挑战，应该积极创造有利于维护市场秩序和实现共同富裕的数字时代创新大环境，有效化解数字劳动资本化带来的弊端。

（作者单位：浙江省中国特色社会主义理论体系研究中心
温州大学研究基地）

观点链接：

清华大学哲学系夏莹教授认为，资本从诞生之日起就带有幽灵化和流动性等基本特征。在 G—W—G 的资本流转公式中，"资本一般"最纯粹的表达就是对货币增殖本身的欲求，欲望的对象永远只是空洞无物的能指，欲求成为激发"资本一般"拓展自身的内在动力。换言之，"资本一般"在本质上就是欲望体系，以增殖强制为内在动力，而数字时代所出现的虚拟资本只是"资本一般"这一基本规定更为鲜活的表达。

上海浦东干部学院沈斐教授指出，发展数字经济是国家构建现代化经济体系的重要引擎。就技术维度而言，数字生产力以"新"破旧，改造传统的生产力三要素，推动构建新发展格局；就数字维度而言，数字经济通过数据的开放共享和流通，促进开放融合跨界发展，形成共建共享的普惠格局；就经济维度而言，数字经济推动各类资源要素快捷流动，各类市场主体加速融合，推动国内外经济融合。

　　中国人民大学哲学院刘志洪教授针对目前学术界把数字资本看作取代金融资本成为资本主导形态这一普遍观点提出不同看法。他认为可以将广义金融资本理解为金融业资本和产业资本的融合体，而转化为产业资本的金融资本至今仍拥有强大的支配性力量，有力地掌控着数字资本。更关键的是，数字资本和金融资本并不构成真正的对立，它们不仅相互联动，而且往往就是同一资本，只是划分标准有别而已。因此，他更倾向于将数字化垄断金融资本看作对当前资本主导形态更恰当的表达。

　　华东师范大学马克思主义学院速继明教授从历史哲学的角度探讨了数字化生存世界从哪里来、到哪里去的问题。人类文明从男耕女织的农业文明，逐渐发展到以蒸汽为动力的工业文明，再到如今以信息技术为基础的数字文明。现代工业技术的发展使得人类思维更加敏锐和精确，由此导致测量和计算的繁荣，孕育了数字化的演进趋势，这一趋势无疑是人类历史和文明发展过程与规律的产物。

原文《数字化生存状态深刻影响经济发展——第二届
中国马克思主义经济哲学 30 人论坛近日在沪举行》，
原载《社会科学报》2022 年 9 月 1 日第 3 版，收入本书时有改动

图书在版编目（CIP）数据

中国经济哲学评论.2022：数字化生存世界与中国
发展专辑／张雄，鲁品越主编.--北京：社会科学文
献出版社，2023.12
　　ISBN 978-7-5228-3055-1

　　Ⅰ.①中…　Ⅱ.①张…②鲁…　Ⅲ.①政治经济学-
研究　Ⅳ.①F0

　　中国国家版本馆 CIP 数据核字（2023）第 243499 号

中国经济哲学评论 2022·数字化生存世界与中国发展专辑

主　　编／张　雄　鲁品越

出 版 人／冀祥德
组稿编辑／周雪林
责任编辑／吕霞云
文稿编辑／周浩杰
责任印制／王京美

出　　版／社会科学文献出版社·政法传媒分社（010）59367126
　　　　　　地址：北京市北三环中路甲 29 号院华龙大厦　邮编：100029
　　　　　　网址：www.ssap.com.cn
发　　行／社会科学文献出版社（010）59367028
印　　装／三河市东方印刷有限公司

规　　格／开　本：787mm×1092mm　1/16
　　　　　　印　张：27.75　字　数：476 千字
版　　次／2023 年 12 月第 1 版　2023 年 12 月第 1 次印刷
书　　号／ISBN 978-7-5228-3055-1
定　　价／178.00 元

读者服务电话：4008918866